孟宪承文集

· 卷十二

主编 瞿葆奎 副主编 杜成宪

孟宪承讲录 (一)(二)

孟宪承谈话录

孟宪承 讲谈 孙培青 记录整理

华东师范大学出版社

孟宪承为中国教育史研究生班上课（1956 年）

孟宪承、张瑞璠老师（前左一）与中国教育史研究生班学员合影（前右一为旁听青年教师）（1957 年）

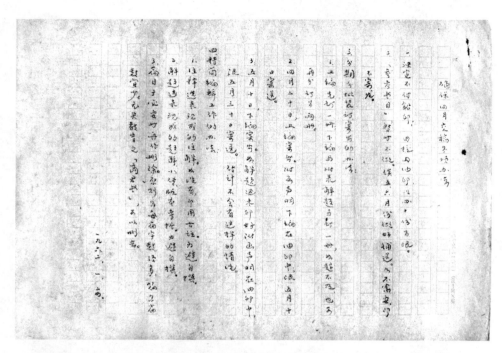

孟宪承为编写《中国古代教育文选》写给孙培青"确保四月底交稿办法"的手迹(1962年)

编写《中国古代教育史》工作计划要点 （草稿）
1961，3，28

根据上海市委指示，华东师大教育系负责组织编写供高等师范院校用
《中国古代教育史》教科书。工作计划要点如下：

一、编写原则
以马克思历史唯物主义观点和教育观点为指导思想。
1. 文化教育和经济基础关系的思想。
2. 教育是阶级斗争的工具，教育史是阶级斗争史的一个侧面。
3. 批判和继承相结合。既反对割断历史的虚无主义态度，也反对"
　　颂古非今"、"古已有之"的复古主义思想。应以"剔除其糟粕
　　，吸取其精华"的科学态度，正确地对待历史遗产。
4. 资料和观点相结合。应以丰富、正确的原始资料为根据，但反对
　　资料堆砌。必须以马克思主义观点对资料加以分析、整别。
5. 在《中国古代教育史》中，应根据党的民族政策，正确地阐述教育
　　史中的民族关系问题。
6. 批判历史科学和教育科学研究中的修正主义观点。
7. 应充分反映陈毅一部长在《教育必须与生产劳动相结合》一文中，
　　提出的有关中国教育史研究方面的问题和指示。

二、《中国古代教育史》的对象范围等问题：
1. 《中国古代教育史》的对象，是研究从原始社会到1840年鸦片
　　战争前止的，各个社会形态中，教育思想和教育实践的发展及其
　　规律性。
2. 《中国古代教育史》的范围，以教育思想为主，但也遂及对教育
　　有影响的哲学思想、社会思想和各个历史时期的教育制度；以学
　　校教育为主，同时适当涉及社会教育和家庭教育问题；以统治阶
　　级的教育作为阐述教育史的主要侧面，但也要注意劳动人民在阶
　　级斗争和生产斗争中的教育问题。
3. 《中国古代教育史》的分期，按照通史的分期原则，但具体章节
　　则须结合中国教育史的特点。
4. 教育家列名的标准：
　　(1)在教育理论和教育实践中有贡献和有影响的人物；(2)主要选择
　　具有进步作用的教育思想家，但对影响很大具有代表性的反动人
　　物也应当提出来分析批判；(3)应照顾到各个时代的代表。

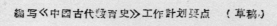

孟宪承所拟关于编写《中国古代教育史》的工作计划要点(1961年)

一、一月卅一日市委召开的编写会议

二、文科各文选试用情况

三、「辞海」的难题

四、「文汇报」、「光明日报」的报道

五、「关于基本训练」的识定

1. 解题：措简が深。

2. 篇目：专业宽窄。

3. 注释。

孟宪承为编写《中国古代教育文选》写给孙培青的便条手迹(1962 年)

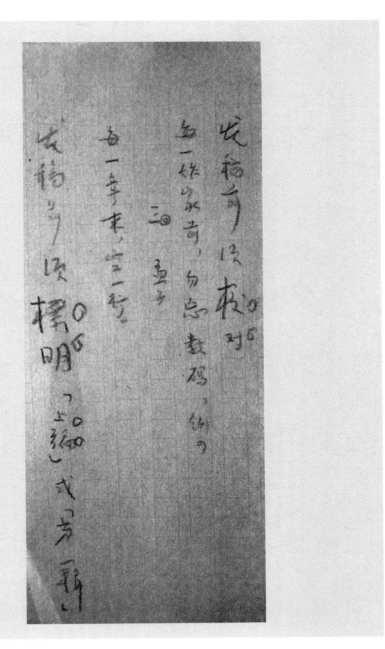

孟宪承为编写《中国古代教育文选》写给孙培青的便条手迹（1962 年）

孟宪承文集·卷十二　｜　孟宪承讲录(一)(二)
孟宪承谈话录

总目录

孟宪承文集·卷十二

孟宪承讲录（一）

——中国古代教育史专题

（1956 年 9 月—1957 年 5 月）

学习教育史的意义
（1956 年 9 月）

学习教育史的意义何在？我认为大致有三方面。

一、知道教育源流

如果学习教育学而不研究教育史，就会不知道教育学的源流，不懂得今日教育学的结论是如何产生、发展、充实起来，经过什么样的历史考验。没有形成历史发展的观点，将来必然会犯教条主义的错误。所以学习教育史实在重要。

二、发扬祖国文化

学习中国教育史，是继承祖国的文化遗产，也是发扬祖国文化所必需的。

目前世界教育史，缺的是中国部分，中国学者对此应该负有义不容辞的责任，要去进行填补。

教育史学习者，面对这种现状，应该有切肤之痛的感觉。应该明了，国家交予我们一种特殊的责任，肩负着承前启后的重任。我们应当要发挥老专家的作用，但更应当寄希望于年轻人。年轻人应该在接受严格的训练之后，继续把事业推向前进。

我们从事于中国教育史研究的人数少，而且研究的效果不很显著，所以我们的责任就更大。

真正的爱国者应该知道自己祖国优秀的历史文化，并引以自豪。现在外国人很重视研究中国文化，而我们反而不重视，这是很不应该的。

我们研究中国教育史可以发扬祖国文化，这是有巨大的国际意义，使国际友人认识我们中国的教育事业在世界教育史中的重要地位。

前一时期，我们学术界的偏向就是对于古代的史料都抱着怀疑态度，不敢相信这些史料反映历史实际。其实这些古代史料有些是完全真实的，可以作为我们的研究史料。

三、提高文化素养

学习中国教育史还有一般教养上的意义，例如会增进我们的理论素养、品德素养、文学素养，这种素养是很具体的，你们学习后就会感受到。所以我们在学习教育史时应该防止实用主义的影响。

中国优秀的教育历史遗产，一定要摆到世界教育史中去，也一定要放到教育学中去。但这不是一日就能解决的问题，而是要经过较长时期的学习、研究、总结才能实现。

我们不要企图用两年的时间就学完中国教育史丰富的内容。作为一个教师，应该有更远大的胸怀，准备用更长的时间来学习和研究，所以我们的态度应该是"谦虚，不急躁"。

关于历史材料
（1956 年 9 月）

一、古代经籍的遗产

1. 为了继承古代的文化遗产，我们必须熟识古籍，同时还要运用这些材料。

过去的经籍，在我们今天看来都是教育史的材料，但是对于古代的人来说，却是他们的教育内容。所以我们谈古代经籍，这就是很重要的教育史问题。

2. 谈教育史还要常常涉及朝代问题，这个问题大家都要明确，才能理解所谈问题的意义。

公元前、公元后有几个重要年代是需要牢记的：

春秋　　公元前 770 年　　孔子生于公元前 551 年,卒于公元前 479 年

战国　　公元前 475 年

秦　　　公元前 221 年

西汉　　公元前 206 年　　"五经"名称产生

东汉　　终于公元 220 年

唐　　　公元 618 年

宋　　　公元 960 年　　　"四书"名称产生

元　　　公元 1206 年

明　　　公元 1368 年

清　　　公元 1616 年

3. 中国的历史是世界历史的一部分,中国教育发展的历史是世界教育发展历史的一部分,所以谈中国的历史应该把它与世界联系起来,要记住世界历史的几个重要年代:

孔子卒于公元前 479 年,即波希战争的那年

　　　　　　　　古代社会

公元 476 年　　　　　西罗马帝国灭亡

　　　　　　　　中世纪　封建主义社会至 10 世纪才成熟

公元 1453 年　　　　　东罗马帝国灭亡

　　　　　　　　近代史开始　　资本主义萌芽

罗马帝国灭亡之后　俄罗斯帝国才真正建立起来

过去的书籍,一般都统称为经、史、子、集,或称"四库"。但是原来的次序不是如此,原来是经、子、史、集。我们不采用东晋李充的排法。因为按照历史发展不是这样的,是先有经、子,后有史、集,我们就采用这种次序来做介绍。

(一)经

先秦时代,无笔纸也无书籍,所以经是用口授,口耳相传。古代的典籍是用刀刻在竹片上,只有官师才有典籍,学的人无典籍,全靠口耳相传,这样的传授很不容易,难免会传错。

在孔子时代,中国的典籍整理成六部书,称之为"六艺"。对"六艺"有两种解释:一、西周时代小学的教授内容为"六艺",包括礼、乐、书、数、射、御;二、孔子所整理的"六艺",包括《诗》、《书》、《礼》、《乐》、《易》、《春秋》。到了汉初,传注之学盛行,学者推尊原书,因名之为经。清章学诚说:"因传而有经名,犹因子而立父号。"〔1〕为区别两者,前"六艺"保持原名称,而后"六艺"称为"六经"。

现在就来谈"六经"。

"乐"是没有经书的,很快就失传,所以到汉就只称"五经"。"五经"的传授都

―――――――――

〔1〕 章实斋:《文史通义·经解上》,梁溪图书馆 1926 年版,第 33—34 页。——编校者

有经师,他们使问题复杂起来。

先说《春秋》。《春秋》至汉有三种传,就是《公羊》、《谷梁》、《左氏》三传。列于学官的是公羊一派,三派中真正懂得《春秋》真义的是公羊派,故汉时有《春秋》三派之争。

经学之争有一个问题,就是文字问题。汉时的《公羊传》是用今文,而《左氏传》是用古文的,大家对于后出的古文都是存怀疑的态度,当时是这样,现在也还是这样,都以为是刘歆伪造的。

汉代立于学官的有《诗》、《书》、《礼》(《仪礼》、《礼记》)、《易》、《春秋》(《公羊传》、《谷梁传》),因此名为《五经》,事实上已有"七经"。至晋时,对于各经都承认,古文的《左氏传》和《周礼》,皆立于学官,名为"九经"。

至唐以后到现在就增加到十三经,就是在原来九经基础上加上《论语》、《孝经》、《尔雅》、《孟子》而成。这是对这四部书的尊重,加上去是无原则的。十三经是中国古代的经书,是最早的。

五经对于五经博士来说也是看不懂或难懂的,所以不仅要有传记,而且还要"注"。

十三经大部分是汉代注的,特别是郑玄注"三礼",是汉代的权威。

但是汉注对于后来的经师也是看不懂的,所以又要对注加注,这就叫"疏"。疏起于唐代,唐以孔颖达为权威。

经之传与记,不可与注与疏并语,传与记已归于经。

汉代郑玄的注在历史上的意义是很重要的,因为过去的经对我们来说已是不懂的东西,注的意义就等于经义,所以我们可能不引经文而引注疏。

汉注与宋注是不同的。汉注是专门注意"名物训诂",而宋注是注意"微言大义",专讲理论。要求根据材料的科学性就要重视汉注,但是汉注不容易看懂,所以兼看通俗化的宋注。

朱熹对郑玄注是精通的,用宋代人的文体写得很通顺,现代的人看起来还是能看懂的。

西汉盛行今文经,东汉盛行古文经,因为今文在先,古文后出。

到宋代的时候,教育内容发展变化为《四书》、《五经》。《四书》——《大学》、《中庸》(《礼记》中的两篇,因特别重视,抽选出来)、《论语》、《孟子》。《四书》是初学者必学的。《五经》——《诗》、《书》、《礼记》、《易》、《左传》。

（二）子

班固《汉书·艺文志》:"诸子十家,其可观者,九家而已,皆起于王道既微,诸侯力政,时君世主,好恶殊方。是以九家之术,蜂起并作,各引一端,崇其所善,以此驰说,取合诸侯。其言虽殊,辟犹水火,相灭亦相生也。……《易》曰:'天下同归而殊途,一致而百虑。'今异家者各推所长,究知究虑以明其旨,虽有蔽短,合其要归,亦六经之支与流裔。使其人遭明王圣主,得其所折中,皆股肱之材已。仲尼有言,'礼失而求诸野'。方今去圣久远,道术缺废,无所更索。彼九家者,不犹愈于野乎? 若能修六艺之术,而观此九家之言,舍短取长,则可以通万方之略矣!"

战国之时,百家争鸣,诸子写了很多东西。汉代对先秦诸子的学说是不研究的,董仲舒建议罢黜百家之后,学者就只以争辩今古文为务。

诸子所依据的都是六经,但说法不同,于是彼此争鸣起来。从有学说主张的人数起来不上百家,据汉代人的研究,可观者有九家,即儒、墨、道、法、名、阴阳、纵横、农、杂,西汉人只讲六家,司马迁写《太史公自序》就只谈前六家,至班固作《汉书》时才提纵横、农、杂、小说四家。

（三）史

经,是孔子以前的东西,也就是"六艺"。但是因为《乐》失传了,所以实际只有五经。后人把传与记都归入到经之中,于是《礼》和《春秋》就各分为三经。更后来把该属于诸子的东西以及《尔雅》等也归入了经。

诸子,实际是指先秦诸子,但后人连汉、晋的东西也归入诸子了。

经、子,就是古代经籍的遗产,其年代都在两千年以前。

史、集,是在汉以后直至明清。把史、集也称为古代经籍遗产,也是有道理的。因为所谓经籍,就是指经典与书籍。

史就其最基本的来说就是四类:即纪传、编年、纪事本末、典志。后两类是从前两类分出来的,故重点讲前两类。

唐代刘知几在《史通·二体篇》中认为编年起于《春秋》,纪传起于《史记》,故编年先于纪传。

但我们把纪传列前,是因为我国历史的史籍都是采取纪传体裁,纪传比编年更为重要。纪传起于《史记》,每一朝代都有一部历史。纪传体所以被称为正史有几个意思:一是区别于别史、杂史;一是原本的史籍,材料由它而出。

正经,言原本也,系指最早最原始的经典。

正注,不论是汉的考据、宋的义理,都是对经的注释。但是汉注被称为正注。正注与经同样重要,都可视为原始材料。

不仅经、子有注,而且史也有注。例如《史记》、《汉书》、《后汉书》、《三国志》,是二十四史中的四史,这四史的注称为正注,正注区别于别注。正史的正注,也可视为原始材料。

纪传

《史记》是司马迁首创的一本史籍体例。纪传是以人为中心的,而编年是按时间先后来记载的。《史记》就是纪传体。

司马迁《报任安书》:"仆窃不逊,近自托于无能之辞,网罗天下放失旧闻,考之行事,稽其成败兴坏之理,凡百三十篇,亦欲以究天人之际,通古今之变,成一家之言。草创未就,适会此祸,惜其不成,是以就极刑而无愠色。仆诚已著此书,藏之名山,传之其人,通邑大都,则仆偿前辱之责,虽万被戮,岂有悔哉? 然此可为智者道,难为俗人言也。"[1]

表之外,就是本纪、世家、列传,再次就是书。书后来都称为志。

通是贯古今的意思,"通史"就是贯通历史之史。(现今对通史的解释为普通史,以区别于专史)

有断代史提供材料,才能写出通史、通志来。

表和书,对于我们研究教育史来说是很重要的。

---

〔1〕 班固:《汉书·司马迁传》。——编校者

本纪是皇帝的传记,世家是大臣的传记,列传是各方面代表人物的传记。

研究教育史的不要单看列传,本纪也是很重要的,因为本纪就其实质来说是纪传史中的编年部分。

"纪(本纪)则以年包事,传(列传)则以事系人。"[1](郑樵语)

列传有专传与总传之分。

教育史料都在历代史中的书、志、儒林传中,但不能局限于此,一流人物都有专传。

讲传也是要有方法,例如讲散传,要能融会贯通,用错综参稽的方法去研究它。

编年

编年虽起于《春秋》,但实创始于宋司马光编的《资治通鉴》。《资治通鉴》意即为治理天下者提供贯通古今的历史宝鉴。

《通鉴》是专重于政治的,利用又不很方便,所以并不想充分利用它。但《通鉴》的编写方法是值得我们研究的。

过去的正史,大部分是由朝廷设局集体编写的,因此存在着很多缺点。但司马光《通鉴》的编写集体组织得很好。首先是编写的成员都是很强的历史学家,有明确的分工。其次是有正确的编写步骤与方法:一、先使其僚属采摭旧闻;二、以年月日为丛目将材料按时间先后排序;三、汇成长编;四、笔削为编年史书。

纪事本末

其不同于编年者,就是不依年月顺序,而是按事件的发生发展过程来组织,记其始末。

典志

唐杜佑《通典》、宋郑樵《通志》、元马端临《文献通考》,称为《三通》,一般称为政书,专记历史制度典章。杜佑只谈政治制度,而郑樵就不止谈政治制度,马端临的《文献通考》范围就更广。以后就按这三部的体例一一加续,至清又加以再

---

[1] 郑樵:《通志》总序。——编校者

续,总称为《九通》。

"通"对于我们查对资料是很方便的。《九通》中还是《文献通考》对我们的研究较为有用。但我们不能完全取巧,依赖《通考》。《通考》的材料来自各朝正史,因此取材还是要从正史正注中来。

关于史书,就种类来说,基本的就只有这四种。与我们教育史最有关系的是《通典》,特别是《文献通考》,其次是纪传体的正史中的书(志)与传。

另一种是地方志,其主要的还是地理的书。从章学诚之后,学者才知道从方志中可以取到正史所未能得到的材料。章学诚的《文史通义》与刘知几的《史通》不能相提并论。章学诚的书,不仅包括史还包括文学,他是一位思想家,其著作的价值很大。这部书与教育也有关。

《四库全书总目提要》是一部很好的书,教育史研究者应该了解它、利用它。

（四）集（略）

札记

对于笔记,存在不同认识,有人把笔记称为说部之书,这是不对的,因为"说部"系指小说,而笔记其实都关系到学术。现举几部重要笔记,作为介绍。

王念孙　《读书杂志》

王引之　《经义述闻》

赵　翼　《廿二史札记》

　　　　《陔余丛考》

陈　澧　《东塾读书记》(书院山长,教学心得的记录)

朱一新　《无邪堂答问》(记录学生提问,教授答问)

洪　迈　《容斋五笔》

王应麟　《困学纪闻》

钱大昕　《十驾斋养新录》

俞正燮　《癸巳类稿》

　　　　《癸巳存稿》

朴学

朴学是汉学考据的别名。汉代以郑玄、许慎为大师,其所谓朴学,是因为他们自己认为所作的学问是朴实的,是一字一句地考据的,不像宋代学者那样只讲义理做大文章。

书院兴于宋,明清继之,皆讲宋学。至清末,书院有了改变,变为汉学的书院,其著名者有学海堂、诂经精舍、南菁书院、广雅书院。

笔记的方式,历来为学问家所重视和利用。

梁启超于《清代学术概论》中也曾论及。"自吾之生而乾嘉学者已零落略尽。然十三肄业于广州之学海堂,堂则前总督阮元所创,以朴学教于吾乡者也。其规模矩矱,一循百年之旧。……大抵当时好学之士,每人必置一札记册子,每读书有心得则记。盖清学祖顾炎武,而炎武精神传于后者在其《日知录》。其自述曰:'所著《日知录》三十余种,平生之志与业皆在其中。'又曰:'承问《日知录》又成几卷?而某自别来一载,早夜诵读,反复寻觅,仅得十余条。'其成之难其视之重也如此。推原札记之性质,本非著书,不过储著书之资料,……不肯遽为定本,故往往有终其身在预备资料中者。又当时第一流学者所著书,恒不欲有一字余于己所心得之外,……故宁以劄记体存之而已。"[1]

郭沫若也极重视笔记方法的利用,他在《十批判书》后记部分写道:"接连几天,翻来覆去,把《吕氏》读了好几遍,我的一贯的方法是先就原书加以各种注意的标识,再备一个抄本,把它们分类摘录下来,这样在下笔的时候,便可以左右逢源了。"[2]

二、古代史料的争论和发掘

(一)辨伪和疑古

中国有久远且系统的历史,这是值得我们自豪的,但两千年来学术界不是平

---

〔1〕 梁启超:《清代学术概论·十七》,商务印书馆 1924 年版,第 100—101 页。——编校者
〔2〕 郭沫若:《十批判书》,科学出版社 1956 年新 1 版,第 469 页。——编校者

静无事的,汉代就已经开始今、古文经的争论。

在战国之后,秦统一了中国,秦始皇大焚书籍,并禁止私人藏书,所以一些珍贵的书籍都失掉了。到西汉时,朝廷才鼓励民间献书,所以民间的藏书又集于朝廷,但后人说这些书籍是不可靠的。

西汉时已把五经列于学官,但设了十四位博士,因为每一经有好几派。至王莽当政时,欲把古文经列于学官,刘歆就要为《古文尚书》添置博士,同时还加上《周礼》、《春秋左氏传》、《毛诗》,这些都是古文经。

《诗经》本文西汉就有,但是《毛传》是到这时候才添上去的。刘歆的建议,遭到各位博士的反对,不得通过。

东汉时,古文经逐渐流行,并最终占据优势。

至唐时,选用的经注,根据的是汉代古文经派的郑玄的注,但孔颖达主持《五经正义》编纂,其做法已是兼容并包。所以唐代已熔今古文为一炉。

宋代不再注重今古文这个问题,但宋初辨伪之学开始兴起,有些学者认为这些关于古代史实的书籍值得怀疑。

第一个对经书提出怀疑的是朱熹。首先他不信《古文尚书》,其次他不信《周礼》,再次他不信《毛诗》、《毛传》。他不仅对经书不信,而且对一些子部书也不信。经这一怀疑,宋人都认为从真伪来分析,古书是靠不住的。朱熹的好友叶适,虽然与朱熹的观点不一致,但是在怀疑真伪这一点是一致的。叶适还认为《易传》是不可靠的。

辨伪之学在宋以后继续发展,至清代乾嘉之时大为兴盛。

阎若璩　《尚书古文疏证》

惠　栋　《古文尚书考》

姚际恒　《古今伪书考》

万斯同　《群书疑辨》

崔　述　《考信录》

阎若璩(百诗)用几十年时间读《尚书》,提出 128 条证据证明《古文尚书》是伪的。

惠栋是南方人,他独立研究也著一部书,证明《古文尚书》是伪的。

至此,《古文尚书》的真伪已破案,有结论,宋朱熹的怀疑完全胜利。

其他三部伪书考,就不单限于《古文尚书》,还涉及其他经书。

我们从事教育史研究的,应该了解有哪些书是真的,哪些是伪的,古人已证实是伪的,我们就不再引用它。

经的真伪

汉以前无经,汉时尊经,立五经博士,《诗》、《书》、《礼》、《易》、《春秋》各有博士传授,激起学者重视,于是经就有好几派。最初立于学官的《诗》有齐、鲁、韩三家,无《毛诗》;《书》有今文经,古文经未提出;《礼》仅讲《仪礼》;《易》仅讲《易经》而无《易传》;《春秋》仅讲《公羊传》。以后逐步发展变化。

至唐时,注疏共有九经。

至宋时,就有"四书"、"五经"。

至明清,就有十三经。

乾嘉学者辨别十三经,他们的结论,是我们现在所采取的。

《诗》　　经文,今文经与古文经都一样。毛传是伪的。

《书》　　28 篇是真的,其余都是伪的。

《礼》　　《仪礼》是真的。

　　　　　《礼记》小戴礼记是真的,其中每篇都有今古文。

　　　　　《周礼》是伪的。

《易》　　经是真的,传是伪的,不是孔子所作的。

《春秋》《公羊传》是真的。

　　　　　《谷梁传》是真的。

　　　　　《左氏传》是伪的。

《孝经》是伪的。

《论语》是真的。

《孟子》是真的。

《尔雅》是伪的。

至于注，大半也是靠不住的。

子的真伪

《孔子家语》	伪的。
《荀子》	真的。
《墨子》	真的。
《老子》	可疑。
《庄子》	真伪杂（真多伪少）。
《管子》	真伪杂。
《韩非子》	真的。
《公孙龙子》	伪的。
《列子》	伪的。
《吕氏春秋》	真的。

乾嘉学者是经过耐心细致长期的研究而得出结论。

至辛亥革命前，"五四"运动之后，又发生了疑古运动。辛亥革命前主要人物是康有为。"五四"运动之后主要人物是胡适，中心在北京大学。钱玄同、顾颉刚也是疑古运动的主要人物。他们的特别之点就是不像乾嘉学者踏实研究，而是大力做宣传，使人怀疑古代文献，来抬高自己的地位。

康有为的影响特别大，他有三本重要著作，即《新学伪经考》、《孔子改制考》、《大同书》。其弟子梁启超曾给他这样评论，认为第一部书出，引起台风；第二部书出，引起地震；第三部书出，山崩地裂。[1]

康有为认为孔子是个圣人，是个先知，他比其他的教主都更伟大，未来社会是按孔子所指出的道路发展的。他发现文化史上有一个规律，就是"托古改制"。每一位哲人要想改造世界，发表自己的思想，都会托之于前代的伟人，他举了许多例子。他说明孔子托之于尧舜，而无法证明孔子之前尧舜的存在，所以六经是

---

[1] 梁启超：《清代学术概论，二十三》，第 108—129 页。原文为"有为最初所著书曰《新学伪经考》……有为第二部述述曰《孔子改制考》。其第三部著述曰《大同书》。若以《新学伪经考》比飓风，则此二书者，其火山大喷火也，其大地震也。"——编校者

孔子伪托,是孔子自己之作,这比真的还要伟大得多。

梁启超对其师康有为有一段论述:"有为弟子有陈千秋、梁启超者,并夙治考证学,陈尤精洽。闻有为之说,则尽弃其学而学焉。伪经考之著,二人者多所参与,亦时时病其师之武断,然卒莫能夺也。实则此书大体皆精当,其可议处乃在小节目。乃至谓《史记》、《楚辞》,经刘歆羼入者数十条,出土之钟鼎彝器,皆刘歆私铸,埋藏以欺后世,此实为事理之万不可通者。……而有为以好博好异之故,往往不惜抹杀证据或曲解证据,以犯科学家之大忌,此其所短也。"[1]

"疑古"两字的来源也是很有趣。胡适疑古,跟着他跑的是钱玄同,他自称"疑古玄同先生",故称"疑古派",其重要人物另一个是顾颉刚,创一刊物名为《古史辨》,所以又称"古史辨派"。这两派都是世界闻名的。

(二)金文和甲骨

考据古代铜器、石碑,过去称金石学,现代称考古学。

有学者用金文来说明古代事物,证实经书所记载的真实性,体现出其历史价值。

研究金石,到宋代才正式成为专门之学。

近代的考古大家有下列几部关于金文的著作:

罗振玉(浙江上虞)　　《三代吉金文存》

容　庚(广东东莞)　　《金文篇》、《金文续篇》、《商周彝器通考》

王国维(浙江海宁)　　《观堂古金文考释五种》、《古礼器略说》

郭沫若(四川乐山)　　《金文丛考》

杨树达(湖南长沙)　　《积微居金文说》

这几部是研究金文的重要参考材料。

关于甲骨文的研究,应参考下列诸家著作:

罗振玉　　　　　　　《殷墟书契》

---

〔1〕　梁启超:《清代学术概论·二十三》,第128页。——编校者

董作宾（河南南阳）　　《殷墟文字甲乙编》、《甲骨文断代研究例》

郭沫若　　　　　　　　《卜辞中之古代社会》

王国维　　　　　　　　《观堂集林》

近数十年来，学者们取甲骨以考证古史，贡献最大的除王国维外，要算郭沫若和董作宾，所以世人一讲到用甲骨文证史的研究工作，便推置"三堂"（王观堂、郭鼎堂、董彦堂）。董作宾亲自参加殷墟的多次科学发掘，在卜辞的研究上尤其深入，进入到断代研究的程度，成绩相当辉煌。

王国维的《观堂集林》，在甲骨文研究方面可称划时代的著作，证实《史记》关于殷代的记载是真实的。

（三）古史的新证

古史新证的作者王国维，说明不要因为疑古而否定过去的历史记载。

学者从考古来重新确定占经之真伪，并较以前提高一步，还研究各经写作的年代。现在我们所引的大部分是郭沫若的说法。

《诗》——经本身是真的，而《毛传》不确。肯定《诗经》是春秋后半期的作品。

《书》——今文 28 篇是真的，古文是伪的。今文也不完全可靠，《禹贡》、《洪范》就是战国时的作品。

《礼记》——今古文杂。

《周官》——非周公所作，但系先秦古书，有部分是汉刘歆补充的。《周官》六部，冬官中的《考工记》是齐国的官书。《周官》作于战国。

《易》——《易传》是伪的，乃战国时之作品。

《春秋》——《左传》是伪的，但系战国时作品，对于研究战国时代有很大的价值。

总之，这些争论还离不开古今文之争。西周是没有经籍遗留下来，这些东西都是东周的作品。

现在关于史料问题的探讨可以暂时结束，接下是要探讨用马列主义的史观来处理中国历史的问题。

关于历史观点
（1956 年 9 月）

一、历史发展阶段的划分

研究历史当然要根据历史唯物主义，这是不容怀疑的，但是要运用到具体的问题上，就值得我们详细说明。

首先要谈的是中国社会的历史发展阶段。今年暑假，教育部关于中、小学的历史教学已有了"决定"[1]，但这一"决定"之后，还有问题，因为中国朝代的变更，并不与生产力的发展阶段相适应。

过去的学者都以社会发展的五种经济形态来谈中国的历史，近来的学者就很少谈，但是不久以前出版的吕振羽写的《中国社会史诸问题》、侯外庐写的《中国古代社会史论》，这两本书还保存关于这个问题讨论的遗迹。

一般学习者谈到历史唯物主义时就必引马克思在 1859 年写在《政治经济学批判》中的话。（见斯大林《辩证唯物论与历史唯物论》）但是关于马克思的话，各有不同的引用，列宁与斯大林所引的就有些差别。一般只注意斯大林的话而不注意马克思是怎样说的，列宁是怎样引的。但是近来这一问题引起了热烈争论。

---

[1] 此"决定"指的是，新中国教育部参照苏联的做法制定的一套新的历史教学大纲，于 1956 年正式颁发，主要有《小学历史教学大纲（草案）》、《初级中学中国历史教学大纲（草案）》、《初级中学世界历史教学大纲（草案）》、《高级中学世界近代现代史教学大纲（草案）》和《高级中学中国历史教学大纲（草案）》，其后 1957 年又颁发了《高级中学中国历史教学大纲（草案）（近现代史部分）》。这是新中国成立后，教育部制定的第一套完整的中小学历史教学大纲。——编校者

（见吕著）第一种意见：所谓亚细亚生产方式是指东方社会发展的特殊方式；第二种意见：不同于奴隶制，但是与之相并行的一种生产方式；第三种意见：是东方的一种特殊的封建制度；第四种意见：是原始公社至奴隶制的过渡时期。[1]

第一种意见是无多大意义的，因为它把中国等东方各国发展认为是不按社会发展规律的。

根据对皮克罗夫斯基学派清算的历史文件（见"干部必读"《马恩列斯的思想方法论》，1934年联共中央《关于苏联各学校中教授本国历史的决议》，指出当时大中小学有些历史教科书都有皮克罗夫斯基学派的影响，这些影响就是对历史科学的取消态度），学者一致认为奴隶社会是一切国家发展的必经阶段，由此看来，第二种意见也难成立。

吕振羽说根据科瓦列夫和他们的意见，认为所谓"亚细亚的"就马克思的意思是"指古代希腊、罗马以外之世界史其他部分的奴隶的变种"[2]。这句话是有毛病的，首先，马克思仅说"亚细亚的"，并不把亚细亚概括除希腊、罗马之外；其次，社会形态非如动植物可以变种；再次，从历史发展来说，东方发展较西方早，不能说东方是西方的变种。

说得明确的还是侯外庐，他说：亚细亚的生产方式"是土地氏族国有的生产资料和家族奴隶的劳动力的结合关系，这个关系支配着东方古代社会构成，它和古典的'古代'是同一个历史阶段的两种不同路径"[3]。侯外庐的意见算是把这个问题解决了。确定了亚细亚的生产方式是西方奴隶制的同一历史阶段，这一说法似乎影响不大，但其实影响很大，引起学者更注意中国历史的特点。

25年来关于中国历史分期问题，有三种不同的理论：

（一）西周封建说

认为周以前的夏商是奴隶社会，周开始就进入封建社会。

---

[1] 吕振羽：《中国社会史诸问题》，华东人民出版社1954年版，第35—42页。——编校者
[2] 同上，第5页。——编校者
[3] 侯外庐：《中国古代社会史论》，人民出版社1956年版，第16—32页。——编校者

（二）东汉以后封建说

这一说法根本不同于第一说，两者相差一千四百多年。这一说法只有尚钺提倡，在我国是很少学者这样说的，但是苏联的科学院的学者认为是这样的。

这两种说法都是以考古、经史两方面为根据。

对于"西周封建说"是不能相信的，其因有二：

1. 从经济制度来说

秦始皇废封建置郡县，诸侯没有了，诸侯的土地也没有了，实行了中央集权，官僚由中央委派，随时可以撤换。始皇以前就废井田开阡陌，这样一来所有制就改变了，当然土地所有权都是属于有势力的人的。

秦废的封建是指周代的封建，而非今日社会科学上的封建。秦废"封建"，就今日来说正是封建制度的开始。

2. 从社会思想意识来说

春秋战国时期，是一个思想大变动的时期，这一变动的物质基础，就在于经济的大变动。

周与秦汉的社会是不同的，"周因于殷礼，殷因于夏礼"，所以从思想意识上来说，三代是连在一起的，从未见过把周与秦汉连在一起说。所以历史的分界线应划在周与秦之间，不如此，则不能说明春秋战国诸子百家蜂起并作的原因，不能说明这一历史阶段思想大变动的原因。

对于"东汉以后封建说"也是不能相信的，其因有二：

1. 从经济上来说

根据历史上确实的记载，历史上的大儒或是开明的君主都是主张轻徭薄赋。汉董仲舒就反对重赋，他反对"耕豪民之田，见税什五"[1]。汉代对农民除赋税之外，还定徭役。如果这时存在奴隶制度，奴隶主完全可以支配他们，就无须考虑减轻徭赋。同时儒家反对奴婢，奴婢仅是贵族的仆人，而非主要生产者。

---

[1] 班固：《汉书·食货志》。——编校者

2. 从意识形态来说

儒家思想从汉一直支配到鸦片战争。如果到东汉开始划一界线,在汉以后有不同的基础,也应有不同的思想意识来代替它,但事实上西汉与东汉同样是受儒家思想支配的。这样的矛盾就很难解析,要使之成立,那只有推翻历史唯物论的观点。

但此说与世界史较相近,故此说较优于前说。

(三)战国封建说

主张者为郭沫若、侯外庐等。

郭沫若的观点发表在《奴隶制时代》一书中。他认为奴隶制的下限订在春秋、战国之交,即周元王元年(前475),在此以前是奴隶制的末期,在此之后是封建制的开始。[1] 他也是从生产方式与意识形态来判断历史发展阶段的问题。

二、古代史料的分析批判

根据历史唯物主义的观点来看,过去的正史是不行的,未能从本纪中指出劳动人民的历史。《中国历史要籍介绍》书中也指出过去历史书籍的缺点:从阶级来说,忽略了广大劳动人民的历史;从民族来说,仅有汉族有完整的历史,而缺乏其他民族的历史。

但旧史也还有些史料值得我们批判吸收的。例如《史记》就有其他各种各类人物的记载,不单是记载帝王。《史记》及其他断代史中也还有关于其他民族的记载。事实上古代的史书都有一些材料作为我们研究的原始资料。

最早的经书都有史料,较早的子部书也都有史料。各代史书中的志及传,也有相当多的材料可查考。《文献通考》是很有参考价值的典志。

过去正史所记载的主要是关于国学,而关于地方教育只能求诸方志及笔记。

---

[1] 郭沫若:《奴隶制时代·奴隶制时代》,人民出版社1954年版,第20—47页。——编校者

这方面的工作做得很少,今后的开拓研究应加以注意。

三、历史唯物主义的学习

(一)基本理论

1. 把辩证唯物主义应用于自然界,称自然辩证法,应用于思维,就称思维辩证法(又称辩证逻辑),应用于人类社会发展,就称历史唯物主义。历史唯物主义运用辩证唯物主义的概念,如果不懂辩证唯物主义,也就不懂历史唯物主义。

历史唯物主义是承认社会发展的规律性及其客观性。人类社会是自然界的一部分,整个宇宙既有规律,社会发展当然也有规律,不相信这一点,历史就不成为科学。这发展变化的规律是外在的,而不在心中,但规律是可以发现的。

过去的唯心主义者都认为历史是无规律的,而认为人是历史的主宰,或神是历史的主宰,这是与唯物主义者不同的,唯物主义者是承认必然性的。

2. 社会存在决定社会意识的规律。

这就是物质生活决定思想,决定人的动机。

把这总的规律分开来具体地说,包括下列四方面的内容:一、物质资料生产方式对社会的结构和发展起决定作用的规律;二、生产关系一定要适合生产力发展状况的规律;三、经济基础对社会上层建筑起决定作用的规律;四、基础和上层建筑的发展和更替的规律。

发展是从低级到高级,发展的根本原因是矛盾。阶级斗争是一个规律,但它是社会一定发展阶段(阶级社会)的特殊规律,而非社会的一般规律。

为进一步深入学习,可以读马克思的《政治经济学批判序言》,以及斯大林的《关于马克思主义与语言学问题》。

3. 社会意识的能动性。

斯大林关于这一问题在《辩证唯物主义与历史唯物主义》中谈得很多,他曾指出新思想产生后的动员、组织、改造的积极作用。

（二）具体分析的重要性

任何的科学的研究，都要掌握历史唯物主义，但不能以历史唯物主义的原理来代替各门科学的研究。如皮克罗夫斯基那样，因为忽视具体科学的特点，导致要取消历史，就是非科学的，非辩证唯物主义的。

列宁曾说："马克思主义活的灵魂：对具体情况作具体分析。"[1]因为不具体地分析情况，就是非唯物主义的，就是主观的，就失去马克思主义的本质。

恩格斯给施米特的信，写于 1890 年 8 月 5 日，信中说："唯物史观现在也有许多朋友，而这些朋友是把它当作不研究历史的借口的。正像马克思就 70 年代末的英国'马克思主义者'所曾经说过的：'我只知道我自己不是马克思主义者。'……对德国的许多青年著作家来说，'唯物主义'这个词大体上只是一个套语，他们把这个套语当作标签贴到各种事物上去，再不作进一步的研究，就是说，他们一把这个标签贴上去，就以为问题已经解决了。但是我们的历史观首先是进行研究工作的指南，并不是按照黑格尔学派的方式构造体系的诀窍。必须重新研究全部的历史，必须详细研究各种社会形态存在的条件，然后设法从这些条件中找出相应的政治、私法、美学、哲学、宗教等等的观点。在这方面，到现在为止只做了很少的一点工作，因为只有很少的人认真地这样做过。在这方面，我们需要很大的帮助，这个领域无限广阔，谁肯认真地工作，谁就能做出许多成绩，就能超群出众。但是许许多多年轻的德国人却不是这样，他们只是用历史唯物主义的套语（一切都可能被变成套语）来把自己的相当贫乏的历史知识（经济史知识还处在襁褓之中呢！）尽速构成体系，于是就自以为非常了不起了。"[2]恩格斯在这段话中就警告了不要以历史唯物主义的结论来代替历史的具体研究。

（三）社会意识形态发展的特点

1. 意识形态反映基础的间接性

形态就等于形式。一般所指的意识，不是心理学概念。意识形态是指思想

---

[1] 列宁：《共产主义》，载《列宁选集》第 4 卷，人民出版社 1995 年版，第 213 页。——编校者
[2] 恩格斯：《致康·施米特》，载《马克思恩格斯选集》第 4 卷，人民出版社 1995 年版，第 691—692 页。——编校者

体系。

社会意识形态是指政治、道德、哲学、美学等等的思想体系。各个意识形态又称各个因素,其实因素的含义更广。

现在要谈的是关于社会意识的规律问题,但因为尚未定论,所以只称为特点。

苏联康斯坦丁诺夫主编的《马克思主义哲学原理》中论述这个问题,我们读后还是能理解社会生产力、社会经济基础、社会上层建筑(社会意识形态)的联系。

"经济关系的改变,即人们的阶级的社会地位的改变,必然引起人们意识的改变,引起新的社会观点、思想和理论的产生。随着基础的改变,上层建筑也要迟早发生变化,而基础的改变则归根到底决定于社会生产力的发展。"

"上层建筑跟生产和人的生产行为没有直接联系。上层建筑只是经过经济的中介、基础的中介跟生产发生间接的联系。因此上层建筑不是直接、立刻反映生产力发展水平的改变,而是在基础改变以后,通过生产改变在基础的各种改变上的折光来反映的。"(第132页)

2. 一切因素的相互作用

某一因素,不仅决定于基础,又受影响于其他因素。同时一个因素其发挥能动作用也不仅影响于基础,也影响到上层建筑的其他因素,例如哲学。

恩格斯给布洛赫的信曾谈到:"根据唯物史观,历史过程中的决定性因素归根到底是现实生活的生产和再生产。无论马克思或我从来没有肯定过比这更多的东西。如果有人在这里加以歪曲,说经济因素是唯一决定性的因素,那么他就是把这个命题变成毫无内容的、抽象的、荒诞无稽的空话。经济状况是基础,但是对历史斗争的进程发生影响并且在许多情况下主要是决定着这一斗争的形式的,还有上层建筑的各种因素:阶级斗争的政治形式及其成果——由胜利了的阶级在获胜以后确立的宪法等等,各种法的形式以及所有这些实际斗争在参加者头脑中的反映,政治的、法律的和哲学的理论,宗教的观点以及它们向教义体系的进一步发展。这里表现出这一切因素间的相互作用,而在这种相互作用中归根到底是经济运动作为必然的东西通过无穷无尽的偶然事件(即这样一些事物和事变,它们的内部联系是如此疏远或者是如此难于确定,以致我们可以认为这种联系并不存在,忘掉这种联系)向前发展。否则把理论应用于任何历史时期,就会比解一个最简单的一次方程式更容易了。"[1]

我们不能忘记所有因素导源于经济,但也不应该忘记一切因素的相互联系。例如谈教育史,就是因素中的一个,抽出来了,但不应忘记教育史与其他因素的具体联系。

马克思、恩格斯虽然强调经济条件是最后成为决定的因素,但亦估计到其他一切因素的相互作用。他们都多次地提醒要注意一切因素的相互作用。

恩格斯给博尔吉乌斯的信中,还这样谈到:"我们把经济条件看作归根到底制约着历史发展的东西。而种族本身就是一种经济因素。不过在这里有两点不应当忽视:

(1) 政治、法、哲学、宗教、文学、艺术等等的发展是以经济发展为基础的。但是,它们又都互相作用并对经济基础发生作用。并非只有经济状况才是原因,才是积极的,其余一切都不过是消极的结果。这是在归根到底总是得到实现的经济必然性的基础上的互相作用。……

(2) 人们自己创造自己的历史,但是到现在为止,他们并不是按照共同的意志,根据一个共同的计划,甚至不是在一个有明确界限的既定社会内来创造自己的历史。他们的意向是相互交错的,正因如此,在所有这样的社会里,都是那种以偶然性为其补充和表现形式的必然性占统治地位。在这里通过各种偶然性而得到实现的必然性,归根到底仍然是经济的必然性。"[2]

3. 意识形态发展的继承

例如哲学的发展,有其本领域内的继承性。目前批判斯大林的《马克思主义与语言问题》这一著作,就着重在这一方面。

康士坦丁诺夫编的《马克思主义哲学原理》对这问题有论述:"上层建筑的每

---

[1] 恩格斯:《致约·布洛赫》,载《马克思恩格斯选集》第4卷,第695—696页。——编校者
[2] 恩格斯:《致瓦·博尔吉乌斯》,载《马克思恩格斯选集》第4卷,第732—733页。——编校者

一个要素,都直接或间接地反映基础所发生的变化,但它是通过自己所特有的方法来反映的,它有着自己所特有的发展规律。每一个新的法权、道德、哲学和政治思想的体系,每一种新的宗教、艺术观点和艺术都不是凭空产生的,都不是'无中生有'的,它们和先前的思想材料结合起来,吸收改造并克服它,从它们作为斗争武器为之服务的那些社会力量和社会阶级的利益出发,来利用这些积累起来的材料。"(第 134 页)一切意识形态的发展都有继承性和相对独立性。

恩格斯给施米特的信指出:"每一个时代的哲学作为分工的一个特定的领域,都具有由它的先驱传给它而它便由此出发的特定的思想材料作为前提。……经济发展对这些领域也具有最终的至上权力,这在我看来是确定无疑的,但是这种至上权力是发生在各该领域本身所规定的那些条件的范围内:例如在哲学中,它是发生在这样那个一种作用所规定的条件的范围内,这种作用就是各种经济影响(这些经济影响多半又只是在它的政治等等的外衣下起作用)对先驱所提供的现有哲学材料发生的作用。经济在这里并不重新创造出任何东西,但是它决定着现有思想材料的改变和进一步发展的方式,而且多半也是间接决定的……"[1]

(《学习译丛》第 9 期《上层建筑的积极作用和上层建筑因素中发展的继承性》[2],此文可读一读)

1913 年列宁写了《马克思主义的三个来源和三个组成部分》,指出"马克思主义同'宗派主义'毫无相似之处,它绝不是离开世界文明发展大道而产生的一种故步自封、僵化不变的学说。恰恰相反,马克思的全部天才正是在于他回答了人类先进思想已经提出的种种问题。他的学说的产生正是哲学、政治经济学和社会主义极伟大的代表人物的学说的直接继续"[3]。

《哲学笔记》是列宁科学理论工作的模范。列宁仔细挑选了黑格尔著作中的

---

[1]　恩格斯:《致康·施米特》,载《马克思恩格斯选集》第 4 卷,第 703—704 页。——编校者
[2]　此处为莫·卡马里:《基础和上层建筑理论的几个问题》的一节,参见《学习译丛》1956 年第 9 期,第 59—60 页。——编校者
[3]　列宁:《马克思主义的三个来源和三个组成部分》,载《列宁选集》第 2 卷,第 309 页。——编校者

一切宝贵的东西,而同时也彻底揭示了黑格尔唯心主义立场的荒谬性质。列宁继续了马克思、恩格斯在创立和论证唯物主义辩证法方面的工作,列宁曾立意写一部扼要叙述马克思主义辩证法基础的著作,他在《哲学笔记》中对于辩证法所有一切要素都曾加以说明,并向前发展了辩证唯物主义。

列宁《哲学笔记》中的一种,《黑格尔〈逻辑学〉一书的提要》前有一篇记,其中有这一段话:"就内容丰富讲来,《哲学笔记》相当于许多卷册,其中有从这些哲学代表者的著作所作的摘录,类为赫拉克里特、亚里士多德、莱布尼兹、黑格尔、费尔巴哈、马克思、恩格斯,列宁所读过的并作了这一切札记的书,共计不下于8 000页。但是笔记的特别兴趣和价值,在于列宁讲这一切书时所记下的思想,在有时简短、有时详细的个别评语中,列宁发挥了自己的观点,提出了问题,指出了进一步研究的人物,指出了思想进一步发展的路程,科学进一步工作的题目。"[1]

---

[1] 列宁:《黑格尔〈逻辑学〉一书摘要》前言,亚多拉特斯基:《关于列宁的哲学著作》,解放社1949年版,第1页。——编校者

殷周的教育
（1956 年 10 月）

殷周的时代,先要对它有一基本的初步认识。

殷(约公元前 1766—1134 年。公元前 1766 年是商灭夏之年,1134 年是武王灭商之年,商统治 632 年)。

周(约公元前 1134—770 年。公元前 770 年是周平王东迁,以后是春秋,西周统治 364 年)。

中国有确实的历史记载,起于公元前 841 年,即共和元年。

从氏族社会进入奴隶社会,这是阶级社会的开始。阶级社会的教育是有阶级性的,在奴隶社会时代,奴隶是无受教育的权利的。但他们是社会的生产者,不受教育,不传授劳动经验,社会就会停滞不前,所以他们只能在学校之外受教育。

在奴隶社会,与奴隶利益对立的是奴隶主——贵族。

为了更清楚说明殷周的教育问题,需要分析一下殷周社会的阶级。

一、殷周的社会

（一）奴隶制社会的一般性质

奴隶制是经济学的一个范畴,而不是代表那个时代的文化。希腊的文化是很高的,那时的水平是后来很少有人超过的。正是希腊曾有过奴隶制,才能有这样的文明。恩格斯在《反杜林论》中说："只有奴隶制才使农业和工业之间的更大规模的分工成为可能，从而使古代世界的繁荣，使希腊文化成为可能。没有奴隶制，就没有希腊国家，就没有希腊的艺术和科学；没有奴隶制，就没有罗马帝国。没有希腊文化和罗马帝国所奠定的基础，也就没有现代的欧洲。"[1]马克思、恩格斯那时只有谈希腊、罗马，这是因为那时西欧有关东方的材料很少。现在人们就不仅谈古希腊、罗马。

古代东方奴隶制国家的文化对于西方有很大影响，这是马克思所肯定的。

应该纠正下列的看法：一、不要因为殷周是奴隶社会就低估了那时的文化成就，低估那时的文化教育在中国及世界历史上的重要意义。二、不要把奴隶制社会的阶级关系简单化。

《共产党宣言》告诉我们不能把历史上的阶级关系简单化。它曾指出："至今一切社会的历史都是阶级斗争的历史。自由民和奴隶、贵族和平民、领主和农奴、行会师傅和帮工，一句话，压迫者与被压迫者，始终处于相互对立的地位，进行不断的、有时隐蔽有时公开的斗争，而每一次斗争的结局都是整个社会受到革命改造或者斗争的各个阶级同归于尽。

在过去的各个历史时代，我们几乎到处都可以看到社会完全划分为各个不同等级，看到社会地位分成多种多样的层次。在古希腊，有贵族、骑士、平民和奴隶，在中世纪，有封建主、臣仆、行会师傅、帮工、农奴，而且几乎在每一个阶级内部又有一些特殊的阶层。"[2]

《政治经济学》教科书论及奴隶制："在奴隶占有制度下，居民分成自由民和奴隶。自由民享有一切公民权利、财产权利和政治权利（妇女除外，她们实际上处于奴隶的地位）。奴隶被剥夺了这一切权利，没有可能成为自由民。自由民本身也分为大土地占有者阶级和小生产者（农民、手工业者）阶级，大土地占有者同时也是大奴隶主，小生产者的富裕阶层也利用奴隶劳动，也是奴隶主。"[3]

---

〔1〕 恩格斯：《反杜林论》，载《马克思恩格斯选集》第3卷，第524页。——编校者
〔2〕 马克思、恩格斯：《共产党宣言》，载《马克思恩格斯选集》第1卷，第272—273页。——编校者
〔3〕 苏联科学院经济研究所：《政治经济学教科书》，人民出版社1955年版，第26页。——编校者

正是有些人对于奴隶社会不了解或仅有一知半解而又充满错误观念,所以有必要说明一下奴隶社会的一般性质。

1. 土地所有制

在古代东方奴隶制国家中,广泛流行两种土地所有制形式:一是农村公社所有,二是国有。其所以如此,按恩格斯的说法是与利用河水灌溉有关的,农业要依靠水来灌溉,而灌溉不是个人所能做的。

2. 农业与手工业的分工

随农业与畜牧业第一次大分工之后而来的农业与手工业的第二次大分工,第二次大分工的结果是引起交换的扩大,为交换而进行生产,这就促进商业的萌芽。

3. 城市兴起与城乡对立

既然有工商业,手工业者居住在城市,产品交换也在城市中进行,城市就兴盛起来,从此开始,城市乡村分开并对立起来。

4. 体力劳动与脑力劳动、被剥削者与剥削者对立

上层奴隶主从事于国家管理和文化活动,脱离了生产,成为剥削者,政治和文化掌握在剥削者手里,这造成他们专事脑力劳动,引起他们轻视体力劳动,社会从此开始了体力劳动与脑力劳动、被剥削者与剥削者的对立。

5. 小生产者与贵族阶级之间的矛盾激起民主运动

奴隶社会的被剥削者是广大的奴隶,他们为了自己的生存而进行阶级斗争,但那时的奴隶没有人身自由,也没有组织,零散的反抗,成不了大事。而小生产者是自由民,有公民权、财产权和政治权,小生产者与贵族之间的矛盾,引起自由民的民主运动,要求废除债务盘剥,重分土地,把土地交给贫农。

(二)殷周社会的特征

1. 所谓"封建"

在古书上谈论"封建",查见有三个地方:一是《周礼》的《地官》,二是《礼记》的《王制》,三是《孟子》的《万章下》。现以《孟子》文章较为通俗,就引《孟子》以说明。

中国古代史籍所称"封建",指的是王者(天子)以爵(等级爵位)、土(等级禄俸)分封诸侯而建"国"之意。"国"是城邦。国君称诸侯。城里人称"国人",乡下人称"野人"。

国君之下有卿、大夫、士、工、商、野人。卿、大夫有世禄,而士无世禄,以任事而得禄。

集所有诸侯国而称天下,王者治天下而称天子。

天下属于天子,天子管不了广大天下,就分封给兄弟或同姓共管天下,诸侯要服从天子。

《孟子》所述周代诸侯等级及其他封地大致如下:

	班 爵		班 禄
五等通天下	天子		方千里
	公		方百里
	侯	天子之卿	方百里
	伯	天子之大夫	方七十里
	子男	天子之元士	方五十里

	班 爵	班 禄
六等施于国中	国君	十卿禄
	卿	四(或三、二)大夫禄
	大夫	倍上士禄
	上士	倍中士禄
	中士	倍下士禄
	下士	与庶人在官者同禄

2. 井田

《孟子·滕文公上》:"夏后氏五十而贡,殷人七十而助,周人百亩而彻,其实皆什一也。彻者,彻也。助者,藉也。"

朱熹注认为:此是孟子所述三代制民常产与取之之制。夏时,每夫给田五十亩,以五亩之入为贡。商始为井田之制,以六百三十亩分为九区,以周八区授以八家,但借八家之力以助耕公田。周时,每夫给田百亩,乡用贡法,十夫有沟,取十分之一,都鄙用助法,八家同井,十分而取其一。

"《诗》云:'雨我公田,遂及我私。'惟助为有公田,由此观之,虽周亦助也。"(《孟子·滕文公上》)

孟子认为井田是封建的经济基础。"夫仁政必自经界始,经界不正,井地不均,谷禄不平,是故暴君污吏,必慢其经界。经界既正,分田制禄,可坐而定也。"

"夫滕,壤地偏小,将为君子焉,将为野人焉。无君子,莫治野人,无野人,莫养君子。请野九一而助,国中,什一使自赋。卿以下必有圭田,圭田五十亩,余夫二十五亩。死徙无出乡,乡田同井,出入相友,守望相助,疾病相扶持,则百姓亲睦。方里而井,井九百亩,其中为公田。八家皆私百亩,同养公田,公事毕,然后敢治私事,所以别野人也。"(《孟子·滕文公上》)

3. 阶级

郭沫若、侯外庐等人研究周代的阶级关系,都认为只有贵族与奴隶的对立,士是唯一的自由民,而庶人等于奴隶。这种认识是不对的,根据研究,表明当时的阶级关系大致如下。

贵族:天子——大夫(有世禄)。

平民:士、部分的工商。

奴隶:绝大部分的农民和工商。

学校教育为贵族所独占,这是必然的,奴隶是无受教育权的。若按旧说,则贵族之外无教育,事实不然,士有士的教育,工商农有工商农的教育。

奴隶这名词,在古书上见不到,这是我们今日社会科学的名词。现在能用于证明农民在当时是奴隶的,仅有三个证据:一、从钟鼎的铭文引证——"锡民"、"锡土"。二、从发掘殷墟发现殉葬所得到的证明。三、孤证:《周礼·地官》"质人"。

"锡民、锡土"是天子把土地和人民赐给诸侯。

殉葬的事实,证明当时人可被贵族随意杀辱。

"质人"则说明可以被买卖。

根据这三点理由,依照斯大林所下的定义来判定,殷周是奴隶社会。

事实上每个民族的历史发展都有其特殊性,我们应该依据政治经济学的观点来分析,不要拿公式来套。

《史记》的记载始于黄帝,而经文的记载都起于唐尧虞舜。现在我们所引用的教育史料开始于虞舜。

经后人证明,关于虞舜时代可以靠得住的记载而且与教育史直接有关的,古文《尚书》中之《舜典》,是最早关于教育活动的记载。

今日虽然认为《舜典》的这些记载是可靠的,但尚无地下实物可以佐证,所以都是把殷以前作为传说时代,现在我们谈教育史只从殷开始。

《夏小正》是夏代的历书,在其中曾叙述到冬季农闲时曾组织过教育活动。

比夏早的是虞舜,《舜典》中有这样的记载:"帝曰:'契,百姓不亲,五品不逊,汝作司徒,敬敷五教(父义、母慈、兄友、子恭、子孝),在宽。夔,命汝典乐,教育(古文作胄)子。'"

这就证明在夏代之前,舜就设立司徒之官以教化人民,设典乐之官以教育贵族子弟。

这些都是最早有关教育的记载,但我们不引证,其因有二:一、现在认为奴隶社会起于殷;二、关于殷以前,除文字之外,无实物可证,不尽可信。

但我们不能因未谈殷以前的教育,就认为殷以前没有教育。

(三)生产劳动经验的传授

殷、周是两个民族同时存在,故不能分先后,所以殷周就连在一起讲。

我们现在从生产劳动经验的传授讲起,其因有二:一、生产劳动经验的传授,就时间上说,是较早于贵族的教育;二、从意义上说,劳动人民是社会历史的主人,没有人民的劳动创造物质财富,贵族就不能存在,所以应先讲人民的生产劳动经验传授。

《周官》一书,至东汉时就被称为《周礼》,这部书是属于古文经的,所以被怀疑了两千年。近期郭沫若从彝器的铭文上对出经文上的一些文字是相同的,所以就恢复了人民对它的一些信任,现在再引用它的记载。

《周官》的内容就谈官制。至古文派大师郑玄遍注群经,把《周官》归于"三礼",才称《周礼》。

现在从《地官司徒》、《冬官考工记》两段材料来说明当时的教育。

《冬官》至汉时已缺,因冬官是管工的,故补《考工记》。

周代所设的官,就是国家的工作人员,每个官都有一定的技术。

1. 农业

《周礼·地官》有大司徒,其职是管理农业的最高长官,他根据星土相配之说,进行占卜,然后为人民择定居住地点,指导人民来从事农业活动。"大司徒以土宜之法,……辨十有二壤之物,而知其种,以教稼穑树艺。"

大司徒管的官很多,其下有一司稼,管理巡视邦野的耕种情况,辨别种稑之种,知道其各种名称,它宜种于何地,订为法令,公布于邑闾之门。

草人掌土化之法,选择品种与土壤相宜而为之种。

稻人掌稼下地,具体是管水的,包括水池、堤防、沟渠等。

场人是管果树的种植、管理、收成、贮藏。

山虞是掌管山林之政令,禁止任意砍伐,监督以时采伐。

《秋官》有庶士管除虫害,蝈氏管除蠹物。

由此而知分工之细,可见周代农业很发达,这是确实可信的。

2. 手工业

《考工记》按其成书年代要较《周礼》其他五部分写得较早。

"知者创物,巧者述之、守之,世谓之工。……凡攻木之工七,攻金之工六,攻皮之工五,设色之工五,刮磨之工五,搏埴之工二。"

由这些材料可见百工在国中之地位,百工设立的原则、分工的程度。

人民是不能进学校受教育的,所以生产技术的传授有两种:一、官守,知识技术掌于官府,做管理人员才懂得。二、世业,官守的职业中,有的是世传的。因此学由官守,学在官府,学有世业,世代相承。

由此,可以明确三个问题:一、在贵族奴隶主的统治下有相当细密的分工。二、知识技术之进步是由于有组织地设置专人来保管,这些人算是官,故知识被官守。三、很多手工技术有世业。

附注:关于《周礼》

①《汉书·艺文志》:"《周官》经六篇。"无说明。

②《隋书·经籍志》:"汉时有李氏得《周官》,盖周公所制官政之法,上于河间献王,独缺《冬官篇》,购以千金不得,遂取《考工记》以补其缺。合成六篇奏之。"

③《汉书·河间献王传》:"献王所得书,皆古文先秦旧书《周官》……之属。"

④ 唐贾公彦《序周礼兴废》:(引汉马融所作《周官传》)"《周礼》起于成帝刘歆,而成于郑玄,附离之者大半,故林孝存以为武帝知《周官》末世渎乱不验之书,作十论七难以排弃之。何休亦以为六国阴谋之书。唯有郑玄遍览群经,知《周官》乃周公致太平之迹。"

《周官》所以被肯定为战国之书,因其中所写的地名与器物都是战国时才有的,更早是没有的。

汉学专究制度节文、名物训诂,而宋学则专讲义理,两者的学风有很大不同。名物训诂,就是对事物及其名称的解析说明。汉学至清代就被称为"朴学"、"考据学"。

二、贵族对学校教育的独占

(一)学校的起源——教育与宗教政治不分

孟子在《滕文公上》曾说道:"设为庠、序、学、校以教之。庠者,养也;校者,教也;序者,射也。夏曰校,殷曰序,周曰庠,学则三代共之,皆所以明人伦也。人伦明于上,小民亲于下。"

今日所称的"学校",包括古代的学、校、庠、序。

古时诸侯有国,国有城与野之分,亦即城与乡,在城里有国学,在乡里有乡校、乡庠、乡序。所以也就有国学与乡学之分。

从时代来说,学则三代共称,而乡学在夏称校,在殷称序,在周称庠。

这些学校不是用来传授知识的,而是用来教育人伦道德的,即"皆所以明人伦也,人伦明于上,小民亲于下"。如此,上则明德,下则亲睦,无疑的政治能清明矣。所以孟子认为国学与乡学政治意义很大,认为井田制实行,"有王者起,必来取法……"也就是再兴国学与乡学。

自从原始社会进入奴隶社会,各族产生不同的学校,按一般的说法,这些学校都属于贵族的。因为贵族是统治者,他们有特权,他们占有文化,只有他们才有空间时间去享受教育。在其他民族,除了贵族享受教育权之外,还有僧侣也享受教育。而在中国各代是无僧侣的,但是有些特殊人物,那就是天官中的祝、宗、卜、史之官,他们是专管祭祀、占卜、历法,他们也享有教育权利,是贵族中的一部分。所以在中国古代,教育是与宗教、政治不分的。宗教是古代政治的一部分,对于祖先的祭祀是极为重要的,"国之大事,在祀与戎"。

汉儒都认为学在明堂。刘师培总结从汉起至现代研究经学的人关于古代学校起源的说法,写成《学校原始论》[1],说明几个问题:

1. 学校源于明堂

汉代的经师,一直把明堂(太庙)和辟雍(太学)认为同一地点。璧是圆的,太学称为辟雍,其方围是圆的,周绕以水。而诸侯的国学也绕以水,但只一半,故称泮宫。后来虽然明堂、辟雍分设,但重要的活动,仍在明堂之东序。

养老不是将老人养于明堂,而是定期请老人享馔酌,以表示对老人的尊重。

2. 回溯虞殷的学校性质

虞代之学称成均。均即古韵字。古代教民,口耳相传,重于声教,以声感人,音乐最善。乐官也即是重要的教师。商代之大学称瞽宗。盖瞽以诵诗,诗以入

---

〔1〕 刘师培:《刘申叔遗书》上册,《古政原论》第九《学校原始论》,江苏古籍出版社 1997 年影印版,第 676—678 页。——编校者

乐,瞽者皆列学官。周代的大学称辟雍。雍,隐寓和声之义,和声必用乐章。乐师即为教师,大司乐掌成均之法,以教合国之子弟,并以乐德、乐舞、乐语教国子。乐正,掌四术四教。

后来的学校都要定期举行祭祀、养老,而这些活动原来都在明堂中举行,由此证明学校出于明堂。

(1)夏曰校。校者,教也。教有二义:一即教,一即宗教,可见夏代的教育以宗教为主。所授的乐、诗、书、礼,皆明堂中祭祀所必需,昔为明堂的东西,今为学校之内容,可见学校起源于明堂。

(2)殷曰序。序者,射也,辟雍为习射之地,谓之射宫,天子将祭必先习射于此以择士。乡学之教民也以射。这皆是保存过去明堂习射的制度。

(3)周曰庠。庠者,养也。在学校举行养老的典礼,养老既与教民同地,此仍沿用过去明堂的制度,由此也证明学校出于明堂。

(二)贵族的学校教育

1. 小学

学校教育的材料依据《周礼》及《礼记》,但两者不一。据《礼记》学校是根据天子的命令举办的,小学设在宫门南的左边。

小学的教学是由师氏与保氏来进行的。师氏是负责教道德行为的,这就是所谓的"三德"、"三行"。保氏是负责教一些技艺知识的,也兼教一些礼仪,所以他负责的是"六艺"(礼、乐、射、御、书、数)、"六仪"的教学。

师氏、保氏在国家机构中还有一定职责。师氏除负责教学之外,还负责司王朝掌国中(中礼者也)失(失礼者也)之事也,以教国子弟,凡国之贵游子弟学焉。保氏除教学外,也负有对国中大事及王的言行进行监察之责。

周代是进行种族的统治,所以极力提倡"孝"以团结氏族。这种孝是传统的思想,它的起源早在氏族社会,不能认为只是封建的道德。由于社会重视孝行,所以教学也以"三德"、"三行"为首要内容,这是师氏之责。

保氏教一些知识技术,无外乎读、写、算。当时读的书,实际上是简策,讲的是祖先的英雄事迹。

"六艺"的乐,就是唱诗、歌,是围绕宗教活动进行的。礼,全部以宗教为内容。射、御,都是军事所需的。书,就等于写。数,就是算。

礼、乐,至孔子时代都还是教育的重要内容,这是当时社会实际需要的。而乐是更为重要的,因为乐还包括诗、舞、乐。舞是有节奏的动作,不是现在的舞,因为祭祀是很严肃的。乐器包括钟、鼓、管、弦(琴、瑟),重乐器的敲打是由乐工负责的,而轻乐器则是贵族们自己弹奏的。

2. 大学

《礼记·王制》:"乐正崇四术,立四教,顺先王诗、书、礼、乐以造士。春秋教以礼乐,冬夏教以诗书。"由此可见大学设有教官及其学习内容。

大学中的教官都是乐师,《礼记·文王世子》称大乐正、小乐正(而《周官》称大司乐),分工教授。此外还有大胥、胥、籥师、籥师丞等,都各有职务。

教学内容按一定的季节进行传授,"春秋教以礼乐,冬夏教以诗书",学舞则"春夏学干戈,秋冬学羽籥"。不同教学内容的活动,都有确定的教学场所:"春夏学干戈,秋冬学羽籥,皆于东序。""春诵夏弦,太师诏之瞽宗。秋学礼,执礼者诏之。冬读书,典书者诏之。礼在瞽宗,书在上庠。""凡祭与养老、乞言、合语,皆小学正诏之于东序。""大司成论说(课其义之深浅,才能优劣)在东序。"

入大学受教的有王太子、王子、群后的太子、卿、大夫、元士之嫡子、国之俊选等。贵族学校教育只由贵族子弟享用,一般人是无份的。

大学在郊。按周予同的解释,大学的建筑群分五院,方位大体如下图。

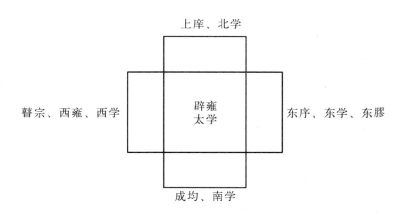

古时太学与明堂在一起，后来庙学分开，太学设在郊外，太学的建筑按照明堂的样式，因此古代的建筑样子都是这样的，无别的格式。

其实所谓四学，就是四大教室。

五学除了称东、西、南、北、中，还有其他名称，这是有缘由的。

宋刘敞说："周立四代之学为一处，并建四学，辟雍居中，其北为虞氏之学（上庠或虞庠），其东为夏后氏之学（东序或称东膠），其西为殷人之学（瞽宗）。学干戈羽籥者就东序，学礼者就瞽宗，学书者就上庠，其辟雍惟天子养老及出师、成谋、受俘、大射等就焉。"[1]

以这一解释来补充周予同的说法就更为详细了，周予同继承前三代，保存其设置，把其器物皆陈列于其中，并以为名。但是关于成均，则无所解释，其实成均也是虞代之学。

（三）家庭教育和学校教育的过程

古代谈及家庭教育的，最早的文献是《礼记·内则》。《内则》谈家庭之礼，同时也谈到一般贵族的家庭教育，这种教育包括从男到女，从小到大，以至入学。

《内则》谈及教学的次序内容及男女孩教育的不同："子能食食，教以右手。能言，男唯女俞；男鞶革，女鞶丝。六年教之数与方名。七年男女不同席，不共食。八年，出入门户及即席饮食，必后长者，始教之让。九年，教之数日。十年，出就外傅，居宿于外，学书计。衣不帛襦裤，礼帅初。朝夕学幼仪，请肄简谅。十有三年学乐，诵诗，舞勺，成童舞象，学射御。二十而冠，始学礼，可以衣裘帛，舞大夏，惇行孝弟，博学不教，内而不出。三十而有室，始理男事，博学无方，孙友视志。"离开贵族学校，礼乐的学习就不可能，因为贵族学校才有礼乐的器物，别的地方就没有。

"女子十年不出，姆教婉娩听从。执麻枲，治丝茧，织纴组紃，学女事，以共衣服。观于祭祀，纳酒浆笾豆菹醢，礼相助奠。十有五年而笄，二十而嫁。"

男童十岁出就外傅，是入门左之塾，到十三岁才入小学，习小节践小义，至二

---

[1] 王应麟：《玉海·学校上》。——编校者

十岁结束小学而入大学，见大节，践大义。

关于教学内容，王应麟《困学纪闻》卷五有所说明："六年教数与方名。数者，一至十也。方名，《汉书·食货志》所谓五方也，九年教数日，《汉书·艺文志》所谓六甲也。十年学书计，六书九数也。计者，数之详，百千万亿也。"

《尚书大传》也有关于小学教育和大学教育过程的记述："十有三年始入小学，见小节焉，践小义焉。（故入小学知父子之道，氏幼之序。）年二十入大学，见大节，践大义焉。（入大学知君臣之义，上下之位。）"

（四）关于教学的方法

这一问题，需要用较多的时间来谈，因为这是第一次接触到古代教育思想的文献，学习这篇不仅掌握内容，而且还要掌握方法。这对以后学习孔子教育思想直至王守仁的教育思想，都有很大帮助。

教育史按其原意应是教育学史，欧洲各国的学者都是这样来称呼这门学问的，但日本人翻译时只称教育史，我们中国人沿用了。教育学史是学术思想发展的历史，有了这长期发展的历史才有今日的教育学。教育史是教育学的一部分，是讲教育学的前导，而教育学是教育史发展的结果，是关于教育的全部意识的概括。

学习教育史对于学习教育学的人来说是很重要的：（1）如果不懂教育发展的历史，那就无法吸收前人的教育经验，这样在讲课时就会脱离教育原理本身的实际，不了解其本身所赋有的内容；（2）不懂每个教育原则的发展的历史，讲解教育学原则就成为无本之木，无源之水。

目前学习解决了古文理解的困难之后，应防止望文生义的毛病，为克服此毛病，依靠注疏是很重要的，因为古的注疏是与正经分不开的，汉注之所以宝贵就在于古，它已经成为经文的一部分了。

其次，还要防止轻率推论的毛病，这是很容易犯的，以今日教育学的原则去把古代的教育实践、理论加以归纳，这就是非历史主义的，失却了历史的真实性，不符合实际，不是夸大就是贬低，这种学习态度是非科学的。要克服这种毛病，应该注意联系历史实际。例如不联系西周的教育制度,就不能正确地去理解其教学内容、方法,就只会孤立地去理解。

思想方法要合乎逻辑,所以不能急躁。

从文法来说	从心理学来说	从逻辑来说
词	概念	名词
句	判断	命题
章	推理	论式

要合乎逻辑地思想,首先要有正确、明了、丰富的概念,有了清楚的概念,才能作出正确的判断,说出合乎实际的话,判断联合起来才能作推理。因此要培养独立思考,首先要使许多概念弄明了和更丰富起来。

1.《礼记·学记》

《学记》,郑注:"《学记》者,以其记人学教之义。"这篇就是记学习教人的道理。

《学记》是在七十子之后记的,约在春秋之后、战国时候写的,距今已两千多年。

这里所教的王、公、卿、大夫之子弟都是未来的王、公、卿、大夫,所教的是他们以后当官所必须了解、必须学习的东西,而他们学习的方式是很自由的,这些子弟跑到哪里,那里的教师就要为他们进行解析、传授。

《学记》首段经文的理解:

"发虑宪(产生好的谋略计划、新的想法主张),求善良(求得好的贤才),足以谀闻(可以获得小的名望),不足以动众(还不能发动民众)。就贤体远(亲近贤人,体贴远处有才能的人士),足以动众,未足以化民(还不能教化广大的民众)。君子如欲化民成俗,其必由学乎(君子指的是作君主、大夫的人,若要教化民众,形成良好风俗,一定要经过学习)!玉不琢,不成器,人不学,不知道。是故古之王者,建国君民(建立国家,做民众的君主),教学为先(首先要教民众学习)。"

《学记》提到一些重要问题:

（1）政教合一（君师合一）

政治与教育是一致的，学习是为了政治目的，君子学习就是要为民之师，不能为民之师，即是不好的君长。

君子要在家中为长，在朝中为君，就必须学习，要具有为人师的品德才行。"能为师然后能为长，能为长然后能为君。故师也者，所以学为君也。"

周代的君王都是不好的，是不能为人民之师的。

君为人民之师是有历史原因的。古代传说中的神农以及夏禹，都是为人民做出了很大的贡献，堪为人民之师，而后为人民之君。君死之后，其儿子不能继位，而是传位给品德才干最好的人、能作为人民之师的人，这位君王是公众推选的，唐虞均是如此。至夏才改变为传位于子，由子继承君位。其子不一定都堪为人师，所以君师就不合一了。要君师合一，教育就不可少。

孔子歌颂尧舜，就是反对坏的君主，要求恢复禅让制度。禅让的事实在历史上是有的，那就是我们今日所谈的原始社会。唐尧虞舜与夏殷周是不同的，从夏起政治制度就改变了。现在不把夏殷周连在一起谈，因为夏离开太远了，殷周较相近。事实上，殷周也是不同的，殷是兄终弟及的，而非传子的。周代传子，君师不合一，能在政治上为君，而不能在德行上为师。要求君师合一，就得学习。

（2）教学相长

作为教育未来君子的老师是很不好做的，他们所负的责任重大，教得好，学生成长成真正的君子，这些君子为政，就能使天下治。所以他们为要负起这样重大的责任，就要先学好，学好了才能教好。教的过程中又会遇到困难，产生新的问题，促使继续学习。所以要一面教一面学。

"人不学，不知道。""虽有至道，弗学，不知其善也。是故学然后知不足，教然后知困。知不足然后能自反也，知困然后能自强也。故曰：教学相长也。"教师的教和教师的学是相互促进的。

（3）循序

"一年视离经辨志，三年视敬业乐群，五年视博习亲师，七年视论学取友，谓之小成。九年知类通达，强立而不反，谓之大成。"

其他段也累次提及学有循序的要求:"学不躐等也。""不陵节而施(谓不教长者才者以小,教幼者纯者以大也)之谓孙。""杂施而不孙,则坏乱而不修。"

(4) 因时

讲教学方法,不能离开古人教学的内容,其时所教的崇四术、立四教,所教的诗、书、礼、乐,特别以礼乐为主,乐的教学,尤为重视。

教学要有一定的时刻和次序,故曰:"大学之教也,时教必有正业,退息必有居学。不学操缦,不能安弦;不学博依,不能安诗;不学杂服,不能安礼;不兴其艺,不能乐学。"能按时而教,使学能循序渐进,"夫然,故安其学而亲其师,乐其友而信其道,是以虽离师辅而不反也。"

但是教学也有不按时而行,不顾顺序而渐进,其教学必归于失败。

《大戴记·礼察篇》:"礼者,禁于将然之前,而法者,禁于已然之后。……然而礼云礼云,贵绝恶于未萌,而起教于微眇,使民日徙善远罪而不自知也。"由此可见,礼与法的不同作用。大夫以上是以礼治的,而士以下用法治的,社会等级地位不同,政治待遇也就两样。(礼不下庶人,刑不上大夫)所以贵族的大学教育很重视礼,训练其礼仪习惯,用礼仪约束之,使其不会犯恶,所以习礼是为了预防恶行,是禁于未发。

"禁于未发之谓豫,当其可之谓时,不陵节而施之谓孙,相观而善之谓摩。此四者,教之所由兴也。"四项原则是教学成功的基本条件,教者必须重视和遵循。

若违背四项原则,"发然后禁,则扞格而不胜;时过然后学,则勤苦而难成;杂施而不孙,则坏乱而不修;独学而无友,则孤陋而寡闻",其教亦将废。

(5) 启发

教师平时的教学要启发,不要强迫接受。"君子之教,喻也。道而弗牵,强而弗抑,开而弗达。"这样做,就留下很大的余地,给学者自己去活动,教者仅开个头而已。"道而勿牵则和,强而弗抑则易,开而弗达则思。和易以思,可谓善喻矣。"

(6) 因材

"材"指人的素材、素质,材质各人不同。人的心理品质存在不同的差异,对学习产生较大的影响,作为教师,必须要了解学生的心理特点。"学者有四失,教者必知之。人之学也,或失则多,或失则寡,或失则易,或失则正。此四者,心之莫同也。知其心,然后能救其失也。教也者,长善而救其失者也。"了解学生的心理特点,一定要全面地看,既看到他的缺点,也要看到他的优点,教人就是去帮助他发展优点补救缺点。能够因学生的材质而施教,才是善于教人的优秀教师。

(7)尊师

尊师在过去是很困难的,因为所教是贵族的子弟,这些子弟都是将来的"君",他们以自己的出身高贵,不能尊师,故难教。"凡学之道,严师为难。师严然后道尊,道尊然后民知敬学。"为了长远的根本利益,统治者采取一些措施,在礼仪上尊敬教师,以树其威望。"是故君之所不臣于其臣者二:当其为尸(扮充先祖偶像为受祭之主),则弗臣也;当其为师,则弗臣也。大学之礼,虽诏于天子,无北面,所以尊师也。"天子不能把老师当臣下看待,自己南面而坐,让老师北面而对,这是为了从礼仪上表现对老师的尊敬,并为其子弟示范,以图上行下效。

《学记》还提出问与答问的问题,指出什么样是善问者或不善问者,什么样是善待问者或不善答问者。"善待问者如撞钟,扣之以小者则小鸣,扣之以大者则大鸣,待其从容,然后尽其声。不善答问者反此。"强调要善于待问,待学生提问,然后依据学生所问问题的大小作出相应的回答。关于问与答问,其实所谈的也即因材、因时、循序等问题,也可以归于启发。

《学记》一篇,无前后次序与逻辑,其原来次序是否如此,已无可考,因为流传过程中可能错简。

看古书一定要结合当时的历史条件,看其是否合情合理。凡是合情合理的,则批判地接受;不合情不合理的,则批判而不接受。

2.《学记》在《礼记》中的地位

《学记》仅是《礼记》中的一篇,我们谈《学记》有关的问题,仅是举其一例,并非等于认为仅此篇重要而其他不重要。但此篇关于大学的教学谈得最为具体则是历来公认的。

宋司马光说：《学记》、《大学》、《中庸》、《乐记》为礼记之精要。朱熹特别把《大学》、《中庸》提出与《论语》、《孟子》合为"四书"，其后八百多年，学者皆以此为教科书，这就变成一个传统，使后人认为《礼记》中重要的仅有《大学》、《中庸》两篇。

明末大思想家王夫之，对《礼记》中各篇的重要性，略与朱熹有别。王夫之说《学记》："先王以礼齐民，学为之首，则系学于礼，道莫重焉。此篇与《经解》、《中庸》、《儒行》、《大学》，戴氏汇记之，以为礼经。……此篇之义，与《大学》相为表里，……为《大学》始教之切务，则抑未可以末而忽之也。"〔1〕

王夫之认为《仪礼》中无大学之礼，故戴德之记可以视为经矣。他认为《礼记》中的这五篇是重要的，也告诉我们有关教育的也是这五篇。这种看法与司马光、朱熹都有不同。朱熹认为《大学》、《中庸》为要，而王夫之则强调《学记》的意义，他指出《学记》与《大学》是相为表里，不要因为较之《大学》它是低一级而忽视它。

王夫之的思想近人研究得很少，所以影响不大。

四十年前在南京高师、武昌高师有一位姚明晖讲教育学，他是一个顽固派，只讲《学记》一篇，把外来的教育学放在一边，而把其中的各个原则归到《学记》中去。他的做法是无道理的，但却引起人们对《学记》研究的重视。

冯友兰著《中国哲学史》时，认为《学记》是荀子一派所写作，而郭沫若则认为是孟子一派的写作。关于这一问题，以后谈到荀子时再谈。

如何看待《礼记》、看待《学记》，谈一点自己的认识。

《礼记》是"礼"的记，是谈古礼的书，不是直接谈教育思想的书。如果在谈礼之中，谈及如何学如何教，就涉及教育的思想，但谈及它不能把它与当时的教学内容礼乐分开来看，抽象地来理解。这即是说，其中有宝贵的教育思想，但不是离开具体条件来谈。

---

〔1〕 王夫之：《船山遗书·十三》《礼记章句》卷十八。——编校者

在大戴、小戴《礼记》中,除了王夫之所提的把《学记》、《大学》、《中庸》、《经解》、《儒行》等几篇加以重视外,同时也要与《大戴礼记》中的《保傅篇》、《劝学篇》,尤其是要与小戴《礼记》中的《文王世子》、《内则》、《王制》等篇合在一起看。不应狭隘孤立地去看《学记》,还要联系具体的历史条件,还要与上述各篇联系起来看。

学《学记》的人,应该了解《礼记》的内容是很丰富的,无论小戴《礼记》或大戴《礼记》都有关于教育问题的记载。

3.《礼记》所含教育思想的价值

今日的教育学是过去教育思想发展的结果,所以学了今日的教育学再去谈《学记》,则不能期望有新的东西,但是过去那些东西对我们有很大的价值的,要分析它,应注意到历史的具体性。

(1) 它的特殊性

对于古代文献要特别指出它的特殊性、个性,也即是阶级性、历史性。

学者不应忘记,不应该把两千多年前的东西生搬硬套在今日教育的头上。其时的礼,是只在贵族中实行的,《礼记·曲礼》有言:“礼不下庶人,刑不上大夫。”《礼记》专讲贵族的礼,这是不及于下层人民的,因为在下层就行不通。所有的这些思想都不过说明礼乐对贵族生活有什么意义,而与庶民是毫无关系的。能明于此,而后来理解《学记》,就觉得很具体。

无数的特殊性,就是共性、普遍性的具体表现,普遍性的真理是通过无数特殊性来表现的。特殊性与我们无直接关系,其价值在于体现普遍的规律性。例如通过西周的教育实际与教育理论的学习,就更深刻理解教育的历史性,在阶级社会教育的阶级性,证明了这个规律的正确性。

(2) 它的普遍性

《礼记》中也有一些关于教师与学生关系的普遍的经验、共同的经验。即使具体历史条件不同,也可找出共同的经验。

“礼者,理也。”(《礼记·乐记》、《荀子·礼论》)礼是仪式,其形式在各个历史时代是不同的,但其所代表的意义是共同的。共同经验的概括虽然宝贵,但并不新鲜,那么其价值何在? 其价值在于普遍与特殊的结合。

人在各个历史阶段，在其教学中将要遇到共同的问题，前代的教育家如此，今日的教育家如此，但如何解决问题，在不同的历史时代要结合特殊的历史条件来给以解决。例如启发，这是具体的共同问题，西周的贵族学校、春秋的孔子私学、希腊的苏格拉底，都是结合自己的特殊条件给以解决的。

由于具体的条件不同——对象、内容、时代的不同，每位教师都要与当时历史条件结合而创造出新的东西。要把普遍真理加以具体运用，不如此，则教育学不能发展。

教师不论在何时所碰到的问题都是同样的，问题在于在这样的具体条件下，要发挥创造力提出新的东西，要把普遍的真理放到自己的实践中加以解决证明，解决得好就是创造，就是为教育学增加新的一章。

以上所谈的就是学习古代教育史的意义和方法。我们是不同于复古派的，而且坚决反对复古派。

《学记》中最重要的中心思想是"教学相长"，这种思想是它最先提出的，是很宝贵的。

过去能提出"教学相长"的问题，但不能很好地解决这一问题。只有伟大的马克思才能在理论上给以解决，只有在社会主义社会、共产主义社会才能真正地解决这一问题，使得教师有发展机会，能人尽其才。

（五）学校以外的教学

生产劳动经验的传授，是由许多世官来进行的，这在第一节已谈过。但还有许多实际的技能知识的教育，这就是官学与畴人，我列为学校以外的教学，专门来谈。

春秋时代始有士、农、工、商四民之说，见于《国语·齐语》及《管子·小匡》。

在西周时，士一级只有元士之嫡子才能入学校，而其他是不能入学校的。

1. 宦学

《学记》曰："记曰：凡学，官先事，士先志。"士学习开始时先端正其志向，官学习开始时即先做事。在做事中再学习做官，这种学习就称为"宦学"，宦就是学习仕官之事，所以当然是以官为师。

章炳麟认为九流皆从事于宦者也。这就是诸子之学皆出于王官之说。

章炳麟(1868—1936)又名绛,字太炎,浙江余姚人,少年时学于德清俞樾,精于古文经学,以革命入狱三年,后流亡日本,为《民报》主笔。晚年居苏州,设会讲学,有《章氏丛书》行世。

宦学、畴人等问题是自章太炎之后才为人所重视,才懂得古代是有学术的,但是为贵族所占有,要学习就做小官才有机会,所以士就从宦学获得科学知识。

2. 畴人

畴人是官名。汉如淳曰:“家业世世相传为畴。”[1]

古代历法是很重要的科学,这当然也控制在官府。有人以为治历法的人为畴人,这种说法太狭隘,故从如淳之说,从章太炎之说。

正因为畴官是世业,所以畴官之子年二十三就傅于畴官,也即从其父而学也。

三、乡里学校的萌芽

国有城,在城内有贵族、士、工、商,在野的是农民,而当时的农民实际都是奴隶。过去人们皆以为这些农民都有受教育的机会,我对这种说法采取保留的态度,所以可引用的材料就很少。现从很少的材料中探究一些乡里学校萌芽的信息。

《礼记·王制》:“凡居民,量地以制邑,度地以居民,地邑民居必参相得也。无旷土,无游民,食节事时,民咸安其居,乐事劝功,尊君亲上,然后兴学。”

《尚书大传》曰:“大夫、士七十致仕,老于乡里,大夫为父师,士为少师。穰锄已藏,祈乐已入,岁时已毕,余子皆入学。十五始入小学,见小节,践小义;十八入大学,见大节,践大义焉。距冬至四十五日,始出学。”

何休《春秋公羊经传解诂》卷七:“在田曰庐,在邑曰里。一里八十户,八家共

---

[1] 《史记·历书》裴骃集解引如淳语。——编校者

一巷,中里为校室,选其耆老有高德者,名曰父老;其有辩护伉健者为里正。……十月事讫,父老教于校室。八岁者学小学,十五者学大学。其有秀者,移于乡学;乡学之秀者,移于庠;庠之秀者,移于国学,学于小学。诸侯岁贡小学之秀者于天子,学于大学。其有秀者,命曰进士。行同而能偶,别之以射,然后爵之。士以才能进取,君以考功授官。"(宣公十五年,前594)

古代文献上的庠、序都是乡校,而非国学,儒家所说的庠、序是指这种乡校。

统治阶级为了传播其统治的思想,对奴隶进行教化,利用农闲之时,办了季节性的冬学不是不可能的。所以庠、序在奴隶制的条件下是对奴隶教化的一种形式。这种乡校也模仿国学的一些活动,举行乡射、乡饮酒礼。

过去的古文学派、今文学派,都认为西周的学校是很普遍的,并加以宣扬。对此,我们从当时的生产水平和物质条件来考虑,应该持保留怀疑的态度。

属于今文的《礼记·王制》云:"司徒修六礼以节民性,明七教以兴明德,齐八政以防淫,一道德以同俗。"如此说来,司徒是管理教育之官,他不管国学而专管地方的乡校。但此地所谓"修六礼以节民性",与"礼不下庶人"之说相矛盾,难于调和。

属于古文的《周礼》云:"大司徒以乡三物教万民。"细加考虑,此说也不可靠。若如其所说,当时教育就非常普遍,人民的文化水平很高。这种说法,是汉儒托古改制的结果,他们把自己的理想化为西周的教育历史事实,所以,我们对此亦不能相信。

我们只相信乡校是设在里中,任教的是里中的父老,即致仕退休而归于乡里的大夫(父师)、士(少师),入学的是众子,教学活动只是在冬季进行,即《尚书大传》所说的"穰锄已藏,祈乐(新谷)已入,岁时已毕,余子皆入学"。何休《春秋公羊经传解诂》所说的"十月事讫,父老教于校室"。教学的内容是人伦道德、国王的政令等,如此而已。

殷周教育一章在中国教育史上的地位。

过去所编的中国教育史,对殷周教育都写得较简略,而我们用一个月的时间来讲它,这表示我们对其重要性有足够的估计。

一、不论是古代传说的教育之制度或教育之内容、教育之方法,都是对两千五百年来的教育传统有很大影响。例如后代的学校制度就有国学、乡学之分,国学就有辟雍、太学之称。

由于汉代经师喜欢托古(托古讽今以求改变现实制度),把自己的理想化为西周之制度,不论国都之辟雍或郊野之乡校,大概都是模仿《礼记》、《周礼》所传的制度,违背历史实际,变成一种复古的思想。

因为这是一个理想的描述,后代就不可能实现那样的普遍教育,所以就形成人们的复古思想。人们有此传统思想,就往后看,不往前看。

就教学内容而论,也影响及以后两千多年。春秋时代孔子把诗、书、礼、乐移往平民,这使学术下移,这是好的,但是学校教育内容超不出"六艺"之范围(实即五经,因乐无经),这一传统没有随时代而发展,也是阻碍进步。且这些内容是贵族的生活体现,而非人民的生活内容,尽管"六艺"由贵族移到了平民,但是与贵族生活实践相关的"六艺"都变成了空洞理论,仅停于文字上的学习。

就其教学方法而论,也像制度与内容那样是宝贵的。但其宝贵仅在于合于历史实际,一旦脱离了古代原有的诗、书、礼、乐的实践,这就大大降低了教学方法的原来意义了。自周以后,代代相传,未能超过其范围,每一历史时代的,未能把宝贵的传统结合其具体的历史实践,去解决实践中的问题,而仅保存其躯壳,就变成为妨碍进步的东西。

二、正因为殷周的教育对两千多年来的教育传统有很大的影响,为了解以后各时代的教育,就要了解西周的教育,作为以后学习的基础。如果西周的教育情况不明白,就无法清楚了解以后的教育制度与思想。

三、殷周这段时期的教育,由于确实记载的文献史料很少,因此很难了解,传说纷纭,鉴别材料要费很大力量。材料皆出于经书,而经书本身就有矛盾,这就需要加以辨别。

因为有这三个原因,虽然有关的材料很少,还是应该用相当的时间来加以说明。

春秋战国时期的教育思想

（1956 年 11 月）

一、社会转变与教育变革

（一）年代

春秋、战国是一个重大历史转变的时期。王夫之就曾说过,古今历史最重要的转变在春秋战国之交。抗战时期的某些史学家认为春秋战国时期的变化,只有近百年来帝国主义侵略引起的社会变化才能与之比拟。他们并无学习历史唯物主义,但说的并不错。

春秋始于公元前 770 年,战国始于公元前 475 年(即周元王元年)。孔子生于公元前 551 年,卒于公元前 479 年,是春秋末年的人。墨子、孟子是战国时候的人,荀子是战国后期即已进入秦代的人。

公元前 770 年以前称西周,以后称东周。这一年周平王东迁,显示周朝已衰。东周包括春秋与战国,春秋前后 295 年。战国从公元前 475 年到前 221 年,约 254 年。若将春秋与战国合算,从公元前 770 年到前 221 年,共有 549 年。

战国时期,小国并于大国。秦在西,秦灭六国而统一中国。这个统一,不仅统一了汉族,还统一了北方民族与南方民族,中国第一次有广阔的版图。秦于公元前 221 年统一中国。

《春秋》是鲁史之名。其时各国都有自己的史官,各国都有自己的史册,记载本国的大事。但是现在仅存的只有鲁国的历史,它是经过孔子整理而流传。后人推崇孔子,把鲁国的《春秋》作为重要的经籍之一,因此春秋就被用来称呼这个时代。

《春秋》所记的年代,并不等于春秋时代的始终。要知道《春秋》就要查《春秋》之传。《公羊传》所记的仅是公元前 722 年到前 481 年,因为《春秋》并不以周王来记年,而是以鲁公记年。例如《春秋》是从鲁隐公元年(前 722)开始的,一直记到鲁哀公二十五年(前 481)就结束了。所以它所记的就没有 295 年的史实,而只有 242 年的史实。《春秋》中所记的年代,较之春秋时代要短些,这是要特别注意的。

242 年(鲁隐公元年—鲁哀公二十五年)一共有十二君,其相继之序如下:隐、桓、庄、闵、僖、文、宣、成、襄、昭、定、哀。此称春秋十二世,十二世又分三段,四世为一段。孔子是昭、定、哀三公时代的人,是鲁国最衰、周室最微的时期。

把春秋战国 549 年放在中国的历史中去,就是从公元前 8 世纪到公元前 3 世纪。

汉 400 年约等于罗马帝国,所不同的是汉已是封建社会。汉以后中国最重大的历史时期之一是唐,它不论在经济上、政治上、文化上都有重要意义。

从东汉至今已有两千年,以宋为中间(960)。

殷起于公元前 17 世纪,距今 3 800 年。

周起于公元前 11 世纪,距今 3 100 年。

西周共和元年以前的年代,不是十分可靠,自共和元年(前 841)以后,就有确定的历史记载。这一年有一重大政治事件,周厉王被国人驱逐于彘,由共和伯执政,前后 14 年,然后周宣王复辟,称宣王中兴。

商起于灭夏之时,成汤灭夏约在公元前 1766 年。商朝都城不固定,常迁都。至盘庚时,才定都于殷,迁殷之年在公元前 1388 年。

研究殷的历史，近代多了一些史料，即殷墟出土的卜辞、器物、遗址。

甲骨文是现在有器物作证的最早文字，但这绝不是最初的文字，这点应该注意。但文字产生于何时，现在还无法考证。

第一章谈殷周而不谈商周是为了慎重，因为无确实史料我们就不谈。从公元前1388年盘庚迁殷之后，就有器物和文字遗留至今，故是可信的。殷254年，西周318年，共618年，但这年代的计算不是绝对正确的。

殷周的教育，是以商代之殷商和周代的西周为主，绝不能说我们所谈的材料没有超过这个范围。

古代灭国，只是取消其部落盟主的资格，并非把全氏族都变为奴隶，而是由后起的盟主，还封前朝之后人。如商灭夏，也封夏的后人建杞国，周灭殷商，也封商的后人建宋国。《论语》："子曰：'夏礼吾能言之，杞不足徵也；殷礼吾能言之，宋不足徵也，文献不足故也。'"[1]

"兴灭国，继绝世"，这是周灭殷之后对殷人的处理原则。周武王灭殷之后，封微子启管理殷族，建宋国，使其能保存殷之文物，负责对殷先祖的祭祀。

武王的都城在镐京，西归之后，对殷族故地鞭长莫及，故又封纣子武庚于殷，派管、蔡二叔监殷。后二叔联殷反周，故有周公的东征。

周取代殷之后，殷人做工商的仍在做工商，做奴隶的仍然做奴隶，明确地说，不是周灭殷之后就全改变殷人的身份。

周在陕西，平王东迁，周代的文物制度都毁了，因为是在战争中迁的，不能把文物制度一道随人东迁，所以平王以后，周礼尽在鲁矣。

原来畴人的子弟就已开始分散，至平王东迁时，畴人的子弟就更分散了。

周是充分利用殷的知识分子，并且把祝、史、卜、宗分给各国。

---

[1]《论语·八佾》。——编校者

（二）政权的转移

谈政治情况的程度是要根据我们今后学习的需要与补足上次未谈清的问题这两方面的要求来确定的。

1. 春秋时代的天子和诸侯

春秋时代天子之权下移于诸侯,诸侯与天子对立。在诸侯国中,诸侯之权下移于大夫,而大夫也几乎无权,而由陪臣当政。但这一趋势,到战国时就停止。战国时,都是大夫、陪臣之国,实现国中的中央集权,而在国与国之间,则不停止战争,争夺统治权,最后由秦始皇统一。

西周开始时,据说有 1 800 国(传说而已,没有准确统计),到春秋时就只剩下 134 个国家。姬姓国在周初有 53 个,功臣利姻亲之国有 71 国,这些国家的联盟,统属于天子。

天子的权力,表现在祀与戎,这是国家的两件大事,可称为礼乐与征伐,都是归天子管理的。任何一诸侯国,都要在这两件事上听周天子的命令,但国中的政治,如任官等事都是诸侯自己决定。

当时未入周版图、未与各诸侯国发生关系的,还有大片地方,这些地方还未被人知道,统称为夷、戎、蛮、狄。对于这些人,不能认为不是汉人而视为外国人。

那时国家的出现是有先后,后来也有增减。

天子后来没有威信,诸侯就不服从天子,而要代天子行其职权,所以礼乐征伐自诸侯出。但是诸侯之间彼此不相服,故有争霸。

诸侯国中也不得安宁,王子要继承王位,也要争夺。周礼既废,大夫也不按礼办事了,大夫之子也为争夺而作乱。陪臣也不照礼办事了,要夺取大夫的位置。

那时贵族存在多妻制,一个人有好多个儿子,但继承的只能有一人,其他争不到继承权的,就变为自由民。

所以春秋这个时期是大混乱的时代,孔子生在这一时代。不了解这个时代的特殊性,就不了解为何要讲礼乐。

《史记·太史公自序》说:“春秋之中,弑君三十六,亡国五十二,诸侯奔走不得保其社稷者不可胜数,察其所以,皆失其本已。"此所谓失其本,则是旧的礼制废了,没有根本的制度来维持社会秩序。

关于五霸有两说:一、齐桓公、晋文公、秦穆公、宋襄公、楚庄王;二、齐宣公、晋文公、楚庄王、吴阖闾、越勾践。前者是一般的说法,后者是荀子的说法,此说包括的时间较长。公元前632年城濮之战后,一直是"晋楚争霸",其后东南"吴越代兴",至此春秋将结束了。

春秋期间,战争频繁,有人作了统计,郑国在八十年间参战七十二次,几乎年年有战争。

2. 春秋的大夫和陪臣

以下要谈诸侯国中的战争,以鲁国为例。周天子封周公之子伯禽于鲁,鲁的土地周围也有几百里,建立一个城,城中有管理一切的机构。大夫与诸侯原是同姓的兄弟,大夫实际是小诸侯,虽然没有自己独立拥有的国,但有世业,有封地。凡人民聚居的地方称邑或称县,这些邑、县是分封给大夫的。大夫未必要到邑、县,可以留住在国中。大夫所管的这块地方称为家,他就等于小天子,他要派人去管理他的家业,属于他所委派的这些人称为家臣。

诸侯对天子来说,诸侯是臣,天子是君。大夫对诸侯来说,大夫是臣,诸侯是君。陪臣是大夫之臣,从诸侯来说,他们是臣之臣,又是隔一等。

大夫虽在诸侯国中,但有所属的家臣、军队,并且有城,具有这些条件,就能割据一方。

鲁昭公五年(前537),在鲁国发生四分公室的政治事件,把公室的土地给三家分了。季孙四分得二,孟孙、叔孙各得其一。季孙具有费邑,孟孙据有成邑,叔孙据有郈邑。昭公不甘心,令讨伐,不成,奔齐,而死于齐,此事的结果是大夫季孙氏在鲁国当权。但是三家也不得安宁,季孙之家有一陪臣南蒯,据费邑叛季孙氏三年,其后季孙氏本人也被阳货取而代之。叔孙也有同样的问题发生。

《论语·季氏》:"孔子曰:禄之去公室五世矣,政逮于大夫四世矣,故夫三桓之子孙微矣。"

《论语·季氏》:"孔子曰:天下有道,则礼乐征伐自天子出;天下无道,则礼乐征伐自诸侯出。自诸侯出盖十世希不失矣,自大夫出五世希不失矣,陪臣执国命三世希不失矣。天下有道则政不在大夫,天下有道则庶人不议。"庶人应该包括农业奴隶和部分的自由民。

3. 战国七雄

春秋时期社会发生的变化情况,至战国时也保持不下去,到公元前 403 年三家分晋,战国开始。

经过"三家分晋、田氏伐齐"等不断的政权变动,战国时就剩下七国,即韩、赵、魏、齐、楚、秦、燕。秦在关西,而六国在关东,六国联合起来(自北至南)对抗秦,称"合纵",与秦联合(自西至东),称"连横"。战国时期一直是这种方式在斗争,后由秦统一。

氏族的组织,至战国时尚保存,所以提倡"亲亲",即亲近亲戚。因为诸侯与天子、诸侯与大夫都是同族兄弟,故按孝道,应倡"亲亲",周礼的礼、孝,都是拿此作为依据的,所以宗统与君统是一致的。按宗统一代一代地分封下去,但土地有限,分了几代之后,已无地可封,结果诸侯、大夫的子孙都落为平民。要解决田地,不能靠战争,而要开荒,所以至此时不得不废井田。

诸侯、大夫不劳而获,也缺乏知识,为了守其国、守其家,就要争取知识分子"士"来为他们谋划办事,所以养士也就产生了。所以这些陪臣都是士,士以贤才得位,故倡"贤贤"。士均非自己的亲属,绝大部分是招募来的流动的外国人,"楚才晋用",用别国的人才是普遍现象,所以用人不以"亲亲"为唯一原则,而用"贤贤"作为原则。

在战国初年,大夫代替了诸侯,到了战国末年,就由陪臣代大夫来执政了。

时代在发展,社会有新的需要,这必然要反映在思想上,孔子既立"亲亲",也主"贤贤",比较起来,更强调举贤才。墨子主"贤贤",法家则极力主"贤贤"。

原来是"礼不下庶人,刑不上大夫",但是礼至春秋时期就破坏了,至战国时法就代替了礼。郑国子产铸刑书(孔子之前),晋范宣子铸刑鼎(孔子之后),由此看来,法在春秋就已代替礼了。

战国时,魏李克(悝)著《法经》,另有吴起也倡法。卫公孙鞅(即商鞅)在秦变法,这些人在当时都算是贤士。

法家代表新的生产力,秦依靠法家实行变法,采取措施,发展生产,建立经济基础,然后兴兵而战胜六国。秦灭六国之后,建立统一的中央集权,废除分封制,实行郡县制,私家与公室的斗争也从此结束。

(三) 经济的发展

1. 铁器的使用

贵族的斗争,政权的转变,其根本原因在于物质生产的变化。春秋时代生产力发展最主要的标志是已经过渡到了铁器的使用。由于铁器的使用,改变了农具和手工工具,把生产力向前大大地推进了。

2. 耕地的扩大(土地私有制的发生、发展)

周初继承殷制,制爵授禄,依据"亲亲"的原则,按亲属的亲疏关系来决定爵位高低,并以爵位而授禄。开始还可解决问题,后来,人越多而地越少,制爵授禄的制度就无法保持。

最初实行井田,是因为生产工具很原始,另方面劳动力也少,劳动的积极性也差,所以不能扩充耕地。但后来人多了,生产工具也改进了,井田就不能不破坏了。在领地范围内,开辟空地耕种,属于私家,对公家不纳税。齐国管仲、郑国子产,这些春秋时代著名的政治家都是主张尽地力、辟耕地。因此,周的旧制破坏了,利用比公家有更多剩余劳动力的剥削,大夫们就比诸侯富有了,以后,陪臣又比大夫富有了。这就是土地私有制产生的历史。

3. 劳动力的增加(奴隶的剥削和解放)

春秋以前,奴隶的来源有二:一、被征服的氏族;二、犯罪而被剥夺权利的人。至春秋时代,因为可以开辟私田,就加强了剩余劳动力的榨取。但是更能增加劳动力积极性的是奴隶的解放。商鞅提出解放奴隶的条件:"大小僇力本业,耕织致粟帛多者,复其身。"[1]李克、吴起都是用这种方法来发挥奴隶劳动的积极性,只要奴隶多生产,就能对其富国强兵的目的有利。

---

〔1〕 司马迁:《史记·商君鞅传》。——编校者

4. 商业和都市的繁荣

由于农业和手工业的发展,农与工之间,农与农之间,工与工之间互通有无,因而商业繁荣起来。商人住于城市,故大城市发达起来,其时的周、鲁、晋都以商人而闻名,洛阳、咸阳、临淄都是当时的商业中心。《史记·货殖列传》《汉书·食货志》都有与此相关的记载。

生产力的发展是新时代的开端,表明经济发展进入一个新的阶段。

(四)阶级关系的变化

1. 贵族(氏族成员之有爵士者)的没落

自从殷周以来所实行的"封建",即氏族的贵族政治制度,这种政治制度本身包括有破坏自己的矛盾在其中。

"嫡长继承制"在古时称宗法。无继承资格的人称小宗,小宗各立门户,其条件是小宗的子孙要听大宗指挥。大宗、小宗这样分下去,小宗至五代就完结了,无地可分了,而大宗却可以传下去。所以小宗的贵族就没落了,但是他们若有才能还是可以做官,甚至做到大夫,可是没有爵士。

这种制度本身使贵族没落,这是内部矛盾。而诸侯与大夫、大夫与大夫、大夫与陪臣的斗争,这是外部矛盾,也使一些贵族没落,甚至变为奴隶。

2. 奴隶(农、工、贾)的解放

农业奴隶只要在生产上有成绩,就有获得解放的可能。

工业奴隶与商业奴隶的解放,是在与工、商脱离官府同样过程中开始的。

3. 自由民的兴起(少数的工官、农官,少数的士、少数的管理奴隶的农民、国人)

士在过去是武士,武士有军功就受上赏,所以武士较容易获得解放。

对于任官,后来也不再按"亲亲"原则办事,而是转从民众中选拔才能。

齐桓公用管仲之策,实行选举,这是确实可证的。在此之前可能也有。

在公室与私家的斗争中,自由民的人数一天天多起来,他们也有文化知识了,经济力量和政治力量都比原有的贵族强,所以政权必然要移向陪臣,移向这些有才能的人。贵族为了增强进行斗争的力量,不得不争取利用士。至战国时,诸侯就自己养士,这就是民主运动的开始。

（五）士

士原来是武士,到春秋末期战国初期,士的意义就改变了,成为自由民中有知识的阶层。贵族没落为自由民,给自由民带来有知识的阶层。

过去的教育是随着政治为贵族独占,由于政治的变化,养士的制度开始了,社会有养士的要求,而士有参政的机会,于是自由民就愿意把自己培养成为士。

士除了来自没落贵族之外,还要学习培养,适应这种需要,就有民间的私学教育产生。孔子所办私学,就是培养这种为贵族所用的士。

士不全是为本国的贵族服务,因为那时较开明的贵族打破了阶级的限制,只要是贤才,不问其阶级而皆加以利用,对别国的士也同样加以利用,这样一来,政权就开放了。

统治者有养士之风气,而社会有培养士的要求,所以私家讲学就应时而起并开展竞争,孔子讲学的意义,要从社会政治上加以估计。

培养士是授以六艺,这已超出以前的教育范围。

文化的变动在《汉书·艺文志》中有记载。《艺文志》分六类,即六艺、诸子、诗赋、兵书、术数、方技。这是根据刘歆的《七略》来的。由此可见古代的学术只总括为六艺一项,而其他五项都是新的。这表明贵族的文化下移,而广大人民的文化上升了。方技、术数、兵书都是集无数人的经验,诗赋、诸子则是贵族文化下移的表现。

政治、文化的变动,引起了教育制度的改变,原来是官府之学,而现在废官学而立私学。教育的内容也发生变化,讲兵的授以兵法,讲医的授以医法。但是现在有的仅是诸子的材料,而无其他各家的材料,故绝不能理解为私学只有诸子几家而已。

侯外庐曾指出:有了战国的郡县制,生产力向上发展,政权移到氏族下层的陪臣,使氏族贵族的专政体系破坏,这才有养士和礼贤的风气。(参看《中国古代社会史论》第248页、252页)

《诗经》、《左传》有些篇章反映春秋时期的教育制度和教育思想,值得我们加以注意，用些时间进行研读，必定会有所收获。现先谈一点《诗经》的问题。

《诗经》分三部分：一、风；二、雅(大雅、小雅)；三、颂(周颂、鲁颂、商颂)。

《诗经》本文并无今文古文之分，但是经的传则有今文与古文之分，鲁诗、齐诗、韩诗属于今文经派，而赵人毛苌之传(毛传)属于古文经派。

《诗经》是文学作品，其中有散文，有韵文，每篇诗都有相应的配乐，故诗乐不分开，也与礼联系着。

《周南》训诂传："上以风化下，下以风刺上，……故曰风。"这种歌谣，不直接谏劝，但每首诗都有影射之意，故有劝勉、规谏之作用。"言之者无罪，闻之者足戒。"

"至于王道衰，礼义废，政教失，国异政，家殊俗，而变风变雅作矣。"所以自幽厉之后，风称变风，雅称变雅。

"雅者，正也，言王政之所由废兴也。政有小大，故有小雅焉，有大雅焉。"雅与风不同，区别有二：一是专言政治；一是其范围仅限于周，而不及于诸侯之国。

"颂者，美盛德之形容，以其成功告于神明者也。"颂是用于祭祀之时，限于明堂、朝廷之中，是庄严的，纯属贵族文学。

国风自邶至豳135篇为变风，小雅自《六月》至《何草不黄》58篇，大雅自《民劳》至《召旻》23篇为变雅。变风、变雅是从幽厉之后诗歌的名称，其中隐藏人民的痛苦，对统治的不满。

《郑风·子衿》也是变风之一，讽刺学校荒废也。陈述学校不修，大部分学生抛弃学业往城墙上玩，留在学校的人数极少。诗中表现留校的人对那些离开的人也思念也责备。

《子衿》一章中，在我们看来最精彩的是"纵我不往，子宁不嗣音"，"纵我不往，子宁不来"。《曲礼》有云："礼闻来学，不闻往教。"《学记》有曰："善歌者，使人继其声；善教者，使人继其志。"此三者，指的都是同一件事，这就是说，教者要主动，但是被教者也要主动。

《鲁颂·泮水》这诗章较长，说明了泮宫的活动，这也是最古有关教育的诗。

《泮水》一章最有关的两句就是"载色载笑,匪怒而教",这就是要求教师要和颜笑容,不怒而教。这要求对古对今都是适合的,只有有说有笑、不怒而教的教师或领导者,才能获得教育的成功。

二、先秦诸子(1956 年 12 月 1 日)

在先秦诸子中只谈四个人物,代表儒墨两家。但是个别不能就代表一般,不能脱离一般,所以还得谈一般,先谈一谈诸子学派。

先秦指在秦以前,到底有哪几家,无明确的数目,说法也不一致。要知道诸子百家,可看《庄子·天下篇》《荀子·非十二子篇》,这是关于诸子的总论,算是最原始的关于诸子的材料。

其次就看《史记·太史公自序》《汉书·艺文志》,这较前两种更有系统。

《史记》是司马迁所作,其中包括一篇他父亲司马谈的《论六家要指》,认为先秦诸子最重要的有六家,即道、儒、墨、法、名、阴阳。司马谈自己是道家,所以把道家摆在首位,认为自己一派是全体,而其他仅只及于一端。《论六家要指》是不能很好地概括先秦诸子之大观的。

《汉书·艺文志》就较为全面些,所谈就不只六家,这篇论述较客观,所以我们采用。《艺文志》也是最早的图书目录,由此可看到汉代的书籍,对我们学习研究有很大的意义。

《汉书·艺文志》论各家时,先述其所出,再谈其性质,后道其偏失。其特点是分流而论述,流,即今所谓派别,九流即所谓九家派别。

"学在官府"这是可靠的说法,"诸子出于官守",这是近代许多大经学家的结论。

《艺文志》所说的什么流出于什么官,这不是绝对的,班固也仅是推测而已。班固属于古文经派,所以他从儒家的立场来评判,把儒家放在百家九流之首。

各家都出现重要的代表人物:

儒　　家　　　孔子、子思、曾子、孟子、荀子

道　　家　　关尹(环渊)、老聃、庄周、宋钘、尹文、慎到、田骈

阴阳家　　邹衍、邹奭

法　　家　　李克(悝)、商鞅、申不害、韩非

名　　家　　惠施、公孙龙

墨　　家　　墨翟、禽滑厘

纵横家　　苏秦、张仪

杂　　家　　吕不韦

农　　家　　在先秦无代表人物可举

道家是绝去礼学，兼弃仁义，只讲个人修养，当然不重视教育，故在教育史上可说无地位。

道家的主流是老、庄，而近于墨的还有宋钘、尹文，近于法的有慎到、田骈，所以分派不是绝对的。

阴阳家是出于管理天文历法的。后来其极端信仰者就成为迷信派。到了汉代，儒家就使阴阳学说与自己混为一体，所以掌天文历法的就不仅是阴阳家，亦有儒家。如董仲舒，外表是儒家，实际是阴阳家。阴阳家在汉儒的眼中地位是很高的，仅次于道与儒。

墨家在汉代学者心目中地位是很低的，如王充等先进的学者，也还认为墨子之书不可传，它仅是骗骗人而已。

诸子百家，按《艺文志》的说法是"六经之支与流裔"，即其源皆出于西周的文化，九流不过是其继续与分支。

了解诸子，应懂得诸子仅是《艺文志》中的一类，读《艺文志》的总论就可知《艺文志》的来源及其结构。

研究古代思想，若只限于诸子，就失去对于当时实际的客观了解，所以真正的研究是不能仅限于此的。

我们研究古代的教育遗产，这仅是过去文化的一隅，但是在这一部分中，我们也仅涉及诸子而已，至于兵家、医家、天文家如何传授他们的科学经验，我们是不得而知的，所以我们的知识还是很局限的。

（一）春秋以后学术的变化和发展

侯外庐在《中国古代社会史论》发表自己的见解，他说："《庄子·天下篇》把西周、春秋、战国的学术分作三个时代，是很合乎历史的。"[1]他的贡献还在于把《商君书·开塞篇》关于"世事变而行道异"的历史理论与《庄子·天下篇》作对比，肯定先秦学术发展有三个时期。他又说："这样看来，春秋缙绅先生发生了过渡的作用，保存了西周文明，使后来儒墨能够加以批判地发展。到了百家之学的时代，这才贤圣分离，判天地，析万物，察古今，由圣神合一，降到智者的'道术将为天下裂'。西周'学在官府'的制度难以维持了。代之而起的是百家并鸣的私学了。"[2]

《庄子·天下篇》是论诸子最辉煌的文献。《天下篇》论道由统一而分。古人所谓的天，是指自然界，而道即是指人所认识的真理，天与道合一，也就是客观与主观的一致，这在唯物主义者看来是可以理解的。但庄子加以解释就有了宗教色彩。

侯外庐的著作有两个主要的中心，一是论证亚细亚生产方式的特征，二是论证殷周奴隶制的特点。这是与希腊不同的，第一是土地国有，第二是国家是一个家族，保存了氏族制的概念。

维新——是指有新的形式，但有旧的因素在其中。

智者——在古希腊最早出现了一群职业教师即成为智者。其中有一派，其首领是苏格拉底，他不称自己为智者，而自称为爱智者。"智者"一词，后演变为诡辩者之称，而"爱智者"一词后来演变为哲学。

（二）"亲亲"的意义

"亲亲"、"贤贤"应理解为一种制度，而不能理解为一种理论。"亲亲"在古代要理解为宗法，是西周的制度。

1. 殷周制度不同

王国维在《殷周制度论》中指出殷周制度之不同，他说："商人无嫡庶之制，故

---

〔1〕〔2〕 侯外庐：《中国古代社会史论》，人民出版社1955年版，第296、297页。——编校者

不能有宗法,藉曰有之,不过合一族之人,奉其族之贵且贤者而宗之,其所宗之人,固非一定而不可易,如周之大宗、小宗也。周人嫡庶之制,本为天子、诸侯继统法而设,复以此制通之大夫以下,则不为君统,而为宗统,于是宗法生焉。"[1]

"亲亲"两字,首先是道德观念,其次是政治制度,第三则有阶级也即贵贱之限制。

2.《礼记·大传》所论的宗法

对"亲亲"二字应加以具体的解析,《礼记·大传》说:"圣人南面而听天下,所且先者五,民不与焉。一曰治亲,二曰报功,三曰举贤,四曰使能,五曰存爱。"

"人道亲亲也,亲亲故尊祖,尊祖故敬宗,敬宗故收族,收族故宗庙严,宗庙严故重社稷,重社稷故爱百姓,爱百姓故刑罚中,刑罚中故庶民安,庶民安故财用足,财用足故百志成,百志成故礼俗刑,礼俗刑然后乐。"[2]

"听天下"即治天下。"圣人"指天子。"治亲"指封诸侯。"报功",可能封诸侯或大夫。"举贤"、"使能",就是任用士。"存爱",就是要施惠于庶人。

"社稷",即土神与谷神。祭社稷是诸侯的权利,故失国称"失社稷"。

祭祀要用礼,礼即是贵族生活行为习惯的规定。贵族无刑法,故要用礼约束之,若离开了礼,贵族就要乱。

何谓祖、何谓宗、何谓大宗、何谓小宗?

"别子为祖","继别为宗","继祢者为小宗"。[3]祢读音如"你",父也。

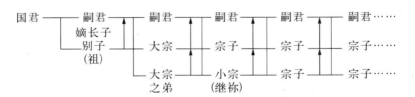

注:诸侯不得祖天子,大夫不得祖诸侯,嫡长子以外,不敢祖先君。其后世奉以为祖是为别子,别子之嫡子为大宗,余子为小宗。

〔1〕 王国维:《观堂集林·下》卷十《殷周制度论》,商务印书馆 1940 年版,上海书店 1992 年影印版。——编校者
〔2〕〔3〕 《礼记·大传》。——编校者

据王国维说,宗法是天子继统的方法。君是天子、诸侯甚至大夫的通称。

上面的注,可以对表作说明。比如天子有三个儿子,只有嫡长子可继位,这是嗣君,嗣君仍以其嫡长子为嗣君,其余二子不得继位而封为诸侯,这两别子对于嗣君有君臣关系。在祭祀时,嗣君可邀别子参加,但别子的后代不能以天子为祖,而要以别子为祖,另开一派。别子也以同样的方法处理,故又有大宗、小宗之别。小宗→大宗→嗣君,有君臣关系之差,小宗要对大宗、天子服从,大宗也要服从天子,这不仅是君臣的关系应该服从,也因为宗法关系要服从。

宗法规定了在政治上全族要服从于宗子,在经济上宗子要负责照顾全族的人。宗法能解决继位问题,但是不能解决余子的生活问题,必然使余子后来落为自由民。

3. 战国的剧变

周王原以为宗法可以保万世,然而至春秋战国时不得不变。顾炎武于《日知录》"周末风俗"中指出:"春秋时犹严祭祀,重聘享,而七国则无其事矣;春秋时犹论宗姓氏族,而七国无一言及之矣。"[1]

(三)儒墨在尊贤问题上的异同

"亲亲"就是用宗法把政权保留于贵族手中,但是这样下来,一代不如一代,而贵族的人数增多,不得其位的多极了。这样被排斥的贵族后代也要求政权了,提出"贤贤"来代替维持血统的"亲亲";以求收拾挽回这局面。在这时代提出"尊贤"与"尚贤"是必然的。

孔子从人情出发,并不反对"亲亲",但要求推己及人,故言"亲亲而仁",同时他也认为"尊贤"的重要。孔子的这种思想,表现其中庸之道。侯外庐称其为二元论。

墨子则主张"兼爱"以反偏爱,"尚贤"以反对"亲亲",这是较孔子主张更为彻底的,故侯外庐称其为一元论。

---

〔1〕 顾炎武:《日知录·周末风俗》。——编校者

　　孔、墨主张固然有不同，但在尊贤这一点上是一致的，他们还从实际行动上培养贤才，这种培养是要改革政治，就时代来说，有解放的意义，有进步的意义。

　　郭沫若论孔、墨，在其《十批判书》中有《孔墨批判》一篇，在《青铜时代》中有《墨子思想》一篇，对墨子加以否定。郭氏认为墨子是反动的，而孔子则是顺时代潮流，是进步的。

　　我们应该用阶级的观点来分析孔、墨，但是材料缺乏，这样来分析看不出他们是属于对立的阶级。在分析的时候应该注意两点：（1）孔、墨两人的时代不同，一个是春秋末，一个是战国初。（2）两者文化的继承不同，孔子是继承周道，而墨子则是尊崇夏禹，墨子是出于清庙之官。

　　墨子与孔子都是进步的，就尊贤这点来说，可以这样肯定，而无法得出是反动的结论。而孔子的进步反不如墨子，这就是他有局限、是妥协的。这方面却为秦汉以后的统治者所利用，而墨子不被尊重的原因也就在这里。

　　孔子是一脚跨在时代前面，一脚落在时代后面，跨在前面的是尊贤的思想，落在后面的是亲亲的思想。故说他在政治上是失败者，而在教育上是一位成功者。孔子在政治上是不能与管仲、子产相比，但是在教育上的巨大贡献，史上无一人可以相比。他把贵族独占的教育转为私学，他的事业照亮了教师从事教育的道路，他的教育精神鼓舞了他的许多学生。

　　今后我们评价教育历史人物，应根据主要的两点：一是他们代表哪个阶级；另一是他们所处的时代及其所继承的文化。

　　马克思在《路易·波拿巴的雾月十八日》写道："人们自己创造自己的历史，但是他们并不是随心所欲地创造，并不是在他们自己选定的条件下创造，而是在直接碰到的、既定的、从过去承继下来的条件下创造。"[1]

　　《政治经济学批判·序言》指出："人类始终只提出自己能够解决的任务。因为只要仔细考察就可发现，任务本身，只有在解决它的物质条件已经存在或者至

---

〔1〕 马克思：《路易·波拿巴的雾月十八日》，载《马克思恩格斯选集》第 1 卷，第 585 页。——编校者

少是在生成过程中的时候,才会产生。"[1]

导读《史记·孔子世家》的一些提示

读《史记·孔子世家》,应读有注疏的《史记》原本。

读《孔子世家》应参读《论语》。《论语》是无系统的,不知孔子谈话的前后年代。

《孔子世家》有部分采自《论语》,大部分都是有根据的,无从查考的不多。由此可见古籍之可靠性。

《孔子世家》专谈其生平活动,非论其思想。现在《中国古代教育史资料》选录过多,还可节录。

司马迁认为孔子在 42 岁时从事教育活动。《孔子世家》云:"孔子年四十二。……故孔子不仕,退而修诗书礼乐,弟子弥众,至自远方,莫不受业焉。"[2]

孔子周游列国,主要从事政治活动。直到 68 岁再恢复教育活动,在此同时整理《诗》、《书》、《礼》、《乐》、《春秋》。据司马迁说,孔子还序《易》,作十翼,即《彖辞》上下、《系辞传》上下、《象辞》上下、《说卦》、《文言》、《序卦》、《杂卦》。(此十篇称为《易传》)

但据郭沫若之考证,《易传》与孔子无关,《易传》是战国时之作品,否认司马迁之说。可是此说尚无绝对之证据,故还有人仍用司马迁之说。

---

[1] 马克思:《政治经济学批判·序言》,载《马克思恩格斯选集》第 2 卷,第 33 页。——编校者
[2] 司马迁:《史记·孔子世家》。——编校者

孔　子
（1956 年 12 月 11 日）

一、关于孔子的最早文献

（一）直接间接的记载

孔子有关的文献多极了，两千多年来这方面的材料是数不尽的。不仅我国如此，即使是外国，也有译本和研究的论文。孔子已经是世界共知的伟大思想家，《论语》已经是属于世界的文献了。英国的百科全书和苏联的百科全书都有关于介绍孔子的文章。

我们现在要谈的不能涉及这么多，只能来谈关于孔子的最早文献。这些文献不是孔子自己写的，而是他的弟子记的，或后人追记的。根据今日保存的，共有六种文献：(1)《论语》；(2)《礼记》；(3)《孔子家语》(伪)；(4) 诸子书(如《墨子》、《庄子》、《孟子》、《荀子》等)；(5)《左传》；(6)《史记》。《论语》与《礼记》是最原始最直接的记载，是研究孔子的主要根据。《孔子家语》在过去也是研究孔子思想的主要根据，但现在一般有认为是伪造的。其实这书写在公元 3 世纪，魏(三国时)王肃所写，成书时代较早，有些材料也不是完全没有根据的，《论语》中所无记载的它有记载，故可作为《论语》之补篇。但自"五四"以后，此书因属伪书之类而不引用。

《墨子》书中有关孔子的记述，郭沫若已在《儒墨批判》中充分地利用了。《庄子》书中也不完全赞成孔子，且其所写的带有寓言性质与借重的意味，故其材料价值不高。孟子、荀子,是儒家中的大师,引用孔子之语很慎重,应视为与《论语》、《礼记》有同样的价值。《左传》是左丘明所述,其中关于孔子的材料,还被认为是可靠的。《史记》中有《孔子世家》,还有《仲尼弟子列传》及其他的记载,这些也应该看作是关于孔子的最早文献。

(二)《论语》

1. 传说的不同

《汉书·艺文志》所载《论语》有三种:《古论语》21 篇;《齐论语》22 篇;《鲁论语》20 篇传 19 篇。今日所传的《论语》,是汉安昌侯张禹以《鲁论语》为主而校定的。

《艺文志》说:"《论语》者,孔子应答弟子时人及弟子相与语而接闻于夫子之语也。当时弟子各有所记,夫子既卒,门人相与辑而论纂,故谓之《论语》。汉兴,有齐、鲁之说。传齐者,昌邑中尉王吉,少府宋畸,御史大夫贡禹,尚书令五鹿充宗,胶东庸生,唯王阳(即王吉)名家。传《鲁论语》者,常山都尉龚奋,长信少府夏侯胜,丞相韦贤,鲁扶卿,前将军肖望之,安昌侯张禹,皆名家,张氏最后而行于世。"

由此可见《论语》一书是如何产生、如何流传的。到汉的时候,以口耳相传《论语》的有两派,即有"齐鲁之说",而最后行于世的是张禹所传的《鲁论语》。

论语的注疏。

《论语注疏解经序》:"叙曰:汉中垒校尉刘向言,《鲁论语》二十篇,皆孔子弟子记诸善言也。太子太傅夏侯胜、前将军肖望之、丞相韦贤及子玄成等传之。《齐论语》二十二篇,其二十二篇中章句颇多于《鲁论》,琅玡王卿及胶东庸生、昌邑中尉王吉,皆以教授。故有《鲁论》,有《齐论》。鲁共王时,尝欲以孔子宅为宫,墙坏,得《古文论语》。《齐论》有《问王》、《知道》,多于《鲁论》二篇,《古论》亦无此二篇,分《尧曰》下章'子张问'以为一篇,有两《子张》,凡二十一篇,篇次不与齐鲁论同。安昌侯张禹本受鲁论,兼讲齐说,善者从之,号曰张侯论,为世所贵,包氏、周氏章句出焉。《古论》唯博士孔安国为之训解,而世不传。至顺帝时,南郡太守马融亦为之训说。汉末大司农郑玄就《鲁论》篇章考之齐古为之注。近故司空陈群、太常王肃、博士周生烈，皆为义说。前世传授师说，虽有异同，不为训解，中间为之训解，至于今多矣。所见不同，互有得失。集诸家之善，记其姓名，有不安者，颇为改易，名曰《论语集解》。"

《论语》为晋代何晏所注，称为《集解》。何晏与王弼同是清谈家，研究道家，非如汉郑玄专研究儒家。何晏虽非经学家，但他是搜集古注来加以解释的，所以说起其性质，仍称汉注。

《论语》为宋代邢昺所疏。

汉代《论语》已有三派，三派传授《论语》又分成好几家，其文字、章句、篇数之多寡各有不同。汉儒重于名物训诂，至宋，儒者学风转变，不喜名物训诂，而喜谈精义微言，朱熹的《四书集注》可以为其代表。其后几百年，学者皆读朱熹《四书集注》，因为科举考试规定以此为准则。那时学者买不到《论语》的注疏本，即使有也买不起。

2. 崔述的考证

查过《汉书·艺文志》及《论语注疏序》，可知《论语》的传授中还存在很多问题。可是过去的学者从未怀疑过《论语》，以为《论语》绝对可靠。只有到了清代，有一学者名崔述号东壁，著《考信录》，考证了很多伪书，其中有些是总结前人的见解，但是关于《论语》的考证，却是他新提出的意见。崔东壁的考证虽然疑古，但观点陈旧，故其批判未必正确。因为对《论语》的批判可以说史无前人，所以加以介绍。

崔氏的结论是：一、《论语》前十篇是绝对可靠的；二、后十篇是可疑的；三、后十篇中最后五篇是不可信的。

古书的章和篇与我们今天的理解是不同的。古书中积若干句而成章，每章刻于一简，集若干章而成篇。一篇就是一串竹简，《论语》就有二十篇。篇索可因年久而断，断后就重整编，次序就可能乱，所以篇章前后次序都是无充分道理的。依今日的观点，可扬弃古人之说法，而重新整编。

崔述认为前十篇可信，即：一《学而》，二《为政》，三《八佾》，四《里仁》，五《公冶长》，六《雍也》，七《述而》，八《泰伯》，九《子罕》，十《乡党》。崔义认为从 11 至 15 是可疑的，即十一《先进》，十二《颜渊》，十三《子路》，十四《宪问》，十五《卫灵

《公》)。而从《季氏》起是不可信的,即十六《季氏》,十七《阳货》,十八《微子》,十九《子张》,二十《尧曰》。因为《季氏》最后谈夫人之称谓与孔子无关,《子张》一篇所记皆其弟子之言,与孔子也无关。

3.《论语》书的价值

根据《汉书·艺文志》所记及何晏序说,应该说《论语》是今日所见的关于孔子言行最直接最宝贵的纪录。但其中也有间接的,例如对于有若、曾参的话皆称有子、曾子,后人因此认为这些就不是曾参、有子等自己记的,而是由其再传弟子所记的。所以说《论语》一书非出于一人,非成于一时。

郭沫若在《十批判书》中认为《论语》是二三流弟子及再传的弟子所写的。这话不能解决问题,而提出了问题,到底弟子中谁是第一流?一般认为子思是第一流,但子思所写的《中庸》,人们都认为是子思自己的思想。曾子是第一流,但是曾子的著作列于《礼记》之中,人们也认为这些也是属于曾子的思想。所以第一流弟子记载关于孔子的言行的材料是没有的。

我们知道崔述的见解之后,在读《论语》时可把最后五篇看做有问题的,至少可把不相干的章句删去,把《乡党》一篇删去,余下十四篇就要精密地研究。但是最后五篇中也有一些宝贵的材料,如《季氏》、《阳货》等,所以这两篇还可读。

《论语》之记述,其篇章本无逻辑之联系,也不能考证其时间之先后。所以读的时候可以分类来读,如按礼、仁、政、孝、学、教等目来分类,分类之后,读起来就较有意义,但读同一问题,会发现前后还有矛盾。

二、孔子的政治思想

孔子的政治思想比他的世界观、认识论重要得多。

中庸的思想在孔子来说是很重要的思想,把事物看成有对立的两面,解决矛盾是求其折中,缓和矛盾。

要把孔子的思想归入唯心或归入唯物是有困难的,在这一方面,他表现得不够明显。

孔子的政治思想与他的教育思想联系最为密切,不可能想象他从事这样的教育活动是超政治的。

考察他的政治思想应注意两点:(一)反对什么样的政治制度,赞成什么样的政治制度;(二)他所认识、知道的人物,赞成谁,反对谁。当时的政治变化中有两个标志:一是礼与法(刑),二是亲亲与贤贤。每一问题中都包括有新与旧的矛盾,过去的旧制与当前现实的矛盾。这是我们对孔子要考虑的第一点。

孔子的弟子中有很多政治活动家,孔子对他们都有评论,孔子对当时的执政者也有评论。这些评论是我们应该考虑的第二点。

孔子对郑子产、齐管仲的为政都有评论,表现出他的政治思想。

《左传·襄公二十一年》(前594):"郑人游于乡校,以论执政。然明谓子产曰:'毁乡校何如?'子产曰:'何为?夫人朝夕退而游焉,以议执政之善否。其所善者,吾则行之;其所恶者,吾则改之;是吾师也,若之何毁之?我闻忠善以损怨,不闻作威以防怨。岂不遽止,然犹防川,大决所犯,伤人必多,吾不克救也。不如小决使道,不如吾闻而药之也。'……仲尼闻是语也,曰:'以是观之,人谓子产不仁,吾不信也。'"

《左传·昭公二十年》:"郑子产有疾,谓子大叔曰:我死,子必为政,唯有德者,能以宽服民,其次莫如猛。夫火烈,民望而畏之,故鲜死焉。水懦弱,民狎而玩之,则多死焉。故宽难。……仲尼曰:'善哉!政宽则民慢,慢则纠之以猛,猛则民残,残则施之以宽,宽以济猛,猛以济宽,政是以和。'"

这两篇都是孔子对子产的赞美,可以看出孔子的政治观。

《论语·宪问》有对管仲的评论。"子曰:桓公九合诸侯,不以兵车,管仲之力也。如其仁,如其仁。""子曰:管仲相桓公,霸诸侯,一匡天下,民到于今受其赐,微管仲,吾其被发左衽矣,岂若匹夫匹妇之为谅也,自经于沟渎而莫之知也。"肯定管仲是顺应历史发展,做了对国家对民族有利的事情。

《论语》书中各篇有孔子对政治变化的论述,对当代政治的主张和态度,对政治人物施政行为的评价,都从各方面不同程度地显示他的政治思想。

《为政》:"子曰:道之以政,齐之以刑,民免而无耻。道之以德,齐之以礼,有耻且格。"

《季氏》:"季氏将伐颛臾……"反对季氏以武力兼并扩张,责其违反礼制。

《季氏》:"孔子曰:天下有道,则礼乐征伐自天子出;天下无道,则礼乐征伐自诸侯出。……"只是叙述事实,并未参以己见,论其是非。

《季氏》:"孔子曰:禄之去公室五世矣,政逮于大夫四世矣,故夫三桓之子孙微矣。"这也只谈变化事实而已。

《子路》此篇中,孔子与学生讨论很多政治问题。

"子路问政。子曰:'先之劳之。'请益。曰:'无倦。'"

"仲弓为季氏宰,问政。子曰:'先有司,赦小过,举贤才。'曰:'焉知贤才而举之?'曰:'举尔所知。尔所不知,人其舍诸。'"

"子路曰:'卫君待子而为政,子将奚先?'子曰:'必也正名乎!……名不正,则言不顺,言不顺,则事不成,事不成,则礼乐不兴,礼乐不兴,则刑罚不中,刑罚不中,则民无所错手足。故君子名之必可言也,言之必可行也。君子于其言,无所苟而已矣。'"

"子适卫,冉有仆。子曰:'庶矣哉!'冉有曰:'既庶矣,又何加焉?'曰:'富之。'曰:'既富矣,又何加焉?'曰:'教之。'"于此可见他主张先满足人民的物质需要,然后教育他们。

"叶公问政。子曰:'近者悦,远者来。'"

《颜渊》:"子贡问政。子曰:'足食、足兵,民信之矣。'子贡曰:'必不得已而去,于斯三者何先?'曰:'去兵。'子贡曰:'必不得已而去,于斯二者何先?'曰:'去食。自古皆有死,民无信不立。'"

这里所谈的是主张"去食而立信",与"庶矣富之"的主张有矛盾,已为汉王充所指出。[1]

---

〔1〕 王充:《论衡·问孔篇》。——编校者

"齐景公问政于孔子。孔子对曰:'君君、臣臣、父父、子子。'"

"子张问政。子曰:'居之无倦,行之以忠。'"

"季康子问政于孔子。孔子对曰:'政者,正也。子帅以正,孰敢不正。'"

"季康子患盗,问于孔子,对曰:'苟子之不欲,虽赏之不窃。'"

"季康子问政于孔子曰:'如杀无道,以就有道,何如?'孔子对曰:'子为政,焉用杀,子欲善而民善矣。君子之德风,小人之德草,草上之风必偃。'"

以上是孔子对于礼、法、亲亲、贤贤,以及对管仲、子产等的看法。还有一个关键问题,那就是孔子每言必及于尧舜。

《泰伯》:"子曰:大哉:尧之为君也。巍巍乎!唯天为大,唯尧则之。荡荡乎,民无能名焉。巍巍乎!其有成功也。焕乎!其有文章。"

"子曰:'巍巍乎!舜禹之有天下也,而不与焉。'"

历史上立嫡长之制,是从西周开始才严格确立起来,在此以前都是禅让继世。传说商以前的尧舜,是由禅让得位、由禅让传位的。孔孟极提倡这种禅让。

(1956 年 12 月 15 日)

《礼运》谈礼的运动发展,指出礼并非自古而有,而是适于需要而制定出来的。礼制的社会并非孔子的最高理想,孔子最高的理想仍在大同世界。

《礼运》是《礼记》中重要的一篇。辛亥革命前受这篇的大同思想所影响的人很多,康有为写过《大同书》,孙中山也引用"天下为公",大同世界。

《礼运》谈社会发展的三阶段,至孔子时代已是第三阶段,追述前两个阶段。

此篇是文艺作品,应作为文艺作品来读,不能要求其有科学的分析和叙述。

关于此篇的中心内容,注疏已经提示:"陆曰:郑云,《礼运》者,以其记五帝三王变易及阴阳转旋之道。"

孔子在《礼运》中谈了大同之世、小康之世,在《春秋公羊传》中谈了据乱之世。礼的发生在社会发展的第三阶段,是在大道既隐,私有制度产生之后,大夫世及才制定礼。

孔子的思想就是要从据乱反归小康,由小康返归大同。这是一种倒退的社会观,认为理想的世界是在过去,故其言必称尧舜。要说他有空想社会主义也可以,可以认为他是在新的历史条件下,企图实现理想的社会。

孔子是主张恢复礼,而反对法,故礼的概念在孔子思想中是最基本的。

礼产生之后对社会有什么作用呢? 孔子认为礼可使"天下国家可得而正也"。言偃复问曰:"如此乎! 礼之急也?"孔子曰:"夫礼,先王以承天之道,以治人之情,故失之者死,得之者生。《诗》曰:'相鼠有体,人而无礼;人而无礼,胡不遄死。是故夫礼,必本于天,淆于地,列于鬼神,达于丧祭、射御、冠昏、朝聘。故圣人以礼示之,故天下国家可得而正也。'"〔1〕

礼的演变情况如何呢? 孔子认为夏商之礼,已"不足徵"了,无法查证了。

礼丧失的原因,据现在看来,原因有二:(1)夏商亡国已有千余年或数百年,那时的礼乐制度已没有保存。(2)古代没有记载,故孔子说"文献不足"。

不仅夏商之礼已亡,并且西周之礼也几乎看不到了,集礼之大成的周公之礼,到了孔子时代已经衰落了。

《左传·昭公二十九年》晋铸刑鼎,孔子有所评论,他面对礼与法的问题,担心实行刑法,"贵贱无序,何以为国"。但在《论语·为政》并未将礼绝对化。他还徘徊在礼与法之间,欲求其折中。

司马迁虽赞美孔子,但赞美的并不是他的政治活动,而是赞美他继承发扬了文化,赞美他的教育活动,这是完全有道理的。孔子的政治思想很平常,政治活动影响也不大,但他的教育活动很成功,他应该属于教育史的人物。

三、孔子的道德思想

孔子最基本的道德观即礼与仁,这是一般人所公认的。

伦理学所研究的有下列几个问题。其一,道德的起源问题,有两种不同的观点:一是认为道德是天生的,另一是认为道德起于社会关系。其二,道德的标准

---

〔1〕《礼记·礼运》。——编校者

问题。即什么才算是道德行为,什么是不道德的行为。

(一)"忠"与"孝"是道德的中心思想

孔子在《礼运》中认为礼起于社会,他并没有把道德观神秘化。孔子认为社会的发展有阶段,不同阶段的社会有不同的道德标志。在《论语》中最常讲的是孝悌忠信。孝悌是针对家庭中的关系,孝即孝于父母,悌即和睦于兄弟,忠即是忠于君,下对上忠,信是上对下信。这些道德思想是继承西周社会的,并非是孔子的独创。

忠信孝悌,这些道德项目,最重要的就是忠与孝,除此之外还有义。把忠孝作为孔子的道德的中心思想,是有道理的。

(二)"礼"与"仁"有形式与内容的关系

孔子继承西周的思想,述而不作。他是保存传述而非创作,但他在继承中是有新的发展的,这个发展是社会发展在人们脑中的反映,孔子当然也有反映。"礼"是西周的道德观念,孔子加以继承,"仁"是春秋的新发展,孔子加以发展,所以有保守的传统的"礼",也有新发展的"仁"。

西周的礼是贵族的礼,完全离不开礼器。春秋的时代不同,讲礼的也不是氏族贵族,而是一般的人。孔子不赞成繁琐的礼节而无诚敬的精神,反对仅有形式而无实质。他不提倡旧的一套礼仪制度,但却很强调其内容,无内容无爱人的感情,就都是虚伪的了。所以孔子不仅提出"礼"还提出"仁"来,没有"仁"作为核心,则礼乐都只是形式,就无意思也无用的。《论语·八佾》:"子曰:'人而不仁,如礼何?人而不仁,如乐何?'"由此看来,仁与礼有内容与形式的关系。

(三)道德观念有不同的阶段

与社会发展有不同的阶段一样,道德观念的发展也有不同的阶段。

小康非终极的阶段,应该有更高的阶段。礼是小康社会阶段的产物,如能返归于大同社会,按孔子看来道德也会达到一定高度,这就是实现仁道,仁是到大同之世才出现的道德现象。所以礼是低级阶段的道德,而仁则是高级阶段的道德,仁治高于礼治,大同高于小康。最高的道德品质是"仁","仁者爱人",仁也是最广泛的,因此可以包括一切的道德概念。

孔子对天的态度:他对天是抱怀疑的态度,在今日说来,是一种不可知论。这种看法是属于唯心主义的。

孔子对天、神、鬼都还是敬的,但敬的情况则有差别,对天是敬畏(畏天命),对神、鬼则敬而远之,虽然不是宗教的信仰,还是要归于唯心论。

四、孔子的教育思想(1956年12月18日)

孔子的教育思想,已大部分成为中国教育的优良传统。特别是"有教无类"的思想、"性相近,习相远"的思想,以及如何进行启发教学以培养学生思考的能力,如何因材施教以发挥学生思考的能力,如何因材施教以发挥学生的特长,这一切都是当前常说的问题,无需多加解析。

要说明的是教育理论是离不开教育实践的。例如今日的教育科学理论是从发展到社会主义教育时代的学校教育实践得来的。孔子的教育理论也是从他的教育实践中得来的。关于这一方面,《论语》谈得并不多,只有从其他方面的材料来说明。

下列几个问题需要我们具体了解:孔子的学校是什么样的组织;他所教的学生是哪种学生;他要把这些学生培养成什么样的人;他所教的是什么东西。

(一)孔子的学校

孔子本想使社会的政治状况得到改变,但没能达到目的,他一生都只是作为一个教师来结束他的生活。

在西周学校教育是贵族独占的,超越贵族、超越统治氏族的学校是不可能的。

突破贵族对教育的独占,并非全是孔子的功绩,但他是实现民间讲学的第一人。

从孔子的活动来看,他的生活是流动的,并不稳定。在鲁国的时期,他在自己家里进行招生授徒的教育活动,就像后来的私塾一样。他周游列国时,都有学生跟着他。所以他的教育活动,在齐、宋、卫、陈、蔡都没有停止,学生遍及这些国家,他没有固定的学校,只有学生随时来往。在这种教育活动中,很自然就会产生启发教学和因材施教。

(二) 孔子的学生

《史记·仲尼弟子列传》向我们说明了孔子所教的学生是些什么人。

孔子的学生据说有三千,这三千是一生所有的学生,但列入传中仅有七十七人,其中三十五人有传记,其他全部皆有与孔子的年龄比较,平均与孔子差三十岁,最多的相差五十岁。这差别是很大的,说明学生并非同时的,有部分是老年时代的学生。

学生不全是鲁人,也有齐人、宋人,这就完全打破一国或一氏族的界限。

更值得注意的是这些学生没有一个是贵族的,而是一种新生的阶层,通称为士,他们不从事生产劳动,也没有占有生产资料,而是文学之士。

(三) 孔子的教育目的

学者一定有其目的,教者也一定有其目的。但是关于这些《论语》皆无提及,我们只能大胆地来猜测。

就学生来说,他们要求学得一种能力,以便参与政治,若无机会参与政治,就从事于教学。所以目的只有二:一是政治,一是教育。其总的就是成为"君子"。在过去,君子是有血统的关系的。有人生在贵族之家,就为君子,有人生在庶人之家,则为小人。而现在,君子的含义就改变了,君子是教养成功的人。在《诗经》中,君子可以理解为贵族,而在《论语》中,则是有品德的人,出可以为政治活动家,退可以为教育者。按当时的史实,这种推测是不错的。

但孔子的教育目的就不只此。在政治上孔子论定有大同和小康两阶段,这等于在道德思想上含有仁和礼两项内容,礼属于小康,从属于大同,相应的教育目的也有两项内容,君子是小康时的人,更进而应培养仁人,这是最高最广泛的目的,培养具有人道主义的人,具有这种格局的人格,可以作为模范,被称为圣人。社会发展不应停留于君子之上,而是要进于仁人、圣人。圣与仁含意相差不远。子曰:"若圣与仁,则吾岂敢? 抑为之不厌,诲人不倦,则可谓云尔已矣。"(《论语·述而》)

在孔子三千弟子中,最受称赞的是颜渊,说他"好学"。按宋程灏的解释,颜渊所好的是学为圣人。这一解释是不错的,从《庄子》中也可得到证明。

孔子的教育目的,第一是培养具有人道主义的仁人,其次才是培养士大夫。肯定了这一点,就可以了解以后儒家的教育思想,这种思想一直流传到王夫之、黄宗羲。因此,道德品质的教育是教育的首要目的,而其次才是艺能的培养,使其能为士大夫。孔子的目的如此,而弟子的学习目的如彼,故孔子称好学的唯有颜渊。

孔子把得意的弟子分为四类,即德行、言语、政事、文学。德行放在首位,知识才能放在第二位。

(四)孔子的教育内容

所教不外乎《诗》、《书》、《礼》、《乐》,这是殷、周大学中乐正所教的"四术",这四样东西并非同等重要,在他看来培养圣人顶重要的是礼乐。《论语·泰伯》:"子曰:'兴于《诗》,立于《礼》,成于《乐》。'"

现在遗憾的是解释《礼》、《乐》的材料缺乏。《礼》是包括一切政治道德内容,治国以礼,道德以礼表现。所以《礼》、《乐》就是政治道德教育的全部。

"礼以节外,乐以和中",《礼》无论在政治、道德、教育上都不是最高的,最高的是《乐》。

《诗》、《书》、《礼》、《乐》这些学问原在官府,即使容许,也不可能在贵族以外去教育,因为《礼》、《乐》都要有具体的器物才能学习,这在民间是没有的。《诗》、《书》在民间也不可能有,因为那时纸笔尚未发明,《诗》、《书》都是刻于竹木,编为简册,藏于官府。孔子能把《诗》、《书》从官府里抄袭出来,但不能把礼器、乐器也搬往民间,所以他所讲的是礼、乐的道德意义,而非实际的技能。孔子虽然要学西周的礼乐,教西周的礼乐,但是缺乏必要的物质条件。

《礼》、《乐》不好教,《诗》、《书》也不好教,他无法传授《礼》、《乐》,只能传授《诗》、《书》。传授《诗》、《书》靠口授,讲其意义,要背诵熟记并能理解,也是非常不容易的事。直到汉代,还是口授章句,因为传授不同,故产生不同的派别。教《诗》、《书》在当时是很费时很吃力的工作,而且是对不同年龄不同程度的人,更是来得艰巨。孔子能在这种条件下传授《诗》、《书》，这亦是文化上的绝大贡献。

孔子在教育目的中政治要求的一方面没能达到，他的学生实际上做官的人数很少，得到重要职位的不上十人。但在另一方面是成功的，他的学生大部分是从事教师工作。例如子夏，在战国时是重要的人物，魏文侯、李克、吴起都是他的学生，子夏在政治上的影响算是比较大的。

孔子的一生，若用一句话来概括，就是"教学"。他说："少而不学，长无能也。老而不教，死无思也。有而不施，穷无与也。是故君子，少思长则学，老思死则教。"(见《荀子·法行》)荀子记载孔子这些话，表明孔子是以教学来进行政治活动的，把一生看为只从事教学，教学活动变为生活的内容。

有人不了解"六艺"有两种不同的意义，表现两个不同的时代。保氏所教的"六艺"是礼、乐、射、御、书、数，这些都是贵族生活所必需的。孔子时代的"六艺"则有新的含意。《史记·孔子世家》云："孔子以《诗》、《书》、《礼》、《乐》教弟子，盖三千焉，身通六艺者七十二人。"此处所说四教与六艺不一致。在《庄子·天下篇》则说得较清楚，指出孔子传授六艺，"《诗》以道志，《书》以道事，《礼》以道行，《乐》以道和，《易》以道阴阳，《春秋》以道名分"。虽有六艺之名，但这六艺之名的真正确立是到诸子时代。六艺中《易》与《春秋》是教得很少的，据考证，《易》只有商瞿传，而《春秋》在修撰时，"子夏之徒不能赞一辞"。所以孔子的教育内容，主要的是《诗》、《书》、《礼》、《乐》。

六艺在诸子时代以后，特别是到汉代儒家独尊之时，才改称"六经"。

(五)孔子论教育的可能和必要(1956年12月22日)

在"五四"运动反封建的潮流下，孔子是被反对的中心人物，因此对孔子的话所作的批判解释，有些就不合乎历史事实。"五四"之后，特别是郭沫若，都重新作了解释。

"生而知之者，上也；学而知之者，次也；困而学之，又其次也；困而不学，民斯为下矣。"(《论语·季氏》)

这里的"知"不作知识解，而是要解释为善的本性，解释为道德品质，这就解释得通。他就是认为人皆有善的本性,有这种可能性存在,故人人可学为尧舜。

孔子认为道德有天生的,是善的,凭其这种天性,有辨别是非的能力。这种看法是不对的,在此他表现为唯心主义的。道德是在人与人的关系中产生的,有具体的行为比较,才会有善恶之别。而且道德还是阶级的,是随社会发展而变化其内容。孔子把道德看为可以脱离社会现实生活,是天生的,这就是唯心的观点。

孔子并没有把自己看作"生而知之者",而只认为自己是"好古敏以求之者"。

(六)孔子的教学方法论

《中国古代教育史资料》的分类,这是按我们现在的看法来分类,并非符合孔子的原意。

可以供我们现在吸取的,最重要是两点:一、启发;二、因材施教。

分类时不要用我们现在的话,还是要沿用孔子的思想和用语。

1. 启发

今日教育学中所用的"启发"二字,非来自《论语》,而来自日本,中国最早的教育学是从日本翻译来的。"哲学"两字也是来自日本,过去中国对哲学称理学,这是理之理,更能表示哲学之意义。

"启发"二字来自日本,但孔子最早讲,而日本也是学孔子的。

《论语·述而》:"不愤不启,不悱不发。"不愤,是已思考而未能得;不悱,是欲发表而辞未能达意;启,是开其思路;发,是使其辞能达意。启发的教学是要能善于等待时机,非学生不愤不悱之时,教师是不启不发的。"举一隅不以三隅反则不复也。"物有四隅,举一则可知其三,故不必再以三隅反证,所以孔子就不再告诉。所谓"举一反三",就是要说明原理,而后能使原理应用于实际,可以触类旁通,由一以知二,由一以知十。学习知识要"举一反三",也应该联系到道德行为。

王充在《论衡》中对孔子别的方面作了批判,但在启发问题上,王充作了补充。他说学生们对孔子的认识是前后不一致的,"孔子之门,三盈三虚,唯颜渊不去",因此颜渊被称为"好学"。

2. 因材施教

选录是摘录最重要的,并非因材施教全部有关材料都包括在内。

"因材施教"并非孔子自己说的,而是见于朱熹对孔子把有名的弟子分四科的注:"孔子教人,各因其材,于此可见。"朱熹的注也是有根据的,他根据《礼记·中庸》:"故天之生物,必因其材而笃焉。"把因材而笃焉的思想联系到教育,就是因材而教。

孔子把有名的弟子分为四科,在此所说的仅是从于陈蔡之间的,并非全部弟子。其重要的弟子如孔伋,字子思,作《中庸》;曾子名参,皆传孔子之学;商瞿,孔子授之以《易》;原宪,也字子思(非孔子之孙)。孔子死后,在政治上有所表现的并做到大夫的有宰我、子贡。子路、冉有做到家臣而已。

孔子的学生,后来大部分是做教师的,儒的原意是教师。最有地位最有影响的教师就是子夏。

子路问:"闻斯行诸?"这一章是孔子因材施教最有代表性的材料。子路与冉有问同样的问题,孔子所答不同,公西华感到疑惑,孔子答曰:"求也退,故进之;由也兼人,故退之。"[1]

《论语》中充满了师生的问答,学生问政、问仁、问孝,依各人的情况而所答不同。

孔子的教育主要的是德行,然后才是知识、技能,这些都是与教育目的联系的。

因材施教也包括着对学生个性的考察。《论语·先进》:"闵子侍侧,訚訚如也;子路,行行如也;冉有、子贡,侃侃如也。子乐。"把学生们的个性都描写出来。《史记·仲尼弟子列传》:"孔子闻之曰:吾以言取人,失之宰予,以貌取人,失之子羽。"对于人的考察鉴定,不能单凭外表,还应该看内在的道德品质。

因材施教也包括了教育范围无限制扩大,任何人都可以受到教育。孔子说过"有教无类",这即是说,受教育的不单是一类人,而教育也不限于一个内容,学

---

[1]《论语·先进》。——编校者

生是形形色色的,不能用同一模子印出来。

《论语·述而》:"互乡难与言,童子见,门人惑。子曰:'与其进也,不与其退也,唯何甚? 人洁己以进,与其洁也,不保其往也(不能老记住他往日的缺点)。'"由此可见其教育不限于一类人。

因材施教包括个性的考察、特长的发展、教学不限于一类人。

既然是因材施教,就只有个别来施教,个别施教就适于采用启发式的教学。

《论语·先进》子路、曾皙、冉有、公西华侍坐章,孔子令四位学生各言其志,不对学生作甲、乙、丙、丁的评价,但各称之,可见孔子赞成学生各发挥其才能。

自由讨论既是启发的一种方法,也是因材施教的注释。自由讨论应该是学生的不同意见与孔子进行争论,这种讨论在《论语》中见到两例。

《子路》:"子路曰:'卫君待子而为政,子将奚先?'子曰:'必也正名乎。'子路曰:'有是哉? 子之迂也。奚其正?'子曰:'野哉由也。君子于其所不知,盖阙如也。名不正则言不顺,言不顺则事不成,事不成则礼乐不兴,礼乐不兴则刑罚不中,刑罚不中则民无所措手足。故君子名之必可言,言之必可行也。君子于其言,无所苟而已矣。'"子路与孔子在思想上有对立,孔子还是耐心向子路解释自己的正名分的主张。

《阳货》:"宰我问:'三年之丧,期已久矣。君子三年不为礼,礼必坏;三年不为乐,乐必崩。旧谷既没,新谷既升,钻燧改火,期可已矣。'子曰:'食夫稻,衣夫锦,于女安乎?'曰:'安。''女安则为之。夫君子之居丧,食旨不甘,闻乐不乐,居处不安,故不为也。今女安则为之。'宰我出。子曰:'予之不仁也。子生三年,然后免于父母之怀。夫三年之丧,天下之通丧也。予也有三年之爱于其父母乎?'"宰我是孔子重要的学生,但在道德原则上有不同的见解,宰我反对孔子的三年丧的主张,比墨子的反对有理由得多,孔子对此事情极不高兴。孔子所主张的礼,是以情感与爱人的思想为基础,并无法律的限制,礼是从一般人的体验出发的。这种三年丧的主张,据说在周初并没有规定,而是孔子新出的主张,故宰我敢反对,若是西周的,也就不会来重新讨论。

由此可见在孔子的教学中是完全允许学生发表不同的意见,甚至是与自己基本主张相反的主张,也允许提问与讨论,并且对学生的不够尊重也不生气。

《学记》中所言的尊师是贵族学校中的,在孔子私学的教学中并不体现学生对教师是如何地尊重。

除了着重谈启发和因材施教的思想之外,其他各点都只能算是附带的解释。

孔子所教,乃《诗》、《书》、《礼》、《乐》,《诗》、《书》是要读,《礼》、《乐》就要做。

孔子进行个别教学,这是藉谈话方式来进行的,谈话的机会也不多,此外都只是自学。

3. 教学相长

在《论语》中或《孟子》中,谈到孔子教学的,都把教与学并提。

教育的成功在于教师坚持学习。《学记》中重要的一点就是"教学相长"。"学然后知不足,教然后知困,知不足然后能自反,知困然后能自强。故曰教学相长也。"

一般人教不倦是容易的,但要学不厌则是很少人能做到的。教师的职业,其特点就是职业本身督促教师坚持学习,要学好才能教好。若单注意教学方法的考察研究,而不注意职业的特点继续地学习,是教不好的。所以凡是好学的人,终身不厌地学的人,都愿意做教师的工作。

古人都像孔子一样,强调自己学好是作为教师的条件。

子贡初师事于孔子,第一年觉得孔子没有教给他什么学问,第二年觉得自己与孔子相比学问实在差不多,学到第三年才深感远不如孔子。

子贡倦于学,欲退学而息,孔子告以人生的每事都不能息,只有死了的人才能息。

《荀子·大略》、《孔子家语·困誓》:"子贡问于孔子曰:'赐倦于学,困于道矣;愿息而事君可乎?'孔子曰:'《诗》云:温恭朝夕,执事有恪。事君之难也,焉可以息哉?'曰:'然则赐愿息而事亲。'孔子曰:'《诗》云:孝子不匮,永锡尔类。事亲之难,焉可以息哉? ……'曰:'然赐愿息于朋友。'孔子曰:'《诗》云:朋友攸摄,摄以威仪。朋友之难也,焉可以息哉?'曰:'然则赐愿息于耕矣。'孔子曰:'《诗》云:昼尔于茅,宵尔索绹,亟其乘屋,其始播百谷。耕之难也,焉可以息哉?'曰:'然则赐将无所息者也。'孔子曰:'有焉! 自望其广,则罣如也;视其高,则填如也;察其从,则隔如也。此其所以息也矣!'"

子贡受了孔子的教育,才深深了解孔子学不倦教不倦的道理,故他称孔子为圣,堪作为模范。

孔子总认为学是一生的事情,要死而后已。他自己这样做,也劝学生这样做,所以他的高足弟子颜渊喟然叹曰:"夫子循循然善诱人,博我以文,约我以礼,欲罢不能。"[1]

年纪大一些的人,有了生活经验,才能认识继续学习的重要,才能更好体会孔子"教学相长"之意。

(七) 孔子与学生的关系

孔子并不讲尊师,讲尊师的是古代贵族学校,有很严格的礼节。讲尊师的还有后来的荀子。

孔子与学生是很亲近的,这是完全肯定的。《论语。述而》:"子曰:'二三子以我为隐乎? 吾无隐乎尔,吾无行而不与二三子者,是丘也。'"他的任何行动都对学生公开,没有什么东西要对学生保密。孔子所教,重在德行,而且是以身作则来教学生,所以对学生是无所隐瞒的。

孔子与学生虽有意见不同的辩论,但学生对孔子总还是尊重的,有的学生觉得对孔子在生的时候尊重不够,在孔子死后就更加尊重。

有人认为孔子的才干还不如他的学生,但是真正了解孔子的学生却是极力为孔子作辩护。"子贡曰:'譬之宫墙,赐之墙也及肩,窥见室家之好;夫子之墙数仞,不得其门而入,不见宗庙之美,百官之富。得其门者或寡矣。夫子之云,不亦宜乎。'"(《论语·子张》)他用譬喻表明孔子的学问高深才能多样,一般人不得其门而入,不了解他。

《论语·子张》:叔孙武叔毁仲尼。子贡曰:"无以为也,仲尼,不可毁也。他人之贤者,丘陵也,犹可逾也;仲尼,日月也,无得而逾焉。人虽欲自绝,其何伤于

---

[1]《论语·子罕》。——编校者

日月乎。多见其不知量也。"认为孔子比如高空的日月,谁也无法超越。

孔子生时,人不以为至圣。至汉代,人才称为至圣。

孔子与学生的感情是很深的,与颜回尤其融洽,孔子曰:"自吾有回,门人益亲。"〔1〕颜回早逝,孔子认为应"葬之以礼",但是学生们不按礼葬之,而是安排厚葬,孔子为此非常悲伤。孔子曰:"回也,视予犹父也,予不得视犹子也;非我也,夫二三子也。"(《论语·先进》)

子路死时,孔子曰:"自吾得由,恶言不入于耳。"〔2〕

孔子死后,许多学生为他守丧三年,说出发自肺腑的言论,表明他们对孔子的悼念和无限的尊敬。

宰我说:孔子贤于尧舜。

子贡说:自生民以来,未有如孔子者。

曾子曰:孔子的人品光辉洁白,没有什么人可以超过他。

---

〔1〕〔2〕　司马迁:《史记·仲尼弟子列传》。——编校者

墨　子
（1956 年 12 月 25 日）

一、关于墨子的书

墨子（约前 479—381）是战国时期的人。他对孔子凡是可反对的都加以反对。孟子反对墨子，而荀子虽然也是儒家，但他是唯物主义的，反对唯心主义的孟子。

《墨子》一书是较难读的。（一）篇幅重：按《七略》所载共有 71 篇，现在已失去 18 篇，只余 53 篇。（二）文字难：这对研究古书的人来说也是难的。《论语》、《孟子》是汉朝人都读的，其文字已用今文整理过。而《墨子》则因为未经整理，是由古文译为宋体，所以书中多古字，多通假字、错字、缺字，而且句子较长难解。（三）无注疏：《墨子》两千年来很少人读，其学不传，故无注，直到清朝时，这部书才首先由毕沅所整理，以后孙诒让也进行校释工作，写出《墨子间诂》（间诂——意即校释整解）。毕沅书比孙诒让之书早百多年出版，孙诒让之书到本世纪初才出版。

"五四"运动之后，有较多人来研究《墨子》，如胡适、梁启超，他们是用自己的观点来研究《墨子》，并没有做注疏的工作。

现在要研究《墨子》，应该吸收前人的研究成果，因此要介绍郭沫若和梁启超。郭沫若写的《墨子的思想》，出于 1943 年，收在《青铜时代》一书中。他说："现存的《墨子》一书，是汉人纂集的，其中有些是墨家弟子的著录，有些还不是墨家的东西,要说墨子本人,最好根据下列十篇:(一)尚贤,(二)尚同,(三)兼爱,(四)非攻,(五)节用,(六)节葬,(七)天志,(八)明鬼,(九)非乐,(十)非命。十篇各有上中下,内容大同小异,只是一番谈话的三种记录。据《韩非子·显学篇》,墨家分为相里氏、相夫氏、邓陵氏,这十篇各具三篇,正是三派的底本汇辑。"〔1〕

这些话给我们一些初步的线索,给我们指出了那些最重要的。十篇可说是十大纲领,又分为五大类,而最主要的就是《尚贤》、《兼爱》、《节用》、《天志》。每篇虽有上中下,实是同一说法的三个不同的记录,所以读其中一篇就够了。

郭氏最后的一个判断是无根据,怎能要一派一定写一篇收在一起呢?

除此十篇之外,其他讲些什么呢? 这就要看梁启超的《墨子学案》。梁启超把53篇的目录分为五类:

第一组(7篇)《亲士》、《修身》、《所染》(3篇疑伪)、《法仪》、《七患》、《辞过》、《三辩》(4篇是墨子学说概要)。

第二组(24篇)《尚贤》上中下、《尚同》上中下、《兼爱》上中下、《非攻》上中下、《节用》上中、《节葬》下、《天志》上中下、《明鬼》下、《非乐》上、《非命》上中下(以上十题是墨子学说的纲领)、《非儒》下。

第三组(6篇)《经》上下、《经说》上下、《大取》、《小取》。这些是后期墨家的逻辑思想。

第四组(5篇)《耕柱》、《贵义》、《公孟》、《鲁问》、《公输》。这些是记墨子言行,有如《论语》。

第五组(11篇)《备城门》以下诸篇。这些是守御之兵法。

梁启超这个分类表说得更完备,分得更清楚。第一组前三篇不是反儒家,而是与儒家的言论相似。后四篇不专论一个问题,凡下面各篇讨论的,在这四篇都可以看到,唯较简略,故认为是概要。第二组是较重要的,但并非每题都是上中下。第三组有六篇,这是墨子之后的墨家学者所写的,谈的是关于逻辑的问题。第四组五篇,其

---

〔1〕 郭沫若:《青铜时代·墨子的思想》,人民出版社1954年版,第157—181页。——编校者

中章句都较短,专记言行。第五组专述兵法上的守备,这些是属于兵家的。

现在我们研究墨子的教育思想,可以去掉第三组、第五组不谈。第一组去 3 篇留 4 篇,第二组留 11 篇而去重复,第五组 5 篇较重要。这样作了区分,留下就只有 20 篇。20 篇中尤其重要的是十纲领,加第四组 5 篇。

《墨子》一书,分类归于子部,在经部一类中是见不到的。在史部书中,《汉书·艺文志》也只简单地记着《墨子》71 篇。较早的《史记》,在《孟荀列传》中也只记"墨翟宋大夫,善守御,为节用,或曰孔子时,或曰在其后。"写得很简单,可见司马迁也没有看到《墨子》71 篇,不了解墨子生在什么时代。

关于墨子的事迹,过去很难了解,后来孙诒让根据《墨子》、《庄子·天下篇》、《吕氏春秋》、《淮南子》等有关墨子的材料,写成《墨子传略》。

孙诒让较早于王国维、罗振玉来研究甲骨文,也是有名的汉学家。

孙诒让(1846—1908)字仲容,浙江瑞安人,曾主办温州师范学校,著《契文举例》、《周礼正义》、《墨子间诂》。这三部著作是重要的研究成果,具有权威性,《周礼正义》是最新最详细的注。研究墨子,看孙诒让的《墨子间诂》是很基本的工作。

《墨子传略》选录入《中国古代教育史资料》,值得认真一读。

墨子初学礼于儒者史角,后以儒者礼烦扰而不悦,厚葬靡财而贫民,久服伤生而害事,故背周道而用夏政。效法大圣夏禹,亦道尧舜。又善守御,为世显学。徒属弟子,充满天下。墨子的政治活动,有重大事四件:(一)止楚攻宋;(二)献书不仕;(三)不受越封;(四)止楚攻郑。墨家的组织,既像宗教团体,又像侠客集团。墨子的学问特点是三不:不侈于后世,不靡于万物,不晖于数度。以绳墨自矫,而备世之急。

墨子死后,孟胜、田襄子、腹䵍先后为墨者钜子。

二、墨子的教育思想

(一)教育的意义

墨子的学说,是与政治宗教思想分不开的。例如在《尚贤》、《尚同》的主张中，认为有才有德的人应合乎三项标准："有力者疾以助人，有财者勉以分人，有道者劝以教人。"(《尚贤下》)疾、勉、劝都是努力的意思。这三者都是互助兼爱的思想行为。在这里，把以知识技能教育别人等于以力助人、以财分人，提高到政治的高度、道德的高度，这在教育史上是第一个。

墨子主张"兼以易别"，认为教育是一种兼爱的事业。"而有道肆相教诲，是以老而无妻子者，有所侍养以终其寿；幼弱孤童之无父母者，有所放依以长其身。(《兼爱下》)他还说："天之意……欲人之有力相营，有道相教，有财相分也。"(《天志中》)教育活动是兼爱的行为，也是合乎天意的。由此可见其主张是一贯的。

墨子对教育是很重视的，并作为他的政治主张的一部分、道德主张的一部分。

(二) 教育的内容

孔子的教育内容是继承西周的文化，教弟子以《诗》、《书》、《礼》、《乐》，这些早在贵族的辟雍中是大乐正负责教的。墨子否定了《礼》、《乐》，故只剩下了《诗》、《书》。

1. 文化的继承与创造

在文化的继承与创造问题的态度上，墨子与孔子相反，孔子的主张是"述而不作，信而好古"。这主张为墨子所批评，墨子强调的是创造。

孔子生在春秋，能把贵族独占的学术传播于民间，对古代的文化起了保存的作用。但其落后的保守性，对于以后学术的发展起了不良的影响。学习孔子"述而不作，信而好古"的这种学术观点，便成为封建社会的文化特征，使得原来是生动的东西变为腐朽的，原来是进步的东西变成为阻碍发展的东西。

对孔子的批评不是近来才发生的事，而是墨子时代就产生了。孔子所说的"述"是继承，"作"是创造，他主张并实践"述而不作"。墨子说这不对，他说："吾以为古之善者则诛之，今之善者则作之，欲善之益多也。"(《耕柱》)这就是主张要批判地接受过去，对人有益的事则要发挥积极性而多创造。

墨子对"信而好古"批评更厉害，他说："所谓古之者，皆尝新矣，而古人言之服之则君子也。然则必法非君子之法,言非君子之言,而后仁乎?"(《非儒下》)这主要的意思是在古代都是新的,古人言新言服新服岂不是都成为非君子,信而好古者,服非君子之服,言非君子之言,还能成为仁人吗? 以此来否定儒家"信而好古"的主张。

墨子提出继承与创造的问题来,很值得我们注意。

2.《诗》、《书》的传授

墨子对任何问题的论证,都是从其认识论出发,这就是"言有三表"。《墨子·非命上》:"言必有三表,何谓三表? 子墨子言曰:'有本之者,有原之者,有用之者。于何本之? 上本之于古者圣王之事;于何原之? 下原察百姓耳目之实;于何用之? 发以为刑政,观中国家百姓人民之利。此所谓言有三表也。'"

"言有三表"这种逻辑并不坏,但在实际上他的论证并非全是如此。如对于鬼神的论证,他说古代圣王都信鬼神,而道听途说也有鬼神,因此鬼神是有的,这样论证完全没有说服力。

在理论上他很重视《诗》、《书》,实际上他并不积极以《诗》、《书》教学生,他认为学生会了就不必教也。《墨子·贵义》:子墨子南游使卫,关中载书甚多。弦唐子见而怪之。曰:"吾夫子教公尚过曰:'揣曲直而已。'今夫子载书甚多,何有也?"子墨子曰:"昔者周公旦朝读书百篇,夕见七十士,胡周公旦佐相天下,其修至于今。翟上无君上之事,下无耕农之难,吾安敢废此。翟闻之,同归之物,信有误者,然而民听不钧,是以书多也。今若过之心者,数逆以精微,同归之物,既已知其要矣,是以不教以书也。而子何怪焉?"

3. 政治和宗教学说的宣传

墨子实际所教的就是"十大纲领",这是他认识的人类社会之道,他就以此道教人。

《墨子·鲁问》:"子墨子曰:'凡入国,必择务而从事焉。国家昏乱,则语之尚贤尚同;国家贫,则语之节用节葬;国家熹音湛湎,则语之非乐非命;国家淫辟无礼,则语之尊天事鬼;国家务夺侵凌,则语之兼爱非攻。故曰择务而从事焉。'"

4. 守御的兵法

这个团体所以能存在能发生影响,依靠的就是掌握这方面的知识经验。

5. 工艺的技巧

《墨子·鲁问》:"公输子削竹木以为鹊,鹊成而飞之,三日不下。公输子自以为至巧。子墨子谓公输子曰:'子之为鹊也,不如翟之为车辖,须臾留三寸之木,而任五十石之重。故所为巧,利于人谓之巧,不利于人谓之拙。'"

制作器械及土木建造等方面的技能,是墨家团体所传授的,并藉此专长以为职业。

(三)教育的方法

1. 主动说服

西周强调遵守礼制,要求学生尊师请教,所以"礼闻来学,不闻往教"。传统的学校教育方法是待学生问然后答,所以要待学生经努力之后仍未能通,然后才给以帮助。儒家基本上沿袭这种传统的方法。

墨子认为教育这样的事情不能等待,而要主动。而且要不厌其烦上门宣讲,雄辩灌输,说到学者接受为止。

《墨子·公孟》记载墨子与儒家人物公孟子的一场辩论。"公孟子谓子墨子曰:'君子共(拱)己以待,问焉则言,不问焉则止。譬若钟然,扣则鸣,不扣则不鸣。'子墨子曰:'是言有三物焉,子乃今知其一耳,又未知其所谓也。'"墨子认为公孟子扣则鸣不扣则不鸣的说法不对。墨子是功利主义者,以利或不利为鸣或不鸣的标准,他分析有三种情况,存在三种对待的办法,第一种情况是进退全不利,可以"不扣则不鸣",第二种情况政治上将产生不利、第三种情况军事上将产生不利,都要"不扣必鸣",才能保护着利益,这是"兴天下之利,除天下之害"所要求的。

墨子追求功利,主张不扣必鸣,故不能待在家里,而要主动游说于各处。

《公孟》:"公孟子谓子墨子曰:'实为善人孰不知?譬若良玉,处而不出有余糈,譬若美女,处而不出,人争求之。行而白衒,人莫之取也。今子遍从人而说之,何其劳也。'子墨子曰:'今夫世乱,求美女者众,美女虽不出,人多求之;今求善者寡,不强说人,人莫之知也。……行说人者其功善亦多,何故不行说人也?'"

由此可见墨子讲利不讲礼,讲功效不讲尊严。墨子是很善于强辩,这些强辩之辞无多大意义。

庄子曾评宋牼:"上说下教,虽天下不取,强聒不舍者也。故曰上下见厌,而强见也。"[1]这个评论也适于墨子。

2. 严格纪律

墨者是一个战斗的组织,故要有严格的纪律,这与孔子教育学生无拘无束的气氛是不同的。

《墨子·备梯》:"禽滑厘子事子墨子三年,手足胼胝,面目黧黑,役身给使,不敢问欲。"

《淮南子·泰族训》:"墨子服役者百八十人。皆可使赴火蹈刃,死不旋踵。"

墨子在贯彻自己的主张时,对于子弟常有命令强制,所以常有不合人情的举动。

3. 艰苦实践

一个战斗团体,要具有守御的技术和器具,是要依靠自己的劳动。

墨子要求弟子们学道之后,应力行以实现其道,所以非常强调实践。《修身》:"士虽有学,行为本焉。"《贵义》:"子墨子曰:'言足以迁行者常之,不足以迁行者勿常。'"

三、对墨子的评论

墨子的学说独树一帜,实行主义,贯彻始终,道德高尚,自律甚严。《修身》:"藏于心者,无以竭爱,动于身者,无以竭恭,出于口者,无以竭驯。畅之四支,接之肌肤,华发堕颠,而犹弗舍者,其唯圣人乎!"这段话是很有意义的,体现出他伟大的精神。

---

[1]《庄子·天下篇》。——编校者

战国诸子争鸣,墨子受到儒家孟子、荀子的批判,这是必然的。而道家对墨子也有自以为不偏的评论。评论见于《庄子·天下篇》。庄子评墨子较平心静气,故有褒有贬,他指出墨子的理论是不合于人的要求,他的政治目标是达不到的,但其行动、其人格是值得人钦佩的。

诸子对墨子的批判,都限于他们当时的知识与经验。

墨子是代表哪一阶级,现在尚无定论。但一般地可说是代表士这一阶层的思想。

汉王充从认识论方面对墨子进行评论,指出墨子相信感性经验,而忽视理性思维,只根据表面虚假现象,会做出不合事实的判断。《论衡·薄葬》:"夫论不留精澄意,苟以外效立事是非,信闻见于外,不诠订于内,是用耳目论,不以心意议也。夫以耳目论,则以虚象为言;虚象效,则以实事为非。是故是非者,不徒耳目,必开心意。墨议不以心而原物,苟信闻见,则虽效验章明,犹为失实。失实之议难以教。虽得愚民之欲,不合知者之心。……此盖墨术所以不传也。"

王充特别反对墨子的"明鬼"。墨子说有鬼,所凭的是传闻、传说或幻觉。王充指出:(一)感觉并不完全可靠,有人由于神经不正常,或眼不健全,故可能出现幻觉幻象,这就不能以虚为实。所以有了感觉,还要心思其理,想得通,才算实。鬼无法公开证实,于理不通,故鬼不能算实。(二)既主张有鬼,又主张节葬,反对丧服,从逻辑来说,这是自相矛盾的。

孟 子

（1957 年 1 月 5 日）

一、关于孟子的书

（一）篇数问题

《孟子》共 7 篇，即《梁惠王》、《公孙丑》、《滕文公》、《离娄》、《万章》、《告子》、《尽心》。7 篇各分上下，每篇篇幅比《论语》长，难识的字少，文字较通畅。据《史记·孟荀列传》所说，孟子"退而与万章之徒，序《诗》《书》，述仲尼之意，作《孟子》七篇。"那么这 7 篇是否全是孟子所作还是疑问。而照《艺文志》说，《孟子》共 11 篇，就相差 4 篇了。据《十三经注疏》的赵岐《孟子题辞》，认为 7 篇是孟子自撰或记与弟子的问答，此称内篇，另有 4 篇《性善》、《辩文》、《说孝经》、《为政》，疑非孟子自作，称外篇。

（二）注疏问题

十三经注一般是汉注，且大部分是郑玄注。但《孟子》就不是郑注，而是赵注。

疏是注的注，主要的疏是唐朝的，著名的有颜师古等。"正义"起于唐，著名的有孔颖达、贾公彦等，正义有如今日的讲义，由朝廷审查与颁布。但《孟子》的疏不是唐疏，根据《宋史·邢昺传》及司马光的笔记，证明《孟子》的疏不是孙奭所作，而是假疏，故历来不被看重。

《孟子》的注被历来的学者认为是好的，注者乃是赵歧，汉人。《四库全书总目提要》说："朱子作《孟子集注》、《或问》，于歧说不甚掊击，至于书中人名，惟彭城括、告子不从其学于孟子之说，季孙、子叔不从其二弟子之说，余皆从之。书中字义，惟折枝训按摩之类不取其说，余亦多取之。盖其说虽不及后来之精密，而开辟荒芜，俾后来得循途而深造，其功要不可泯也。"在文字解释上如折枝作按摩解释则不从其说，其他皆从之。赵歧第一个开辟道路，其功不可没。

《史记·孟荀列传》对孟子(前372—前289)的生平活动有简要介绍，谈及几方面的问题：(一)姓名与籍贯，(二)师承关系，(三)政治方面活动，(四)与法家、兵家、纵横家的关系，(五)教育活动与著作。

孟子虽然到过齐国，但并未入稷下学宫。

在春秋战国这四位教育思想家中，孟子是最没有作为的，他的政治活动都失败，只是一个游士。在教育事业上也没有多大的成就，他的学生实际上是很少的。在当时他的社会影响都不及其他各家。

孟子在儒家中占有地位，被认为仅次于孔子，称亚圣。孟子地位的提高，始于唐代，韩愈首倡，认为他反墨翟、杨朱，保卫孔子的学说，就以这点理由，把孟子的历史地位提高了。若从其所传的学术内容来说，要比荀子贫乏得多，孟子在儒家中的地位实际上是没有这么高的。

可以作为儒家的代表人物多得很，独提出孟子来在教育史中研究他，是有一些原因的：在孔子之后，孟子还是有相当创造性的思想家，若是重复或解析孔子的话，那就没有什么新奇，不必去谈他。孟子不仅提出了孔子所没有提的问题，而且也提出了他以后的人没有提的问题。

1. 土地问题。孔子、墨子、荀子都没有提这个问题，而孟子独提，井田这是过去的旧制。解决这个问题他也没有实际的方法。这是经济问题。

2. 民主问题。在诸子中，他最先提出，与墨子尚同的思想不同，国家不以君为本，而以民为本。

3. 教育问题。孟子比孔子大大地前进一步，他认为学校教育应该普及，设为庠序学校以教育人民，这是孔子所没有提的。这是战国时代的思想，宣传这种思想的还有《周礼》的作者。《周礼》中的思想,是战国末、秦或汉初人的想法。

孟子第一个宣传教育普及的思想,这个理想一直是儒家追求的。

这三个问题,对于后来的影响都是很大的,是很关键的社会问题,但不是战国时代所需要的,他的这种理想是很有创造性的。如果他的理想是真的理想,那就更显得走在时代的前面。

二、政治思想(1957 年 1 月 8 日)

(一) 仁义

孟子主张政治制度要根据道德原则,他以仁义反对墨家的功利,以王政反对霸政。但他所说的王政,不是西周的王政。"王"是一个道德上的概念,合于这些道德标准,不问血统如何,都可以做王。行仁政,以德服人而得天下,称王政;不行仁政,以力服人而得天下,称霸政或暴政。

王政就包括上面孟子所提的三大问题(经济、政治、教育),这与当时统治阶级的利益不相符合,故被称为迂远而不采纳。

孟子认为仁义应该是道德准则,作为人与人关系的基础,也就是必须作为政治的基础。

他认为不求仁义而专求富国强兵,这是绝对要不得的,这些人被称为民贼,照孟子看来皆可杀。

孟子很重视君臣之义,他所说的是君臣之义,与西周时期的君臣之道有些不同。他认为君臣各有各的义务,君若不尽其道,君可撤换。臣是代表人民的,要为民做事,不是无原则地听从服务。讲孟子的政治思想,其君臣之义的主张是不能不讲的。

(二) 法先王

《孟子·离娄上》:"尧舜之道,不以仁政,不能平治天下。今有仁心仁闻,而民不被其泽,不可法于后世者,不行先王之道也。……遵先王之法而过者,未之有也。……为政不因先王之道,可谓智乎?"

"圣人,人伦之至也。欲为君,尽君道,欲为臣,尽臣道,二者皆法尧舜而已矣。"

三、性善论

孟子的性善论,是一个重要的哲学问题。孟子是一个典型的唯心主义者,其思想影响中国两千多年,这更使我们有必要更仔细地来对待他研究他。

他认为仁义礼智是道德的内容,而人的本性中皆具有此四端,有了这种萌芽为基本,知者就"扩而充之",使之发展成长。"凡有四端于我者,知皆扩而充之矣。"(《孟子·公孙丑上》)能够扩而充之,就能自我完善。能自我完善,在家能齐家,在国能治国。

孟子认为"性"可以称为"善",因为人本性中具有仁义礼智的道德内容。《孟子·告子上》说:"仁义礼智,非由外铄我也,我固有之也,弗思耳矣。故曰:'求则得之,舍则失之。'或相倍徙而无算者,不能尽其才者也。"

性善,人人与我同类,圣人与我同类。性虽善,未必人人都成为善人,因为生活环境条件对人的影响,使人心陷溺,造成人发展的差别。《孟子·告子上》说:"富岁子弟多赖,凶岁子弟多暴。非天之降才尔殊也,其所以陷溺其心者然也。"

孟子认为性善使人普遍都有良能良知。《孟子·尽心上》孟子曰:"人之所不学而能者,其良能也;所不虑而知者,其良知也。孩提之童,无不知爱其亲者;及其长也,无不知敬其兄也。亲亲,仁也;敬长,义也。无他,达之天下也。"人人普遍都有仁义之心,仁义之心就是良心。

存其良心,求则得之;放其良心,舍则失之。这就决定人的发展走向不同的方向。《孟子·告子上》公都子问曰:"钧是人也,或为大人,或为小人,何也?"孟子曰:"从其大体为大人,从其小体为小人。"曰:"钧是人也,或从其大体,或从其小体,何也?"曰:"耳目之官不思,而蔽于物,物交物,则引之而已矣;心之官则思,思则得之,不思则不得也。此天之所与我者,先立乎其大者,则其小者不能夺也。此为大人而已矣。"

《孟子·尽心上》孟子曰:"万物皆备于我矣,反身而诚,乐莫大焉。"

孟子这些言论,是形而上学的唯心主义的思想体系,第一次在中国哲学史上出现。

(一)天命

从唯心主义观点出发,认为天或地(宇宙)是无所不包的,是一切存在的总体。这个总体虽然包括物质的东西,但主要的不是物质的东西。每个人是一个小宇宙,反省自己就能知道大宇宙。"天"是宇宙的心,这是无数小心的总体,天生万物,故万物无不有心,有物就有则,则各有性,这是宇宙赋予的,人的性是宇宙性的一部分,因为天是善的,所以人的本性也是善的。

(二)心性

认为人除了有心有性,还有肉体。人应该把精神置于上,把肉体放于下,把前者作为大体,把后者作为小体,唯有如此,方能说性善,因为小体有可能为恶。

这里把心与物、心与身、性与形、天理与人欲、理与气对立,已陷于二元论。

(三)存养

人有仁义礼智之心,我固有之,所以人与圣贤同类,因此可以为善,可以称性善,人有好的本性,是天赋予的。《孟子·尽心上》孟子曰:"尽其心者,知其性也;知其性,则知天矣。存其心,养其性,所以事天也。"要存其良心,养其善性,扩而充之,尽量发展善性,着重要注意的在于"养"。《告子上》:"故苟得其养,无物不长;苟失其养,无物不消。"养性之道在存心,存心之要在养心,养心最好的方法是寡欲。《尽心下》孟子曰:"养心莫善于寡欲。其为人也寡欲,虽有不存焉者寡矣;其为人也多欲,虽有存焉者寡矣。"

(四)仁义礼智

此四者是社会现实的道德要求,在人性中皆有其端,存在发展的可能性,要变可能为现实,最高的发展是使我"与天地万物为一体",达此境界,则与宇宙万物形成统一体,也即是孟子所说:"万物皆备于我",前一句强调客观,后一句强调主观。

孟子的唯心主义,是一个完整的体系,他的世界观、认识论、人性论、道德观,都是形而上学的。

"性善"这两字,并非一个名词,而是两个名词连为一个命题。性与善实际上是两件事,事物的本性是属于存在一类的范畴,而善则是属于道德范畴,是对人的价值、利害的评价,现在则是将存在与道德等同起来,性即善。

孟子曾经对现实与可能作了区分,即仁义礼智与仁义礼智之端的区分。但对于自然现象与社会现象的区分则没有完成。人是属于自然的一部分,但更主要的是属于社会的,故人的本性既是自然的,又是社会的,与纯是自然现象有质的不同。孟子所讨论的是社会现象的人性,这才可能把人性与道德等同起来。

与孟子同时代的告子,他所主张的人性理论,在当时曾有较大的社会影响。

告子所说的性是属于自然的现象,故说性无善无不善,这是对的,因其不存在道德问题。可是人性不仅是自然现象,而且是社会现象,故由此来说,告子之言是不对的。

人性作为社会现象来看,每一社会都有道德的评价,故有善有不善。但人性不是固定的东西,在原始社会时候的人性与今日的人性是不同的,三岁婴儿的人性与成年人的人性是不同的,它有可能发展,所以就其可能来说,可以为善,可以为不善。

从社会的现实性来看,人有的性善,有的性恶,这种说法也是对的。

孟子对告子以上的人性理论都加以反对,不承认告子理论有一面是对的。我们需要对孟子的人性理论作些分析评论。

1. 道德天生固有

孟子所说的天,在我们来说是自然界是物质。物质运动是有规律的,但不是天生就有人,人是由发展而来的,是有思想的物质。假若人类未到达文明阶段,人作为自然界的一部分,实在地说,性无善无不善。所以孟子说道德是天生固有的,这是不对的。因为道德(善)是人类发展到一定阶段才产生的。

2. 大体小体对立

孟子所说的"性善"是指大体、精神的部分、理的部分,而不是指小体、肉体、器的部分。这种把大体与小体分开,不把人看成为有机的统一体,把思维的作用与感觉的作用对立起来，这是不对的。思维是离不开感觉的，大体是离不开小体的。孟子的说法，还带有很原始的灵魂说，所以唯心主义的二元论的说法是不能接受的。

3. 养性以理克欲

孟子认为存心养性必须寡欲，即以理克欲。

作为社会现象来看人性，必须作善与不善的判断，这种判断，必须分可能与现实。就其可能来说，可以为善，可以为不善。

人为了生存于社会，必然有其生活需要，产生一定欲望。无论就人的发展哪一阶段来说，人的欲望倾向都是众多的。欲望与满足，这些矛盾是经常斗争着，既在内部斗争着，同时也在外部斗争着，斗争的结果是统一，而统一是由社会来做的。人生来就处在一个社会中，不能摆脱这个社会。在此环境中要保持完整的人格，由社会来统一的(以社会利益为标准即为善)，必定是大多数人是善的。由可能来看，善是占优势的。

但是孟子要以理克欲是不对的。理与肉体是分不开的，按照社会利益来满足人的肉体的欲望，这就是仁义礼智。

孟子的说法虽然不对，但这种说法也仍然有其优点，首先他区分了可能与现实，其次他强调了可能，鼓励人前进，把可能化为现实。

4. 可能化为现实就成了仁义礼智

孟子忘记了自然现象与社会现象的区别。道德属于社会现象，它只在社会中才存在，社会道德也不是永恒的，而是随着社会发展而变化。孟子所说的仁义礼智，已经与孔子所理解的不同，所以脱离社会来谈道德，就变为抽象。这种不从社会发展来看的道德观是形而上学的，应该彻底否定。

《关于费尔巴哈的提纲》第五条："人的本质，从其现实性来说，是社会关系的总和。"[1]

近百年来，马克思主义、达尔文主义、天文地质学的发展论，根本改变了我们的世界观。有了这些思想为我们所接受，我们才能去批判两千多年前的孟子的

---

[1] 马克思：《关于费尔巴哈的提纲》，载《马克思恩格斯选集》第1卷，第60页。——编校者

唯心主义思想体系。对于孟子,我们用历史唯物主义的观点来批判,还是尊重他是一位有创造性的思想家。

批评孟子的思想,无须从其阶级性来推理,虽然有受阶级意识的影响。

郭沫若说孟子的性善说与教育思想无关,这是不对的。性善论的科学价值是没有的,而历史价值是有的。自孟子之后,教育思想就分成两派斗争着,即"自内的发展"与"自外的陶冶",主张"自内的发展"就强调培养思维,主张"自外的陶冶"就强调锻炼习惯。

四、教育思想(1957 年 1 月 12 日)

《孟子》书中绝大部分是谈道德、政治,其中又贯串唯心主义哲学观,没有专论教育的著作。因其教人的是道德政治,从这角度来看,他所谈的都是教育,书中表现他的教育思想。但若按今日教育学的体系去研究《孟子》,书中都未直接谈教育的意义、教育的目的、内容、方法。若从教育史的角度来谈,比从政治、哲学的角度来谈困难得多。所以依我们的意思来替他归纳,把零碎的东西集合起来叙述,难免会有错误。

孟子的思想言论,并不全包括在书中,书中所记的,仅是他思想的一部分。所以不能说所谈的已全部概括了孟子的思想。而且就以《孟子》为全部根据,每个教育史家的分析也是不全一样的,没有一个能完全表达孟子的教育思想,所以我们谈的是带有不完整性和不确实性。

我们现所引的材料,是力求抓住主要部分,抓住每个教育家谈孟子教育思想所必须包括的材料,但不能说孟子的教育思想仅限于此。

孟子的教育思想,可引证的材料不少,但是我们要分清主次,即"博观慎取",只是把那些认为是主要的必不可少的才拿到资料选录中,越少越好。

(一)教育的意义

1. 政治与教育的关系

依唯心论看来,教育比政治重要,教育进行得好,政治就无问题,孟子的看法就是如此。这种意思,孔子也有,但不如孟子这样明显。

《孟子·尽心上》孟子曰:"仁言不如仁声之入人深也,善政不如善教之得民也。善政民畏之,善教民爱之;善政得民财,善教得民心。"

战国时期的思想家,没有专为教育而教育的,他们都是为了实现政治目的而教育的。

2. 教育的过程

孟子从性善论出发,认为人的道德和麦苗、树苗一样,是会发展的,只要加以培养之功,就会成长。

《孟子·告子上》孟子曰:"牛山之木尝美矣,以其郊于大国也,斧斤伐之,可以为美乎? 是其日夜之所息,雨露之所润,非无萌蘖之生焉;牛羊又从而牧之,是以若彼濯濯也。人见其濯濯也,以为未尝有材焉,此岂山之性也哉! 虽存乎人者,岂无仁义之心哉! 其所以放其良心者,亦犹斧斤之于木也,旦旦而伐之,可以为美乎? 其日夜之所息,平旦之气,其好恶与人相近者几希;则其旦昼之所为,有梏亡之矣。梏之反复,则其夜气不足以存;夜气不足以存,则其违禽兽不远矣。人见其禽兽也,而未尝有才焉者,是岂人之情也哉! 故苟得其养,无物不长;苟失其养,无物不消。"人有发展的可能,保护这种发展的可能性,培养之使变为现实,教育是一个发展的过程,发展的结果是达到仁义礼智,成为圣人。

发展是有其规律的,要求发展其内部的本性是有根据的,因为"万物皆备于我",能够发现自家的良心,就能达到天人合一,所以其力量是无穷无尽的。人是宇宙的一部分,天之理也即人心之理,是人固有的,人虽死,并不因一人之死而埋没天之理。

发现良心,认识天理,达到天人合一的地步,而介乎天地之间,就与天地同流。这种说法带有神秘主义色彩。

(二)教育内容

1.《诗》、《书》

孟子所传授的,较之孔子贫乏得多了。孔子还教礼乐,孟子就不传礼乐,而单授古代的《诗》、《书》,保存这些文字部分。对于《春秋》,也累次提到。

孟子不像孔子对《诗》《书》必考究其证据,但他有存疑精神,他对古代文献提出自己的评论,发表自己的创见。《孟子·尽心下》孟子曰:"尽信《书》,则不如无《书》。吾于《武成》,取二三策而已矣。仁人无敌于天下,以至仁伐至不仁,而何其血之流杵也?"

他主张讲《诗》应该用自己的思想进行分析,抓住其思想实质,不要为其文字符号所限制。

《孟子·万章上》:"说《诗》者,不以文害辞,不以辞害志;以意逆志,是为得之。如以辞而已矣,《云汉》之诗曰:'周余黎民,靡有孑遗。'信斯言也,是周无遗民也。"

2. 仁义礼智

孟子最主要的教育内容是政治和道德,其中道德更重要,是政治的根本。

孟子所说的礼,与孔子所说的礼不同,孟子所说的礼是"恭敬之心",是纯粹的道德概念。孟子所说的仁义,既是道德概念,又是政治概念,也不同于孔子所说的。

(三)教育方法

1. 尚志

孟子要求学者确立高尚志向,以最高的道德标准来要求自己,这样才会有远大的眼光。

有了远大的志向,但也不要急躁,道德学问的进步提高是一个有序渐进的过程,就像流水一样"盈科而后进",逐渐填满了地坎而前进。

有远大的志向,行天下之大道,不因环境恶劣而改变,这才够上称"大丈夫"。

最高的标准是圣人。孟子曰:"规矩,方圆之至也。圣人,人伦之至也。"[1]

孟子认为教人规矩是顶重要的。《孟子·告子上》孟子曰:"大匠诲人,必以规矩,学者必以规矩。"

《孟子·尽心下》孟子曰:"梓匠轮舆,能与人规矩,不能使人巧。"规矩也就是

---

[1]《孟子·离娄上》。——编校者

标准,做人的最高标准就是圣人。学者也应该拿标准要求自己,以学为圣人作为奋斗目标。

2. 知言养气

按逻辑的道理,应讲存心养性,但他与弟子公孙丑对话中谈他能知言能养浩然之气。

《孟子·公孙丑上》:"不得于心,勿求于气,可;不得于言,勿求于心,不可。夫志,气之帅也;气,体之充也。夫志至焉,气次焉。故曰,持其志,无暴其气。""志一则动气,气一则动志也。""我知言,我善养吾浩然之气。""其为气也,至大至刚,以直养而无害,则塞于天地之间;其为气也,配义与道;无是,馁也。是集义所生者,非义袭而取之也。行有不慊于心,则馁矣。……必有事焉而勿正,心勿忘,勿助长也。"

"何谓知言?"曰:"诐辞知其所蔽,淫辞知其所陷,邪辞知其所离,遁辞知其所穷。生于其心,害于其政,发于其政,害于其事。圣人复起,必从吾言矣。"

所谓"浩然之气",是道德修养变为一种精神力量。气兼有意志与情绪,特别是体现情绪。孟子认为应以意志来领导情绪,但情绪力量也是很重要的,情绪是反过来影响意志的,所以志是主要的,气是次要的,要持志,且不暴其气。这种气如能从正道来培养它,就会形成一种巨大的力量,可以显出至大至刚,充塞于天地之间。

培养浩然之气,不是急躁、助长所能达到的。但是要"心勿忘",不断培养它,要不损害它。

听人的语言,最重要的是掌握语言背后的思想,有了正确的判断,才能有切实的批判。所以要求有正确的语言与正确的思想。

3. 自反自得

自我反省是孟子提倡的自我道德修养的方法。《孟子·离娄上》孟子曰:"爱人不亲,反其仁;治人不治,反其智;礼人不答,反其敬。行有不得者皆反求诸己,其身正而天下归之。"自反不限于日常一般的社会交往,还应该自觉主动提高对自己的要求。《离娄下》:"舜,人也,我,亦人也;舜为法于天下,可传于后世,我由未免为乡人也,是财可忧也。忧之如何,如舜而已矣。"与圣人相比,促使以舜为标准而自我反省,我虽不如舜,我要学而如舜。

深造自得首先是对于道德修养说的,但对于学习知识来说也同样有意义。

《孟子·离娄下》孟子曰:"君子深造之以道,欲其自得之也。自得之,则居之安;居之安,则资之深;资之深,则取之左右逢其原,故君子欲其自得之也。"

4. 诚

《孟子·尽心上》孟子曰:"万物皆备于我矣,反身而诚,乐莫大焉。"

至诚能感动人,不真诚则未能感动人。

教人则当以诚相待,己必先"昭昭",然后能使人"昭昭",己也"昏昏",是不能使人"昭昭"的。自己先明事理,然后才能帮人明事理,如果自己也糊涂,怎能会使人变得明白。

由于孟子强调深造自得,对教师提出最高的标准是教师未能达到的,所以他说:"人之患在好为人师。"

孟子不太重视教师的作用。后来的荀子特别强调教师对学生发展成长的作用。

(四) 简评

1. 关于教育的意义

他提出教育是一个自内发展的过程,这是很有价值很宝贵的思想。但这是唯心主义地片面地简单化地看待教育发展过程,拿麦苗、树苗来比喻是可以的,但不可简单化。人的身体生长是自然现象,如同树木一样,但人的道德、思想的发展是属于社会的。生物的发展和人的发展是不同的,首先是自然界生物的发展方向是必然的,其可能性是限制了的,而社会中人的发展方向是不固定的,也不是由个人决定的,而是由社会决定的。若把人的发展,还原为自然的发展,那在实际上就限制了人的发展。其次个人的发展会影响社会的发展,其作用或推动发展或阻碍发展,而树木就无这种作用。社会是发展的,并决定个人的发展方向,个人的发展也影响了社会,而不是不变化的。

孟子虽提出了自内发展的见解,这是好的,但他的解释是唯心主义形而上的。

2. 关于教育内容

孟子所教授的仅是道德,而关于适应社会生活所需的实际知识则不涉及,这些内容不具体,而是抽象的、片面的、贫乏的。而且其所说的道德也是脱离社会实际,他不了解道德就是社会关系的总和,是不能脱离社会关系的。

3. 关于教育方法

他强调了学习的自觉性和独创性,即所谓"深造自得",这种主张对我们来说也有意义。但他把教育者的作用大大地降低,能作为教师的仅有天,他批评了"好为人师"的人,这样一来就要变为无言之教。教师的作用是不能否定的,可以起监督、启发、示范的作用,孔子的伟大也在这里,他没有忽视这一点,而孟子恰恰忽视了教师的职责,这是不符合实际的。

我们提出孟子教育思想的一些优点,同时也应该了解他也有片面性。

荀 子
（1957 年 1 月 14 日）

一、关于荀子的著作

（一）种类和内容

荀子的书,同样也难读。但比之《墨子》,还是较好读,因为它有唐代的古注。两千多年来,对荀子的研究也是很少的。自唐以后,儒家不把荀子作为儒家之正宗,所以在文庙中没有牌位。在科举时代,他的书也就不被注意,研究的就很少。荀子的著作较其他人为多,西汉刘向作《七略》时说:荀子所作,共有 322 篇。但《汉书·艺文志》则说:经审订尚保存 33 篇。这是归在《诸子略》中,而在《诗赋略》中尚有荀子所作的赋 10 篇。

唐代杨倞是第一个研究《荀子》、注解校订《荀子》的人,他把两类合起来重编目录,分为 32 篇,其编目次序已不同于古代了。"分三十二篇为二十六卷,篇第也颇有移易,……或字少增加,或文重刊削,或求之古字,或徵之方言。"[1]

杨倞的注,在宋代也不被注意,因为那时理学占统治地位。至清代乾嘉之时,又才重视诸子,出现了谢墉、卢文弨合校本、郝懿行《荀子补注》。

读诸子应该读王念孙的《读书杂志》、俞樾的《诸子平议》,这些都是读者不能

---

[1] 杨倞:《杨倞注荀子序》。原文为"……或字少增加,文重刊削,或求之古字,或徵之方言……故分旧十二卷三十二篇为二十卷,又改《孙卿新书》为《荀卿子》,其篇第亦颇有移易,使以相乡从云。"——编校者

不使用的工具书。在这些书中,也考证了《荀子》。

王先谦作《荀子集解》,他综合了从唐代起研究和考证的结果,这是现在较通行的本子,在其中对前代各家之言加以采摘评议。

《荀子》有 32 篇,其中《成相》、《赋篇》是属于原来赋一类的。最后的 6 篇,即《大略》、《宥坐》、《子道》、《法行》、《哀公》、《尧问》,历来都认为这 6 篇是假的。这 6 篇属于儒家,是不错的,但非属于荀子的。梁启超说:"杨倞以《大略》、《宥坐》等六篇降附于末,似有特识,……宜认为汉儒所杂录,非《荀子》之旧,其余二十六篇,有无窜乱或缺损,尚待细勘。"[1]

郭沫若还认为《仲尼》和《致士》两篇也不是属于荀子的著作。(见《十批判书》第 243—246 页)

现在我们若把赋类和不可靠的除去,就只剩下 24 篇或 22 篇。

(二)荀子与儒家

儒家的宗师是仲尼。荀子(约前 313—前 238)去仲尼已远,是与秦始皇同时的人,去孟子也有百余年,但他在儒家中的地位是很重要的,这是近人的看法。儒家所传的是六经,孟子是不重视传礼乐的,而荀子却传了儒家之礼乐,使汉儒得以继承六经。

汪中在《荀卿子通论》肯定了荀子在这方面的贡献,荀子是很重视"经",六艺中乐无乐经,对《易经》也少谈,而《诗》、《礼记》、《春秋》与荀子的关系却很重要。特别是《礼记》,其中有些是与《荀子》相同的,《大戴礼记》或《小戴礼记》,在文字上与《荀子》相同的地方很多。

谢墉在《荀子笺释序》中说:"小戴所传《三年问》全出于《礼论篇》,《乐记》、《乡饮酒义》所引,俱出《乐论篇》,……大戴传《礼三本篇》亦出《礼论篇》,《劝学篇》即《荀子》首篇,……《哀公问篇》出《哀公篇》,则知荀子所著,载在二戴记者尚多,而本书或反缺佚。"[2]

---

〔1〕 梁启超:《荀卿及〈荀子〉》,载罗根泽:《古史辨》第四册,朴社 1933 年版,第 115 页。——编校者
〔2〕 王先谦:《荀子集解》上册《考证》。——编校者

（三）荀子与诸子

《荀子》中有《非十二子》一篇，被批判的有 12 人。受批判最厉害的，首先是墨子，其次是孟子。

荀子批评诸子的时候，必定要去研究诸子，因此对于诸子的一些思想，他也批判地接受一些。

郭沫若在《荀子的批判》中说："先秦诸子几乎没有一家没有经过他的批判，老子、庄子、申子、它嚣、慎到、田骈、季真、魏牟、惠施、邓析、宋钘、墨翟、陈仲、史鳅，他都说他们有所偏蔽而加以非难。吴起在魏国所创始的'武卒'，商鞅在秦国所建立的'锐士'，那些兵制他也不能满足。就连儒者本身，他对于子张氏、子夏氏、子游氏的后学都斥为'贱儒'或'俗儒'或'沟犹瞀儒'，而于子思、孟轲更不惜痛加斥骂。这些固然表示他对于百家都采取了超越的态度，而在于他的学说思想里面，我们很明显地可以看得出百家的影响，或者是正面的接受与发展，或者是反面的攻击与对立，或者是综合的统一与衍变，他只恭维孔子和子弓，但直接的师承是怎么样，我们却不大明了，照年代说来，他可能只是子弓的私淑弟子。"[1]

在诸子中，他与法家的关系更为密切，他的学生如韩非、李斯是法家的重要人物。

（四）文章的形式

《荀子》书中概念名词很多，可说是集各家之大成。

《荀子》书难读，首先在字难懂，如"性"应解释为生来之心，"伪"应解释为人为的，本性和人为，这是对立的概念。又如"案往旧造说"、"案饰其辞"，照一般的解释为"按"，但是据考据家说，尚可作"安"、"而"、"焉"、"抑"等虚字来解释，所以对这些字的解释，应该依据上下文的意思来解释。

就文章来说也有其特点。赋篇出谜语，用的是韵文。

"有物于此，儳儳兮其状，屡化如神，功被天下，为万世文。……此夫身女好

---

[1]　郭沫若：《十批判书·荀子的批判》，科学出版社 1956 年新 1 版，第 209 页。——编校者

而头马首者与？屡化而不寿者与？"〔1〕

"有物于此，生于山阜，处于室堂；无知无巧，善治衣裳；不盗不窃，穿窬而行，日夜合离，以成文章。……臣愚不识，敢请之王。"〔2〕

这两首都是韵文，要从每一首中猜出一个谜。前者猜蚕，后者猜针。文章有韵，但不见得好，对我们有什么意义？

在《成相篇》还有三、三、七的排列，有点类似今日之弹词，也有韵。

"请成相，言治方，君论有五约以明。……"

"臣下职，莫游食，务本节用财无极。……"

这种文章平淡得很，远不如屈原赋之美，例如"邑犬群吠兮，吠所怪也，非俊疑杰兮，固庸态也"〔3〕。去虚辞，就等于七字诗。又如屈原的"何惜日之芳草兮，今直为此萧艾也，岂其有他故兮，莫好修之善也"〔4〕。这种诗就很有感情。

荀子的文章，每欲加以装饰，故其词藻富丽，常是散文韵文不分。

《荀子》书中的其余24篇，还有不可靠的部分，而与其思想最有关的，其实也只有10篇，即《非十二子》（诸子批判，自序）、《王制》（政治思想）、《强国》（政治思想）、《天论》（世界观）、《解蔽》（认识论）、《性恶》（心性论）、《礼论》（文化思想）、《乐论》（文化思想）、《修身》（教育思想）、《劝学》（教育思想）。

《十批判书》中的《荀子的批判》，对于我们的学习很有帮助，应该重视。《十批判书》的特点：一、专重批判，不作系统介绍；二、提出创见，不能免于主观；三、注意考据，有时流于琐屑。而《荀子批判》一篇与别篇不同，介绍较有系统，主观因素少，考据也少。郭沫若的贡献在于他指出荀子的思想是唯物的，但不是辩证的。其次还依历史唯物主义的观点，指出荀子的思想是两千多年来封建思想的开端，他所说的礼乐，是秦汉以后封建思想的根据，这是过去的学者所未说过的。

郭沫若的分析，我们是同意的，所以谈荀子的世界观、政治观、性恶论，都可

〔1〕〔2〕《荀子·赋篇》。——编校者
〔3〕屈原：《九章·怀沙》。——编校者
〔4〕屈原：《楚辞·离骚》。——编校者

以采取他的见解,余下的就只要研究他的教育思想了。

二、政治思想(1957 年 1 月 19 日)

据《史记·孟荀列传》,荀卿,赵人,也即晋人。他存在的时期约在公元前 313—前 238 年。五十游学于齐,齐宣王时,荀子最为老师,曾三为祭酒。因齐人谗,乃适楚,春申君以为兰陵令。春申君死,荀卿被废,因家兰陵。

荀子的政治思想,最重要的是"礼义","法后王"是次要的。

孔子时,周礼已坏,在礼与法比较时,孔子还认为礼比法好,孔子还提出更高的概念即"仁",孔子认为礼是"仁"失之后不得已而提出的,而法是比礼更低的政治原则。

孟子时,礼更不行了,孟子就单讲仁,仁又是"王"的代称。

荀子反对孟子,他不谈仁而专讲礼。

战国时,生产力和生产关系起了重大变化,旧的氏族制度破坏了,宗法不起作用了,所以早就产生了"亲亲贤贤"的争论。而此时"亲亲"的问题不存在了,所以荀子只谈"贤贤"。与"亲亲贤贤"相应的是礼与法的问题。

战国末期法家的思想是统治思想,"法"上升,"礼"下降。"法"是反映社会实际的,是为统治阶级所欢迎的。荀子虽是提倡"礼",利用旧的形式,但他所说的"礼"的内容,已不是孔子所理解的"礼",他所说的"礼"就是"法",所以与时代并不矛盾,就当时来说是进步的。荀子的思想,完全是社会客观现实的反映。

同时荀子的思想也带有从孔子起到战国时代诸子百家思想的继承性。"礼"就是形而上的继承,而以诸子的思想为内容。所以他的思想是儒之形式、法之内容,并批判吸收了墨道,说他是杂家的祖宗是很公道的。他的思想是符合战国统一政权、私有财产合法化的需要,合于走向封建的需要。

礼:

(介绍《礼论》)

礼起于何? 在荀子看来,礼是起源于人的物质欲望。礼的作用是在于"分",

使各人有所分别,来取得物质欲望的满足,使得人的欲望与物质的供给两者能平衡。这完全是新的理论,是唯物的理论,荀子若把"礼"直接称为法就完全对了。论"礼"的起源,就是论法的起源。

君子如何来做分别呢?"曷谓别?曰:贵贱有等,长幼有差,贫富轻重,皆有称者也。"[1]这就把当时的现实合法化,称不平等为平等。

荀子的"礼三本说"就不是正确的。把天地君亲师并列,这是荀子的思想,也是封建时代秩序的反映。

"故绳墨诚陈矣,则不可欺以曲直;衡诚悬矣,则不可欺以轻重;规矩诚施矣,则不可欺以方圆;君子审于礼,则不可欺以诈伪。故绳者,直之至;衡者,平之至;规矩者,方圆之至;礼者,人道之极也。然而不法礼不足义,谓之无方之民;法礼足礼,谓之有方之士。……"[2]

这里头就会有极端封建的思想。

荀子自己说"礼"就是法,在《劝学》中他说:"礼者,法之大分,类之纲纪也。"在别的地方,他也说礼是法之中心。

王制:

(介绍《王制》)

荀子所说的"王制",就等于孟子所说的"王道"。他在《王制篇》中谈及举贤能的问题。

"请问为政?曰:贤能不待次而举,罢不能不待顷而废,……虽王公士大夫之子孙也,不能属于礼义,则归之庶人。虽庶人之子孙也,积文学,正身行,能属于礼义,则归之卿相大夫。"他认为对待贤能的人,就应该马上推荐任用,"勉之以庆赏",提高他们在社会政治上的地位,贵之富之。对待不肖的人则相反。

他认为听政最重要的是分别两类人,而给予不同对待。"听政之大分,以善至者待之以礼,以不善至者待之以刑。两者分别,则贤不肖不杂,是非不乱。贤不肖不杂则英杰至,是非不乱则国家治。若是名声日闻,天下愿,令行禁止,王者

〔1〕〔2〕《荀子·礼论篇》。——编校者

之事毕矣。"礼与刑是相对应的行政手段，荀子认为"礼"是用来对待善的，而"刑"是用来待不善的人。

荀子认为王者之制就在于复古，过去没有人这样提的。这种言论应从其实际内容去研究，其中有进步因素，但也有反动的因素。

荀子的"法后王"与孟子的"法先王"比较，没有什么重大差别，都是复古。

但荀子的"法后王"在实际上是歌颂秦国的政治制度，这就可以看到他要复古的含义实在就是急于统一天下。统一天下要用法，而他不称法而称礼，在礼的表面下，内容已经是法。

三、世界观（《天论篇》）

古代所说的天，一是指上帝，有主宰一切的意思，孔子就是这样理解的。孟子把天理解为理，理解为精神。荀子把天理解为物质世界，这是唯物的、是进步的。

从孔子开始，思想家的宗教思想就较淡薄，他们当然是采取不可知论的态度，那是不彻底的。荀子与他们不同，是无神论者。

荀子的思想从他提出的一些问题的作用来看，都是很进步的，都是区别于前人的，而结论都是现实的，是反映战国末的社会。

荀子是宣告百家争鸣结束的人，在《解蔽篇》中，他认为一切矛盾都统一，不许争论。

荀子认为自然界发生一些人类少见的现象，这是自然现象的事，感到奇怪是可以的，但畏惧它就无须了。他认为神是不存在的，天下雨不下雨与神无关，但人如要做求雨的形式活动也未尝不可，"君子以为文"，只是作为影响社会心理的一种方式而已。

他认为自然的运动是有规律的，法则并不因人而存亡或改变，按法则来治民就吉祥，否则就凶祸，事情都在于人，人做得对，天奈我何。如果不按自然的道理来做，那就要自食其果，求天也无用。所以"天道"与"人道"是有分别的，人只管人道,知人道者就是至人,就是圣人。天有常道,君子有常行。

荀子提出"制天命而用之"的思想是进步的,改变人类消极敬畏自然适应自然的态度,改换为积极利用自然改造自然的人生态度。

在中国古代社会,不称社会而称"群",人要组织团结起来才能对付自然界、管理自然界,所以人不能无"群"。人群要不生争乱,必须要有分别,分别要能均等,就要依靠礼义。群—分—义,是相互联系的。《王制》:"人何以能群?曰:分。分何以能行?曰:义。故义以分则和,和则一,一则多力,多力则强,强则胜物。故宫室可得而居也,故序四时,裁万物,兼利天下,无它故焉,得之分义也。"

四、性恶论(1957 年 1 月 22 日)

孟子性善论的出发点是心性本于天理,故称善。荀子性恶论不出发于理,是针对性善论的批驳。

(一)"性""伪"

荀子的性恶论是古代的心理学。

他认为孟子不区分性与道德,不能把道德作为自然现象,而应认为道德是经过人们学习而得的,故善是人为的,故称之为"伪",这种看法是科学的。

性是自然现象,"不可学、不可事、而在人者,谓之性"[1]这即是本能。"可学而能、可事而成之在人者,谓之伪"[2]即后天的条件反射。这就区别了自然现象与社会现象,有"性伪之分",这是对的。他首先是区分性与伪,其次是强调了学习、环境对人发展的重要性。

(二)"心""性"

性是指自然的遗传的,即"生之所以然者谓之性"。[3]

"性之好恶喜怒哀乐谓之情。"[4]

---

〔1〕〔2〕《荀子·性恶篇》。——编校者
〔3〕《荀子·正名篇》。——编校者
〔4〕《荀子·性恶篇》。——编校者

"情然而心为之择,谓之虑,心虑而能为之动,谓之伪。"[1]

这样的性与心,依然像孟子所说的那样是对立的。

荀子认为"礼义"不是人性所同有的,而是圣人所创造出来的。圣人与一般人一样,性都是恶的,圣人为什么能从恶性之中产生"礼义"来呢? 对这个问题,荀子无回答。

性恶论的出发点是唯物主义的,是进步的观点。

他把性作了通俗的解释,把本性与人为作了区别,这一区别近于科学。同时他强调了环境的重要,对于人性发展的作用,这是很有意义的,使人们重视环境和学习。

由性、伪之分和强调学习、环境的重要,是得不出性恶和性善的结论来,可是荀子却说性是恶的。荀子的错误有二。

1. 片面性:这是一些学者所未提出的。片面性是他反对的,但自己却患了。

他只有见到性之恶,而未想到"伪"也有恶。人生下来所处的社会也是有恶的习俗,这也是"伪"的。人所做的不全都是道德的,也包括有不道德的。若人所为都是道德的,则社会的改造就不必要。社会环境、人伪的环境是很重要的,若环境是好的,则性恶也未能发生其作用了。就是因为环境中有不好的,故性有被感染之可能。"伪"不仅包括"文理隆盛",也包括有恶的一面。"伪"不是绝对善,所以他对于"伪"的看法是片面的。

他对于性的看法也是片面的,性是无善无恶的,说全恶就是片面的。

2. 矛盾性:对于性恶理解的矛盾,在《十批判书》中已指出两点。(1)荀子自认为性包括有可以为善之质,而又说性恶,这就极为矛盾了。(2)认为性恶,又认为心"虚一而静",是善的,心是性的一部分,包含在性之中,人的认识不蔽塞,全靠心。如此说来,性亦有善,这就矛盾了。第二个矛盾就有二元论的影子,与孟子没有什么差别。孟子所说的性善是指性中的理性部分来说,即大体方面是善的,而小体则是不好的,故要养性克欲。而荀子所说的性恶,是指身体是不

---

[1]《荀子·性恶篇》。——编校者

好的,而心是善的。所以两人的说法几乎一致,而各从一面来说,把理欲心身对立,这是孟子的看法,而荀子所差的就是不谈天与理。

(三)"化性起伪"

孟子认为性善有端,所以要扩充其端。而荀子说性恶,所以要化性起伪,这是人的发展过程。荀子这种说法,在形式上是合于"性恶"、"善伪"的逻辑的,但他的前提已经错了。

"注错习俗"等于环境习惯,要"化性起伪",就要把人放在一个良好的环境中。按性恶论来推理,这是合乎逻辑的,问题在于"注错习俗"不全是好的。人们总以为习俗不变,但当社会激烈变化之后,改造了社会改造了人的环境,这也就改造了个人。荀子就没有看到"注错习俗"本身是需要改变而不是永恒的,认为不变这是不合于现实的。

我们同意荀子重视"注错习俗",而不能赞同他的"注错习俗"无须改变的看法,这种看法削弱了他的进步性,因为这样就要求人屈服于"注错习俗",这是阻碍进步的。

孟子强调个性、强调自由、鼓励人向上,这是不合于秦以后的封建社会的。但荀子却否定个性,认为要束缚于"注错习俗",才能建立起道德,不容许对现实的制度、习俗存有怀疑,这种结论是大大地阻碍进步的。

孟子无见于社会对个人的发展起决定作用,而荀子看到了社会对个人的作用,但他绝对化了,不许变化社会,而要保存现制度与道德。

(四)"礼义法度"

孟子说"仁义礼智",这是带有主观性抽象性的,而荀子不谈这些,但提出了"礼义法度",认为按法贵贱、长幼、贫富是固定的。把仁义等表达为社会关系这是对的,但是绝对化了这种社会关系,这种绝对化是形而上学、抽象、静止的看法。

荀子所说圣王法度,指的是周朝,看《王制篇》就很明了,他的复古思想不仅是不进步,而且是反动的,肯定复周道是好的,这比孟子就更唯心了。

为了更全面地估计荀子,应联系到他的世界观、社会起源论,全面地估计,可得出下面三点结论:

1. 他的唯物主义世界观是进步的,特别是强调人可以"制天命"的思想是很进步的。"制天命"比孔子的听天命的思想进步得多,同时也吸取了墨子非命的思想。

2. 他的唯物主义社会观,特别是礼的起源论是十分进步的,这种观点已吸取了法家的思想在内,其所说的"礼"等于法家的"法"。

3. 他的心性论在于强调社会对个人的发展有决定作用,这是有科学意义的,而在强调心之"虚一而静"这方面是吸取了道家的思想在内。而毛病有二:其一,"性恶""伪善"之矛盾;其二,"伪善"之绝对化,由于"伪善"的绝对化,实际上是把当时欲走上封建的阶级关系绝对化了,因而使其不能把对自然斗争的精神用于对社会的斗争上,而公开地提出复古主义,公开地提出社会变革的不可能,这是反映战国末期或秦初新起的基础和上层建筑,就当时来说可以是进步的,但受历史条件限制,使其思想成为后来封建社会固定意识形态之类型。

荀子可能看到秦始皇之统一天下。社会是改变了,他原是希望走入一个新的社会,而没有意识到他自己宣告百家争鸣之结束。

总之,他的思想是合乎社会实际,但他这一完整的思想体系却可能被僵化,被僵化之后,就成了封建社会的上层建筑了。当然不能说封建时期发展缓慢,历时之久,都是因为荀子思想之影响所致,但是绝不能低估荀子对封建社会发展的作用。

五、教育思想(1957 年 1 月 24 日)

(一)教育的意义

关于教育的意义,他的主张表现在"注错习俗"、"化性起伪"等八个字上。

他认为教育是靠圣人的力量自外形成的,一切都是依靠外来的力量。这与孟子对教育过程的理解注重在内部的发展培养恰成相反。这种看法有两个优点:其一,强调了社会对个人所起的决定作用;其二,改变了唯心主义的存心养性之说。唯心主义的发展说有积极意义,但总要走向神秘主义。而荀子强调外部力量,故主张自外陶冶。陶冶这个字眼是很好的形容词。

（二）教育的内容

在教育内容上他继承了孔子,除了《易经》之外,其他五艺他都传授。

荀子反对孟子主张只教《诗》、《书》而不教《礼》、《乐》,他主张"隆礼义而杀《诗》、《书》",把《诗》、《书》放在次要地位,而《礼》、《乐》放在首要地位。他说"隆礼义而杀《诗》《书》"是雅儒,而俗儒就不隆礼义而单讲《诗》、《书》。（见《儒效篇》关于雅儒、俗儒、大儒的区分）

《劝学篇》关于教育内容有简要的论述:"学恶乎始？恶乎终？曰:其数则始乎诵经,终乎读礼；……故《书》者,政事之纪也；《诗》者,中声之所止也；《礼》者,法之大分群类之纲纪也。故学至乎《礼》而止矣。夫是之谓道德之极。《礼》之敬文也,《乐》之中和也,《诗》《书》之博也,《春秋》之微也,在天地之间者毕矣。"

（三）教育的方法

1. 积渐全尽

他认为知识由积而丰富,积要渐进,能渐进就可能精通人类全部知识。知识是无限的,而个人的生命是有限的,实际上个人要精通全人类的知识是不可能的。但为追求崇高的目标"终乎为圣人",应当努力不断学习,"学不可以已","学至乎没而后止"。

由于性恶,故要化性,而化性要由习惯来慢慢感染,积起好的东西,由无到有,由少到多,达到全尽。《儒效篇》说:"涂之人百姓,积善而全尽,谓之圣人。彼求之而后得,为之而后成,积之而后高,尽之而后圣。故圣人也者,人之所积也。人积耨耕而为农夫,积斫削而为工匠,积反货而为商贾,积礼义而为君子。……故人知谨注错,慎习俗,大积靡,则为君子矣。纵性情而不足问学,则为小人矣。"

《劝学篇》说:"蓬生麻中,不扶而直,白沙在涅,与之俱黑。兰槐之根是为芷,其渐之滫,君子不近,庶人不服；其质非不美也,所渐者然也。故君子居必择乡,游必就士,所以防邪僻而近中正也。……伦类不通,仁义不一,不足谓善学。学也者,固学一之也。一出焉,一入焉,涂巷之人也；其善者少,不善者多,桀纣、盗跖也；全之尽之,然后学者也。君子知夫不全不粹之不足以为美也,故诵数以贯之,思索以通之,为其人以处之,除其害以持养之。……是故权利不能倾也,群众不能移也,天下不能荡也。生乎由是,死乎由是,夫是之谓德操。德操然后能定,能定然后能应,能定能应,夫是之谓成人。天见其明,地见其光,君子贵其全也。"

2. 强学力行

以前的几个教育思想家都谈过强学力行,特别是墨子更强调,所以这是一般的思想。

荀子认为学者应努力学习,要专心,要坚持,终能取得成功,达到目的。《劝学篇》说:"骐骥一跃,不能十步;驽马十驾,功在不舍。锲而舍之,朽木不折;锲而不舍,金石可镂。……是故无冥冥之志者,无昭昭之明;无惛惛之事者,无赫赫之功。"《修身篇》说:"故跬步而不休,跛鳖千里;累土而不辍,丘山崇成。……道虽迩,不行不至;事虽小,不为不成。其为人也,多暇日者,其出入,不远矣。"不努力专心学习的人,感觉空闲得很,进步不大,就是能超过别人也不会多。

君子之学,在于化其性,修其身,所以在学习过程中要求所学存其心,体现于行动。《劝学篇》说:"君子之学也,入乎耳,著乎心,布乎四体,形乎动静,端而言,蝡而动,一可以为法则。小人之学也,入乎耳,出乎口,口耳之间,则四寸耳,曷足以美七尺之躯哉。古之学者为己,今之学者为人。君子之学也,以美其身;小人之学也,以为禽犊。"

荀子特别注意社会性的实践,并认为是学习过程的重要环节。《儒效篇》说:"不闻不若闻之,闻之不若见之,见之不若知之,知之不若行之;学至于行之而止矣。行之,明也,明之为圣人。圣人也者,本仁义,当是非,齐言行,不失毫厘,无他道焉,已乎行之矣。故闻之而不见,虽博必谬;见之而不知,虽识必妄;知之而不行,虽敦必困;不闻不见,则虽当非仁也,其道百举而百陷也。"

3. 隆师亲友

这个问题,是以前几个教育思想家所没有说过的,这也是荀子教育思想重要的特点。

他认为修身积善成德,正当的途径就是隆师亲友。《修身篇》说:"故非我而当者,吾师也;是我而当者,吾友也;谄谀我者,吾贼也。故君子隆师而亲友以致恶其贼。好善无厌,受谏而能诫,虽欲无进,得乎哉!”又说:“礼者,所以正身也;师者,所以正礼也。无礼何以正身,无师吾安知礼之为是也。礼然而然,则是情安礼也;师云而云,则是知若师也。情安礼、知若师,则是圣人也。故非礼是无法也,非师是无师也,不是师法而好自用,譬之是犹以盲辨色,以聋辨声也。舍乱妄无为也。故学也者礼法也。”

隆师也是学习经典知识的需要。《劝学篇》说:“学莫便乎近其人。《礼》《乐》法而不说,《诗》《书》故而不切,《春秋》约而不速,方其人之习君子之说,则尊以徧矣,周于世矣!故曰:学莫便乎近其人。”

在人学习成长的过程中,贤师良友是成长发展的重要条件。《性恶篇》说:“夫人虽有性质美而心辩知,必将求贤师而事之,择贤友而友之,得贤师而事之,则所闻者尧舜禹汤之道也,得良友而友之,则所见者忠信敬让之行也。身日进于仁义而不自知也者,靡使然也。”

欲求贤师,颇不易得,要明确贤师的标准、应备的条件,不能以博习择师,而要以“尊严而惮”、“耆艾而信”、“诵说而不陵不犯”、“知微而论”等条件择师。

荀子主张尊师,强调师法的重要。《大略篇》说:“言而不称师,谓之畔。教而不称师,谓之倍。”

补充

荀子传《乐》,著《乐论》。有人认为《礼记》中的《乐记》是抄荀子的或荀子所传,但两者文词不全一样。郭沫若认为荀子的《乐论》是有科学性的。

荀子重《礼》《乐》,应该了解他这方面的一些主张。他认为人在喜怒哀乐之时,会有情感表现,或表现为动作或表现为声音,但这种是自然的,是乱来的。故不满意这种乱来,就制作雅颂以引导,使其声足以乐而不流。

荀子指出立乐有其方有其术,而墨子是不知道的。

要谈荀子所主张的教育内容,首先应了解荀子是重视《礼》《乐》,其次他隆《礼》《乐》而杀《诗》《书》,再次他对于《礼论》、《乐论》都有精微的见解。

准备秦汉至明清这段教育史考虑的几个问题
（1957 年 2 月 2 日）

一、从秦汉到明清应分为教育制度与教育思想两章

从秦汉到明清的教育发展,应合为一章。为了讲述方便,分为教育制度与教育思想两章。

从制度来说,是封建社会形态;从思想意识来说,儒家的思想居统治地位。

二、中国封建社会的教育内容比世界教育史要多得多

在古代希腊之后,罗马帝国的教育事迹很少,而中世纪就更贫乏。

世界上有很多国家没有古代史和中世纪史。476 年以前西方都称为古代;476 年西罗马帝国灭亡,到 1453 年以后称为近代史。

许多国家没有古代史和中世纪史是很自然的。美洲是在 1492 年发现的,所以美洲所有国家没有这以前的历史是很自然的。

就英、法、俄罗斯来说,他们建国都很迟,这些地方很早就住有人民,但建立民族国家是近世的事情,他们以前都属于罗马帝国,同用拉丁文并信仰基督教。

1453 年这一年代很重要,不但是东罗马灭亡,而英法两民族的百年战争也结束,英在三岛成立国家,法也成为独立国家。1453 年俄罗斯大公伊凡四世自称"沙"。其实那时还是蒙古人统治俄罗斯,蒙古人统治了两百余年,到 1480 年

才结束,独立的俄罗斯国家才建立。所以在这以前没有历史记载也是很自然的。

古希腊是文明的,有他们的教育事迹,但继后的罗马是很野蛮的,故无教育事迹可谈。至 10 世纪以后城市复兴,才有些教育事迹可谈。

反过来看中国,从殷代起到现在,有连续的历史记载达三千多年,文化历史的悠久,是其他国家所不能比的,能比的也不同于我们。

中国的古代和中世纪的历史不仅是中国的,而且也是属于世界的一部分。古代世界的两个文化中心,一是地中海,一是在中国,汉帝国的文化比罗马帝国要高出好几倍,这是大多数人所公认的。

参考《中国历史纲要》第 58 页汉对亚洲和欧洲的文化影响;第 143 页到 144 页唐对世界的影响,尤其是对日本和朝鲜的影响。

所以中国的历史,是亚洲好几个国家共同的历史。

就时代来说,中国当时的影响及于半个世界,中国教育史占有极重要的地位,内容要比世界的多,这是很自然的。

三、说明《中国古代教育史资料》的选择

现在所选的教育史资料较之过去写的教育史所应用的资料要少得多,这是应该说明的。

过去的教育史家没有学习马克思主义,同时对于教育史的性质和任务也不明确。

过去的教育史研究者受着两个观念的束缚:一是朝代的观念,一是儒家思想继承的观念,即道统的观念,这都是封建的思想意识。不过这种观念也有其理由。王朝是足以表示时间的,因此就按朝代来叙述。这种以王朝作为发展阶段的观念,是很幼稚的看法,王朝的更换,并不表示生产的进一步发展与教育起了重大变革,所以就无需以王朝来分,因此秦汉同一制度,隋唐同一制度,明清同一制度,这样就可以说明发展过程,而且可以减少一些材料。

过去都有儒学传授的记载,在各代史中有《儒林传》。宋代开创了理学也有

其传授的记载。其实这些都是学术的继承关系,并不能作为教育史的专门记载,所以要打破道统观念。

在这一时期中,只选六位教育思想家,我们是以有独创性、进步性作为原则来选择的,其他相因袭的或只是理学家的就不提上教育史。

四、参考资料仅供参考,以后还要以教学大纲为准

研究的预备课,就不应限于学完所选的资料。我们要培养研究能力,就要掌握资料和方法(工具)。

这学期的学习目的就是要熟识正史,以后才能单独地寻求资料,所以学习的重点是史,要向二十五史进军。

学习史部是有方法,讲通了一部,就触类旁通,毫无困难。

五、为了解历史的全貌而选一通俗的读本

尚钺的《中国历史纲要》,是较早出版的,故不合于现在高等学校的教学大纲。这本书简要明了,在应用马列主义进行分析方面较为成功。但出版后史学界也进行了批评。1955 年苏联哲学杂志刊出尼基甫洛夫的批评文章,转载在《教学与研究》上(1956 年 3 月)。批评集中在第六章上,集中在资本主义生产方式萌芽的理论问题上,集中在封建社会长期性的问题上。他把奴隶社会拉后,而说资本主义萌芽得早,这就把封建的时期缩短了。例如该书第 203 页说宋朝为资本主义生产的萌芽创造了条件;第 318 页说明代资本主义因素的增长;第 379 页认为满清民族压迫使资本主义的发展受到阻碍。这些理论一般都认为不合于马克思主义,马克思主义认为经济的发展是内部的原因,而不能归罪于王朝的更换。

所以这一章就牵涉到对明代政治的估计、清王朝统治的作用,此外还有关于资本主义萌芽的问题。

我们重视的不是这些理论问题,而是要利用它来帮助学习正史。

尼基甫洛夫的批评,指出两个缺点:其一,关于古代史,叙述得少,特别是关于殷商和西周。其二,对于上层建筑,注意不够。同时,他也指出两个优点:其一,结构上的明确性与逻辑性。其二,把历史作为发展过程来叙述能指出每个时期的变化和特点。

关于正史的说明

(1957年3月2日、5日)

一、"十三史"及其年代

二十五史是辛亥革命后的说法,其数目是随时代而增加的,去其重复部分而留下的有十三部。

张舜徽著《中国历史要籍介绍》论及正史。"正史"的名称,始见于《隋书·经籍志》,它把纪传体的史书名为"正史"。这是因为唐代开馆修史书,将这一类的书籍规定为写作的榜样。我们采用纪传体史书,而不用编年体史书,是因为纪传体史书容易查,而编年体史书则不容易查。且编年体的材料都是来自纪传体的史记中。

今日所谓的二十五史,本身是一个发展过程。

《史记》、《汉书》、《后汉书》、《三国志》,称为"四史",都是纪传体。《史记》从远古至汉武帝,包括的时间长,而《汉书》则是专写西汉一朝而已,是断代史。《后汉书》、《三国志》也是断代史。

三国之后为晋,晋分为西晋、东晋。东晋之后又分为南北朝,宋、齐、梁、陈称为南朝,而北中国的魏、齐、周称北朝,南北朝各有记载的史书。南北朝统一为隋,隋有《隋书》,所以至唐时就十三代史。

宋代增加了《唐书》、《五代史》,又把宋、齐梁、陈合编为《南史》,把魏、齐、周合编为《北史》,所以至宋代有十七史。

明代加上《宋史》、《元史》。元代所编写的《辽史》、《金史》也被加上去,合为二十一史。《宋史》是包括《辽史》、《金史》。元人统治中国,特别重视辽、金历史,令人编修,故有《辽史》、《金史》。

清代修《明史》,为二十二史。后又增《旧唐书》和《旧五代史》合为二十四史。民国时候,柯绍忞修成《新元史》(1921),也列入正史,故有二十五史。

在这二十五史中去掉重复的,只需读十三部就可以了解。这就是《史记》、《汉书》、《后汉书》、《三国志》、《晋书》、《南史》(包括宋、齐、梁、陈)、《北史》(包括魏、齐、周)、《隋书》、《唐书》、《五代史》、《宋史》、《元史》、《明史》。

这十三史中,重要性是各不相同的,各史所记载的时间长短是不同的。如秦、南北朝、隋、五代,存在的时间都比较短,忙于战争和剥削,根本就来不及注意发展文化教育事业。

各朝的年代[1]

各朝的名称	时　　代	年　　数
秦	公元前 221—前 206	15
两汉	公元前 206—公元 220	425
三国	公元 220—280	60
两晋	265—420	140
南北朝	420—589	169
隋	581—618	37
唐	618—907	290
五代十国	907—960	53
宋	960—1279	320
元	1271—1368	97
明	1368—1644	276
清	1644—1911	267

---

[1] 公元 1271 年忽必烈定国号为"元",1279 年南宋灭亡;"清"于 1644 年入关,这里以蒙古族、满族入主中原时间算起。——编校者

秦的时期短,但其制度为汉所继承,隋的时代也很短,其制度也为唐所继承。

三国的时期也短,其中仅有魏占较重要地位。

南北朝时期也短,在学术史上、文学史上有地位,但在教育史上无地位。

五代根本没有什么可说的,反而是十国的文化比较发达一些。

元人也很落后,统治时期不过 90 年,在教育史上也没有多少值得谈的。

这样分析一下,省掉不重要的,合并相同的,就可以划为五个阶段,即秦汉、两晋南北朝、隋唐、宋、明。所以值得重视的,也只有相关的这几部"正史",其他仅作一般的了解。

我们需要再从著作的年代来看每部史书,从作者和内容来看每部书。

《史记》	西汉	司马迁
《汉书》	东汉	班固
《三国志》	晋	陈寿
《后汉书》	南朝(宋)	范晔
《晋书》	唐	官修(全由政府组织编修)
《南史》、《北史》	唐	李延寿
《隋书》	唐	官修
《唐书》(旧)	五代(晋)	刘昫
(新)	宋	官修(欧阳修)
《五代史》(旧)	宋	官修
(新)	宋	官修(欧阳修)
《宋史》	元	官修
《元史》(旧)	明	官修
(新)	今	柯绍忞
《明史》	清	官修

三点说明:

第一,两千年的历史记载,一部接一部,其写作先后相差两千年。如《史记》、《汉书》已有两千年的历史,而《新元史》则是今人所写的。六经、诸子各书虽然古,但不一定比《史记》古,六经都是汉人所传的,没有人看到古文,只有今文,现在所见的都是汉人的传述记录。经文的传授者比司马迁早,而经疏则在司马迁之后。《史记》一书是很古的,夏、商、周、春秋、战国、秦都没有专门的历史,最早的材料都在《史记》。今、古文之争执是在司马迁之后,我们不要以为今日诸子的材料都是出于至圣。其实这些书都是司马迁之后才构成,离不了司马迁的传统。我们以为地下发掘是独立的材料,是司马迁所牵涉不到的,其实认识甲骨文还是依靠史书记载的文字为工具。《史记》是很古的,而《汉书》也是很古的,它还是在一些经书之前。唐代的史书,也是一千余年以前的人写的。西欧则无一千余年前的史书,在千余年前都是用拉丁文,这是欧洲各国共同的,各族有民族文字文学也是 12 世纪以后才有。所以就唐代所修的史书来说,也是很古的。

第二,读过史书以后,就可以相信任何人都没有可能单独写一本史书,例如司马迁也不是自己就能写出一部《史书》。档案文献都在官府之中,要依这些档案才有可能写作,所以修史即使是私人修成的,也离不开官府,修成之后,还是要送给皇帝。

第三,两千年连续的记载,各不相连,其写作体裁皆沿用《史记》、《汉书》,但文章的形式是随时代而不同的。例如,看了《论语》一书,就可以知道他们都引用《诗》、《书》,但是史书就把诸子中的材料当作自己的成语来用。以为作者都懂了,其中典故特别多,使文章华丽一些。他们写的文章在当时人读起来容易,但后来的人就感到困难了。困难不在于文字,还在于文章的形式多变化。史书中的文章形式是随文学的发展而变化的,他们写史的时候都是当作文章来写,所以在我们看来是史学家,而在别人看来却是一个文学家,讲中国文学史又要讲到这些人。因此我们要讲史就必须了解汉以后文艺的变化,这变化总的趋向是由散文向骈文发展。骈文是讲对偶的,有时也称骈俪。骈体,其中不仅讲词的对偶,也讲声音的对,有时也讲正反的对,其文字华丽,章句雕琢。

骈文兴起于六朝,所以《晋书》、《南史》、《北史》、《唐书》(旧)都是用骈文写的。韩愈提倡文章改革,要回到六朝以前采用散文,他们称为"古文"。唐宋八个有名的古文家,就是韩愈、柳宗元、欧阳修、苏洵、苏轼、苏辙、曾巩、王安石。欧阳修就是要以散文改变骈文,所以修《新五代史》,他们并没有改得好,反而更难懂了。

学习要有方法:今日要读完十三史是不容易的,不宜于采取单干的形式,而要采取集体的形式,要分工合作,就先要有一班人会看书,懂得材料在哪里,懂得人家是从哪里引出来的。我们学习要有方法,首先应该选择重点,重点读完一部,就可以举一隅以三隅反;其二应该依靠注疏;其三应该采用精读细讲。四史都有注释,这是我们应该依靠的。

二、"四史"的注释

读史应从开头的地方开始,四史是最早的,又有注释,读会了它,就可以没有困难地读后面的史书。

四史的注释与经的注疏有同样的地位,与正文的重要性一样,作者与注者的贡献不可分上下。

注释有其发展史。《史记》从汉代起就有人加以注释,直到今人杨树达的注。

注的先后也是值得研究的,最早有注的不是《史记》,而是《汉书》,《汉书》最早的注释者是东汉的服虔等人,至唐代颜师古的注已经是集注了。我们看《汉书》就选择颜师古的注本,其次就看王先谦。

颜师古是有名的史学家,他在历史上的地位不亚于班固。颜师古是颜之推的孙子,而颜之推是北朝北齐的大教育家,著有《颜氏家训》。

第二本有注的是南朝宋裴松之注的陈寿作的《三国志》,裴松之的注文超过正文几倍,起了订伪补缺的作用,其名气不亚于陈寿。

其后裴松之之孙裴骃作《史记集解》。集解是根据服虔等人的《汉书注》及前人的经注都采录入注。故《史记》之注不如《汉书注》之古。其后有唐司马贞作

《史记索隐》作了补充,张守节作《史记正义》又作了补充。《汉书注》较古,价值更大。

最后一部是南朝宋刘昭注的《后汉书》,但刘昭只注一部分,至唐李贤又作了补注,李贤注的是纪传体部分。清末王先谦有《后汉书集解》。

三、两《汉书》选读(加"·"的是重点)

《汉书》： 《艺文志》

《儒林传》

《礼志》

《董仲舒传》

《武帝纪》

《循吏传》

参考:《刘向子歆传》、《宣帝纪》、《百官公卿表》、《地理志》

《后汉书》:《儒林传》

《郑玄传》

《党锢传》

《王充传》

《张衡传》

《循吏传》(任延)

参考:《明帝纪》、《章帝纪》、《百官志》、《郡国志》

四史中选读《汉书》是很有理由的,西汉的历史虽然《史记》也记载,但《汉书》记得更详细,所以西汉一定要读《汉书》。《后汉书》出于《三国志》之后,也从《三国志》中吸收材料,所以关于东汉应读《后汉书》。

班固的文章是古文,而《后汉书》则是骈文,读过这两部就懂得古文与骈文了。

上面从两书所选的篇章,已经把两书中的教育史料都抽取出来了。《儒林传》是包括所有的儒者、文学家,但特别重要的人物是特别立传的。关于地方兴学的事迹,就看《循史传》的《文翁传》。

两《汉书》选读是很重要的,学习第三、四章都要应用到。

四、思想发展过程概况

秦汉以后教育的发展是很容易了解的,但容易的仅是制度,而思想就很复杂。不学历史的人以为中国封建社会有一支配的思想,即孔孟的思想,但事实并不如此。上层建筑是要随基础变动的,例如孟子的民主思想,怎能服务于封建的生产关系而为高度中央集权的政治制度服务呢?所以随基础变动,思想意识必定是不同的,这是历史唯物主义所揭露的规律。从西汉起,思想意识有很大变化。《艺文志》中分为六类,这六艺都是汉人所传的。

诸子中有一阴阳家。汉代阴阳家与儒家相结合,董仲舒等都是阴阳家。阴阳家的思想在我们看来都是些迷信者,他们把自然界出现的每一现象,认为都是与人有关系的,人的行为表现不合天意,就会发生灾异,人的行为表现合乎天意,就会出现祥瑞。

阴阳家不只限于论阴阳而已,阴阳家还要加上数术略上的五行家、加上方技略上的神仙家,是这些东西的混合物。

至汉代,道家也兴起来,在那时称"玄学",其特点是把《周易》、《老子》、《庄子》混在一起研究,宣传崇尚自然,反对迷信,称为道家。

所以到汉代有两个思想主流,或渗入儒家,或与儒家对立。

在阴阳五行学中,还附带有谶纬学。纬书都讲的是预言,是从经书中找题目而捏造出来的,而谶则是从地下或其他地方得来的怪异东西,其中有预言,这些都是迷信的。

"玄学"不是迷信的,但它代表没落的思想,故好玄学者都成为清谈家,其危害超过其优点。

魏是玄学流行的开始,其后又有佛教思想的流行。佛教在汉代已经传入,至南北朝则大盛,佛经自国外传入。

又有阴阳五行与玄学结合起来产生"道教",除了谈老庄之外,他们还有自创的经典。

一个社会的思想,就是统治阶级的思想。统治阶级就是喜欢搞这一套,一方面是幻想,一方面是麻醉,真的是有利于统治阶级。

从魏晋南北朝起,儒家一直是处在保守退让的地位,不像在汉代占据第一位,而阴阳家、道家转而得势。

到了隋唐时代,佛道的思想就居统治地位。儒家与佛道思想的斗争是很激烈的,唐代韩愈是儒家的战士,他虽挺身而出,进行批佛批道的斗争,但他无力使儒家再据统治地位。

至宋代,就有儒者吸收佛教思想形成理学,然后用"理学"去反佛教。

这种思想发展的概况,学习教育史的人是应该了解的。(参阅《中国历史纲要》第 60 页、第 107 页、第 178 页)

儒家是完全为统治阶级所利用的,这是历史事实。

把《汉书》中的《地理志》和《郡国志》、《百官公卿表》作为必读的材料是有原因的。

我们在读各篇时,都要碰到很多人名、官名、俸禄等级、爵位等,要懂得这些,就要读《百官公卿表》。而要知道地名,则要读《地理志》、《郡国志》,所以读这些是当作字典看待。

关于中国文字问题

（1957 年 3 月 9 日）

中国的文字虽然很早就有，但关于文字理论的书，要到东汉才有。

中国古代制度的原始材料是经，但经的形成，不能早于西汉，而《周礼》是在东汉形成的，古文经形成在东汉。所以讲汉代也能加深对殷周情况的领会，丰富我们的知识。

谈文字要联系到殷周，同时又要联系到今天，因为今天的文字也是古代的文字。

文字与教育的关系密切，它既是教育的内容，同时又是教育的工具。文字的意义不限于教育，它是人民生活中不可缺少的工具。

《艺文志》比《说文解字》更早，在《艺文志》编写的同时，关于小学的书已有45 篇。

一、《易·系辞》虚构"观象制器"说

原始的发明人称为圣人。其所以能发明，因为看了八卦的形象而制造出一切的工具。《易经》中的这种说法是不科学的。

有人认为八卦比文字简单，可能在文字之前，这种文字起源论是错误的。这种理论不仅是文字问题，而且关系到哲学问题、思想方法问题。自从秦汉以来，思想成分问题就复杂了，所牵涉的不是日常生活问题，而是专门技术性问题。

文字是否起于八卦？首先应弄清八卦是如何产生的、是怎么回事。先看《易经》之组成部分：

第一部分　伏羲　作八卦

第二部分　文王　"重易六爻"，作六十四卦，作经上经下，说明每个卦，有卦辞，除此之外，每爻有几句话说明，称爻辞。

第三部分　孔子　作《十翼》，即经之传。《十翼》即《彖》上下、《象》上下、《系辞》上下、《文言》、《序卦》、《说卦》、《杂卦》。《十翼》不谈卜卦起课，而专谈哲学问题。据《艺文志》说，是孔子所作。

爻是从下算起的。在伏羲时代三爻为卦，至文王时代六爻为一卦。阳"—"称为"九"，而阴"--"称为"六"。

上九	—		上六	--
六五	--		九五	—
九四	—		六四	--
九三	—		六三	--
六二	--		九二	—
九一	—		六一	--

我们不能相信看了卦而制造出器具来，不能相信文字是从八卦发展而来的。

郭沫若在《青铜时代》中的《周易的制作时代》谈了他的看法：一、八卦与文字无关，是先有文字而后有八卦。二、孔子与《易经》无关，甚至文王、伏羲与《易经》都无关系，《易经》所说的话都是虚构的，因为阴阳变化的思想要到战国时才能产生。[1]

这种看法有部分可赞同，说孔子时代无占卜、孔子与《易经》无关系还得找证据。

《艺文志》说文字的产生"盖取于夬"，夬卦即乾下兑上☱。

如果《艺文志》说八卦是原始的简单符号，从原始的简单符号发展为后来的

---

〔1〕　郭沫若：《青铜时代·周易之制作时代》，人民出版社 1954 年版，第 66—94 页。——编校者

文字,这种说法还好理解。但《艺文志》说的是圣人看了"夬"卦这个象而制出文字来的,这就很神秘了。我们应当分析这种说法。

《系辞上》:"易有圣人之道四焉,以言者尚其辞,以动者尚其变,以制器者尚其象,以卜筮者尚其占。"这是说《易经》有四个用途:发表言论、著书立说的人,着重易的辞,以为理论根据;做事情的人没有一个行动能逃出六十四卦,所以着重六十四卦的变化;而制造发明的人,就着重看卦的象;卜筮的人,则着重它的占卜。当时的人是如何想的,会认为六十四卦可包括宇宙一切东西?这是个问题。我们现在只着重讲"以动者尚其变,以制器者尚其象"。

(一)**卦象**

伏羲的八卦　☰ ☷ ☳ ☴ ☵ ☲ ☶ ☱

名　乾　坤　震　巽　坎　离　艮　兑

象　天　地　雷　风　水　火　山　泽

　　马　牛　龙　鸡　豕　雉　狗　羊

　　头　腹　足　股　耳　目　手　口

……

文王的六十四卦是复卦,更可穿凿附会象征任何事物。

(二)**卦象与人的行动**

人的行动都包括在卦之中,卜卦对人的行动有所启发。

例:卜得坤下巽上☴☷观这个卦象,就要看象辞。象曰:"风行地上。观,先王以省方,观民设教。"读了这些象辞,就知道规定自己的行动。

例:卜得震下离上☲☳这个卦是噬嗑,要看象辞。象曰:"雷电噬嗑,先王以明罚勑法。"读了象辞,就知道上下之间有物间隔,当用刑法去之。

例:卜得坤下震上☳☷看象辞知道是豫卦。象曰:"雷出地奋。豫,先王以作乐崇德,殷荐之上帝,以配祖考。"象辞说,雷既出地,震动万物,被阳气而生,各皆逸豫,先王法此,鼓动而作乐,崇盛德业,以殷盛之乐,荐祭上帝,以祖考配祀。

前一例是教育的,次一例是法律的,后一例是祭祀的。六十四卦中谈教育方法的也很多,可以举几个例子看看。

　　例：卜得坎下艮上☶这是蒙卦。象曰："山下出泉。蒙。君子以果行育德。"山下之泉，小且清，其流可为大江河，这好像儿童很有发展前途，所以告之应该"果行育德"，注意培养他。

　　例：卜得兑下兑上☱这是兑卦。象曰："丽泽。兑。君子以朋友讲习。"丽，连也。两泽相连，润说之盛。由卦象获得启示，君子以朋友讲习，即是君子应亲近朋友，聚居讲习，道义相说之盛，莫过于此。

　　《艺文志》所说的夬卦，是乾下兑上☱，象曰："泽上于天。夬，君子以施禄及下。"由卦象获得启示，泽上于天，必来下润，施禄及下，因此君子应该把恩泽幸福普施于下民。而文字是下民所需的工具，君子欲加恩于下民，故创造文字，这就是所说的文字来源。

（三）卦象与人的制器

　　把卦解释有什么预示，看了卦辞就决定自己的行动，这种说法是主观的牵强附会的。而看了卦象就知道制造什么器物，这种说法，也很牵强附会，可见人们思想的曲解。

　　《系辞下》："古者包羲氏之王天下也，仰则观象于天，俯则观法于地，观鸟兽之文，与地之宜，近取诸身，远取诸物，于是始作八卦，以通神明之德，以类万物之情，作结绳而为网罟，以佃以渔，盖取诸离。包羲氏没，神农氏作，斫木为耜，揉木为耒，耒耨之利，以教天下，盖取诸益。日中为市，致天下之民，聚天下之货，交易而退，各得其所，盖取诸噬嗑。神农氏没，黄帝尧舜氏作……黄帝尧舜垂衣裳而天下治，盖取诸乾坤。刳木为舟，剡木为楫，舟楫之利，以济不通，致远以利天下，盖取诸涣。服牛乘马，引重致远，以利天下，盖取诸随。重门击柝，以待暴客，盖取诸豫。断木为杵，掘地为臼，臼杵之利，万民以济，盖取诸小过。弦木为弧，剡木为矢，弧矢之利，以威天下，盖取诸睽。上古穴居而野处，后世圣人易之以宫室，上栋下宇，以待风雨，盖取诸大壮。……上古结绳而治，后世圣人易之以书契，百官以治，万民以察，盖取诸夬。"

　　这段话有对于社会发展史的看法，其看法不完全荒谬，其中强调了几点：(一) 人类社会需要制造工具；(二) 制造工具的都是圣人；(三) 社会的发展史是从渔猎到农耕。这些看法都是对的,而其他都是牵强附会。

在社会发展的渔猎阶段,包羲氏作八卦,还作捕兽的网、捕鱼的罟,其所以制作这些东西,是因为看了离卦。在社会发展的农耕阶段,神农氏发明了农具,是因为看了益卦受了启发。黄帝尧舜制衣裳、造舟楫、驯牛马,乃取法于乾坤、涣、随等卦。后世圣人筑宫室是受到大壮卦的启发。而文字的产生则是看了夬卦而受启发。其实"夬"卦并没有说要创造文字,这里却把创造文字包括进去,这是真的牵强附会。

(四)道与器

《系辞上》:"子曰:'书不尽言,言不尽意。'然则圣人之意,其不可见乎?子曰:'圣人立象以尽意,设卦以尽情伪,系辞焉以尽其言,变而通之以尽利,鼓而舞之以尽神。'乾坤其易之缊邪!乾坤成列,而易立乎其中矣。乾坤毁,则无以见易,易不可见,则乾坤或几乎息矣。是故,形而上者谓之道,形而下者谓之器,化而裁之谓之变,推而行之谓之通,举而措之天下之民,谓之事业。"

"道"与"器"是《易经》的中心。每样东西是有形的,称之为"器",每样东西是有其道理、有其法则,这就是"道"。"器"是无穷的,而其理不外乎阴阳,也就是八卦,道理只有一个,这是在一切有形东西之上,称为"道"。

听信这种理论就是客观唯心论,走到唯理主义。唯理主义把物质世界和它的法则分开,而说物质世界不够完满,而完整的美好的则是贯于一切有形的东西,有形的东西是理之复本,这些道理以"道"来概括。对"道"的世界,圣人以八卦来表现其变化。

这种把"道"放在"器"之先是唯心主义的。

以后"道"与"器"名称的表述有所变更,改称"理"与"气"。朱熹说的"理",就是原本的"道",朱熹说的"气",就是原本的"器"。

二、字的类型——"六书"说

"六艺"实际来说可分三类:射、御是属于军事的准备方面,礼、乐是属于贵族的祭祀礼节方面,书、数则是人民生活中所必需的东西。书与数虽为贵族所独占,但对人民生活有很大的意义,到今天仍然还是有意义的。

"小学"在古代实际上是一种学问,即今日的文字学、音韵学。

汉族的文字是很特别的。文字原是语言的符号,就是一句话,而中国的文字却不是这样的。

中国的文字,据班固说是根据象形、象事、象意、象声、转注、假借的六个原则来创造的。这不一定是班固的学说,而肯定是汉人的说法。

许慎在班固之后,他发展了"小学",把文字搜集起来共有9 313字。许慎所说的六书,与班固的说法不同,后人只知许慎的说法。

许慎的说法存在有几个毛病:(一)分类不逻辑;(二)每类的说明不明确,例如"指事者,视而可识,察而见意",这也是适用于其他的类;(三)举例太少,每类只举两字。由于存在这些缺点,使得此后的"小学"家费尽心力来讨论,到今日尚无结论。

据今日的研究,实际并无六书之实,而只能有三书。

班固《艺文志》:　象形　象事　象意　象声　转注　假借

许慎《说文解字》:　象形　指事　会意　形声　转注　假借

依照文字符号所表示的,可能只有象形、象意、象声。其他三类只是这三类即形、声、意的附属。

应该说明,班固和许慎时代的文字,不是现在的文字,现在的文字是宋代的印刷体,汉代的文字是篆书,而不是隶书或楷书。所以要解释六书应把文字还原。

(一)象形

中国的文字,特点是很多,最显著的是它不作为话音的符号,而是表示事物的形状,所以称这种文字是图画文字,画这种文字是随体曲折。所以文字与语言有些脱节,读起字来不像是人说的话。

凵囚止下弓万井田

这些字要直看、横看、正看、侧看。如山要直看,水要横看。这些字大都象形的,如人、子。

象形是具体的图形,而指事是属于象形,其区别在于它多数指与数目有关的,是抽象的,如上下,人在一之上为"上",人在一之下为"下"。"文"与"字"在许慎时是有区别的。"依类象形谓之文,形声相益谓之字。"所以是先有文,而后有字,后两类是象形的发展。

(二)形声

字的一半还是象形,而另一半是表示声音。例如"江"、"河"。

江河这两字是左形右声。

鸠	鸽	右形左声
草	藻	上形下声
婆	娑	下形上声
圃	国	外形内声
闻	问	内形外声

这样形声相益就产生很多字。这种方法是很原始的,直保留至今,而在今日不是值得保留的,其所以如此,是因为中国的文化早熟。

(三)会意

会,合也。会意是由两个独立的字组合而成,用来表示一个意思。"比类合谊,以见指㧑,武信是也。"[1]谊即义。止戈、人言,持戈的人跑步,称武,人谈的话,称信。会意只能举此两字。而作为合字能理解,这一类就无独立特征,其他的字也大都是合字的。

假借是一字两用,当时字少,所以这样使用,如知、與。这实在是独立一类。

转注即是用一字说明另一字,两字表示同一意思,用今日的名词来说是同义字。"转注者建类一首,同意相受,考老是也。"[2]意即把一些字放在同一部首

---

〔1〕〔2〕　许慎:《说文解字》卷十五上。——编校者

中,相互解释,如考者,老也,老者,考也。这实是做字书的原则,而不是文字产生的原则。转注的字如:反、叛;言、谓;颗、多等。

"假借者本无其字,依声托事,令、长是也。"[1]长是长短的长,借用称年龄大的人,又借用来称官名。令是命令的令,借用称发布公告,又借用来称发布命令的人。假借,用今日的话来说就是代用字。

所以总结起来,汉文字有形、声、义三个要素,再多分类就会搞得很混乱。

文字的发展有不同阶段,第一个阶段是画图,产生象形文字。第二阶段是图画反映不了更多更复杂的事物,只好采用一半画形,一半用声,产生了许多形声字。

三、字体——（书法的变化）"八体"说

许慎《说文解字叙》说:"秦书有八体,汉兴有草书。"如此说来就有九体。

许慎说的八体与班固说的六体有些不同,许慎把摹印也作为一体,其实这是用法,所以班固说得对。

书法到汉已有固定的形式,以后两千年很少变化。

我们今日的文字只保留四体,即篆、隶、正、草。其实只有三体,正书仅是隶书的简化而已。正书就是正楷,楷是模仿,模仿正本的字就是正楷。

从篆书到今日的简体,是文字写法的一种发展过程,因为过去用刀刻,写篆字不方便,所以改隶书,隶书简化成正书,正书化为草书,近年来又有简体字。但这是写法的不同,并不是根本的改革。

（一）篆书

《艺文志》所说的"古文",是大篆以前的篆。大篆是以《史籀篇》为范本,也就是今文经的字。古文是比大篆更早的篆,说是从孔氏壁中得到的。奇字,也是篆体,不过也是异于大篆。

小篆是秦时所用的,是根据大篆而加以省改而成的。小篆一出,其余三种即

---

[1] 许慎:《说文解字》卷十五上。——编校者

大篆、古文、奇字就不用了。

刻符是刻在信物上的。摹印是刻在印上的,依印的形式、字的形状有变化。署书,是政府机关的匾。殳书是刻在兵器上的。这些都属于篆体。古代器物上的文字如钟鼎文都属于这一类。

（二）隶书

《说文解字叙》:"是时,秦烧灭经书,涤除旧典,大发吏卒,兴役戍,官狱职务繁,初有隶书,以趋约易,而古文由此绝矣。"这即是由于官府为书写方便,便用方体代圆体,创造隶书。自隶书一出,古文奇字就废了。

（三）正书（原名章程书）

《汉书·高帝纪》:"张苍定章程",注云:"章程者,法式也。"后称楷法,章程两字合音,速读成"正",后又变为"真"。最初仍隶书风格。

（四）草书

这是要有纸笔之后才有可能,在用刀刻之时是不可能的。东汉末有张芝的草书,魏有钟繇的草书,两人都是草书家。草书原来是草稿用的,是在写正书时写得快,简化一些就成了。草书有时也称为行书。行书是从书写的流动性来说的。行书也要有规范的,要有标准的,所以今日的人会写的很少。

书写的变化是由复杂到简单,事实上到今日还是不简单。

八体的分类是不恰当的,不合于逻辑。

四、秦汉的字书

《汉书·艺文志·六艺略》其中小学类载:

《史籀》十五篇　　传说是周宣王太史所作,是史官用以教学童识字写字之书。秦代还保留,汉建武时已亡六篇。

《仓颉》七章　　秦丞相李斯作,取篇的前两字为篇名。

《爰历》六章　　秦中车府令赵高作。

《博学》七章　　秦太史令胡毋敬作。

这三篇的文字多取《史籀篇》,而字体则用秦小篆体。

至汉代,闾里书师合《仓颉》、《爱历》、《博学》3篇,断60字为一章,凡55章,统称为《仓颉篇》。

《凡将》一篇　　　汉司马相如所作。

《急就》一篇　　　汉元帝时黄门令史游所作。

《元尚》一篇　　　汉成帝时将作大匠李长作。

《训纂》一篇　　　汉扬雄所作。

《别字》十三篇　　班固所作,是对扬雄《训纂》的补充。

《仓颉训纂》一篇　杜林所作

《仓颉故》一篇　　杜林所作。此两者主要在正读音。

《急就篇》七字为句,此字书是小学教材,所以汉代的小学实际是识字学校。

在这些字书中,许慎的《说文解字》因是后作的,尚未包括在内。许慎的《说文解字》是把字加以分类和解释。

十三经中的《尔雅》也是字书。尔,近也;雅,正也。汉代喜欢搜罗古字作为字书,作者为谁已失传。原来这部书是专为《毛诗》的解释而用的,传说是这样,事实上并不仅限于此。《尔雅》一书,晋郭璞有注,在序文中说:"尔雅者,所以通诂训之指归,叙诗人之兴咏,总绝代之离词,辨同实而殊号者也,诚九派之津涉,六艺之钤键,学览者之潭奥,摛翰者之华苑也。"《尔雅》使文字与人们的口语脱离得远,它要求文字用同义字,越古越雅才好,这种复古的思想做出来的文章就讲对偶、华丽,文章可以读,而不可以当话讲。

五、秦汉人的写字和读书(1957年3月19日)

(一)书写的工具

古代未有笔墨纸张,而是用笔削。刻于竹片上用刀,写于木头上用墨和漆写。

木:方的称"方",也称"觚";长方的称为"椠",也称为"牍"。

竹:称"简"、"策"或"册"。册是把竹片串好捆在一起。

所以书就有木与竹两种。小孩子读的规格较小称为"苫毕"，《学记》中有这两个字。

秦汉时的文化条件尚且如此，更早也就可推想而知。

刻于竹木易于腐朽，为了保存久些，就刻石、刻骨，甚至铸于铜器上。

缣帛：在丝织业发达之后，就用缣帛，称之为纸。

但是缣贵简重，都不便于使用，所以蔡伦才想法造价值较廉的纸，后来"纸"字就专称用纸浆制的纸。

纸发明之后，就不能用刀削了，而要用笔，传说笔是秦代蒙恬所制造的，但尚无确实的证据。

当时的书因书写材料不同，而有卷与册的分别。卷是缣帛写成的，写好了卷起来。册是写在竹木上，依序串好捆起来。

汉代没有印书，书都是依靠抄写而成的。真正有印刷只有到唐宋。

没有印书，只有抄书，书很难得，就较珍贵，所以书大部分都收藏在官府，存在于民间的就极少。

书有两个含意：一是指卷册，另一是指写字。

（二）秦的焚书和汉的恢复

《史记·秦始皇本纪》："私学而相与非法教……如此弗禁，则主势降乎上，党与成乎下。禁之便。臣请史官非秦纪皆烧之。非博士官所职，天下敢有藏《诗》、《书》、百家语者，悉诣守、尉杂烧之。有敢语《诗》《书》者弃市。……所不去者，医药卜筮种树之书。"

秦始皇所烧的是《诗》、《书》、春秋（秦纪除外），《易》不烧，因为《易》是卜筮之书。

但是《诗》虽然被烧，却是烧不掉的，因为诗"三百五篇，遭秦而全者，以其讽诵，不独在竹帛故也"[1]。

秦始皇所烧的是民间的书，而不烧政府所藏的书。

---

[1] 班固：《汉书·艺文志》。——编校者

秦朝的书籍本来就很少,经过焚书之后,民间存留的就极少,而政府保存的也很不完全。政府所保存的竹帛,后来也被项羽的军队烧成灰烬。

秦以后,经过240年,刘歆才作《七略》。

若从秦焚书到汉武帝集书,前后也有一百年时间。在汉武帝之前的几个皇帝都是沿袭秦朝的制度,是不重视文化的。

刘歆是西汉末的人,到这时书籍才整理出来。

(三)汉人读的书

参考《中国古代教育资料》。[1]

崔寔《四民月令》:"农事未起,命成童以上入大学,学《五经》(谓十五已上至二十也)师法求备,勿读书传。砚冰释,令幼童入小学,学篇章(谓九岁已上十四以下也,篇章,谓六甲、九九、《急就》、《三苍》之属)。……

十月……农事毕,命成童入大学,如正月焉。

冬十一月,砚冰冻,命幼童入小学,读《孝经》、《论语》篇章。"

王国维《汉魏博士考》,说明小学的科目与大学的科目,小学与大学教师的教学,以至于学习的程序。[2]

《汉书·艺文志》中《六艺略》的总结,对汉代的经师与学者作了批评:"古之学者耕,且养,三年而通一艺,存其大体,玩经文而已,是故用日少而蓄德多,三十而《五经》立也。后世经传既已乖离,博学者又不思多闻阙疑之义,而务碎义逃难,便辞巧说,破坏形体;说五字之文,至于二三万言。后进弥以驰逐,故幼童而守一艺,白首而后能言;安其所习,毁所不见,终以自蔽。此学者之大患也。"

在经学盛行的时代,为了学经,围绕经便发展出经传、经说、经注、经疏,使得儒家学说变得繁琐,如十三经已有几十万言。但这也有一点好处,我们就依靠它去了解古代。

---

〔1〕孟宪承、陈学恂等编:《中国古代教育史资料》,人民教育出版社1961年版,第142页。——编校者
〔2〕王国维:《观堂集林·上》卷四《汉魏博士考》,商务印书馆1940年版,上海书店1992年影印版。——编校者

文字问题的说明，可以帮助我们加深对教育机构的体会。

在殷周之际，天子为教育子弟设立辟雍，大夫为教育子弟设立塾，这些是无疑问的，有器物记载作证。有师氏、保氏也是可靠的。

但是在民间有庠序学校，这是一个有争论的问题。问题有两方面：一是有与无；二是如果有，性质是怎样的？如果按今日对学校的理解去要求，那可以说当时还没有学校，但就当时的条件说，孟子所说的话也有一定根据，孟子所说的庠、序那类学校，仅是"明人伦"，是进行道德政治教育，这完全是可能的，由父老传达政令，举行习射的仪式，在公共的地方进行传达教训，把这些地方名之为学校，这是统治手段的一部分。

学在官府的问题。

知识教育为统治阶级独占，这是历史规律，中国也不能例外。

古时欲习《诗》、《书》，则民间无书，欲习礼，则民间无乐器，欲习《春秋》，则民间无国史。所以就物质条件来说，文字的困难，书籍的稀少，学术不能不在官府。等官府分散了，学术传于民间，但是仅传六艺的一部分。以孔子来说，孔子所传的礼仪，大部分是士大夫之礼，传的《春秋》也极简要，《易》也有他的研究。孔子所传的，仅是西周贵族文化的一部分。

章实斋说：古代的学者没有自己的著作。这是正确的，当时的物质条件不可能有私家著作。至战国才有私家的著作，但也不是属于一个人的，而是属于一个学派的。真实有个人著作的是从秦汉开始。

文字改革问题。

今天研究教育学的人，很少注意文字改革问题。文字是教育的工具，又是教育的内容之一，广大教师对文字问题不够关心，在教育学中不能反映这一问题，不能反映这一现实的问题。

中国的文字，已经经过很多的改变了，已经使图画文字变了样。

汉代的文字是很难认识的，也很难书写，所以会写的人变得很高贵了，可以做官。

文字不便于人，总是要改变的，这是它内在的规律。要使语言和文字一致，文字必须成为语言的记录。我们从教育的利益出发是要求这样做，为着教育的方便,必须改变为拼音文字。

文字的改革并不妨碍对于文化遗产的继承,因为要继承的并不是保存一些符号,而是要继承思想,继承思想用什么符号都可以,不用篆字是可以的,不用方块字也是可以的。

对文字改革有人担心会使读古书困难,但这困难是可以解决的,而且是只与少数人有关。文字的需要是全体人民的事情,应该从人民的方便来考虑。

文字是关系到文化普及的问题,是重大的教育问题,是现实问题,教育工作者应该关心。将来发展的结果,必会有共同的文字和语言。

读通《汉书》,就可以通《后汉书》,所以重点应放在《汉书》。汉代学者有好古的倾向,所以他的文章中常用古字。《史记》无此偏向,而《汉书》用古字则是到处可见。现将《汉书》常用古字举例于下:

繇——由、徭	説——悦
亡——無、亡	女——汝
與——歟、与	蚤——早
邪——耶、邪	誼——義
適——嫡、謫	指——旨
辟——譬、避、闢、僻	儁——俊
辠——罪	毆——驅
剬——制	灋——法
勑——飭	絫——累
繆——謬	頌——容
螫——戾	錯——措
臧——臟	眘——慎
愍——憫	奉——俸
㠯——以	埶——勢
虖——乎	顓——專
迺——乃	

汉代政治制度
（1957 年 3 月 22 日）

一、行政区域

秦始皇统一天下时，就把天下分为 36 郡，郡守由皇帝直接派出，管理京师另派有官员，称左右内史。其时的郡，所辖区域略小于现在的省。

至汉代，管理制度就更复杂了，其郡辖区缩小，单位数量增多，共有 103 郡。汉代封王，封地称国，国与郡大小、制度相同，所以郡与国并提。王并没有直接管理封地的政治，而是由朝廷另派人管理，王只是坐享剥削成果，封地不是世袭的。

郡守的职位是很高的，俸禄二千石，是地方官最高级的。

郡之下有县和邑。郡如果是封给贵族的就称为国，它虽是侯国，但也称国。在少数民族或边区的县就称为道。

政府行政系统三个层次：

（一）京城：分为三辅，设三个长官，即京兆尹、左冯翊、右扶风。

（二）郡国：其数 103。

（三）县、邑、道。

"列侯所食县曰国，皇太后、公主所食曰邑，有蛮夷曰道。"[1]

国与邑是先秦的旧称，而郡县则是秦之名称。

---

[1] 班固：《汉书·百官公卿表》。——编校者

郡、县的管理者称太守、令、长。国、邑之令长曰"相"。

二、官制

(一) 三公九卿

中央政府中,最高的是宰相,宰相有三个,称三公,即丞相、太尉、御史大夫。丞相是第一首相,是文的(等于春秋的司徒),太尉是第二首相,是管兵马的(等于春秋的司马),第三首相是御史大夫(等于春秋时代的司空),负责监察。三公之下设九部,各部有一"卿",总称九卿,卿的俸禄二千石(其地位已与春秋之诸侯相等了)。

九卿各有其职:

1. 太常:主管朝廷礼仪

2. 光禄勋:主管朝廷中的保卫工作

3. 卫尉:卫队的司令官

4. 太仆:主管马的事务(包括舆马与马政)

5. 廷尉:掌管刑狱的大法官

6. 大鸿胪:管理少数民族及外交事务

7. 宗正:管理皇族事务

8. 大司农:掌管租税钱谷盐铁和国家财政收支

9. 少府:主管山林川泽

享受二千石俸禄的高级官员有三辅、九卿、郡守。

每一级又分三等。如二千石、甲等称中二千石,乙等称二千石,丙等称比二千石。

(二) 郡守、尉、丞

地方行政长官,最高的是郡太守,副职称郡丞,丞就没有二千石的俸禄。

地方又有管兵马的武官称为郡尉,虽属文官统属,但职位也不低,是同一级,但不同等。

（三）县令（长）、尉、丞

大县人口在一万人以上，首长称县令。小县人口在一万人以下，首长称县长。

县也有武官，称为县尉，掌管军事与治安。

县令的副职称县丞，掌管文书与仓狱。

（四）监察分区

武帝分遣部刺史十三人，奉诏书六条，监察诸郡，计分豫、冀、兖、徐、青、荆、扬、益、凉、并、幽、交十二州。此所谓"州"，乃是一种监察分区，非行政分区。刺史等于州牧，也等于秦代的监察御史。刺史在郡守之上，负责监察。

博士官属太常管理，其俸禄只有六百石，与地方的县令相当。

博士弟子是由基层选拔保送来的，令、相、长、丞是基层的负责管理者，选拔要报送上一级的郡守，待郡守审核批准了就可以到中央太常报到，在博士官下受业如弟子。

三、选举

历史上的选举与今日的含义不同，有"选举"是中国古代政治的特点，外国的历史学家对这一问题很感兴趣。

在春秋时候，官吏都是统治者自己的亲属（或亲戚），所以全是贵族的政治，同族的人才可以做官，贵族世传，所以大夫世官。而只有士阶层是动摇不定的，他们如得到机会也可以做官，但无爵禄。

贵族的政治，到秦时被法家打破，依法家的主张，作统治者的应该是有战功或有统治才能的。

秦是中央集权的封建帝国，所以能按法家的主张来办。

但是汉代的皇帝对于自己的亲属又照旧封王封侯，而这些王侯是无实权的。汉代实际掌握统治权的是三公卿相、郡守、县令，都是贵族以外的一些人，这是从大大小小地主中提拔出来的，帮助皇帝实行统治，为此就有选举之产生。

选举制是世袭制的代替物,使得地主阶级子弟能按一定的途径参加统治集团。我们不承认周代有什么选举,而在汉代选举却是历史事实。选举说得更具体一些就是乡举里选,由皇帝定出标准来,而由地方的官吏按照标准领导组织选举。

选举制至隋唐就不行了,就改用科举制来代替。选举是推举的,科举是由选举演变来的,采用考试的方法,分科选拔。

科举产生之后,学校就变为科举的预备场所,没有发挥培育人才的实际作用,而徒存空名。

汉代在中央有太学,名额有限,所以是培养官吏的一条狭路。

选举是汉代选官的主要途径。选举的方式有下列几种:

(一)征召:是皇帝听了禀报,慕其名而召请来的。征召显示皇帝尊贤纳士,影响社会舆论,对统治者树立英明的形象、吸纳人才,是很有利的。对于个人能被征召也是极荣耀的事。但有的被征召的人,还不愿意应征,这与后来隋唐时代追求利禄的风气完全不同。

(二)荐举:这种荐举并不是定期的,而是按皇帝的命令行事,依特定的科目来荐举。荐举人数较少,是分科目的有一定的标准,较普遍通行的是孝廉、茂才、贤良方正、文学。举出来的人,并不一定就做什么官,而要郡守推荐到三公那里评定,然后才任用。这种推荐没有群众基础,但有舆论的因素,把人才推荐到中央去,有一定的社会影响。

(三)辟举:二千石这一级官员可以任用他所了解的人,并且也负有一定责任向上级推荐人才。用辟举方法产生出来的低级官员,数目也是很多的。

(四)学校:太常属下设博士,博士对弟子传授学问,到期考试,分出优劣,择优选拔任官。这一途也是选举,但途径较狭,获选人数极少。

(五)掾属:县一级的吏员,数目较多,县令有权从中选用,这要平时从做事中考察其能力。

(六)任子:其父是高官甚至做了丞相,其子不一定继其职位,但依靠其父的政治地位,一定要享特权来做官,这有定例为依据。

（七）资选：为政府的需要,贡献了很多钱财,依条例被选出来做官。这种方式,后来的明清两代也曾采用,变为买官。

除了以上选举之外,地方还有"孝弟"、"力田"之选举。

汉代司马迁、班固,当时就明确指出,"选举"所形成的学者追求禄利的风气是不好的,可见选举有好的,也有坏的,曾出现有鄙劣的人。

四、封爵

春秋时,封爵是与封禄分不开的,禄就以分给土地代替。

至汉建立了统一的中央集权制度,不容许有独立王国存在。

汉代爵有二十级之多,绝不是春秋时代的公侯伯子男。

二十级的爵位,分为士、大夫、公卿、侯几种:

士：公士、上造、簪袅、不更

大夫：大夫、官大夫、公大夫、公乘、五大夫

公卿：左庶长、右庶长、左更、中更、右更、少上造、大上造、驷车庶长、大庶长

侯：关内侯、彻侯

爵位是可以封的,也是可以买的,有爵位的不一定都有官位,有官位的不一定都有爵位,爵是虚封的名号。

《儒林传》与教育史的关系

（1957 年 3 月 26 日）

一、《儒林传》的结构与阅读困难的解决

《汉书》第八十八卷《儒林传》，是一篇重要的教育史文献。该篇前有序，后有传，传按《五经》来分，有五部分。总序谈儒家学术发展的过程，从尧舜谈起，最后谈到汉武帝以政府的力量提倡儒家学术，设博士官。

读《汉书》有几个困难：（一）字不识，句难读；（二）典据多；（三）汉代的政治制度不懂；（四）思想上的困难，即概念上不清楚。前两个困难，依据词源、注疏可以解决。后两个困难，就要在书中别的篇章去找解释。

二、与教育有关的总传有多个

从《史记》开始，就把研究经学的学者集在一起写传，称总传，名为《儒林传》。《儒林传》与教育史的关系是很密切的，因为其中写的是儒者，也是教师。与教育史有关的还有《文苑传》，这些传中的文学家，都是从经学出身的。特别重要人物，都特别立传，而不列在总传之中。

总传的门类不只一种，其中的《循吏传》写的是好官吏，这些官吏都是从经学出身，也与教育有关。

汉继承秦，还是法家的思想居统治地位。到汉武帝时，田蚡为丞相，儒家才

得势,这是儒法斗争的一个转变。

儒家是守旧的,孔子就曾幻想旧的氏族统治,实行礼治,所以在战国时,儒家已渐失其地位。在战国末期直到汉武帝时,都是法家思想居统治地位。

儒家与法家的斗争,是与变革中的经济基础相适应的。到了汉武帝时,已不能单靠法家的思想来统治,而需要利用另一家的思想,就是儒家的思想,采用较为柔和的手段,以便缓和社会的阶级矛盾。其实到汉武帝时并非纯用儒家,而是儒法并用,表面是儒家的,实际内容还是实行法家的主张。

三、《汉书·儒林传》的内容要点

序:从尧舜谈起,古之儒者学六艺之文,此乃王教之典籍,所以明天道、正人伦、致至治。至周之幽厉,六艺文化衰落。春秋季世,孔子再兴六艺文化。战国之时,儒家衰落,唯齐鲁学者能发挥儒家之学。秦燔《诗》、《书》,杀术士,儒学从此缺失。秦末农民起义,儒生也参加反秦的农民队伍。秦亡汉兴,诸儒始得修其经学,然汉初几位皇帝不重视儒学。至武帝时,田蚡为丞相,黜黄老刑名百家之言,起用诸儒以百数,儒学开始风行天下。由于政府提倡儒家学术,设博士官教弟子,能通一经者,补文学掌故缺,因此提高官员队伍的文化素养。

传:

(一)《易》:

施

孟

梁丘

京

费

高

(二)《书》:

欧阳

　　　　大夏侯

　　　　小夏侯

　　(三)《诗》：

　　　　申公(鲁诗)

　　　　辕固生(齐诗)

　　　　韩婴(韩诗)

　　　　毛公(毛诗)

　　(四)《礼》：

　　　　大戴

　　　　小戴

　　　　庆氏

　　(五)《春秋》：

　　　　严(公羊)

　　　　颜(公羊)

　　　　瑕丘(谷梁)

　　　　左氏

　　赞：(今古文总结)

四、五经的传授与派别的产生

　　派别的产生与书籍文字有关，因为书籍缺乏，经文简短，所以各派的解释不同，时常要争论。汉宣帝时，为了辩论五经同异，曾于石渠阁召开大会。这种辩论是与他们的切身利益有关系的，辩论胜利则立博士于学官，被否定的就不能立博士于学官。

　　在五经各派立于学官以前的情形，《儒林传》的总序提到了。"汉兴，言《易》自淄川田生；言《书》自济南伏生；言《诗》，于鲁则申培公，于齐则辕固生，燕则韩太傅；言《礼》，则鲁高堂生；言《春秋》，于齐则胡毋生，于赵则董仲舒。"

博士的官名，是秦就有的，其职掌通古今。到汉初，博士很少，无明确记载，至东汉，就已确定立于学官的有十四博士。

五、官学教育的发展与选官

总序中有关于教育发展的，是公孙弘的奏书：（一）为博士官置弟子五十人。五十人自下而上选送，一岁考试一次。能通一经者，补文学掌故缺，其高第可以为郎中。（二）要提拔文吏有儒学素养的人为官，规定条件是"以治礼掌故以文学礼义为官"[1]。第二条是选官的条件，与教育间接有关，表明儒家在政治上得势，自然会影响到教育。

序中不仅谈到中央有博士，且谈到郡国也有经师，"郡国置五经百石卒史"[2]。

汉武帝以前一直是儒生与法吏两派在斗争着，而现在不是以吏为师在实际工作中培养官吏，而是直接设五经博士来培养官吏，还通过奖励来提拔通文学掌故的人。

六、《易》的传授系统

孔子传《易》——鲁商瞿子木——鲁桥庇子庸——江东䚰臂子弓——燕周丑子家——东武孙虞子乘——齐田何子装——……汉言《易》者本之田何。

经学的传授，有时间的前后，有地域上的分布，要对它进行研究，应该以《汉书》的《儒林传》与《地理志》参照起来研究。

---

[1][2]　班固：《汉书·儒林列传》。——编校者

研究中国教育史有两个方向可以考虑

（缺讲录时间）[1]

一、把长期历史过程中的一个时期教育发展的规律寻找出来,不仅找普遍的,还要找特殊的。

二、寻找新的事实或新的理论,因为研究不是叙述,而是发现,要在人类总知识上增加一分。

这两方面都要求掌握大量的材料。例如研究董仲舒,不能单读人家的论文,或看董仲舒本人的著作及传,还要从《汉书》中其他部分找有关材料。

---

[1] 据孙培青教授介绍孟宪承校长亲自为小班系统讲课,每周两次,安排在周二与周五的上午。经查前一次 1957 年 3 月 26 日为星期二,后一次 1957 年 4 月 2 日亦为星期二,推定本次时间可能为 1957 年 3 月 29 日。

今文经与古文经
（1957 年 4 月 2 日）

从《汉书·儒林传》中可以看出《五经》立于学官的计有 16 家，而还有好多家未立于学官。未立于学官的，都是被发现的古文经。西汉时已经发生今文经与古文经之争，古文经在当时只有少数人在提倡，大多数人不相信，例如孔安国的《古文尚书》、《毛公诗传》、《春秋左氏传》是西汉太学所不研究的。

汉代的儒者有两种职业，一是家居教授，另一是当官。统治者以利禄来鼓励学者研究经学，这是有原因的，因为这些经学大都是与他们的统治活动有直接关系的，仅《尚书》与《诗》与皇帝关系不大。而《春秋左氏传》不只是鲁国的历史，还有"预言"在其中，这就是后来研究春秋灾异者的根据。

西汉无古文经，东汉才有古文经，所以高堂生所传的《士礼》17 篇是今文经。礼有三家立于学官，即大戴、小戴、庆氏。见于《儒林传》与《艺文志》。

《春秋》的今文经与古文经

一、胡毋生与董仲舒之公羊学

西汉立于学官的仅有严彭祖、颜安乐之《公羊传》、瑕丘江公之《谷梁传》,《左传》未立于学官。如要追溯至汉初,那么"言《春秋》于齐则胡毋生,于赵则董仲舒"[1]。

西汉自纪元前 206 年至纪元前 1 年,这两百多年可分为三个 70 年,第一阶段起于汉高祖(纪元前 206),第二阶段始于汉武帝(纪元前 140),第三阶段始于汉宣帝(纪元前 70)。第一阶段法家思想居统治地位,未立《五经》博士;第二阶段独尊儒家,而法家仍然在政治上起主要作用,立《五经》博士,所传授为今文经。

二、石渠阁讲论与谷梁学

汉宣帝甘露三年(纪元前 51),举行石渠阁大会,其目的表面是论五经同异,实际是《公羊传》与《谷梁传》之争论,辩论结果,谷梁家占优势,于是宣帝宣布《谷梁传》可以立于学官。

《汉书·儒林传》:"乃召《五经》名儒太子太傅萧望之等,大议殿中,平《公羊》、《谷梁》同异,各以经处是非。时《公羊》博士严彭祖、侍郎申挽、伊推、宋显,《谷梁》议郎尹更始,待诏刘向、周庆、丁姓并论。《公羊》家多不见从,愿请内侍郎许广、使者并内《谷梁》家中郎王亥各五人,议三十余事,望之等十一人各以经谊对,多从《谷梁》,由是《谷梁》之学大盛。"

三、刘歆争立左氏学

汉哀帝时,奉车都尉刘歆等三人,欲立《春秋左氏传》因遭博士们反对,未能如愿。

王莽时,以其权势支持左氏学立于学官。

《周官》在西汉时并无地位。

---

[1] 班固:《汉书·儒林列传》。——编校者

《艺文志》云："《周官》经六篇。"王莽时，刘歆置博士。师古曰："即今之《周官》，礼也，亡其《冬官》，以《考工记》充之。"

王莽时所立古文经四种(《古文尚书》、《毛诗》、《周官》、《春秋左氏传》)，至东汉就被废除了。但在东汉时，今文与古文是杂处的。

读《汉书·礼乐志》
（1957 年 4 月 2 日）

　　西汉的各个不同时期，对于兴礼乐的建议，以及所采取的措施，皆在《礼乐志》当中作了反映。同时各个有影响的人物，如文帝时的贾谊、武帝时的董仲舒、宣帝时的王吉、成帝时的刘向，他们在政治上、学术上都有影响，王吉的历史地位较为一般，其他三人历史地位都很重要。他们虽然也是经师，但都有自己的政治主张，有的对当时的政治作了激烈的批评。贾谊很年轻，在《陈政事疏》中，提出了重要的政治主张，未被采纳。董仲舒关于政治、经济、文化的主张，还产生重要的影响。王吉和刘向也都有自己的主张发表。

　　这四人，在《儒林传》中都提到，又各有专传，《礼乐志》又提到他们对文化教育发展的看法，班固在其中加以评论。

　　关于王吉，在《易》梁丘贺传、周堪传也提到，其籍贯、字都不同，可见不是同一个人。《诗》王式传也提到中尉王吉，即琅琊王吉，《诗》韩婴传中提到的王吉，也是琅琊王吉。这需要认真查对。

　　汉代的经师共同的特点是没有著作，只有注疏。而贾谊、董仲舒、刘向皆有著作，在《艺文志》诸子略儒家类中有载。贾谊《新书》，董仲舒《春秋繁露》，刘向《新序》、《说苑》、《世说》，桓宽《盐铁论》，这些都是西汉的文学代表作，也是政论文。

《儒林传》、《礼乐志》、《百官公卿表》读后小结

（1957 年 4 月 12 日）

一、 博士、经师培养出官僚中的"贤良""文学"等成分，都以禄利之路，而适应着封建统治的需要。

封建帝国是不采取氏族专制的形式，而是采取选举的办法，吸收地主商人的子弟参加政权。

依靠博士经师培养的人，王充称之为儒生，儒生通过选举的途径，结果转成为官吏。

博士也是做官的，人数较少。经师的含义较广，包括博士、做官通经的、家居教授的。

西汉即使在京师也无大规模的学校，实际有大规模的学校要到东汉才有。儒家想象中施行教化的庠序学校，除个别循吏偶有兴建外，西汉是很少的。

二、 博士经师的传授，有严格的师法、家法，这引起今文经各家以及后来古文经异同的争论。

师法的意义较广，各家都有师传的渊源，无师传是不能成家的。家法是较为狭义的，如《易》有施、孟、梁丘、京氏之学，各家所传不同，皆有争论。

石渠阁会议仅限于今文经，这次讲论之后，五经各有新派立于学官。古文经

之立于学官,是王莽时的事,时间极短,其事见于《汉书·刘歆传》。

汉宣帝石渠阁讲论,王莽立古文经,这是经学与禄利结合的突出表现。

三、 经学采取传与说的形式(是繁琐的),发展了复古主义(托古改制、牵合比附以至虚构伪造)的思想方法与作风。

经之传与说是很繁琐的,其好的一面是使经的意义得到阐明,其坏的一面是发展了复古主义,例如要追求更古的说法来压服人家。

复古主义的思想作风,是与"禄利之路"的追求有关的。复古这种字眼是荀子首先提出的,但是到西汉才有这种严重的倾向。

四、 在儒家与法家的斗争过程中,法家在实际政治上一直起着主要作用。

法家在秦占据统治地位,这种状态一直持续到汉武帝,前后百余年,儒家一直是被压服。汉武帝虽然罢黜百家,独尊儒家,但是法家在实际政治上还是起主要作用。儒家虽被独尊,却已经变态了。它混合吸收了"诸子"中的阴阳家、道家、"数术"中的五行家、杂占家、"方技"的神仙家,形成兼有阴阳、五行、灾异、谶纬等等一个类似巫术宗教迷信的思想内容。其小而浅者就讲吉凶祸福,其大而深者就讲托古改制,成为一套特有的法术,作为巩固封建统治的精神武器。

经学是不能直接帮助剥削的,也是不能帮助战争的,但统治者还是要加以利用,这是有原因的。

汉儒思想中几个普通的概念

(1957 年 4 月 12 日)

一、"三统"

（一）三代的正朔和服色

汉代反对秦朝，总是讲三代，不把秦算在内。

汉人认为改朝换代是天所命的。历法与天有关，所以顺天命要改正朔，而且还要易服色，选一种服色为最尊贵的。这种选择不是随便的，而要有根据，最重要的根据是天道。

正朔谓正月一日。古代王者易姓，即改正朔，易服色。如夏正建寅，为人统；殷正建丑（以夏之十二月为殷之正月），为地统；周正建子（以夏之十一月为周之正月），为天统。此所谓三正或三统。秦正建亥（以夏之十月为秦之正月），汉初仍之。至武帝始改用夏正，迄今。各代都选定尊贵的颜色，夏尚黑，殷尚白，周尚赤，所以亦称黑统、白统、赤统为三统。

三代有三种历法，牵涉到天地人。这完全是牵强附会。

所以"三统"是两种问题连在一起：一是正朔的天统、地统、人统。一是服色的赤统、白统、黑统。

按汉儒的思想，认为改变是可以的，但不能超出三统的范围，秦既然已被推翻，周就应该恢复夏之人统，而不应该超出三统，自己建统。

汉初因为沿秦之制，没有改正朔。汉高祖因为是十月起兵的，所以特别贵重十月,没有更改。

汉儒对三统的讨论很激烈,认为秦不该算,汉是继周的,所以应恢复夏之正朔、服色。汉武帝改正朔,用夏正,却不用黑统。

（二）孔子论三代的因革

孔子是没有谈到三统,而是谈到三代的"礼",是有相互关系的。《论语·为政》:"子张问:'十世可知也?'子曰:'殷因于夏礼,所损益可知也。周因于殷礼,所损益可知也。其或继周者,虽百世可知也。'"因是因袭,损益是革,是变革,减少一点,或增加一点。《论语·八佾》:"子曰:夏礼吾能言之,杞不足徵也,殷礼吾能言之,宋不足徵也,文献不足故也,足则吾能徵之矣。"《论语·雍也》:"子曰:'质胜文则野,文胜质则史,文质彬彬,然后君子。'"孔子谈这些问题,并没有提到三统,也无循环思想。朱熹的解释,也仅认为孔子所说的"礼",就是三纲五常,三纲五常是不变的,而文章制度则是可变的。他也反对汉儒的说法,又接受汉儒三统的部分说法。

（三）汉儒论三王之道的循环

把孔子的说法神秘化的是汉儒,汉儒把自己的概念用来解释孔子的话,肯定孔子所说的"因"就是"三纲五常",所说的"损益"就是"文质三统",这种三统的循环思想,是属于阴阳家的。

阴阳家是从朴素的五种物质元素说变化来的,认为五种物质的变化是依靠阴阳对立的力量,但他们还加上循环的思想,这就是"五德终始",循环有正反,故有两种程序。

"五德"就是五种物质之性,不作为五种德行去理解。

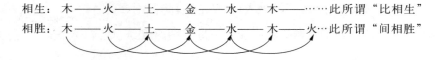

故有相生的循环,也有相克的循环。

汉儒因受了这种阴阳家的循环论的影响,就用这种思想附会到三统上去,所以也就有三统的循环。

司马迁《史记·高祖本纪赞》："太史公曰：夏之政忠，忠之敝，小人以野，故殷人承之以敬。敬之敝，小人以鬼，故周人承之以文。文之敝，小人以僿，故救僿莫若以忠，三王之道若循环，终而复始。周秦之间可谓文敝矣。秦政不改，反酷刑法，岂不谬乎？故汉兴承敝易变，使人不倦得天统矣！"

由上可见这种思想是汉儒普遍的思想，而且在汉武帝改正朔之前就存在的。这种终而复始的思想是从"五德终始"来的，儒家把这种思想牵合到孔子所说的礼的因革上去，造出了忠、敬、文或忠、文、质三统的循环上。

历史事实证明，每个朝代最终都是要灭亡的，因此为统一者服务的人，就想出一套法术，想在利用三统循环的规律，在一个朝代里"通三统"，而不必改朝换代，使得统治永远保存下去。

通三统就是要"兴灭继绝"。周武王灭殷之后，封夏之后于杞，封殷之后于宋，存二王之后，以通三统，此所谓"兴灭继绝"。汉儒解释为三王之道若循环，终而复始。必存前二朝之法，以备本朝之敝而取资焉。

通三统是为了政治的原因，其理论的根据就是循环论。汉儒是把五行循环、三统循环一齐讲的。

二、"五德终始"（1957 年 4 月 16 日）

三统的循环是采取了"五德终始"的思想。终始是终而复始，就是循环。"五德终始"是邹衍之说。邹衍之书不传，只有汉人有遗著，但这些人并不称阴阳家，而是称为儒家。

五行的变化和循环有两种：一是相生，一是相克，故有两个次序，因而"五德终始"有两说。有两说就有争论，争论还涉及政治问题。

把全世界的事物都配合到五行上来，那就是牵强附会，因为五行实是无法概括一切事物，但是汉人却是要这样做。

木—火—土—金—水

东—南—中—西—北

春—夏—　—秋—冬

青—赤—黄—白—黑

酸—苦—甘—辛—咸

宫—商—角—徵—羽

心—肝—脾—肺—肾

舌—目—口—鼻—耳

仁—义—礼—智—信

把土作为中央,凡四方、四时都可以配上,这就是把五去掉一。若是六样东西的事物要配五行,就六之中认为较次要的去掉一个。如此一来,任何东西都与五行配合起来,例如可以把五色、五味、五音、五脏、五官、五德都配合起来,事实上是附会,却当作是真的来研究。

谈八卦就把任何东西都凑成八个平列的东西,谈五行就把任何东西也都凑到五或减到五。

五行一联系到政治上就是大事情,就有争论。

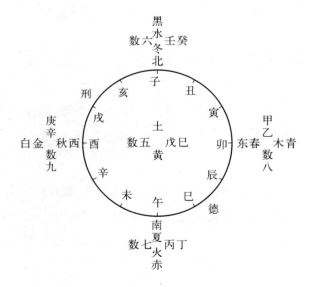

"阳为德,阴为刑,刑主杀,而德主生。"[1]从春始阳生,至夏而盛,万物于此期间生长,从秋始阴生,至冬而盛,万物于此期间衰敝,故阳生而阴杀。施德于人是欲人生,施刑于人是欲人死。故德主生而刑主杀,所以联系到阴阳,就成阳为德,阴为刑。在政治上要使人民繁荣,就应任德而不任刑。天之道如此,王者应承天意而行事,这就成为政治理论的根据。

五行的相生只有一种次序、一种说法,而五行相克则有两种次序、两种说法:正说是谁克谁,反过来说是谁被谁克。所以排起的次序就有:水火金木土水……或土木金火水土……一是主动的,一是被动的。

邹衍之说,以五行之德,为王者受命之运,如伏羲木德,黄帝土德,尧火德之类。秦汉以后,附会其说,争论不已。

按五行之说,每一朝代都是要灭亡的。但是由谁来开辟一个新朝代呢?他们认为是天意,天喜欢谁就授命给谁。天授命给谁是有条件的,那就是按五行,具有克服将灭的王朝的那种"德",天就会给予授命,这是按相克的次序。另一次序是相生的次序,这又是另一说。邹衍就是认为朝代是按五行运动而兴灭的。

谁具有什么"德",这是根据"符"来说的。因为天是不说话的,而是用出"符"来表示授命。有奇异现象在谁周围出现,就说谁有什么"德"。

因为相信符命,所以对于这种东西,也希望,也恐惧,两者交错在一起,统治者如此,农民也如此,统治者则以"符"命来恐吓人。这种迷信思想,历代的帝王都有。

邹衍只是说到朝代的变化总是按照五行来运动而已。至汉朝就开始争论朝代的替代是按照五行的哪一种次序。

西汉说:以相胜者代之,如周为木德,秦为闰位(不承五行之运),汉为火德,继汉者为土德(魏即自以为土德)。东汉的学者绝大多数采取相生者代之的说法,郑玄就是此说的支持者。但也有提出异议,王充就不赞成这种说法,而赞成西汉的说法。

---

〔1〕 班固:《汉书·董仲舒传》。——编校者

若按西汉旧说,朝代是按相克继承的,而按东汉新说,朝代是按相生相代的。

汉高祖以十月至灞上,因秦以十月(建寅)为岁首,不改正朔,因秦尚黑(水德),服色亦仍之。

文帝时,公孙臣以汉当土德,其应黄龙见(以土克水,在政治上就要变法),宜改正朔,易服色(改为尚黄)。丞相张苍非之,罢。后三年,黄龙见,文帝召臣为博士,草改历服色,贾谊亦以为言。

汉武帝是划时代的人物,在许多事情上都作了改变。较明显的如改正朔、易服色、建年号等等。张苍为此而罢。

《汉书·郊祀志》:"汉兴之初,庶事草创,唯一叔孙,略定朝廷之仪。若乃正朔、服色、郊望之事,数世犹未章焉。至于孝文,始以夏郊,而张苍据水德,公孙臣、贾谊以为土德,卒不能明。孝武之世,文章为盛,太初改制,而倪宽、司马迁犹从臣、谊之言,服色度数(用五)遂顺黄德(土)。彼以五德之传,从所不胜,秦在水德,故谓汉据土而克之。刘向父子,以为帝出于震故,故包义氏始受木德,其后以母传子,终而复始。自神农黄帝下历唐虞三代,而汉得火焉。"

王莽从相生之说,以汉为火德,自称土德。(后曹魏亦称土德,以黄龙为瑞,张角自号黄天,着黄巾,皆据五行相生之说。)

刘向父子对"五德终始"的说法,是当时理论的一个重大转变,其相生相代之说,为王莽所采取。

"五德终始"的争论,表面是改正朔易服色等事情,实际是关系到制度的变化,所以凡是想变化的人,都提出新的学说。

"三统"与"五德终始"的思想是极为普通的概念,为当时一般人所接受。

三、符瑞与灾异(1957 年 4 月 19 日)

(一) 符命
天赐祥瑞与人君,以为受命之符。

（二）瑞应

人君德及于天，则有天瑞；德及于地，则有地瑞。如龟、龙、白虎等皆为瑞应。推而言之，也有人瑞。

天给的好吉兆，就称为符瑞。

从《汉书·武帝纪》中可看到许多符瑞的例子。

（三）灾异

天给的不吉利，就称为灾异。亦称为灾变。《白虎通·灾变篇》："天所以有灾变何？所以遣告人君觉悟其所行，欲令其悔过修德也。"成害曰灾，反常曰异（或变）。

从《汉书·武帝纪》中也可以看到许多灾异的例子。

《汉书·刘向传》中有《条灾异封事》，这篇列举灾异的密封奏疏，专论灾异问题。

在人未能征服自然的时候，发生的灾异特别多，人对自然的灾变特别恐惧。汉代人认为灾变是天对于人不正当行为的警告，要犯错误的人觉悟而改正错误，灾异出现，要由当政者负责，在朝廷就要三公免职，在地方就要二千石免职。

《春秋》在我们看来是一部史书，而在刘向等看来是一部预言书，242年的记载是历史的缩影，其所阐明的规律是"和气致祥，乖气致异，祥多者其国安，异众者其国危，天地之常经，古今之通义也"[1]。这种从历史上的经验而找出灾异的规律，称为"春秋灾异"，董仲舒、刘向都是这方面的专家。

《汉书》卷七五的赞文应该读一读，从这里可以看出西汉灾异而出名的是些什么人。

四、谶与纬

谶者，诡为隐语，预决吉凶。纬者，经之支流，衍及旁义。有《诗纬》、《书纬》、

---

〔1〕 班固：《汉书·楚元王传》。——编校者

《易纬》、《春秋灾异》等书。汉人认为纬书皆孔子所作。统治阶级利用谶纬为自己的政治需要服务,又恐其流传于己不利,至隋代加以禁绝。

谶是零碎的民谣、歌诀,存在的方式多样,山石上的刻字、墙中发现的片言只字,都假借为隐语,预言吉凶,依今日看来,谶绝大部分是伪造的。纬书是与经书相关连的,汉代学者认为有经就有纬,有五经,就有五纬,纬是完整的书,依今日来看,纬书不可能是孔子作的,而是汉人编造附会而成的。汉代一些思想家,反对谶纬,并加以一定批判,桓谭、王充、张衡、郑兴等人都反对谶纬,在他们传中都特别提到。

五、"春秋三世"

"春秋三世"的概念,只是属于讲《春秋》的人的,更准确地说,是公羊家独特的学说。

《春秋》是鲁国的历史,《春秋》有三传,《公羊传》是公羊高所作的传。有人认为公羊高是子夏的弟子,这种说法也不可靠,因为孔子是不教《易》与《春秋》的。在战国时,书写条件有困难,是用刀简记载的,所以大事记很简单,需要有传,传与经比较,要详细得多。过去的人,有的就只读传,不读经。

三传除了公羊高之传外,尚有谷梁赤之传、左丘明之传。

西汉时只有讲《公羊传》,尚未有《左传》。《公羊传》是胡毋生及董仲舒最早传授的。《谷梁传》是到宣帝时才立于学官,而《左传》是到王莽时才一度立于学官。

现在已经了解,汉人是把《春秋》理解为记载灾异的。统治者要从其中吸取历史教训,所以把它作为圣经看待。

春秋经的义例

司马迁《史记·孔子世家》:"因《史记》[1]作《春秋》,上至隐公元年,下讫哀

---

[1] 此《史记》,为《鲁史记》,非司马迁之《史记》。——编校者

公十四年,十二公。据鲁、亲周、故殷,运之三代,约其文辞而指博。故吴楚之君自称王,而《春秋》贬之曰'子'。践土之会,实召天子,而《春秋》讳之曰'天王狩于河阳'。推此类以绳当世贬损之义,后有王者,举而开之。《春秋》之义行,则天下乱臣贼子惧焉。"

义例就是体例、标准,也就是历史记载的原则。

孟子说:"孔子作《春秋》,乱臣贼子惧。"[1]在春秋之时,由于社会没有秩序,乱臣贼子是很普遍的。按西周宗法,嫡长子有特权,有继承统治的特权,可是至春秋这种政治原则被破坏了。《春秋》所记载上下的关系、男女的关系违反礼制的特别多。社会已经破坏原则,而史官的记载是要坚持原则的。所以他们的记载是要有义例的,要说明恶有恶报,历史的判断是不饶恕恶人的。

《左传》只是补充历史事实,而《春秋》经之微言大义则讲得少。而《公羊传》则对事实并不多讲,却很重视讲《春秋》的义理。

司马迁所说的是极肤浅的,还不足以说明《春秋》之义例。

《春秋》的记载,每年只有十几个字,首先要区别书与不书的原则,其次书之欲详欲略的原则,第三书事欲显欲微的原则,要把事情写得显明或把事情写隐微,第四是"褒贬"评价的原则,有些是要加以赞美的,有些是要加以谴责的,这是最关键的问题,所以说"一字之褒,荣于华衮,一字之贬,严于斧钺"[2]。

古代的史官是要坚持原则,成为一种传统,后来的史官就不是如此,丧失了这种传统。

《春秋》的原记载者,并没有公开说明他记载所遵守的条例,要了解这些条例是要读者自己去归纳。汉代的学者认为《春秋》三传之中,唯公羊高对于《春秋》的义例讲得最详尽,而左氏之传少谈义例,是最不足取。举一些事例,可以看出两者存在原则性差别。

〔春秋经〕"元年春王正月。"

元年是鲁隐公元年,春是春季,正月是一月,王正月是用周之历法,此表示大

---

〔1〕《孟子·滕文公下》,原文为"孔子成《春秋》而乱臣贼子惧"。——编校者
〔2〕陆钛:《山东通志·艺文》。——编校者

一统,鲁国拥护周天子。

〔公羊传〕"元年者何? 君子之始年也。春者何? 岁之始也。王者孰谓? 谓文王也。曷为先言王而后言正月? 王正月也。何言乎王正月? 大一统也,公何以不言即位? 成公意也。"

〔左氏传〕"元年春王周正月,不书即位,摄也。"

左氏明的传是无褒贬的,而公羊高的传则很注意这件事。不言即位是因为春秋之开始就有矛盾。就有悲剧,隐公即位是不合周制的。

〔春秋经〕隐公元年的最末一条是"公子(氏族之子)益师(名字)卒"。

〔公羊传〕"公子益师卒,何以不日? 远也。所见异辞,所闻异辞,所传闻异辞。"

〔左氏传〕"公子益师卒,公不与小敛,故不书日。"

《左传》对经的解释很简单,意义不明。而《公羊传》则认为不记日子是有原则性问题的。因为隐公时代很早,孔子距离那时代较远,所以按近详远略的原则就略记之。《公羊传》还阐明了这样一个原则——"所见异辞,所闻异辞,所传闻异辞",把十二公分为三世,各世所见所闻不同,故记载的办法也不同,即所谓"异辞"。

《公羊传》是战国时的人所写的所传的。汉初传《公羊》的有胡毋生、董仲舒,胡毋生无著作传世,而董仲舒有《春秋繁露》传世。依董氏之说,有见三世,有闻四世,有传五世。

隐桓庄闵僖	文宣成襄	昭定哀
所传闻	所闻	所见
九十六年	八十五年	六十一年
远一疏		近一亲

依《公羊传》所说,大夫死不记日子,是因为时代远近的关系。而依董氏的解释是"于所见微其辞,于所闻痛其祸,于传闻杀其恩与情俱也。是故逐季氏而言又雩,微其辞也。子赤杀,弗忍言。日痛其祸也。子般杀,而书乙未,杀其恩也。屈(曲笔)伸(直笔)之志,详(详尽)略(略记)之文,皆应之,吾以其近近而远远,亲亲而疏疏也,亦知其贵贵而贱贱,重重而轻轻也,有知其厚厚而薄

薄,善善而恶恶也"〔1〕。这就指出了由于时代的远近,亲疏的关系,故记的办法有不同,有屈伸、详略之区别。

而何休的《春秋公羊解诂》的说法也有不同,举例较多,所说较明,其所说与董仲舒所指的时代不同,故其要求不同,远的要求不严格,近的要求严格,用心不同。孔子于所传闻之世是用据乱世的标准去要求的,于所闻之世用升平世的标准去要求它,至所见之世,则用太平世的标准去要求它。历史事实是那三世是由乱—更乱—最乱,而孔子却用愈来愈严格的标准去要求,这不是说历史事实,而是认为社会是前进的,认为发展是应该从据乱世向太平世发展。

后来康有为把《礼运篇》与何休的解释连在一起,说孔子指出了社会发展的三个阶段是:据乱—小康—大同。康有为解释通三统、张三世,"通三统"就是以孔子认为三代有所因革,故保存三代之制以供参考,所以要通三统。"张三世"是要发挥社会发展经过三个阶段的三世理论。

---

〔1〕 董仲舒:《春秋繁露》卷一。——编校者

西汉儒家的代表是董仲舒

（1957 年 4 月 21 日）

《汉书》的列传要与本纪结合起来看，《董仲舒传》应与《武帝本纪》中元光年间的史实结合起来研究。

西汉二百余年可分为三段：

公元前 206—公元 1 年

第一阶段　　高、惠、吕、文、景　　公元前 206—前 141 年

第二阶段　　武、昭　　　　　　　公元前 140—前 74 年

第三阶段　　宣、元、成、哀、平　　公元前 73—公元 1 年

儒家在学术上能够恢复活动并终于占据统治地位，是经过长期激烈的斗争的，这种斗争在汉武帝时最为紧张。《武帝本纪》在建元年间(前 140—前 135)卫绾、赵绾、王臧、窦婴、田蚡都是提倡儒家的先行者。元光元年(前 134)令郡国举孝廉、诏贤良对策，董仲舒、公孙弘等出，此时是儒家得势，而法家受到打击。

汉武时发生重要变化是在太初元年(前 104)，改正朔、易服色，这是接受儒家理论最重要的表现。

董仲舒《对贤良策》。

策是皇帝的策问，对是回答策的问题。

有人把《贤良策对》一、二、三，称为"董仲舒三策"，这就误解了。也有人因为董仲舒对策中谈到天与人的关系，所以把这三策称为"天人三策"，这就不仅误解，而且把普通的思想作为董仲舒特有的思想。

汉武帝试贤良的第一策,其策文由三部分组成。第一部分说明为什么要诏举贤良,并勉励贤良各自发表"大道之要,至论之极"。第二部分是策的主文,首先一个问题是改朝换代的事,到底是因人力或因天命而人力不可改。其次的问题是符命灾异的表现和原因。再次的问题是人的性质和寿命长短为何不同。第四个问题是要如何做才能政令修行、人民安居乐业。第三部分又是勉励贤良无顾虑地发挥见解、进行检举。

第一策的董仲舒对,是按策的问题顺序来答的,回答第一个问题明确肯定天命,但人的强勉有决定的意义,回答第二个与第三个问题是较敷衍的,无什么独创的见解,回答第四个问题就发表了大篇的议论,劝汉武帝要抑法用儒,黜法家尊儒家。在汉武帝时,法家的势力影响还很大,公开宣讲儒家之说是不容易的,要讲就需要一定的勇气。

董仲舒的回答引起汉武帝的特别注意,所以就继续有对策二、对策三。

对策二的内容:(1957 年 4 月 25 日)

一、劳与逸

二、俭与奢

三、质与文

四、刑与德

五、反对任子赀选,建议选举制度

对策三的内容:

一、唐虞夏商渐兴渐灭的原因

二、三代因革的规律,复周复夏的主张

三、反对与民争利

四、主张独尊儒家

对江都王问:

"夫仁人者,正其谊不谋其利,明其道不计其功。"[1]

---

〔1〕 班固:《汉书·董仲舒传》。——编校者

西汉做官有任子与赀选。这种制度是大臣之子享有特权,可以继承一定的官位,所以世代做官的很多。有钱的人也可以做官,以有资财贡献朝廷作为被选条件。这种制度是董仲舒所反对的,认为要求贤应该养士,养士就要设大学。从董仲舒的对策,可以看到汉朝廷的官吏的选举是根据两个标准:一是门第,一是资格,而还没有由学校出身的官吏。

董仲舒认为"道"是永久的,失其"道"故生弊,后代继承前代,就要补偏救弊,所以"王者有改制之名,亡变道之实"[1]。而改制在董仲舒看来没有越出夏忠、殷敬、周文的范围。

董仲舒认为继承前代不一定就要改制,例如"禹继舜,舜继尧,三圣相受而守一道,亡救弊之政也"[2]。因为所继是治之世。若是所继为乱世,则一定要改,他说:"继治世者,其道同,继乱世者,其道变。"[3]他的这套理论,是为改变当时政治制度的主张服务的。

董仲舒在经济方面主张限制占田,这种主张就反映西汉剥削之重。

"独尊孔子,罢黜百家"的主张,是在第三次对策最后提出的。他说:"《春秋》大一统者,天地之常经,古今之通谊也。今师异道,人异论,百家殊方,指意不同,是以上忘以持一统,法制数变,下不知所守。臣愚以为诸不在六艺之科,孔子之术者,皆绝其道,勿使并进,邪辟之说灭息,然后统纪可一而法度可明,民知所从矣。"[4]他建议先要统一指导思想,才能统一政令,使民众有明确的方向。

他在对江都王问的答话中有两句名言:"夫仁人者,正其谊不谋其利,明其道不计其功。"很明显地表现出他反对功利,主张仁义。

董仲舒对江都王表示不赞成霸道,不赞成王侯各自割据,与中央政府对立。

《汉书·董仲舒传》是研究董仲舒思想的重要材料。在《汉书》的其他传及志中也还有董仲舒的材料,所以要全面研究还应看其他的记载,如《食货志》、《礼乐

---

[1][2][3][4]　班固:《汉书·董仲舒传》。——编校者

志》、《循吏传》、《儒林传》等等。

董仲舒的著作,大部分已不传,解释《春秋经》的一些著作,集为《春秋繁露》一书。

总结:

一、董仲舒是汉代儒家的一个代表

从西汉到东汉,儒家学者所做的仅限于经典的注释,缺乏思想的创造,他们把儒家思想和阴阳家以至道家联系起来。

董仲舒的确是汉代儒家的一个代表,他的思想并非独创的,而是当时一般人普遍的思想。例如阴阳五行、符瑞灾异,当时有很多人都在讲,董仲舒只是其中之一。

在汉武帝时,五经之中究竟有哪几家被承认、立几个博士,是很难查清的。这要查看《汉书·儒林传》及《后汉书·儒林传》。

儒法的斗争是长期的,儒家大部分是代表农村的,而法家是代表城市的,实际政治权力掌握者还是法家,儒家的学者努力要使统治者独尊孔子、罢黜百家。

儒家有统治者喜欢接受的一面,这就是礼乐、五行的学说。但儒家是来自农村的,虽然也代表地主,却实在同情农民,要求采取柔和的政治措施,减轻对农民的剥削,这是与法家相抵触的。

西汉儒家最突出的代表确实是董仲舒,《汉书·董仲舒传》的赞就记载有同时代的儒家对于董仲舒的评价。

在《礼乐志》中谈到提倡礼乐的有四个人,其中除了王吉而外,其他三个人都有著作,都是儒家不同时期的代表人物(贾谊、董仲舒、刘向)。我们既知刘向的地位,他的评价也就值得我们重视。

传中赞曰:刘向称董仲舒有王佐之材,"虽伊吕亡以加,管晏之属,伯者之佐,殆不及也。至向子歆,以为伊吕乃圣人之耦,王者不得则不兴,故颜渊死,孔子曰:'噫!天丧余,唯此一人,为能当之,自宰我、子贡、子游、子夏,不与焉。'仲舒遭汉承秦灭学之后,六经离析,下帷发愤,潜心大业,令后学者有所统一,为群

儒首。然考其师友渊源，所渐未及乎游夏，而曰筦晏弗及、伊吕不加，过矣。至向曾孙，笃论君子，以歆之言为然。"〔1〕

东汉儒家的代表人物班固、王充等，对于董仲舒也作了评价，也认为董仲舒是最为突出的。

贾谊虽有才能，而时期较早，寿命不长（39岁）。而刘向、扬雄则是西汉末的人，所以按时代及其影响来说，董仲舒是最重要的。

后来人对于董仲舒也作了评价。宋代的儒者是反对汉儒的，例如朱熹认为自己是掌握了孔子的道理，这是汉儒所未达到的。他不同意汉儒专力于注释，毫无创造性。《朱子语类》："汉儒唯董仲舒三篇说得稍亲切，终是不脱汉儒气味。"〔2〕又"仲舒资质纯良，摸索道得数句著，如正谊不谋利之类，然亦非他真见得这道理"〔3〕。在宋儒看来，西汉唯有董仲舒，然而还有很多可指责的缺点。

董仲舒虽是西汉儒家突出的代表，然论学问之广博，又当推刘氏父子，因其有特优之条件，即管理秘府图书。

乾嘉时的学者，认为两汉今文经派的代表该推董仲舒、何休，古文经派的代表当推许慎、郑玄。

清末的保皇党如康梁都是今文家，而古文家则有章炳麟、孙诒让、王国维等，他们评汉儒的地位，所论的代表人物也是相近的。

若不以经学论，而以思想论，则桓谭、王充等人也该列入代表人物。然而不论从经学或从思想哪一角度来评价，董仲舒都是代表人物之一。

二、五行灾异非董仲舒一人的思想

五行灾异的思想是那一时代普遍的思想，这是可以从《汉书》中找到很多的证明。当时的农民、统治者都有这种思想，董仲舒也是这种思想，他是专家，把这种思想理论记录在其著作中。

三、独尊儒家非董氏一人的主张

董仲舒所主张的罢黜百家，实际上所反对的是政治上的当权派法家以及

---

〔1〕　班固：《汉书·董仲舒传》。——编校者
〔2〕〔3〕　《朱子语类》第一百三十七。——编校者

道家。

《汉书·儒林传》："然孝文本好刑名之言,及至孝景,不任儒,窦太后又好黄老术,故诸博士具官待问,未有进者。……及窦太后崩,武安君田蚡为丞相,黜黄老刑名百家之言,延文学儒者以百数,而公孙弘以治《春秋》为丞相封侯,天下学士靡然乡风矣。"

由此可见儒法的斗争是以政治权力为转移的,从实际上来讲,不是董仲舒最早言罢黜百家,而对罢黜百家起实际作用的还是田蚡及公孙弘。

四、董氏非汉武帝的决策人物

历来有许多人以为董仲舒是汉武帝的决策者,这是很大的误会。董仲舒是景帝时的博士,至汉武帝时已经年老了,虽被举为贤良,然而对武帝的一些重大措施全无关系。董仲舒曾为两国之相,政治影响并不大。政治影响大的还是公孙弘,公孙弘为丞相,有相当的政治才能,表儒里法,最会迎合统治者。公孙弘排斥董仲舒,暗地里使了手段,不让他留在中央,而派到最危险的地方,好在董仲舒不恋权位,及早告老退隐。

东汉时代的教育

（1957 年 4 月 30 日）

一、东汉的时代

两汉前后约四百余年,汉平帝时,实际是王莽执政,后来王莽就篡位,自己当起皇帝。但不久王莽的新朝就被农民起义推翻。继王莽的是刘玄,年号更始,在位不过两年,随后是刘秀代之而起。

刘秀镇压了农民起义,爬上了皇帝宝座,一即位就迁都洛阳,史称东汉。刘秀是相当有才干的,故能在洛阳定都之后,建立一个强大的帝国。

东汉从公元 25 年—220 年,约两百年,这两百年可以依据政治的变化,分为前半期和后半期。前半期社会经济有了发展,在政治上较为稳定,阶级矛盾不尖锐。

前半期包括：光武帝、明帝、章帝、和帝、殇帝。

后半期包括：安帝、顺帝、冲帝、质帝、桓帝、灵帝、献帝。

殇、冲、质三帝在位只有一年左右,献帝时已进入三国了,都城也不在洛阳。献帝是董卓所立,迁都到长安,董卓实际执政。以后董卓被王允所杀,献帝又变成王允的傀儡。曹操的势力日益壮大,起来推翻王允,献帝又被曹操控制,并被带到许昌。根据这些史实,讲东汉,献帝可以不包括在内。

东汉屹立在世界东方,是强盛的。

二、学校教育史实际起于东汉

古代传说中历代帝王的都城有明堂、辟雍作为教育机构,有师氏、保氏作为教育者,这种说法不必怀疑。

董仲舒说庠序之教未立,实际上太学是在东汉时才建立起来的。

东汉时的教育事业,值得注意的是地方上的经师授徒,动辄数千人,京师太学不及地方私学之盛。

太学从东汉起到东汉末结束。在后半期曾发生太学生的运动,史上称为"党锢之祸",因为当时政治腐败,政权落在宦官、外戚手里,太学生联合外戚反对宦官,受到残酷镇压。

东汉学校的种类很多,有中央的太学、地方的官学,有经师的传授,特别引人注意的是这些经师没有脱离农业劳动,故班固的《汉书·艺文志》中说:"故古之学者耕且养,三年而通一艺。"这些话确实反映当时的实际。

东汉末的政治虽然紊乱,但学术的风气还是很盛的,总结经学研究的人物是郑玄,他是儒家典型的代表人物。

三、东汉在世界文化史上的地位

东汉比之于殷周,对于我们来说当然是较近的,但实际上距离我们的时代还是远的。其时地球上存在两大帝国,在西方是罗马帝国,是奥古斯都执政的时期,其版图横跨三大洲,地中海成为内湖。罗马的文化直接地影响今天的欧洲,欧洲文化是继承罗马的传统。在东方即是东汉帝国。

若把东汉的教育情况比之罗马的教育状态,就会得到想象之外的结论。在历史上没有一个帝国像罗马那样的落后,它的特点就是放弃自己的文化传统,连语言都接受希腊的语言,把文化教育都希腊化了。罗马曾有文法学校、修辞学校,学习希腊语言,以希腊文化作为唯一的学习内容。罗马帝国以武力征服了希腊,把希腊人都变为奴隶,奴隶是较主人有文化,奴隶可以自由买卖。教师都是由买来的奴隶充当,所以教师的地位低下,一般是不被尊重的,个别杰出者例外。这是历史上其他国家所没有的。

根据这种历史情况,可以说东汉时期在文化教育上是全世界的先进者,罗马帝国是无法比拟的。

《后汉书》是南北朝时宋人范晔所撰的。其体例大部分采取《汉书》,但有其写作的特点。例如《儒林传》,虽然按照五经分记,但在开始的时候都对前代的学术作一总结,这样承上启下接着叙述东汉。在西汉之时,古文经未得立于学官,到了东汉,情况有所变化,古文经在民间私学找到立足之地,有较广泛的传播。

《后汉书》是班固《汉书》的补编,写得很完整很细密,例如《公卿表》改为《百官志》,只补写东汉有变动的。

读《后汉书·儒林传》应参考相关的记载,如《蔡邕传》,其中谈到兴太学有关的有明帝、章帝。安帝时太学衰落,顺帝时太学又复兴,当时大建太学,扩大太学规模,为太学生运动提供了重要条件。灵帝时太学有熹平石经的创建,这是为了解决学者对经书上文字理解出入的争论而设置的,主持者有蔡邕,工程浩大,为世界所未有。

读《儒林传》,还应参看《明帝纪》、《章帝纪》,这会帮助了解时代背景,也可以看到文教事业发展的一些史实。

太学是东汉中央的教育机构,光武时设立十四经学博士,而实际有十五博士,因为有博士祭酒为博士之首。博士归太常领导。十四博士皆为今文经博士,《谷梁传》不再立于学官。太学所传授的皆是今文经,古文经在太学没有地位。

太学的学额是有限的,如要扩大受教育的范围,需要另外设立学校。贵族与功臣的子弟需要受教育,就特别为他们设立新学校,"其后,复为功臣子孙、四姓末属,别立校舍,搜选高能以受其业。"[1]而对卫队,也需要采取教育措施,"自期门羽林之士,悉令通《孝经》。"教育上的这些变化,《后汉书·明帝纪》也有所

---

〔1〕 范晔:《后汉书·儒林列传》。——编校者

记载。

"建初中,大会诸儒于白虎观,考详同异,连月乃罢。肃宗亲临称制,如石渠故事,顾命史臣,著为《通义》。"〔1〕白虎观会议举行于建初四年(79),是为了统一经学思想而召开的,议论有不一,皇帝亲临裁决。根据讨论的结果,写成《白虎通议》,又名《白虎议奏》或《白虎通》,在经学发展的历史上,有重要的理论价值。有人认为此书是由班固执笔而成,未知实否。

在历史上值得记载的是顺帝使太学恢复发展。《儒林传》称:"顺帝感翟酺之言,乃更修黉宇,凡所造构二百四十房,千八百五十室。试明经下第补弟子,增甲乙之科员各十人,除郡国耆儒皆补郎、舍人。"〔2〕

东汉教育的发展,后来发生较大的变化,公家的太学与经师私家讲学的发展不同,前者趋于衰落,后者则愈加兴盛,学术的中心不在太学,而移在民间。古文经学在民间流传,出现一批经师,马融、郑玄是先后的两位大家,《后汉书》有两人专传,研究教育史者必须加以研读,尤其是郑玄,会通今古文经,以"三礼"著称。

东汉后期创立石经,与当时的学风直接有关。《后汉书·儒林传》说:"熹平四年,灵帝乃诏诸儒正定《五经》,刊于石碑,为古文、篆、隶三体书法以相参检,树之学门,使天下咸取则焉。"石经成为政府规定的标准文本,蔡邕起了重要作用。读《蔡邕传》,既可了解熹平石经之事,又可了解鸿都门学。

《儒林传》的记载既系统又较详细,不可能全部都讲,就挑几个有代表性的人物来讲。讲《包咸传》和孙期、尹敏、戴凭三人的传,可以了解汉代经师的生活与思想作风。

包咸所传的是《诗经》,属于鲁诗一派。除了传授《诗经》之外,他还传授《论语》。《论语》在汉代不列于五经,而是属于小学,如《孝经》一样,都是必须要读的。包咸曾为《论语》作注,有较大的影响。晋代何晏作《论语集解》,既采郑玄之说,也采包咸之说。

东汉时代,大学非常发达,而尤其发达的是私家讲授,经师各立精舍(或精

---

〔1〕〔2〕 范晔:《后汉书·儒林列传》。——编校者

庐)以讲授,精舍其意即私人设立的学校、书院,专精于学。

孙期是传《易》的经师,他从事劳动以自给,不做官而隐居教授,汉代的经师大部分都这样。

以前南京高师的江谦,著有《两汉学风》,专门探讨经师的生活作风,其中注意体力劳动问题。从事体力劳动不只是个别经师,例如除孙期之外,还有吴佑也是牧豕以自给的,申屠蟠也是漆工劳动自给的,徐稺也是以躬耕自给的。

尹敏是当时著名经师之一,他反对图谶,而不反对纬书。在东汉时代,反对谶纬最著名的人物有桓谭(著《新论》)、王充(著《论衡》)、张衡、郑兴等人。

尹敏的好友是当时著名的历史学家班彪,他有两子一女,即班固、班超、班昭。班彪做了太史令,在他活着的时候就决心写一部历史,没有完成就逝世,班固继续来完成这个事业,班固后来因窦固的事得罪下狱,死于狱中,所缺的部分,由其妹班昭再继续而成。

在《戴凭传》中看到风谣。东汉盛传风谣,广泛流传于民间,也称谣谚,有韵语,表现社会的评论。这种风谣,在《杨政传》、《党锢列传》中都可以看到。

从戴凭、尹敏等人的作风表现上,可以看出来东汉的儒家学者有很多是有骨气的,他们不依附不屈从于统治者,表现很直爽有傲气,常是隐居不仕,就是做官也有自己的原则,不会放弃原则而迁就。

从《后汉书·儒林传》中可以看出当时私学讲学的昌盛,远远超过于太学,已开始有相当多的人不愿意去太学讲习,而居家讲授。当时的传授,讲者要守家法,学者要遵家法。并非拜一个老师,就都能听到他的讲学,而是说你敬仰这位老师,愿属于这一派,登记在册,有了名籍,通称著录,就算为著录弟子。及门和著录有明显的差别,及门是留在老师门下一段时间,获得教师的面授或个别的教诲,方可称为及门弟子。

范晔作《后汉书》,其体例是根据班固《汉书》的,而班固《汉书》又是根据司马迁《史记》的。

《史记》有《太史公自序》，《汉书》有班固的自序，《后汉书》也有范晔的自序。范晔在自序中说："吾杂传论，皆有精意深旨，既有裁味，故约其词句。至于《循吏》以下六夷诸序论，笔势纵放，实天下之奇作，其中合者，往往不减《过秦论》。比方班氏，非但不愧之而已。"范晔对自己的估计是很高的，我们看他的文章，证实他说的话，反映部分的客观实际。

《后汉书·儒林传》之论，其意层层加深，两三句话就来个转折。文章的前半是叙事，后半才是重要的议论。他指出汉代的经师虽多，学徒虽众，但有成就的是极为少数。而这些人是讲仁义的，对于政治却有重要的作用，依靠他们的议论，汉代才免于速亡，这是范晔所表扬的。

范晔写《后汉书》，既用骈文又不专用骈文，而是骈中有散，夹杂有散文。

历代的学者总以为东汉儒家学者实际行为表现是较好的，虽然他们缺乏创造性，各树派别，使得经传繁琐了，但他们大部分人不追求利禄，表现出一定的气节，这些优点与缺点，是范晔看到的，也是后世学者所公认的。

郑玄（1957 年 5 月 7 日）

在两汉儒家经学上，董仲舒是今文派，是学派的开始者，而郑玄却是古文派，是两汉经学的总结者。

从《后汉书·郑玄传》中，可以看到汉末经师生活的变化。按侯外庐所说，马融、郑玄已经是两汉的经学转向魏晋的玄学的过渡人物[1]，这种说法不完全可靠可信。

总的说起来，郑玄在学术上的地位是极重要的。郑玄"游学周、秦之都，往来幽、并、兖、豫之域，获觐乎在位通人，处逸大儒，得意者咸从捧手，有所受焉"[2]。他曾入太学，师事第五元，所学的是今文经。后又从东郡张恭祖受今文经又兼受古文经，可见他从今文经转向古文经。

郑玄在太学中学得《三统历》、《九章算术》，可见当时太学中不只是专门讲经

---

〔1〕 侯外庐、赵纪彬等：《中国思想通史》第 2 卷，人民出版社 1957 年版，第 328 页。——编校者
〔2〕 范晔：《后汉书·郑玄传》。——编校者

而已，也还学习其他知识。

郑玄后又师从马融，融尝集诸生考论图纬。可见图纬也是私家讲授的内容之一。

从郑玄对何休的批判，可见郑玄是不分古文、今文的，他既为《左氏春秋》辩护，也为《谷梁春秋》辩护。郑玄不仅批驳何休，也批驳属于古文的许慎，这也证明他是总集今古文之大成者。范晔评论说：“郑玄括囊大典，网罗众家，删裁繁芜，刊改漏失，自是学者略知所归。”[1]

郑玄在他 70 岁的时候，给他儿子写了一封信，读他这封《戒子益恩书》是很有意义的，从中可以看到郑玄的人生观。

汉代四百年中，我们若认真研究其代表人物，有下列这些：

经学：贾谊（《新书》）、董仲舒（《春秋繁露》）、刘向、刘歆（《七略》）、何休、许慎、郑玄。

文学、史学：司马迁（《史记》）、扬雄（《太玄》、《法言》）、张衡（赋）、班固（《汉书》、赋）。

批评：桓宽（《盐铁论》）、王充（《论衡》）、王符（《潜夫论》）、仲长统（《昌言》）。

他们对当时的经济、政治、文化作了分析，或提出一些独到的见解。西汉人的著作，在《艺文志》中都有记载。

王充在《论衡》中提出新的学术见解，若把他当作教育思想家来讲，还有些勉强。范晔把王充、王符、仲长统放在一起叙述，虽然他们所处的年代前后相差百余年，放在一起是有见识的。《潜夫论》、《昌言》所言仅东汉末之政治与风俗，而《论衡》书中则有哲学思想，有学术批判。

---

〔1〕 范晔：《后汉书·郑玄传》。——编校者

从《党锢列传》看东汉士风

（1957 年 5 月 10 日）

东汉时代有几个名词,可先加以了解。

一、风谣

指标榜人的独特成就与风格的韵语,又称为"谣谚"。其形式有七言句的,以第四字与第七字协韵,如"解经不穷戴侍中","不畏强御陈仲举";有五言两句协韵的,如"徒见二千石,不如一逢掖";有四言两句协韵的,如"贾氏三虎,伟节最怒"。

风谣不仅褒奖正直,亦讽刺时事,或贬斥奸邪。汉桓帝曾学于甘陵周福,及即帝位,擢周福为尚书。其时同郡河南尹房植有名当朝,于是乡人议论两人,传为风谣:"天下规矩房伯武,因师获印周仲进。"后汝南太守任用功曹范滂代为处理公务,南阳太守成瑨亦委托功曹岑晊处理公务,于是二郡人不满的议论,又传为风谣:"汝南太守范孟博,南阳宗资主画诺。南阳太守岑公孝,弘农成瑨但坐啸。"

二、品题

指品评人物的词藻或称号。风谣中往往含有这类的词藻或称号。词藻如

"天下无双"、"天下规矩"等类。称号则如"三虎"(贾彪兄弟)、"二龙"(许劭兄弟)。《党锢传》中的"三君"(窦武、刘淑、陈蕃)、一世之所宗者,谓之"君";"八俊"(李膺、荀翌、杜密、王畅、刘祐、魏朗、赵典、朱寓),人群中之精英,谓之"俊"。东汉开始有品题,延至魏晋,此类品题在清谈中极为常见。

三、清议

指清流(名士)的公议。《党锢传》所说:"逮桓灵之间,主荒政缪,国命委于阉寺,士子羞与为伍,故匹夫抗愤,处士横议,遂乃激扬名声,互相提拂,品核公卿,裁量执政,婞直之风,于斯行之。"这就是清议发生的政治背景及其表现,而风谣、品题就是清议最简短最突出的表现。

东汉后期,在士大夫之中,产生了议论和批评。这些议论称为"清议",表现在文体上就出现有韵语的风谣和品题。

清流是士大夫们自称,以为正派,而别于宦官,这些人的议论就称为"清议"。清议中简短有力的表现是风谣和品题。风谣是有韵的语言,其实风谣中就有品题,品题是给予某人物的鉴定或称号。

清议起于东汉,至魏晋就更发展,品评的词藻就更繁复。

《党锢传》四个组成部分的内容

(一)序之序——论士风变化的历史过程

1. 王道之时,圣人导人理性。

2. 春秋之时,王道虽衰,仁义尚占上风。

3. 战国之时,狙诈已成社会风气。

4. 汉初,人轻死重气,任侠之风成俗。

5. 武帝之后,崇尚儒学,党同伐异之风盛于时。

6. 王莽之时,士大夫不愿同流合污,以隐居为荣。

7. 东汉初期,士大夫崇尚明哲保身。

8. 东汉末,政治紊乱,清议之风形成。

(二)党议之起

1. 党人之议,起于桓帝时甘陵人周福与房植二家宾客。宾客各有所崇,相互讥讽,树立朋党,分为南北部。

2. 因汝南太守、南阳太守不亲理政务,而委权于下属功曹,成为太学生议论的问题,太学生与大官联合起来,反对掌权的宦官。

3. 地方上也出现危言深论,不隐豪强,舆论力量颇强。

(三)桓帝延熹九年李膺案——第一次党锢之案

1. 逮捕范围:牢修诬告李膺养游士,交生徒,诽讪朝政结党乱俗。于是引怒天子,下令逮捕党人,牵连二百多人。

2. 处理:逮捕入狱,追捕逃遁,悬赏举报。明年,接受大臣劝谏,赦归田里,终身禁锢。

(四)灵帝建宁二年张俭案——第二次党锢之案

1. 起因:朱并秉承中常侍侯览意旨,诬告同乡张俭与二十四人共结部党,图危社稷。

2. 三次逮捕所谓党人:第一次捕张俭等人;第二次扩大逮捕与宦官对立的官僚百余人,皆死于狱中;第三次扩大到地方州郡,又被冤死、徒废禁六七百人。“诸所蔓衍,皆天下善士。”[1]

3. 禁锢二十余年才因黄巾军起义而大赦党人。

《左周黄列传》

《后汉书》卷六一《左周黄列传》,最后有论,涉及党锢之事,需要留意阅读。

过去的文学作者,都讲究“低回唱叹,顿挫抑扬”,追求所写的文章要达到“状难写之景,如在目前,含不尽之意,见于言外”[2]。

《左雄传》说:左雄官至尚书令,在朝言事切直。顺帝时,雄上言:“宜崇经

---

[1] 范晔:《后汉书》卷九十七《党锢传》。——编校者
[2] 欧阳修:《六一诗话》。——编校者

术,缮修太学。"又上言郡国举孝廉之事:"郡国孝廉,古之贡士,出则宰民,宣协风教。若其面墙,无所施用。孔子曰:'四十不惑',《礼》称'强仕'。请自今孝廉年不满四十,不得察举,皆先诣公府,诸生试家法,文吏课笺奏,副之端门,练其虚实,以观异能,以美风俗。有不承科令者,正其罪法。若有茂才异行,自可不拘年齿。"朝廷采纳此项建议,对于整顿察举制度起了重要作用。

"茂才"原称"秀才",因东汉光武帝名秀,为了避讳,将"秀才"改称"茂才"。《汉书》写于东汉,要遵守当时的规定,"秀才"都写为"茂才"。直到六朝时,才又直书秀才。

范晔于《左周黄列传》之后有一段评论,论及士风与政治:"及孝桓之时,硕德继兴,陈蕃、杨秉处称贤宰,皇甫、张、段出号名将,王畅、李膺弥缝衮阙,朱穆、刘陶献替匡时,郭有道奖鉴人伦,陈仲弓弘道下邑。其余宏儒远智,高心洁行,激扬风流,不可胜言。而斯道莫振,文武陵队,在朝者以正议婴戮,谢事者以党锢致灾。往车虽折,而来轸方遒。所以倾而未颠,决而未溃,岂非仁人君子心力之为乎?"

明末顾炎武于《日知录》中评东汉之儒者,重申范晔之论,指明东汉的儒者显然不同于以后儒者追求利禄。

汉代地方的教育事迹,可以参阅《汉书·循吏传》中的序、文翁、邵信臣,《后汉书·循吏传》中的序、卫飒、任延。

从《循吏传》了解两汉郡县学

（1957 年 5 月 13 日）

　　郡县学校在西汉、东汉都无明确的制度，我们只能从《循吏传》看到一些资料，也了解在王莽当政之时曾有短时期设立学校。

　　读《循吏传》有两方面的意义：一、可以了解关于郡县学的情况，除此之外，在别的地方无郡县学的记载。二、封建教育要培养什么样的人才，可以从《循吏传》中看出来，"循吏"就是封建教育目的的具体化。

　　《文翁传》云："文翁，庐江舒人也。少好学，通《春秋》，以郡县吏察举。景帝末为蜀郡守，仁爱好教化，见蜀地辟陋，有蛮夷风，文翁欲诱进之。……又修起学宫于成都市中，招下县子弟，以为学官弟子，为除更繇。高者以补郡县吏，次为孝弟力田。常选学官僮子，使在便坐受事。每出行县，益从学官诸生明经饬行者与俱，使传教令，出入闺阁。县邑吏民，见而荣之，数年，争欲为学官弟子，富人至出钱以求之。繇是大化，蜀地学于京师者，比齐鲁焉。至武帝时，乃令天下郡国皆立学校官，自文翁为之始云。"

　　《循吏传》的中心思想是以儒家反对法家。循吏一般都出于贤良文学，对于汉朝政权统治的维护，起了很大的作用，由此可见统治者所组织的教育是有成效的。

评侯外庐先生《汉代思想的总倾向》

(1957 年 5 月 13 日)

根据我们所掌握的历史材料看来,汉代所达到的文明程度,是同时期的罗马帝国所远远不及的。

侯外庐先生论述《汉代思想的总倾向》[1],引起我们关注。

一、他提出第一个特点,指出一个历史事实:士大夫多来自农村。农家子弟视六经为教条,形成繁琐的经学笺注,犹如西洋经院学派之于希腊拉丁教条,形成中古的经学笺注主义。

对这个问题的阐明,侯先生是作了不恰当的比较,所得的结论也不合逻辑。经院学派是希腊的逻辑与希伯来基督教的结合,所以把它称为希腊拉丁教条不恰当,要么就称希腊希伯来教条,这种神学与汉代的经学,时代不同、性质不同,不能相比。

二、他指出汉代的思想发展走向神秘的宗教迷信,这是很对的。但他把阴阳五行与谶纬方术并提就不恰当,这是两个时期的东西。

迷信的思想为什么要采取谶纬的方式来表现呢?这个问题没有说明。单从经济基础的乡亭自然经济来说明是缺乏说服力的,因为哲学思想等不是直接反映基础,它首先是继承先行的思想材料。

三、他提出由秘传的家法师法的传授弟子制度,演化为思想的基尔特

---

〔1〕 侯外庐、赵纪彬等:《中国思想通史》第 2 卷。——编校者

封闭。

汉代存在家法师法的传授制度，这是合乎历史事实的。但汉代没有基尔特式的组织，基尔特是西方的手工业行会，其封闭性表现在限制新起的竞争。欧洲中古时代的大学可能有基尔特式的组织。

四、他提出的学术与利禄不分，封建的利禄是超经济的，其思想也是超客观的，必然成为武断的五行灾异之说。

学术与利禄不分，在我们说来是学术与政治不分。其余的论述是不合逻辑的，难于令人理解。

五、他提出从汉代起，王朝一改变就有新的六经系统建立起来，而本质上是没有扩大再生产。

从汉代起，王朝一改变就有新的六经系统建立起来，这是中国的历史事实。而其所说的没有扩大再生产，是只用经济来解释学术的变化，这是不合于恩格斯所指出的原理的。

六、他提出，适应于地主意识的神学系统，只有到汉王权被农民战争所摇撼时才自己怀疑、自己否定，这可分为三个时期：1. 司马迁、桓宽；2. 桓谭、郑兴、王充；3. 崔寔、王符、仲长统等为代表。他们都暴露地主政权的矛盾，然非神学的解放。与此相对照，维持正统的思想，也可分为三个时期：1. 武帝置五经博士至宣帝石渠阁会议；2. 光武帝立十四博士至章帝白虎观称制临决；3. 灵帝刻石经至置鸿都门学士。

称为神学系统有些夸大，仅能说是宗教迷信而已，宗教迷信思想的动摇与农民战争的联系，这样的见解是有创造性的。指出宗教迷信思想的动摇而非神学的解放，这也是对的，因为还没有人否定了阴阳五行的思想。

把鸿都门学作为维持正统的一个表现是错误的，鸿都门学是正统的儒家经师所反对的。

侯外庐的文章可供我们学习的有两点：1. 具体分析，指出各时期的特点；2. 找出发展规律。

另一方面，我们要避免其缺点：1. 对西方历史作牵强附会的比较；2. 对问题的具体分析不够,特别是用经济来解析学术变化,而忽视以思想意识的继承、思想各个领域的相互影响发展等因素的作用,当然经济是最后决定的因素,但其决定是间接的,是通过其他各个方面来发生影响的。

魏晋南北朝的思想面貌

（1957 年 5 月 17 日）

魏晋南北朝的时代（3 世纪—6 世纪）

（一）西晋（265—316）

（二）东晋（316—420）

苻秦（氐）　姚秦（羌）（前后秦）（351—417）（北方是五胡十六国）

（三）南朝（420—589）与北朝（386—550）

东晋之时，事实上已分南北，南方是汉族，北方是非汉族。

南朝有宋、齐、梁、陈四个朝代，北朝有北魏、北齐、北周前后相继。

西晋统一了中国，但时期很短，只有 51 年，以后就在南方重建晋政权，偏安一隅，时期也不过 104 年。与东晋对立的是前后秦较为重要。

南朝四次更换统治者，每一朝代存在的时期只不过几十年，而北朝的北魏存在就有百余年，可见它是较为强大的，存在的时期较长。

这一阶段历史事件发生的地点首先是在洛阳，司马炎篡曹魏，建立了西晋政权，但统一的局面只维持了十余年，"八王之乱"后，晋怀帝被匈奴族的刘曜、石勒叛乱所俘，史称"永嘉之乱"。怀帝之后，愍帝即位于长安，但只存在三四年时间，长安就被刘曜攻破，宣告西晋灭亡。但王室中的人南迁后，在建康重新立国，成为东晋。

儒家的思想忠君孝亲三纲五常，在东汉时代影响很大，所以到东汉末虽然政治局势很乱，但终未有篡弑的事发生，即使到了三国时期的曹操，也不敢做篡弑的事,篡汉的是曹丕。

自从司马炎篡曹魏之后,尊君之关打破,人们的意识就起了大的变化,不再如过去那样看重君臣父子的名分,所以这时的士大夫已经不像东汉那样有骨气,故有"忠君之念已忘,保家之念弥切"之言,他们这些人没有民族意识,只要有官做,不管服务对象是谁。

由外族人来统治中国是从西晋灭亡开始的,匈奴进入北中国实行统治,标志着古代中国两大文化中心的毁灭和汉族文化的南移,这在中国历史上是很重要的。

古代中国两大文化中心即长安和洛阳,东汉是亚洲大陆的政治、经济和文化的中心。这两个城市是从商朝以来的文化中心。匈奴族的刘曜,攻灭了西晋,纵火焚掠,也把古代的文化大部分毁灭了。

文化南移以建康(今南京)为中心,北方的大族、学者,在西晋灭亡之后,都逃到以建康为中心的长江下游。从东晋到南朝结束,都以建康为国都,前后两百多年。

从4世纪起,南中国的经济面貌就起了大变化,经济繁荣是文化发展的物质基础。

隋唐统一中国,唐代文化高度繁荣,唐代文化又北移。但到五代十国时即第九世纪末,文化又有南移,那时的杭州、福州、长沙、成都成了新的文化中心。

文化中心的转移与国都的迁移是联系着的,中国的历史是很好的说明。

外族统治中国,产生了民族的大混合,外族学习汉族先进的文化,所以外族人都汉化了。

汉族虽然被外族人武力征服,但汉族的文化是先进的,为外族人所接受,所以五胡十六国虽然处在政治混乱时期,但文化还是发展的。

一、玄学

(一)魏晋"清谈"

过去的学者对于魏晋南北朝教育的估计有过误解,这种误解是从儒家的立场出发而产生的,以为自东晋以下,不以六经为学问,而以老庄之说为学问,所以他们"清谈误国"。因为老庄思想学说为玄学家所继承并加以发挥,他们讨论有与无的抽象哲理,崇尚自然,鄙弃名教,实际上是一种麻醉的、堕落的思想,这种思想为趋于没落的地主阶级所欢迎。这是近代人对于玄学的估计。

当然弃孔家六经而专研老庄之学,对儒家来说当然不好,且讲论玄学的这些人不关心国家人民的命运,他们的行为的确违背儒家之伦理,实在有点误国。

如果有人认为东晋应该继续东汉的思想意识,这就违背了事物的发展规律。

玄学虽然是地主阶级的没落的表现,其思想体系是唯心的,但是在思想史上,使思想从经学的束缚下解放出来,在其唯心的言论中,也还带有一些唯物论的思想。

魏晋时代的玄学家,并非全都是唯心主义的,也并非对于经学都是没有贡献的。我们现在不应根据正统派的看法来评论玄学,应该对魏晋的思想做重新估计。

清谈与玄学是一件事的不同方面,其内容是玄学,而方法则是清谈。玄是"三玄",包括《老》、《庄》、《易》三种学问。三者之中,《易》是六艺之一,这表明他们并未完全抛弃六经,而是道家和儒家的合流。开始只是道家和儒家的合流,后来佛家的和尚们也都参加了清谈,这一来就是儒道佛的合流了。

清谈始于魏末的正始年间,故称"正始之音",其代表人物有何晏、王弼。顾炎武《日知录》云:"正始时,名士风流,盛于洛下,乃其弃经典而尚老庄,蔑礼法而崇放达,视其主之巅危,若路人然,即此诸贤为之倡也。自此以后,竞相祖述。如《晋书》言,王敦见卫玠,谓长史谢鲲曰:'不意永嘉之末,复闻正始之音。'沙门支遁,以清谈著于时,人莫不崇敬,以为造微之功足参诸正始。"[1]

刘义庆《世说新语》:"陈留阮籍、谯国嵇康、河内山涛,三人年皆相比,康年少亚之,预此契者,沛国刘伶、陈留阮咸、河内向秀、琅琊王戎。七人常集于竹林之下,肆意酣畅,世谓之'竹林七贤'。"

---

〔1〕 顾炎武:《日知录》卷十三。——编校者

(二) 何晏、王弼

何晏字平叔,他是综合了儒道两家的思想,著有《论语集解》。

王弼字辅嗣,注《老子》与《易经》。唐孔颖达(作《五经正义》)称王弼独冠五经,大加称赞。故今日《十三经注疏》中还保留有魏晋清谈家的思想。

何晏、王弼均无专传,但在《三国志》的《钟会传》注内有王弼之传。

(三) 向秀、郭象

向秀和郭象是较为后起的人物,在《晋书》中都有传。

向秀是竹林七贤之一,曾注《庄子》,主张自然与名教统一。

《晋书·向秀传》:向秀,字子期,河内怀人。为《庄子》作注,"发明奇趣,振起玄风"。

《晋书·郭象传》:"郭象字子玄,少有才理,好老庄,能清言。……先是注《庄子》者数十家,莫究其旨统,向秀于旧注外而为解义,妙演奇致,大畅玄风。……象为人行薄,以秀义不传于世,遂窃为己注,……其后秀义别本出,故今有向、郭二《庄》,其实一也。"

(四) 玄学的反对者裴頠

清谈之风盛行时,也有玄学的反对者,这就是儒家的代表裴頠。《晋书·裴秀传》附有《裴頠传》:"頠深患时俗放荡,不尊儒术,何晏、阮籍素有高名,口谈浮虚,不遵礼法,尸禄耽宠,仕不事事。至王衍之徒,声誉大盛,位高势重,不以物务自婴,遂相仿效,风教凌迟。乃著《崇有论》,以释其蔽。"(参见《晋书·王衍传》)

裴頠反对玄学家所主张的宇宙发展是从无到有,而主张从有到有。裴頠个人的力量是单薄的,虽有传经学的人,但不是时代思想的主流。

玄学在当时占据优势,他们在思想理论上是重要的,但是他们不从事教育实践,在教育史上是无地位的。

二、佛教(1957 年 5 月 21 日)

我们研究思想史与教育史,主要的根据是正史中的《儒林传》,但至魏晋南北朝,《儒林传》已不足以表现那一时代思想的主流。

从思想发展来说,从正统方面来说,魏晋南北朝时期当然是儒家趋于衰落。但从另一方面来说,其打破儒家在思想领域的垄断地位,也是进步的。

佛学是一种宗教的理论,非孔孟之说所可比。因为儒家不成为一种宗教,但积极反对佛学的仍然有人,那就是唯物主义思想家范缜,反佛学的斗争,实际上是儒、佛两家之斗争。

中国本身并无产生宗教,所有在中国流传的宗教,都是由外界传来的。

伊斯兰教和基督教虽在中国传播,其历史意义远不如佛教。

伊斯兰教在第七世纪产生,后来才传入中国。

基督传入中国较早,但昌盛的时期在明末,它是与新兴的科学结合着,一起传入中国。

各种传入的宗教,能在中国的土地上生长并产生极大影响的是佛教,它影响了中国人民的生活两千余年。

有人有误解,以为人们的思想都受孔子的影响,这是不对的。人们虽然读孔子的书,但人们的信仰、世界观大都是佛教的,它的吸引力不是孔孟学说所能比的,孔孟学说只好让位。

(一) 佛教的传入

学术界对佛教传入中国的时期,还在讨论中,尚未有最后结论。一般学者是认为在东汉明帝时传入中国,明帝曾派人去印度求经,以白马驮经返回,于洛阳建白马寺。可是这一种看法,从梁启超起就遭到反对。

《后汉书·西域传论》:"佛道神化,兴自身毒,而二汉方志,莫有称焉。……汉自楚英(楚王刘英,光武帝之子)始盛斋戒之祀,桓帝又修华盖之饰,将(难道)微义未译,而但神明之耶?详其清心释累之训,空有兼遣之宗,道书之流也。且好仁恶杀,蠲敝崇善,所以贤达君子,多爱其法焉。"

这是很重要的材料,否定了佛教传入始于东汉明帝的说法,认为在光武帝之时已传入了。且认为佛道已合流了。所以在魏晋南北朝时,佛学也参加了玄学之流了。

(二)东晋南北朝佛教的昌盛

在 3 世纪至 6 世纪时,中国与西亚的交流是依靠陆路的,交通的中心就在长安。东晋偏安江左,而长安为前秦所据。晋朝的和尚道安,是汉族人,一直是佛教的领袖,受前秦的苻坚所优待,住在长安。印度的高僧鸠摩罗什来中国,也住在长安,从这时就开始译经。

在南中国的东晋有惠远(又称慧远)、梁有菩提达摩两位佛教大师。惠远长期隐居庐山,有好多的儒者从其学。菩提达摩(简称达摩),他是禅宗一派,不究道理,而谈直觉,专门念经、静坐。这种信仰形式最简单,容易被没有文化的大众接受,故最有群众性。

最早去印度游学的是东晋僧人法显(约 337 —约 422),他西行求法,渡流沙,越葱岭,到达印度,遍历北西中东天竺,前后十四年,游历三十余国,带回许多梵本佛经,于建康道场寺译经,又记其游历见闻,撰成《佛国记》。

(三)佛学的反对者范缜

范缜(约 450—约 510)是唯物主义者,坚决反对佛学,他进行的不屈不挠的斗争,实是儒佛之斗争。

《南史》卷五七《范云传》:"缜尝侍竟陵王子良,子良精信释教,而缜称无佛。子良问曰:'君不信因果,何得富贵贫贱?'缜答曰:'人生如树花同发,随风而堕。自有拂帘幌,坠于茵席之上,自有关篱墙,落于粪溷之中。坠茵席者,殿下是也,落粪溷者,下官是也。贵贱虽复殊,因果竟何在?'子良不能屈,然深怪之。退论其理,著《神灭论》,以为'神'即'形'也,'形'即'神'也,形存则神存,形谢则神灭。……此论出,朝野喧哗,子良集僧难之,而不能屈。"

范缜与众僧的辩论,收录在《弘明集》中。

隋唐的文化发展

（1957 年 5 月 25 日）

一、隋文化的变革

隋朝(581—618)在文化发展方面做了哪些事,看了《隋书·经籍志》就大体有了了解。

隋与唐的关系,如秦与汉的关系一样,隋的时代很短,只有三十多年,但它所创设的一些制度,为唐所继承。

北朝一直是外族人统治,隋继之而起,把中国统一,并将文化中心又移到了长安,这又是汉族人重新来统一。

隋朝在文教方面做的事情很多,以有关教育的来说:(一)设立学校;(二)选举制度的改变——原来是荐举的制度,改为科举的笔试制度,设有两科,即明经科和进士科。

在思想史上,隋朝也做了两件大事:(一)禁绝了谶纬,把谶纬的书全部烧光,有隐藏者,罪至杀。(二)以佛教为国教,强令人民信仰,佛经随之广泛传播。

《隋书·经籍志》是《汉书·艺文志》之后又一重要的文件,其所包括的是当时所有的书籍的目录。

其序与论,涉及多方面的历史问题,现引与文教至关重要者。

"自孔子没而微言绝,七十子丧而大义乖,……至后汉好图谶,晋世重玄言,穿凿妄作,日以滋生,先王正典,杂之以妖妄,大雅之论,汩之以放诞。陵夷至于近代，去正转疏，无复师资之法。……诡诡成俗而不知变，此学者之蔽也。"

"说者云：孔子既叙六经，以明天人之道，知后世不能稽同其意，别立纬及谶以遗来世。其书出于前汉，……汉末宋钧、郑玄并为笺注。然其文辞浅俗，颠倒舛谬，不类圣人之旨。……王莽好符命，光武以图谶兴，遂盛行于世。……宋大明中，始禁图谶，梁天监以后，又重其制。及隋受禅，禁之愈切。炀帝即位，乃发使四出，搜天下书籍，与谶纬相涉者皆焚之，为吏以纠者至死。自是无复其学。"

"佛经者，西域天竺释迦牟尼所说。……自汉以上，中国未传，或云久已流布，遭秦之世，所以湮灭。其后张骞使西域，盖闻有浮屠之教。哀帝时，博士弟子秦景，使伊存，口授《浮屠经》，中土闻之，未之信也。……东晋沙门支道林得《华严经》，至金陵宣译。又有沙门法显，自长安游天竺，经三十余国，随有经律之处，学其书语，译而写之。……隋开皇元年，高祖普诏天下，听任出家。仍令计口出钱，营造佛像。……天下之人，从风而靡，竞相景慕，民间佛经，多于六经数十百倍。"

二、唐文化的传播

唐代的教育制度与汉代比较，有显然的不同。《新唐书》的《百官志》与《选举志》所记载，表明已建立了全国的学校系统，从此有统一的学校制度。

唐代的中央学校，主要有七学，即国子学、太学、广文馆、四门学、律学、书学、算学，按其性质来说，前四学应该是同一类，都是以儒学为学习内容，不过其中有社会地位高低之分别，后三学则各有专门，其社会地位较前四学更低。

中央七学是由国子监管辖，国子监是专设的教育行政机构（国子监在清代变为学校）。

七学的学生各有定额，博士与助教也有定额。

除了七学之外，还有贵族学校弘文馆、崇文馆，有许多附设于政府部门的专门学校和图书馆。

唐代不仅有中央学校，也有地方学校，地方的府、州、县，依其行政等级，学生和学官也都有定额，形成一个全国性的学校网。

当时的长安,教育事业有极大的发展,是当时中国的文化中心,也是世界的文化中心。东方的朝鲜、日本,派学生来长安留学,边疆少数民族也派子弟来长安求学。

唐帝国的文化昌盛,对世界各国有不同程度的影响,确有深远的历史意义。

（一）朝鲜

朝鲜自东汉开始就与中国相互往来,到了唐代,关系就更加密切,学习汉族文化,并逐步汉化。

公元840年左右(唐开成年代),新罗留居长安的留学生有105人,他们在吸收唐朝文化方面非常努力。

朝鲜人在中国留学,并积极参加唐朝的科举考试。据史学家的统计,从9世纪到10世纪中叶约150年间,朝鲜人在中国科举考试及第的约有90人。其中有两个较著名的人物。

崔致远,12岁随商船来唐,18岁举进士。工于诗文,回新罗后,对新罗的文风和书法都产生很大影响,著有《桂苑笔耕录》。

崔彦㧑,18岁到中国游学,42岁才回国,官至大学士,当地青年都以他为师。

唐文化对朝鲜的文化教育产生广泛的影响,朝鲜读书人所读的有中国的《五经》、诸史、《文选》之类,白居易的诗和张鷟的文章,很受朝鲜人喜欢。朝鲜所用的满洲语课本《太公尚书》是由中国在8至10世纪通用的童蒙读本《太公家教》翻译而成的。

朝鲜到958年才设立科举制度,这是一名随后周册封使到朝鲜的中国巡官名为双冀的人所提建议,科举考试的内容为诗赋颂与时务策,科举考试的科目也有扩展,医、卜、地理、律、书、算也列为考试科目。

朝鲜人设"经馆"、"书社"学汉文。

除汉文之外还有"吏读"(汉字音表示朝鲜语助词)。

后来才制成"谚文"(字母),谚文即俗文,由汉文的偏旁构造而成。

朝鲜的建筑、绘画、雕刻、医学都是由中国传来的。

（二）日本

日本的留学生与学问僧,都是随遣唐使乘船来中国。据《日本书纪》及《大日本史》所载遣唐使诸家传记中提到一些留学生,其可考者:巨势药、冰志人、筑紫君萨野马、韩崎胜娑婆、布师首磐、吉备真备、大和长冈、阿部仲麿、藤原刷雄、膳大丘、橘逸势、春苑玉成、长岑长松、菅原梶成等,未有完整的名录和统计。

学问僧以最澄、空海、圆仁为最著。空海回国后创设"平假名"(五十音图),为日本有文字之始。

留学生中最著名的是吉备真备。日本历史记载,吉备真备是在唐开元四年(716)为遣唐留学生,年二十四,在唐研覃经史,该涉众艺,于《三史》、《五经》、阴阳历算、天文数术咸能通晓,于开元二十三年(735)回国,携回《唐礼》一百三十卷,《大衍历经》一卷。他通唐礼和历法。他创造"片假名"。这种文字是取中国文字的偏旁而构成的,日本人自称为"和文"。

膳大丘是唐天宝十一年入唐留学,专攻儒学,回国后建议仿效中国尊孔子为文宣王,是日本尊孔的倡始者。

大和长冈在唐研习刑法,精通唐律,回国后对日本法令的制定作了重要贡献。

阿部仲麿十六岁被选为遣唐留学生,他长期在唐居留,改名曰朝衡(晁衡),与盛唐时期的诗人王维、李白、储光羲、包佶、赵骅皆友善,常有诗赠和,在唐任官至左散骑常侍、安南都护。

日本遣唐留学生,成为中日文化交流的使者,中国文化的传播,促进日本文化的发展。

日本仿唐的学校制度,在京都设大学寮,其分置各学及各学的教科,一本唐制,其学生经考试卒业者,亦有秀才、明经、进士等名称。其地方之邦国,也效唐州府设学置博士与学生,每国有国博士1人,大国学生50人,上国学生40人,中国学生30人,下国学生20人。

三、印度文化的输入

(一)佛经的翻译

佛经的翻译是从东晋、五胡十六国开始的,特别是姚秦。到了唐代,佛经翻译达于昌盛阶段。最有名的是玄奘,被称为三藏法师。三藏是佛教的三部(类)经典,精通这三部者,称三藏法师。

佛经翻译,除了宗教上的思想影响以外,还有其他一些影响。

1. 丰富了语汇:印度文称梵语,梵语与汉语有很大的不同,翻译时,有的是译音,有的是译义,这样就增加了许多中国过去所没有的语汇。

2. 发展了文体:在哲学上用语录,在文学上用白话写小说,都是受佛教的影响而推广的。

3. 文体重结构:佛经都是长篇的,说理的,有精密的结构,其中有分析、比较、批判、总括,是说理的文章,其水平较儒家经典高,因为印度有"因明学",说理要注意讲究逻辑。

这些影响在唐代未大显露出来,至宋代就显露出来了。而这仅是一般的文字影响。

(二)艺术

佛教对于中国人的影响还很多。如寺院、塔、石窟(云岗、龙门、敦煌)、绘画、雕塑等所受的艺术影响特别大。

(三)历史文献

在历史科学上印度文化也有极大的影响。从唐建国起,计有一百多留学生到印度去求学。他们游学的经历,有些非常珍贵的纪录:

玄奘撰:《大唐西域记》,记玄奘到印度17年经历。

慧立撰:《三藏法师传》。慧立是玄奘的弟子,传记较真实。

义净撰:《大唐西域求法高僧传》。唐高宗时,他在印度游学25年之久,历30余国。

这几部书,是研究中亚细亚民族、国家、地理、风俗习惯最珍贵的资料。这些书是世界文化遗产的一部分,日本、欧洲都有译本。

佛教文化相当丰富,值得加以重视和研究。我们不能把佛教与基督教、伊斯兰教等量齐观,佛教对于中国人的思想意识影响很大,刺激中国传统学术的发展。佛教传入中国的历史很早,为其他宗教所不及。

道教起于东汉末,盛于魏晋南北朝,这是汉族自己创立的,假托于老子,其经典称为《道藏》。现在有学者认为道教有历史价值,仔细加以研究,其迷信的成分有,而实际未形成宗教体系,其社会影响与佛教有许多不同。

四、佛教与反佛教的斗争

(一)玄奘、义净

慧立《三藏法师传》说:"法师还慈恩寺,自此之后,专务翻译,无弃寸阴,每日自立课程,若昼日有事不充,必兼夜以续。……每日斋讫,黄昏二时,讲新经论,弟子百余人,咸请教诫。……虽众务辐凑,而神气绰然,无所拥滞。犹与诸德,说西方圣贤立义,诸部导端,及少年在此周游讲肆之事,高论剧谈,竟无疲怠,其精敏强力,过人若斯。……临终命嘉尚法师具录所翻经论,合七十四部,总一千三百三十八卷。……爱河尚淼,慈舟遽沉,永夜犹昏,慧灯光灭,攀恋之痛,如亡眼目,不只比之山颓木坏而已。"

义净《大唐西域求法高僧传》说:"独步铁门之外,亘万岭而投身,孤漂铜柱之前,跨千江而遗命,或亡餐数日,辍饮几晨,可谓思虑销精神,忧劳排正色,致使去数盈半百,留者仅有几人,设令得到西国者,以大唐无寺,飘寄凄然,为容遑遑,停托无所。"

(二)韩愈

韩愈(768—824)对科举和仕途很重视,虽然他有教育活动,但教育不是他主要的职业。在唐代来说,韩愈与其学生李翱是在思想史上占有地位,因为他们对佛教的抨击斗争相当积极,具有一定代表性。

韩愈对唐宪宗迎佛骨供奉持反对意见,其《谏迎佛骨表》说:"伏以佛者,夷狄之一法耳。自后汉时流入中国,上古未尝有也。……假如其身,至今尚在,奉其国命,来朝京师,陛下容而接之。……卫而出之于境,不令惑众也。况其身死已久,枯朽之骨,凶秽之余,岂宜令入宫禁?……乞以此骨付之有司,投诸水火,永绝根本。断天下之疑,绝后代之惑。……佛如有灵,能作祸祟,凡有殃咎,宜加臣身,上天鉴临,臣不怨悔。"

韩愈为捍卫儒家之道,排斥佛老之道,强调要继承儒家的道统。《原道》:"斯道也,何道也?曰:吾所谓道也,非向老与佛之道也。尧以是传之舜,舜以是传之禹,禹以是传之汤,汤以是传之文武、周公,文武、周公传之孔子,孔子传之孟轲,轲之死不得其传焉!荀与扬也,择焉而不精,语焉而不详。……然则如之何而可也?曰:不塞不流,不止不行,人其人,火其书,庐其居,明先王之道以道之,鳏寡孤独废疾者,有养也,其亦庶乎其可也。"

(三)澄观

澄观(738—839)是唐佛教华严宗的高僧,著有《大方广佛华严经疏》。在自序中说:"真妄交彻,即凡心而见佛心,事理双修,依本智而求佛智。理随事变,则一多缘起之无边,事得理融,则千差涉入而无碍。故得十身历然而相作,六位不乱而更收。广大即入于无间,尘毛包纳而无外。炳然齐现,犹彼芥瓶,具足同时,方之海滴。一多无碍,等虚室之千灯,隐显俱成,似秋空之片月,重重交映,若帝网之垂珠,念念圆融,类夕梦之经世,法门重叠,若云起长空,万行芬披,比花开锦上,若夫高不可仰。……真可谓常恒之妙说,通方之洪规。"[1]在第四卷中又说:"……庄老皆计自然。谓'人法地,地法天,天法道,道法自然'。若以自然为因,能生万物,即是邪因。若谓万物自然而生,如鹤之白,如乌之黑,即是无因。周易云:'易有太极,是生两仪,两仪生四象,四象生八卦,八卦定吉凶,吉凶,生大业者。'太极为因,即是邪因。若谓一阴一阳之谓道,即计阴阳变易,能生万物,亦是邪因。若计一,为虚无自然,则亦无因。然无因邪因,乃成大过。谓自然虚空等,生应常生故,以不知三界,由乎我心,从痴有爱,流转无极,迷正因缘故。异计纷然,安知因缘性空,真如妙有,言有滥同释教者,皆是佛法之余,同于涅槃,盗牛之喻,乳色虽同,不能善取醍醐。况抨驴乳,安成酥酪,广明异计,如瑜伽第六,显扬第九、第十,婆沙十一、十二及金七十论,说中百等论,亦广破之。今但说正

---

〔1〕《中华大藏经》编辑部编:《中华大藏经》(汉文部分)第85册,澄观撰:《大方广佛华严经疏》,中华书局1994年版,第482页。——编校者

因缘已，总破诸计。是知佛法之浅浅，已胜外道之深深。"[1]

自科举制度实行之后，选士重在两科，即明经与进士，随着时间的发展，进士科越来越受重视。进士科所试重在诗文，因此对儒家经文的研究就渐渐轻视，落为低潮。儒家思想在唐代已不是主流。其时最著名的儒家代表是国子祭酒孔颖达，为首作《五经正义》，成为钦定的教材。

唐代的思想主流属于佛家，佛家学者出家之后排除世俗牵累，免去为生计辛劳，均能刻苦钻研佛经，有此种条件，自然就会出现一些有学问的高僧。

韩愈对于佛教是反对的，但对于有学问能诗能文的个别和尚，却是非常崇拜的，他写的许多诗就是赠送和尚的。其《送僧澄观》诗云：

人言澄观乃诗人，一座竟吟诗句新。

向风长叹不可见，我欲收敛加冠巾。

事实上韩愈这等人都是做官的，在学问上比不上和尚的，他对于佛教的认识实在不够。

唐代佛教是处在进攻的状态，由澄观的《自序》中可以看出佛教的攻势，而儒家是在退守，守而守不住。

到了宋代，理学兴起。理学是唐代佛儒之反动，把佛学吸收为儒家的学问，但他们对佛懂得也不多。

---

[1] 《中华大藏经》编辑部编：《中华大藏经》（汉文部分）第 90 册，澄观述、净源注疏：《大方广佛华严经疏》，中华书局 1994 年版，第 581 页。——编校者

孟宪承文集·卷十二 | **孟宪承讲录(二)**

——中国古代教育史专题

(1961 年 6 月—1962 年 5 月)

孔子的评价问题

（1961 年 6 月 12 日）

一、谈孔子评价先需要介绍孔子批评史

（一）"五四"提出"打倒孔家店"的口号,对于社会制度、学风、教育内容的影响都很大。

"打倒孔家店"的健将是四川人吴虞。吴虞与廖平同为蜀学学派,而廖平与康有为有关。吴虞原在北京大学,后至成都,原专经学,后转文学,初写骈文,后也用白话写作,其代表作有三篇列在《中国近代思想史资料》中。其时认为孔子是两千多年来的灾害,痛恨之至,这是有原因的,与反对当时的礼教有关。

（二）辛亥革命前对孔子的批评,最有影响的是两大政治活动家,即保皇党人康有为,他是今文学家;章炳麟是同盟会的,属古文派。章氏通诸子又通佛学,因此也就认为孔子之学不足道,诸子之学应当提出,不应局限于孔子之学。康氏极推崇孔子,但认为所传的有些经靠不住,只有《公羊春秋》和《礼运》才靠得住。他们两人的学术影响很大。

（三）历史上的统治者都把孔子捧为偶像,但历代对孔子都有批评。最早的《墨子》、《庄子》、《老子》等书都有批判。法家的批判更厉害,韩非可视为代表。墨子批判孔子儒家,如韩愈之批判佛、老,根本未抓住论敌的实质。

二、世界对孔子的评价

（一）19 世纪黑格尔的唯心辩证法与老子很相近。他有百科全书式的学问,

从辩证法出发认为孔子在哲学上贫乏,地位不高。但孔氏作为中华民族的首位代表,地位就重要。

西方的学者自黑格尔以后都认为老子较像哲学家,孔子不大像,对于哲学问题都谈得含糊。

(二)杜威认为中国人思想保守,所以保守,与其说是孔子的势力影响,不如说是老子的势力影响。因为中国有广大的农村,农民的保守性大大超过知识分子,农民的听天由命的思想是道家的。他认为孔子没有多大势力影响。

(三)罗素的看法和估计就不同,他对孔子研究较多。他认为两千多年来学其著作,不知不觉受其影响,形成了民族特点。他认为不彻底态度与不可知主义都是好的,是西方应当学习的,能够如此就有宽容的态度,可以容纳对立思想与宗教,也就不会发生宗教战争。罗素还认为从哲学上对孔子的评价应当抓几条线:中庸、孝、礼。

(四)苏联对孔子是采取调查研究的态度,根据中国人的研究来谈孔子。他们特别提出孔子的仁道主义。此"仁"以前没有,孔子首先提出(依郭沫若之说),提倡仁,其结论必然要反对奴隶制。

三、用毛泽东思想评价孔子

1938 年毛泽东写了《中国共产党在民族战争中的地位》,文章结尾讲及学习的问题,要求用马列方法批判总结我国历史遗产。"学习我们的历史遗产,用马克思主义的方法给以批判的总结,是我们学习的另一任务。我们这个民族有数千年的历史,有它的特点,有它的许多珍贵品。对于这些,我们还是小学生。今天的中国是历史的中国的一个发展;我们是马克思主义的历史主义者,我们不应当割断历史。从孔夫子到孙中山,我们应当给以总结,承继这一份珍贵的遗产。这对于指导当前的伟大的运动,是有重要帮助的。"[1]毛泽东这段话是在抗日

---

[1] 毛泽东:《中国共产党在民族战争中的地位》,载《毛泽东选集》第 2 卷,人民出版社 1991 年第 2 版,第 533—534 页。——编校者

战争中提出这个问题,是在"五四"运动之后来提这种意见的。总结这种文化遗产对指导当前的运动有重大作用。这个教导一般人都不体会,因为需要深入学习马列主义,然后才能体会这个指示的原则性。

对于孔子在历史上的地位,通常说得一般化,论断不够有力。范文澜比较能用毛泽东思想,也比较能客观地进行研究,可以作为评价孔子的参考。范氏有几点是很可同意和接受的:

(一)孔子是"祖述尧舜,宪章文武"的复古主义者,但又是善于用权术,所谓无可无不可的圣之时者。他的学术还有多面性,所以儒家学派总能适应各时代统治者的要求,又可衍生出许多学派,儒家学说是中国封建社会的主体。

(二)封建社会已过去,作为偶像的孔子也已过去,但孔子对于文化的贡献居于崇高的地位还未失去,对于中国各族文化起了精神联系的作用。

(三)孔子基本上是一位大教育家,积累了极其丰富的教育经验。

(四)对孔子繁富的学术,该给予批判发扬,中国人民应重视此份遗产。[1]

---

〔1〕 范文澜:《中国通史简编》(修订本第一辑),人民出版社1955年第3版,第208—209页。
　　——编校者

何谓考证？

（1961 年 8 月 7 日）

一、意义

有人认为考证是中国历史的特殊方法，还有人认为是乾嘉的一种学术。

考证学又称朴学，是为反对义理、词章之学，但他们对于古书的考释鉴定，并非前无古人，前人已有做过，而他们则在后，有更好的条件，更能全心以赴。

对古书的考证始于王充的《论衡》，其后又有刘知几进一步严格的批判。王充不过揭其矛盾，而刘知几则指出歪曲真实历史，把孔子说成历史罪人。

宋时欧阳修作《易童子问》，就对古书有怀疑。司马光曾说其时怀疑者甚多。考证不仅是中国的，西欧的学者也都有考证，马克思在他们写作中都有考证。

考证有广义、狭义。广义的考证是自然、社会许多学科的方法，所以也是逻辑的方法。在历史学、考古学中应用此法不限于文字古书，而且尚包括名物制度，如《明堂大道录》、阮元的《车制考》都是名物考证，而《学校考》、《典礼考》则属制度。狭义的考证则指考证书籍文字，即对主文的辨别、考析。

二、方法

（一）考核著录
（二）校勘
（三）训诂 　　外证
（四）搜寻他书旁证

（五）分析本书主文——内证

1. 分析历史事实

2. 分析文字形式

3. 鉴定思想内容

朱熹对《尚书》有疑，故不注《尚书》。至清，阎若璩作《古文尚书疏证》，提出证据128条。

校勘只是对版本核对。

训诂是解释字义的。

搜寻他书旁证是从别书寻找有类似记载的加以对照比较而做出论断。

内证是主观的，外证则较客观，越客观越强有力。

朱熹考证《尚书》是从文字形式来考证，古文还较易懂，而今文则更难懂。

对于《墨子》的考证，有的则从思想内容来考证，如说《经上下》、《大小取》都属于名家，而非墨家。

考核著录就要了解书目，最早的书目是《汉书·艺文志》，自此之后，每部史书都有《艺文志》或《经籍志》，只有少数几部史书没有《艺文志》，如《晋书》就没有。清代的考证家则着手来补，如丁国钧补《晋书·艺文志》四卷，钱大昕补《元史·艺文志》四卷。

至清代有《四库全书总目》，同时又有《四库全书总目提要》，对著作进行内容介绍、考证、评论。

私人著录的书目有：晁公武《郡斋读书记》、陈振孙《直斋书录解题》、《天一阁书目》、盛宣怀《愚斋书目》等，这些都是具有一定的权威。

《周礼》28篇，在《艺文志》中无载，所载的是29篇。《孔子家语》一书《艺文志》有载，但注明："非今本所有家语"，说明所载的是古本。现有的《孔子家语》是王肃重拟的。

校勘是做校对的。如《老子》则有三种本子，由不同的人注，高亨、朱谦之各有所长，可以比较。朱谦之的书有特点，他注析字音。先校对古书，再校对钟鼎器物，还可以校对辑佚的书。

分类抄书：《永乐大典》、《太平御览》都是分类抄的书,可以用来作校对。

训诂是要看古注的,以下的字书、字典是有用的工具书：

《尔雅》、《说文》：《尔雅》主要是《诗经》用的字,《说文》则扩大范围。

《广雅》

《广韵》

《经籍纂诂》

《康熙字典》

《经传释词》

搜寻他书的旁证：例如有人说《韩非子》中《初见秦》一篇非韩非所说,《战国策》中有,实是张仪劝秦灭韩,非韩非所著。俞樾《古书疑义举例》搜集了一些例证。

鉴定本书的主文：

（一）分析历史事实：考察其中的人名、地名、年代、史实。《中庸》书中有"书同文、车同轨",这只有到秦统一六国才有的事。《考工记》中有粤、燕、秦、胡工具的描述,也与事实有出入。《史记》中有部分记到司马迁死后几十年,这是别人后来所补的。

（二）分析文字形式：朱熹认为古文易念,今文佶屈聱牙。《墨子》书有人考证出《经上下》不能读通。《韩非子》有的文章文体不一,有部分非韩非子所作。

（三）分析思想内容：郭沫若认为《心术》是宋钘做的,《乐记》是公孙尼子做的。《墨子》书最初三篇是儒家的等等。

乾嘉考证的总成绩,都已在梁启超的《中国近三百年学术史》中说明了。

考证学者的指导思想是错误的,他们认为"凡古必真,凡汉皆好",其逻辑的必然趋势是恢复今文,复归到西汉,抑许慎、郑玄,而推重董仲舒、何休,抬高公羊派的公羊学。

考证学有负作用,以后产生由复古返到怀疑主义,一切都变成假的,古书无引证,古史几乎不可能研究。怀疑主义的片面性要纠正,应该肯定其可肯定的,找可靠材料,才可能进行历史研究,相信口耳相传的传说中也可能找到可信史料,故强调"三礼"的史料价值。

三、古书考证的几种看法

(一)旧典多称述前人,非一人自撰。古时学在官府,而民间无书,在那时无人著书,用何物来写?写的条件困难,为谁而写?写了也无读者,故无私人著书。

说《周礼》为周公所作,实在无根据,周公哪有闲暇?说孔子著《仪礼》,孔子实在难知西周的礼仪。作者是假的,而其内容非假,因其中所谈事实可作图,如张惠言《仪礼图》,戴震的《考工记图》。章学诚认为"六经皆史"。

古经是包括典章,而非私人著述。

(二)古代一家之学,非一人之言。同意此话,有些考证是多余的,不必硬说书是某一人作的。

此两点是原则性问题,关系甚大。

(三)"伪"书保存着真的历史事实(原始材料)。如《古文尚书》保存原始材料,可供取材,阎若璩提出128条,认为是真的。康有为诬刘歆造伪书,又伪造证据。

(四)"伪"书保存了若干思想材料,已在历史上发生巨大影响。六经就是如此,就为后来思想家所取材。

(五)古注的考证与古书的考证同样重要。颜师古注《汉书》,这个注后来被引为注,颜师古注成为权威的注。

毛传、郑笺,笺也是疏的意思。郑注三礼,故郑学也称三礼之学。《周礼》最重要列在前,内容关于政治制度,《仪礼》其次,《礼记》则是《仪礼》的传,同时也补上佚礼。这是古文家的说法,今文学家看法则不同,西汉就没有《周礼》。

《诗经》的注释还大有争论。

关于名物训诂的解释,无法不采取郑注,因为除此之外无别书可作为根据。可是一涉及制度及议论,就不能采取郑注、毛传。毛传也非毛公所作,而是后人所作。

三礼的情况是如此，凡关于制度的不宜采取郑注，而名物训诂则可采取。

因为郑玄以《周礼》为重，凡三礼有矛盾，则以《周礼》为标准，此法为"三礼会通"。其实作者非一人，传者并非一时，逻辑非一体，欲通其所不通，牵合配齐消除矛盾，这种做法是错误的。故乾嘉学者专力一经者，都成绩卓越，凡欲贯通打通诸经的都归于失败，梁任公之言不假。且看专力一经者，胡培翚著《仪礼正义》，孙诒让著《周礼正义》，杭世骏著《礼记集说》，都是专心一经，都有成就。

朱熹说过："读《尚书》有一个法，半截晓得，半截晓不得，晓得底看，晓不得底且阙之，通其所可通，不强通其所难通，强通则穿凿。"〔1〕这是经验之谈。

---

〔1〕 朱熹：《朱子语类》卷七十九。——编校者

要熟识和利用目录书

(1961 年 9 月 12 日、19 日)

中国古籍最近的书目是《书目答问》。

最古的书目是《汉书·艺文志》。现在人们对《艺文志》的尊重已不如我们这些人。

《艺文志》是刘向、刘歆父子所辑,而非班固所作,当时书很少,只有皇宫内有,做令史的人才能看到书籍,故能写历史,司马迁、班固都是如此。

刘向把从古到汉的书都编起来,在秦焚书之后,记录所存所收的书,这样做很了不起。不仅编了书目,而且有一段简要的说明,给读者一些提示。

魏荀勖著《中经新簿》,这本新目录,不依照刘向的分类,而分甲、乙、丙、丁,即经、子、史、集。隋唐时《隋书·经籍志》改为经、史、子、集,以后沿用。

有些书很难分类,勉强归类,出现了分类很不逻辑的现象,这是因为分类太简而造成的。

谱录就是目录学,把目录书分主、次、其次三种。要读书的人,目录书成为必备。

目录书把类书附于子书,这很不合逻辑。类书不同于把几部书合刻称为丛书或丛刊,类书是把很多书拆开,分类分科或按首字次序而编成的,这是书籍的总汇。其好处在于保存佚书,古书已散失的,可以从类书逐条辑出。类书非百科全书,而是有原始材料。

张之洞既非藏书家,而是读书家,他在光绪元年(1875)作《书目答问》,存在有重大缺点,其中有遗漏,他不晓得有《永乐大典》。而他也没有提到《古今图书集成》,这是巨大遗漏,此书有其实际用处。

经部

《十三经注疏》:一般说汉注、唐疏。其实郑玄注只有四部,魏晋玄学家有两家:王弼、何晏。唐疏较多,而宋疏也不少。

十三经注大部分是古文的。而只有《公羊传》何休解诂、董仲舒的《春秋繁露》,是流传至今今文学的西汉著作。古文学也只有《毛诗》、《三礼》。

《明监本宋元人注五经》:汉学改为宋学,《易经》改用朱子本义,否则就用程子传,《书经》用蔡沈传,《诗》用朱子集传,《春秋》用杜预注,《礼记》用陈澔集说。此五经为科举出题所据,于是汉注唐疏废。

到了乾嘉时代,学者反对明监本,而欲回到汉注唐疏,故有了今日的《十三经注疏》,其实都重新依考证成果加以注疏。

历朝正经正注考证

《易》:	《易纬》12卷　重新辑出,欲复西汉之旧。
	《易图明辨》　胡渭
	《周易述》、《易汉学》　惠栋
	《周易补疏》　焦循
《尚书》:	《古文尚书疏证》　阎若璩
	《尚书今古文注疏》　孙星衍
《诗》:	《毛诗传疏》30卷　陈奂
	今文　齐、鲁、韩都有辑佚本
《周礼》:	《周礼正义》　孙诒让
《仪礼》:	《仪礼正义》　胡培翚
	《仪礼图》　张惠言
《礼记》:	《礼记集说》　卫湜

	《续卫氏礼记集说》 杭世骏
	《礼记训纂》49 卷 朱彬
《三礼通论》:	《白虎通义》 班固(此书不好用,但今文家旧说均在此,代表西汉经师看法,关系很大。)
	《三礼图集注》20 卷 聂崇义
《春秋》:	《春秋公羊何氏释例》 刘逢禄
	《春秋公羊何氏解诂笺》 刘逢禄
《论语》:	《论语正义》 刘宝楠
《孟子》	《孟子正义》 焦循
诸经总义:	《五经异议》 许慎
	《圣证论》 王肃
	《经传释词》 王引之
	《经义述闻》 王引之
	《考信录》 崔述
	《群经宫室图》 焦循
	《群经评议》 俞樾
群经音辨:	《经义考》 朱彝尊
	《十三经注疏校勘记》 阮元
	《经典释文》 陆德明
	《经籍纂诂》 阮元

(1961 年 9 月 12 日)

目录书摆在史部谱录类。《书目答问》选出的都是认为重要的,都是精选。张之洞是旧的正统派,此书目不全是他做的,而是他的助理做的,经他审阅认可。书目一出,受到多方的批判。

唐代的书,前期都是写本,后期才开始有些雕版印刷,故以前有书目不一定有书,而到宋代则有书目就有书,《四部丛刊》就是宋版本汇集的影印本。

书目依其性质可分三类：

第一类：《崇文总目》与《四库全书总目提要》都是中秘书目，都是中央官府的藏书。

第二类：私人藏书的书目，如晁公武《郡斋读书志》、陈振孙《直斋书录》。

第三类：专就伪书列目考证。姚际恒《古今伪书考》，此书不是一般地怀疑，而是有根据证明伪书，具有革命性。

自宋至清，私家藏书有相当规模的，都编录书目，宋尤袤的遂初堂、明钱曾的述古堂、范钦的天一阁、毛晋的汲古阁、清季沧苇的绛云楼，都有自编书目。

类书出现甚早，魏文帝时就编有《皇览》，历代虽有编纂，但多亡佚。现存著名的是《艺文类聚》、《太平御览》、《册府元龟》、《永乐大典》、《古今图书集成》等。类书放在子部中，列第十三。

经部（有些重要的书应加以重视）

《易经》：　　　惠栋《周易述》、《易汉学》

　　　　　　　胡渭《易图明辨》

《尚书》：　　　阎若璩《古文尚书疏证》（确证梅赜所献《古文尚书》为伪造，学术成就大。）

　　　　　　　孙星衍《尚书今古文注疏》（同类中最好的本子。）

《诗》：　　　　陈奂《毛诗传疏》

　　　　　　　王夫之《诗经稗疏》

　　　　　　　马国翰《鲁诗故》、《韩诗故》、《齐诗故》（玉函山房辑本）

　　　　　　　《毛诗名物图说》

《周礼》：　　　孙诒让《周礼正义》

《仪礼》：　　　张惠言《仪礼图》

　　　　　　　胡培翚《仪礼正义》

《礼记》：　　　杭世骏《礼记集说》

　　　　　　　朱彬《礼记训纂》

三礼总义：　　　秦蕙田《五礼通考》

金锷《礼说》

聂崇义《三礼图》

《春秋公羊传》：董仲舒《春秋繁露》

凌曙与苏舆《春秋繁露注》

《论语》：　　江永《乡党图考》

历代人阅读经书都有札记,如《日知录》等,此类书极重要,有部分列于经部诸经总义、诸经目录、文字音义类,也有列于子部儒家考订类。现将重要的书名列举。

诸经总义

《五经异义》	许慎
《圣证论》	王肃
《经传释词》	王引之
《经义述闻》	王引之
《考信录》	崔述
《群经宫室图》	焦循
《群经评议》	俞樾

诸经目录

《经义考》	朱彝尊
《国朝汉学师承记》	江藩
《经典释文》	陆德明
《十三经注疏校勘记》	阮元
《经籍纂诂》	阮元

儒家考订

《梦溪笔谈》	沈括
《容斋随笔》	洪迈
《演繁露》	程大昌
《习学纪言》	叶适

《困学记闻》　　　王应麟

《通雅》　　　　　方以智

《日知录》　　　　顾炎武

《潜邱札记》　　　阎若璩

《十驾斋养新录》　钱大昕

《读书脞录》　　　孙志祖

《札朴》　　　　　桂复

《癸巳类稿》　　　俞正燮

《义门读书记》　　何焯

《读书杂志》　　　王念孙

史部

其分类首先是正史。史书主要有三种形式：纪传、编年、记事本末，除此之外，其他一些分类的史书，也值得注意。

古史类

《逸周书》

《国语》

《战国策》

《竹书纪年》

《家语》

《越绝书》

《吴越春秋》

杂史类

玉函山房辑佚书史编八种

《路史》

《野获编》

《武林旧事》

《春明梦余录》

政书类

《通典》

《通志》

《通考》

史评类

《史通》

《文史通义》

子部

列入子部的书也不少,不一一列举,只提请注意几部。

《列子》,有张湛注。有人说书是他编造的。其中有杨朱篇,此书极重要。

《意林》,唐马总所编。此书存古子佚文,虽不尽是周秦,然古子为多。

《群书治要》旧题魏徵。此书不限于子书,还兼有经史。

《诸子评议》

集部

集部列举各家文集,名家都在其中。

总集一类应加以重视,它集合了各家。

《汉魏六朝百三家集》

《全上古三代秦汉魏晋六朝文》(凡无专集的,均可至此查阅)

《全唐文》(千卷)

《宋文鉴》

《金文雅》

《元文类》

(1961 年 9 月 19 日)

关于墨子的几个问题

（1961 年 9 月 19 日）

一、墨子为何人

《四库全书总目提要》：旧本题宋墨翟撰。考《汉书·艺文志》《墨子》71 篇，注曰：名翟，宋大夫。《隋书·经籍志》亦曰宋大夫墨翟撰。然其书中多称子墨子，则门人之言，非所自著。

周亮工著《因树屋书影》，认为"墨子姓翟，母梦乌而生，因名之曰乌，以墨为道。今以姓为名，以墨为姓"。

周亮工之说本于元伊世珍《琅嬛记》。[1]

江瑔《读子卮言·论墨子非姓墨》："古之所谓墨者，非姓氏之称，乃学术之称也。墨乃古刑法之一，其徒乃奴役之流。墨子节用、短丧、非乐诸见解，刻苦极端，当时谓之墨者，意乃刑徒奴役之流。"

第一说无意义，第二说可参考。

二、墨子生卒年代

孙诒让《墨子间诂》附《墨子年表》，他考订墨子生于周定王元年（前 468），卒

---

[1] 孙诒让：《墨子间诂·附录·墨子篇目考》，世界书局 1935 年版，第 5 页。——编校者

于周安王二十六年(前376),凡93年。

据胡适的考证,应回到汪中之说,认为孙诒让考证的年代太迟了,墨子的生卒应在公元前500年至前400年之间(或前425至前416之间)。

侯外庐在《中国思想通史》中采用胡适的考证。现在暂可作为依据。

苏联的《哲学史》所订墨子的生卒年要早些。

三、《墨子》篇目分类

《墨子》书原有71篇,流传过程中有所散失,所缺甚多,至今所传实际只有53篇。大致可分为五类:

(一)《备城门》以下为一类,此类皆言守御,兵家之言,读者甚少。

(二)《耕柱》、《贵义》、《公孟》、《鲁问》、《公输》,记墨子言行如《论语》,各家无争论。

(三)卷一《亲士》、《修身》、《所染》、《法仪》、《七患》、《辞过》、《三辩》等七篇,明宋濂《诸子辨》、宋黄东发《黄氏日抄》皆认为是经,是主要的,此为一说。

二说:清代研究者直至梁启超,都认为前三篇是假的,思想内容是儒家的,后四篇是真的,且是墨学之纲要。

三说:胡适认为七篇皆假,与黄东发相反。

总之,近代人认为三篇靠不住,四篇可以肯定,而胡适极端一些,七篇全部否定。

(四)卷二、三、四、五、六、七、八、九,共23篇,为弟子所记,故称"子墨子曰",是墨学主干,一般无争论。唯有胡适认为《非乐》、《非儒》为后加入。

(五)《经》上下、《经说》上下、《大取》、《小取》。对这六篇有两说,一说:毕沅认为此是经,墨子亲笔。二说:孙诒让认为非墨子亲笔。

晋人鲁胜著《墨辩注》(已佚),称此四篇为辩,而不作为经。更古的庄子之说,称为"别墨",是墨家的别派所为,此为胡适所采。

梁启超《墨经校释》肯定毕沅之说,少有改动。《经》是墨子做的,《经说》是墨子口说弟子笔记,《大取》、《小取》则为后学所为。

现在一般人认为六篇是"后期墨家"所为,六篇可归为一类,所讲与墨子不同,而专讲逻辑。

此一类对后来学术影响颇大,因名家无书,其说即在于此。《庄子·天下篇》只有谈一点,《公孙龙子》只是辑佚书,故值得重视专讲逻辑的这六篇。

《墨经》

（1961 年 9 月 26 日）

《墨子》一书,有极其复杂丰富的内容,可分为五部分:第一部分,《亲士》、《修身》、《所染》等 7 篇,由于考证问题搞不清是墨家之作或是儒家之作,尚未有一致定论。第二部分,《尚贤》、《尚同》等 24 篇,是墨家的学说。第三部分,《经》上下等 6 篇,其中有讲逻辑的。第四部分,《耕柱》、《贵义》等 5 篇,讲墨家的言行。第五部分,《备城门》等 11 篇,讲守御。常人研究墨子,只用第二类和第四类材料。

《墨经》等六篇,也可区分为三类:《经》、《经说》、《大取》与《小取》。向来都尊重"经",但一般人看不懂,其困难在于:一、字:很多字是《说文》没有的,别处也查不到,字独创,识别有困难,别的书少有这种情况;二、句:辞简而意繁,句法特殊;三、内容:涉及各方面的知识,非常丰富。

第一类,《经》:专谈定义。如"故","所得而后成"。即理由与根据。理由有部分的与全部的,必要的与非必要的,所以"故"就分小故、大故。《经上》是定义,《经下》就是定理、原则。

第二类,《经说》:举例以解释经,是对经的说明。

第三类,《大取》、《小取》:《大取》专讲对利与害的选取,利之中取大,害之中取小;而《小取》则专讲逻辑。

《经下》讲几何与光学,与教育思想理论无直接关系,可以不看,《经说下》也可以不看,《大取》也不必看,余下必读的就是《经上》、《经说上》、《小取》三篇。

《经上》有许多条,现可选能懂的来看,《小取》文章较简短。

儒家不大讲逻辑,讲逻辑的是名家。名家的著作散失,辑佚编成的只有《公孙龙子》。《庄子·天下篇》也有一点。《荀子·正名篇》也是讲逻辑。而逻辑思想较完整保存,是在《墨经》之中,且有严格的系统。

儒家的正名,是讲伦理政治上的正名,非思想方法上的正名。

梁启超的《墨子学案》是非历史唯物主义的,其讲逻辑部分,只是与缪尔对比而牵强附会。

墨经的认识论及逻辑思想

逻辑思想非逻辑学,逻辑方法仅指逻辑思想。

侯外庐主编的《中国思想通史》第十四章,大部分讲认识论,用小篇幅讲逻辑,这种做法是对的。

第一部分　认识论

一、认识的来源

认识有三种条件:

第一,感觉器官。"知,材也。"知是人的才能,"知也者,所以知,而不必知,若目。"感觉器官是用来认知事物的,有此才能的潜能,而不一定就去实现知识,若目明的例子。

第二,接触事物。"知也者,以其知遇物而能貌之,若见。"用知的才能去接触事物而反映它。

第三,思维。单靠感觉经验是不够的,还要理性的思维(记忆、推理)。"知,明也。""知也者,以其知论物,而其知之也著,若明。"依靠感觉经验并加以思维,有理性认识就明。感觉经验不够,所以思维这一知识来源是很重要的。"闻,耳之聪也。""循所闻而得其意,心之察也。""言,口之利也。""执所言而意得见,心之辨也。"这都要求要用心思想。

二、认识与实践

此即儒家的知行问题。

而墨家另有其说法:"知、闻、说、亲。名、实合,为。"

闻:由传授而来的为闻知。

说:由推理而得的知识不受地区限制的为说知。

亲:由亲自去看去体验的为亲知。

思想要表达出来要用语言才能传授,称号它"所以谓,名也"。所说的东西"所谓,实也"。名与实相配合,就是"合"。志是做事情的目的性,有目的的行动就是"为"。"志行,为也。"

闻、说、亲,实包括感觉经验与理性。三者是:

感 性	理 性	实 践
间接经验	记忆思维	直接经验

名:达、类、私。自古至今,概念分类相同,所称不同。如以物为达名,则马为类名,而乌骓为私名。达与类有对待的关系,上下级的关系。如以马为达名,则白马为类名,或马为类名,则白马为私名。故有"白马非马论",这是外延大小的不同。

达名是大共名,是逻辑的结构,只存在于思维之中,客观实在没有脱离一切属性的纯粹的马。

这种抽象的东西是哲学的问题。客观唯心主义认为有客观存在的规律,是标准,如"理"是客观存在的。

第二部分 逻辑诸概念(小取)

一、辩之意义及作用

逻辑在古为辩证法,在中国称为"辩",其作用在明是非。"辩,争彼也。辩胜,当也。""夫辩者,将明是非之分,审治乱之纪,明同异之处,察名实之理,处利害,决嫌疑。焉摹略万物之然,论求群言之比。"(《墨子·小取》)

二、辩之组成要素

(一)以名举实:按现在的逻辑理论知识来说,"名"就相当于"概念"。

(二)以辞抒意:相当于判断。

(三)以说出故:相当于推理。

(四)以类取予:取,举例。予,断定。从同类事物举出事例,列而判断,得出结论。以类推论的同时也包括有归纳的因素。

这四项要素,似乎可分为演绎与归纳两部分。

三、辩之几个方法

(一)或:或这样,或那样。选言判断。

(二)假:假定如何,将会如何,现则不然。假言判断。

(三)效:合法则对,不合则非,一定要如此的才对。"法,所若而然也。"定言判断。

以上三种判断,也包括上述的因素一、二、三。

(四)辟:以物比物。

(五)侔:以辞比辞。

（六）援：以事推事。援例，人说如此，我也可如此说。

（七）推：以我未解析的例，等同于已解析的例，谓之类推。以已知"所取"推未知"所不取"，有归纳推理因素。

类推可能产生毛病，因物有相同，但不一定完全相同。话可比，但有限度。

由于辟、侔、援、推易有谬误，故必明同异之辩。

四、同异之辩

有四条纲。

（一）是而然："白马是马"，"臧获是人"，从常识上说是对的。此段反对公孙龙"白马非马论"，是站在常识上讲话的。

（二）是而不然："事亲，非事人"，"杀盗，非杀人"，同"白马非马论"，近乎诡辩，这是站在抽象概念上来讲，走向唯心论。是非的判断，不以实践为标准，由抽象的概念走向诡辩，一定会赞同公孙龙的理论。此段既反对公孙龙，又利用公孙龙。

（三）一周而一不周：墨家的教条：爱人必周爱人。因为人是类名，不是别名。所以说："爱人，待周爱人而后为爱人，不爱人，不待周不爱人。"这就是一周而一不周。

（四）一是而一非："居于国，则为居国；有一宅于国，而不为有国。"一个可以如此说，一个不能如此说。

汪中《墨子序》："《经上》至《小取》六篇，当时谓之墨经"[1]，不知何据。胡适："《经上》全是界说，《经下》是定理。《经说上》、《经说下》为详细说明，或举例设譬使人易晓。"[2]《大取》多错简脱误，最难读，可选那些可读的，其余不可读的，只好阙疑了。《小取》不是一句一句的界说，乃是一篇有条理有结构的文章，

---

[1] 汪中：《述学·一》内篇三《墨子序》。——编校者
[2] 胡适：《中国哲学史大纲》第八篇《别墨》，商务印书馆1928年版，第188—190页。——编校者

最为可读。

第三部分　墨辩在思想史上的地位

一、章炳麟说：墨辩与希腊逻辑、印度因明，同为古代最早的逻辑。章氏的《原名篇》仅比较三者之论式，梁启超、胡适则以 19 世纪西方归纳之法为比附，殊为不审。

二、墨家历史，只两百年，其后成绝学。这一损失，对我国古代思想发展关系巨大。

三、孔子正名，仅为伦理政治的概念。荀子正名，章氏有解析，然不及墨子。虽然《墨经》有甚大局限性，而到底发出特殊的光辉。

《墨子》

（1961 年 9 月 27 日）

一、《墨子》书的书名与篇名

《墨子》比《论语》篇幅大而复杂，《汉书·艺文志》说有 71 篇，今存仅 53 篇。孙诒让在《墨子传略》中说，《墨子》书"盖多门弟子所述，不必其所自著也"。

对于古书要考著录、考书目。最古的书目是《汉书·艺文志》，其中记述墨者六家，86 篇，《墨子》书摆在最后。若为墨子所著，定摆在前；摆在后，可见非本人所亲作。

墨者六家之书，今存只有《墨子》，其他已佚失。现在的《墨子》可以肯定，71 篇的一部分也可能包括胡非子等人的思想在内。

对于古书应该采取尊重历史的态度。

"古代有一家之学，无一家之言"，这个命题可以适用所有古书。因为古代"学在官府"，既然是依据官府的档案，当然非一家之言。

这里所指的"家"与汉代的"家法"有些不同，西汉经师多守家法，但其家法都是长期的积累提炼补充的产物，闻之于师，又附以己意，学生又加上自己的体会，逐渐丰富起来。

各家都以最有代表性的人物、最受尊重的人物姓名题其书，过去的书都是这样，原无书名，后来才题名，不用说春秋战国诸子，就是西汉时的《史记》也是如此，并非有意伪题。

到西汉时私家著述尚少,至东汉时私家著述就多了。

墨子名与书名同,这并非故意为之,而实是显其受弟子后学尊重。

二、考证的目标在于搞清思想发展的源流

古代辗转传授的简策,容易散失腐坏,流传过程中产生错乱、繁衍、误伪、脱略。后人经过长期的搜集增补,有些校正,然差舛也更多。

"错误、脱漏、错简而夹杂他家之书,如无确证,不能说是故意伪作。"这个命题,牵涉到对于《左传》、《尚书》的态度,是关于伪作内容的命题。

《左传》被许多人认为非《春秋》之传,其内容是记史事,而非解经,属于《国语》一类。此书原名《左氏春秋》,此《春秋》非孔子之《春秋》。争论此问题其实意义不大。

南学简约　得其英华

北学深芜　穷其枝叶[1]

汉学的考证可谓穷其枝叶,宋学讲义理可谓得其英华。

考证应了解争论的问题,但这并非我们的目标,我们的目标在于搞清思想发展的源流。

宋人时代在后,其义理可别作评价,而其考证之功实不可湮没,例如朱熹对于《论语》已有许多考证,实早于崔述。

三、《墨子》的篇目考

《墨子》第一部分《亲士》、《修身》等 7 篇。

第二部分《尚贤》、《尚同》、《兼爱》、《非攻》等 24 篇。

第三部分《经上》、《经下》、《经说上》、《经说下》、《大取》、《小取》等 6 篇。

---

[1] 魏征等:《隋书·儒林列传》。——编校者

第四部分《耕柱》、《贵义》、《公孟》、《鲁问》、《公输》等 5 篇。

第五部分《备城门》等 11 篇。

第五部分实是兵家之言，全是技术问题，可以不谈。第二、第四部分向来没有疑问，公认确是墨子的学说，有问题的只是第一、第三部分。

第一部分 7 篇，对此存在三种说法：

宋濂在《诸子辩》中说："上卷七篇号曰经，中卷、下卷号曰论"，他认为分经与论，不懂其何据。对此说法有两种解释：（一）以第一部分《亲士》、《修身》等七篇为经，其他都是论；（二）以第三部分的六篇为经，余者为论。

清乾嘉时，汪中认为《亲士》、《修身》其言淳实如曾子，为儒家七十子所作。梁启超则认为前三篇为伪托，后四篇是墨学的概要。这都是有所怀疑的，至胡适则全盘否定。

第三说是孙诒让在《墨子间诂》中所主张，也为一般人所赞同，他认为前七篇不重要，《亲士》是《尚贤》之余义，《所染》同于《吕氏春秋》的《当染》，《法仪》为《天志》的余义，《七患》、《辞过》为《节用》之余义，《三辩》为《非乐》之余义，而对《修身》则未论及。如此说来，七篇不重要，可不必深研，而《修身》则较有价值。

墨子的思想主要在第二类中，这是郭沫若的主张（见《青铜时代》）。实际上最主要在第二部分、第三部分中，而与教育有关的则在第三部分。

第三部分六篇，也存在三种说法：

毕沅第一个注《墨子》，其主张关系至大，他说《经》是墨子所作，孙星衍为他作序也赞同，汪中认为《经》及《经说》是墨子所作，《大取》、《小取》是他人所作。梁启超说《经》是墨子所作，《经说》是弟子所著。

晋代鲁人著《墨辩注》，此书已佚失，而书序在《晋书·鲁胜传》中，他所认《墨辩》只四篇。鲁胜此举，引起胡适的问题，其所作的关于墨子的博士论文及后来的著作，发生了世界影响。胡适据鲁胜"墨辩"、"别墨"两概念，认为名家之书已亡，名家皆是"别墨"，否定名家的独立存在。胡适的说法受到日人渡边秀芳的驳斥，所依据为《汉书·艺文志》，认为墨家、名家并列，名家非墨家之从属，侯外庐也同意此看法(《中国思想通史》第一卷 417 页)。

孙诒让认为"似战国之时墨家别传之学,不尽墨子之本指"。[1]仔细体会起来,孙氏对第三部分有所怀疑,因此作了低估,胡适曾由此得到暗示。

现在一般认为《墨经》六篇不是墨子自著,而是墨家后期辩学的著作。

四、孔墨在思想史上的地位

孔子在世界史上地位高,因其在中国历史传统上地位高。实际深究之,其人之伟大在于教育实践,而非哲学思想。

孔子教育实践主要在两个方面:一是整理六经,保存六艺有功,其实他的教育内容即六艺,其主要思想是在《春秋》、《礼记》等书之中,而非在言行录《论语》之中。二是传授弟子三千,开创儒家学派,影响中国文化几千年。这些都是外国人的看法。

侯外庐在《中国思想通史》第一卷中对孔子作了多方面评论,他说:"我们说孔子在宇宙观上无重大成就,所有宇宙观的范畴,全然没有出现。"(第 161 页)"孔子所说的名,非一般名实关系,而以古名作为判断标准。"(第 167 页)"孔子正名的知识论是企图把现实世界适合于古代形式。"(第 168 页)这些评论都有根据,并未冤枉他。孔子重正名,墨子重取实,其名实上的对立是在政治伦理上。

黑格尔认为孔子哲学思想贫乏,东方的哲学理论以老子为代表。

对孔子的评论大致如此,在哲学上孔子地位不高,老子的地位高。

墨子之学成为两千年来之绝学,无人知晓。到乾嘉时,毕沅才做了发掘工作,开始引起学者注意。至孙诒让时,作《墨子间诂》,集当时墨学研究之大成,可惜孙氏死得早。至今日墨学研究有新发展,用西方的逻辑来研究,用马列主义来研究,这是孙氏等人所未了解的。

---

[1] 孙诒让:《墨子间诂·经上第四十》,世界书局 1935 年版,第 190 页。——编校者

用西方的逻辑来研究墨辩的是章炳麟、胡适、梁启超等人。

用马列主义来研究墨学,已经开始,有些成果,但还不多。

如果不考虑逻辑、辩证法问题,而单看《尚贤》、《耕柱》等篇(《墨子》一书的第二、第四部分)来估计墨子的哲学地位,可以认为墨子也属于贫困之列。

礼、乐的起源极早,非儒家所造,墨家要返古而否定礼、乐,儒家后学为此攻击之,墨子这方面的思想确实不光辉。

墨子的天志、明鬼等思想也不光辉,如就这一方面来作评价,墨子的地位当然会低。

但在自然科学、逻辑学方面,则为墨家独具特色,而为儒家所无。这一方面失传,影响中国两千年来学术的发展,在儒家思想影响下,只有考据、义理、词章、八股这几样东西。

(亚里士多德只讲类逻辑,而今日西方的逻辑以及关系逻辑,要吸收概率论。苏联的中学把两千年前亚里士多德的逻辑照样教,这是奇异现象,必定有其意义。)

逻辑在哲学史、教育史上都是一个大问题,讲几何与代数,欧洲及阿拉伯都如此。而古代的中国只有墨子可以与之比较,儒家讲伦理并无特色,各家都有讲伦理,道家、名家可以不提,儒墨是显学应当并提,在天平上如加上逻辑,墨学的意义还要重大,但中国历史发展决定儒家成为正宗。

五、《墨子》所引起的史料处理问题

书非成于一时,也非成于一人,如何处理?需要考虑。

《墨子》书中有极其复杂丰富的经验知识思想的内容,这是长期积累的结果,如军事、光等的知识,但又不是墨翟亲自写的,有些还是后一时期别人所增补,有的甚至是别家思想渗入,全都并列入《墨子》一书中。是否为了墨子这一人名,就要把凡非墨子写的许多精华例如《墨经》都丢掉?认真考虑之后,一定会说"不能丢"。理由有四点:

（一）工作的目的任务不同。专家的考证任务是要考订墨子的年代、著作，而我们的任务不在此，我们是要研究文化历史遗产，吸取精华，这是教育史的任务。既然任务是要检查遗产、吸取精华，就不能把精华部分轻率放弃。举例来说，郭沫若于《青铜时代》有一文章，其考证目的在证明其论点，他认为墨翟此人反动，于是只定十篇可采，我们的目的与他不同，做法自然不能同于他。

周扬部长提出两项任务：1. 以历史唯物主义认识过去；2. 吸取前人精华于今日有益者。这对于中国教育史教材编写工作有指导意义。

（二）考证和检定作者部分著作的年代和传授的渊源之后，我们引用后起加入的思想材料，不是非科学的非历史唯物主义的。如《墨经》答复名家、儒家之言，说明其非墨子所作，年代实在后，运用这些，并非反科学的非历史唯物主义的，因为学说有发展，发展是好的，何尝不可用，我们本来就是要择取一切优秀的东西。

（三）古代有一家之学，原非一家之言，只是长期积累、提炼、选择、补充的结果，而采取丛书的形式或汇编的形式。

以上三点对于《礼记》关系也很重要。

《论语》编成于汉，也非一家之言，孔子弟子言行甚多汇编在其中，故汇编的形式是古书的公例。

只要是精华，不论是真作者之书还是假托之书，都要。《列子》一书明知是假，但有《杨朱篇》在其中，还是要。《古文尚书》不可信，但还是要研究。如把孔子的教育思想限于《论语》，就不能显其整个真面貌，所以要用《礼记》，原因就在于此。

（四）甚至有别家学说搀杂在内也无害处。《荀子》书中就有反对荀子的话，这无损于荀子，而让后人更多方面了解荀子。因为诸子皆出于王官，学术有共同的基础，故有许多概念都是共同的，诸子本来就是互相区别又互相渗透。如类与故的概念，孟子也讲过，但墨家最为突出就是了，并非特有。

《孟子》

（1961 年 10 月 4 日）

关于孟子的生平,有一文章可先看,即《史记》中的《孟荀列传》。其次就是东汉赵岐的《孟子题辞》。朱熹的《孟子集注》前也有一篇《孟子序说》,综引前面两篇。

《孟子题辞》有些话关系不大,但其中有几点可算是原始材料:1.《孟子》为谁所作(作者问题);2. 七篇材料(篇数问题);3.《孟子》置博士(传授问题)。

一、作者问题

赵岐在《孟子题辞》中说:"此书,孟子之所作也,故总谓之《孟子》。"《题辞》还说:"师孔子之孙子思","通五经","尤长于《诗》、《书》"。这些话《史记·孟荀列传》皆未言及。

此书为孟子所写,则未必可信。因为"一家之学,非一家之言"。这个考证问题,有几种说法。

(一)孟子自作。《史记·孟荀列传》:"退而与万章之徒,叙《诗》、《书》,述仲尼之意,作《孟子》七篇。"与万章之徒是问题之所在。赵岐《孟子题辞》则直称是"孟子之所作",至朱熹则一口咬定是孟子所作。

(二)非孟子所作。唐韩愈《答张籍书》说:《孟子》书非自作,而是其学生所作。宋晁公武《郡斋读书志》云:韩愈以为弟子所汇集,考其书,则知韩愈之说非妄也。书中所见诸王皆称谥,称谥只有诸王死,然后有谥,孟子与诸王见面时都还活着，不可能称谥，如孟子写书在后，也未必所提及诸人皆死。所以《孟子》书是孟子死后其学生所作。清崔述《崔氏考信录·孟子事实录》认为是孟子弟子万章、公孙丑两人为主所作，理由有二：一、"二子问答之言在七篇中为最多"；二、书中对孟子的学生乐正子、公都子都称子，若是其师孟子自作，则不会对这两人那样尊重，而对万章、公孙丑，在书中皆不以子称，由此可见是这两人写的较为合理。清周广业在《孟子出处时地考》中说："此书叙次数十年之行事，综述数十人之问答，断非辑自一时，出自一手。"认为不是孟子自作。

按先秦诸书的通例，凡语录体的，都是门人所记。所记不只这些，到赵岐时就加以再整理编定。

二、篇数问题

关于篇数，班固的《汉书·艺文志》载："《孟子》十一篇。"而赵岐则对11篇加以区分，《孟子题辞》说："自撰其法度之言，著书七篇。"还说："又存《外书》四篇，《性善》、《辩文》、《说孝经》、《为正[政]》，其文不能弘深，不与内篇相似，似非《孟子》本真，后世依放而托也。"此按语极为重要，牵涉到孟子思想，不能说一部书就能包括一个人的思想，对《论语》、《孟子》两书都可以如此说。

《汉书·艺文志》记《孟子》11篇，这是西汉人共见的，而赵岐则去其4个杂篇，不为之注，后来失传，今人不能见到。

明姚士隣传《孟子外书》4篇，人家都认为是假书，不能相信。

三、《孟子》传授问题

赵岐《孟子题辞》说："孝文皇帝欲广游学之路，《论语》、《孝经》、《孟子》、《尔雅》皆置博士。"这四者在西汉时都称传记，博士即属于传记博士。据现所知，《论语》、《孝经》等都属于小学，未立学官。此处说法相反。又说："后罢传记博士，独立《五经》而已。""传"或"记"都是解释"经"，西汉时称"经"的只有五种，而五经有十四博士，因为每经不只一家。

宋孙奭《孟子》疏，讲到博士问题：惠帝时，除挟书令，然公卿皆武力功臣。至孝文时，令晁错往见伏生就学，《尚书》出壁间，而齐、鲁、韩之书方萌芽。文帝欲广学路，《五经》与《论语》、《孟子》、《孝经》、《尔雅》皆置博士，后罢传记，只留《五经》博士。

博士是秦官，比二百石，掌《五经》。其言诸子，并不以儒学独尊，孔、墨受推重，而孟子则谈不上。司马谈所论六家，即儒、墨、道、法、名、阴阳，可见其时六家并列。

战国时稷下先生，就是后来的博士。《孟荀列传》中除了两人之外，还特别讲了邹衍，特写几句展现其风采，邹衍所至，皆受欢迎，极受优待。可见有法术的阴阳家最受欢迎，非孔子困于陈蔡、孟子困于齐梁所能比。

秦之博士，掌五经，备顾问。至汉武帝时才演变成专讲儒学之官。汉初的经师都是秦博士，《史记·儒林传》有所说明。这些人绝非正宗的儒家，大都能讲当时流行的道、法、名、阴阳之说，这些学派，其时势力很大。秦时无谶纬，只有阴阳五行。

总之，《孟子》在西汉文帝时只作为传记而已。

《汉书·艺文志》、《隋书·经籍志》都把《孟子》一书列于子部儒家类内，直到唐朝才发生变化。韩愈对推荐《孟子》一书有关，而最重要的是礼部侍郎杨绾向朝廷提议：请以《论语》、《孟子》、《孝经》皆为一经，立于学官。这就是要设置此课程，增添博士进行教授，此与利益直接有关。唐朝官学所讲授的是九经：《诗》、《书》、《易》、《仪礼》、《周礼》、《礼记》、《春秋公羊传》、《春秋谷梁传》、《春秋左氏传》，合称九经。有若干种书地位得到提高，过去有争论的如《春秋左氏传》、《周礼》，都列为经。杨绾请把《论语》、《孟子》、《孝经》、《尔雅》四者合为一经，因为此四者分量少，不能与九大经比。至宋，王应麟于《困学纪闻》中说：至国朝，把《论语》、《孟子》、《孝经》称为小经，合称十二经。后来再加《尔雅》，就成为十三经。

最大的变化起于宋。南宋淳熙四年[1]，朱熹把《论语》、《孟子》及《礼记》中

---

〔1〕 南宋淳熙四年，即公元 1177 年。——编校者

的《大学》、《中庸》合称"四书"。另有五经：《诗》、《书》、《易》、《礼记》、《春秋左氏传》。汉代人所重是《仪礼》，而《礼记》则作为传，《春秋左氏传》则为汉人所不承认。所以"四书"的组合无所谓，"五经"的问题则很大。

元朝延祐时，朝廷规定以"四书"为科举考试的科目，从此士人对于先秦诸子所知极其狭隘。

孟子的生卒年月，争论不大。据程复心《孟子年谱》，生于周烈王四年(前372)，卒于周赧王二十六年(前289)。

孟子的生平，可根据朱熹的《孟子序说》，此篇合《史记·孟荀列传》、赵岐《孟子题辞》，并附有唐宋诸家的论点。《程子语录》论及孟子："孟子还可为圣人否？曰：'未敢便称为圣人，但学已至极处。'"[1]"孔子讲仁，孟子讲仁义。""孟子……有些英气，才有英气，便有圭角，英气甚害事，如颜子便浑厚不同，颜子去圣人只毫发之间，孟子大贤，亚圣之次也。"[2]可见颜回与孟子生不同时，为人作风大不相同。

《孟子》书的内容，七篇可以分为四类：(一)哲学思想，以《告子》、《尽心》两篇为主；(二)政治思想，以《梁惠王》、《滕文公上》为主；(三)诸子的争论；(四)历史人物评价，以《万章》篇为主。考证家对书中评历史人物都有意见，以为不合历史事实。此问题可暂不谈。

过去对第三类问题注意不够，此问题与教育史有关，应该读，并与《荀子·非十二子》结合起来看。荀子是大力批判孟子的，为了学习《荀子》做好准备，这部分必读。

---

〔1〕〔2〕 《二程遗书》卷十八、卷十九。——编校者

孟子与诸子的关系

（1961 年 10 月 9 日）

教育史写到战国时期的百家争鸣，往往显不出争鸣的气氛，说不清百家之间的相互关系。而由《孟子》书中探索，则可见与诸子的关系。首先是与儒家孔子的关系，其次是与墨家，再次是与法家，又次是与农家，最后是与道家的关系。

一、孟子与孔子

将《孟子》与《论语》相比较，便会产生三个新问题：井田、学校问题，《春秋》意义问题，继承孔子问题。这些问题从民国以来往往为攻击孟子者所提到。

孟子在汉时地位并不高，战国更是如此。荀子批判孟子不足为奇，即使董仲舒这样的正统派，也于《春秋繁露》中批判孟子性善论，其他诸人就更不必说。汉时《孟子》只作为传记，宋时朱熹才把他作为《四书》之一，与《论语》并列，地位提高，到了明清两代，尊之更甚。

反封建的学者，批判孔子常及孟子，所涉及的就是上述的三个问题。《史记·孟荀列传》，原称并不如此，而是谈到许多人，稷下各家都言及，除谈孟荀之外，还提到道及墨家，而着重讲到邹衍，"谈天衍，雕龙奭"，这是阴阳家，而慎到、环渊、田骈都是道家，名家就有公孙龙，法家有李悝，"尽地力之教"，此外还提到许多人的名字，诸子"世多有其书"，然这些书今日都不见了。《孟荀列传》所详论的是孟、荀、慎、淳于、邹等人。

赵岐的《孟子题辞》，不能代替《史记·孟荀列传》这篇稷下诸先生的总论。把这篇和《庄子·天下篇》、司马谈的《论六家要旨》三篇原始材料合观，就可以了解战国诸子的源流。

（一）井田、学校问题

孟子在政治上有两条重要纲领：一是井田，二是学校。

1. 井田问题

《孟子·万章下》"北宫锜问章"，孟子论及井田，他认为井田由天子分封、班爵制禄，把亲属和功臣分等级，并规定各等级的俸禄。

宋代只有张载一人信此井田之说，而程朱都表示怀疑，见朱熹《孟子集注》的按语，认为"此章之说，与《周礼》、《王制》不同，盖不可考，阙之可也"。"其事不可一一追复矣。"

《礼记·王制》云："王者之制禄爵，公侯伯子男凡五等，诸侯之上大夫卿、下大夫、上士、中士、下士，凡五等。"此说与《孟子》同。"天子之田方千里，公侯田方百里，伯田七十里，子男五十里。"与《孟子》也同。关于农夫授田百亩，也与《孟子》相同。因此可以说《孟子》与《王制》在井田问题的论述上基本相同。

然而《周礼》所谈则与此全不相同，所云"诸侯五百里，次四百里……"，五百里与一百里，四百里与七十里，相差实在太大。

首先，这个问题涉及郑玄，他认为三礼所说都对。问题在于《礼记》是今文，而《周礼》则是古文，西汉有《礼记》，到西汉末刘歆才传出《周礼》，并认为《周礼》是周公亲手所写，认为《周礼》才是西周真正的制度，凡是不合《周礼》的，都说是商朝或夏朝的制度，这是他解决问题的原则。郑玄注《王制》就说："此殷所因夏爵三等之制（公、侯、伯），周增子、男，初以地狭因殷制，周公大封诸侯，乃大者五百里，侯四百里，伯三百里。"这就是他实行原则的体现。

其次，《礼记·王制》云："古者以周尺八尺为步，今以周尺六尺四寸为步，古者百亩，当今东田百四十六亩三十步，古者百里，为今百二十一里六十步四尺二寸二分。"测量标准，异时而不同。其古今何所指未明，然而他有所交待，今日的亩数，不等于周朝的亩数。

按今文家的说法，《周礼》是战国时人作的，五百里、四百里是国少而地大。《王制》所说的百里、七十里，则是春秋以前国多而地小。《周礼》后出，与《礼记》所反映的时代可能不同。故三礼不可会通，否则就非历史主义。

再次，由于班爵制度不能否定，与之相关的井田制度也不能否定。

《孟子·滕文公上》"滕文公问为国章"，"使毕战问井地"，孟子曰："夫仁政必自经界始……经界既正，分田制禄可坐而定也。……方里而井，井九百亩，其中为公田。八家皆私百亩，同养公田；公事毕，然后敢治私事，所以别野人也。此其大略也；若夫润泽之，则在君与子矣。"朱熹对此有解释，也不甚准确。

郭沫若以前曾否定井田制，到写《十批判书》时重新肯定，他依据《考工记》、《谷梁传》等作论证。

2. 学校问题

《孟子·滕文公上》：孟子曰："……设为庠序学校以教之。庠者，养也；校者，教也；序者，射也。夏曰校，殷曰序，周曰庠；学则三代共之，皆所以明人伦也。"庠、序、校都是乡校，学是国学，学则三代共之而无异名。

今文派都认为朱熹的注正确："庠以养老为义，校以教民为义，序以习射为义，皆乡学也。学，国学也。共之，无异名也。"郑玄为古文派，对国学与乡学有异于此的，作了更为复杂的解释。

（二）《春秋》意义问题

六艺之中，《诗》乃自古流传，《书》、《易》、《礼》也都自古流传，乐已佚失，而只有《春秋》是孔子改编的。

孟子第一个说《春秋》是孔子所作，董仲舒第二个说，成为司马迁作《孔子世家》的依据，董为汉代之人，其说无足轻重，较足为据的是孟子。

1. 孔子于世衰道微之时作《春秋》

《孟子·滕文公下》：孟子曰："……世衰道微，邪说暴行有作，臣弑其君者有之，子弑其父者有之。孔子惧，作《春秋》。《春秋》，天子之事也；是故孔子曰：'知我者其惟《春秋》乎！罪我者其惟《春秋》乎！'"这几句话，一直为后人所引用，以为孔子作《春秋》的证。

2.《春秋》之义孔子取之

《孟子·离娄下》：孟子曰："王者之迹熄而《诗》亡，《诗》亡然后《春秋》作。晋之《乘》，楚之《梼杌》，鲁之《春秋》，一也；其事则齐桓、晋文，其文则史。孔子曰'其义则丘窃取之矣'。"《春秋》的特色在于立义，其时史官记事有体例，有书有不书，书又有详，又有略，其中用字用称呼又有分别，言多少，而意有褒贬，此所谓微言，其意都要在意外去体会。例如"赵盾弑其君"，其君极暴恶，国人共恨，赵穿动手杀之，史官记其事，认为赵盾是执政者，不讨贼，也不外避，该负杀君之责。史官被杀，继之者又写，董狐闻其事，欲往书之。孔子感叹此事，赞董狐为良史。其义窃取之，则是取历代史官优良传统的深义。

董仲舒是《春秋公羊传》的大师，对《春秋》之义有专门深入的研究，形成一套学说。司马迁是根据董仲舒公羊家说而在《史记》中的《太史公自序》、《孔子世家》、《十二诸侯年表序》谈《春秋》之义。

（三）继承孔子问题

这个问题与写教育史有关，我们要找儒家代表人物，找来找去还是要突出孟子。此突出并非尊重道统，而是他实堪为代表。

《孟子·公孙丑下》："五百年，必有王者兴，其间必有名世者。由周而来，七百有余岁矣。以其数，则过矣；以其时考之，则可矣；夫天未欲平治天下也；如欲平治天下，当今之世，舍我其谁也？吾何为不豫哉？"对于要用仁义之道平治天下，孟子颇为自负。

《孟子·滕文公下》："圣王不作，诸侯放恣，处士横议，杨朱、墨翟之言盈天下。天下之言不归杨，则归墨。杨氏为我，是无君也；墨氏兼爱，是无父也。无父无君，是禽兽也。……杨墨之道不息，孔子之道不著，是邪说诬民，充塞仁义也。仁义充塞，则率兽食人，人将相食。吾为此惧，闲先圣之道，距杨墨，放淫辞，邪说者不得作。作于其心，害于其事；作于其事，害于其政。圣人复起，不易吾言矣。昔者禹抑洪水而天下平，周公兼夷狄，驱猛兽而百姓宁，孔子成《春秋》而乱臣贼子惧。……无父无君，是周公所膺也。我亦欲正人心，息邪说，距诐行，放淫辞，以承三圣者；岂好辩哉？予不得已也。能言距杨墨者，圣人之徒也。"可从这些言论看到孟子有一种自觉的强烈的历史责任感。

《孟子·尽心下》："孟子曰：'由尧舜至于汤，五百有余岁；若禹、皋陶，则见而知之；若汤，则闻而知之。由汤至于文王，五百有余岁，若伊尹、莱朱，则见而知之；若文王，则闻而知之。由文王至于孔子，五百有余岁，若太公望、散宜生，则见而知之；若孔子，则闻而知之。由孔子而来至于今，百有余岁，去圣人之世若此其未远也，近圣人之居若此其甚也，然而无有乎尔，则亦无有乎尔。'"孟子是在仁义之道未能得到推行，搞得走投无路之时，而谈到继承孔子的问题，孟子以闻知孔子之道在于己。朱熹在注这段时，特意引程颐之文，而制造道统说。

二、孟子与荀子

（一）性善问题

孟子主张性善在先，荀子主张性恶在后，孟、荀对性的定义不同。荀子写有《性恶》篇，批判孟子性善论，此问题在谈荀子时加以说明。

（二）"造五行说"问题

《荀子·非十二子》："略法先王而不知其统，犹然而材剧志大，闻见杂博。案往旧造说，谓之五行，甚僻违而无类，幽隐而无说，闭约而无解。案饰其辞而祗敬之曰：此真先君子之言也。子思唱之，孟轲和之，世俗之沟犹瞀儒嚾嚾然不知其所非也，遂受而传之，以为仲尼子游为兹厚于后世。是则子思孟轲之罪也。"

荀子在《非十二子》中指出孟轲造五行说。（五行即五常，仁义礼智信。《太炎文录一》云：子思作《中庸》，其发端曰："天命之谓性"，注："木神则仁，金神则义，火神则礼，水神则智，土神则信。"此是子思遗说，善于傅会，宜为荀卿所讥。）

《非十二子》对所批判的学派都举出两位代表人物，二子一段评论，共六段，从全文看，批判着重在儒家，故未可将《非十二子》视为战国诸子的总述。

宋人以孟子为亚圣，强说荀子未批判孟子，为荀子辩解，而实损荀子之真面貌。

郭沫若继章太炎探究造五行说的历史，因此就产生五行说是否为孟子等所创的问题。侯外庐在《中国思想通史》第一卷第 371 页也讨论这一问题,认为《中庸》、《孟子》有五行说的迹象,汉人采五行之说去注《中庸》,而把金、木、水、火、土五行发展为唯心主义的是《洪范》才成立。并欲证明邹衍所谈阴阳五行,也是源于思孟学派。

杨倞注《孟子》,谓五行是五常,即仁、义、礼、智、信。梁启雄《荀子简释》采此说,并认为《孟子》书只谈仁义礼智而已,实无五行说。

"五行"之说见于《尚书·洪范》,该篇记武王求教箕子,箕陈述九畴,细说九畴的纲目,第一纲是五行,其目即水、火、木、金、土;第二纲是五事,其目即貌、言、视、听、思。由此看不出有唯心色彩。说五行之说出于思孟实可疑。

郭沫若探讨"造五行说",提出了两个问题:

1.《洪范》出于思孟说

《洪范》非箕子所作,这是可以肯定的,但如说出于子思,却找不到外证;若从内证来说,《洪范》的五行与《中庸》、《孟子》的五行因素也不能互相配合。

侯外庐肯定五行是春秋时流行的带有进步性的思想,可能思孟学派就由此而来,亦可说思孟学派本于《洪范》,这就不能说《洪范》是思孟学派所作。他还认为《洪范》具有唯物论思想。

2. 邹衍出于思孟说

说邹衍出于思孟,并无可靠外证,一般都认为是战国时的独立学派,是齐稷下的学派之一,阴阳家其为齐王所尊崇,声势压倒各派,势力既大,当然不依附于儒家,说邹衍出于思孟,实是牵强。

战国时百家争鸣,各派互相吸收,很难说谁抄谁,强求其源流,徒费工夫。

(三)逻辑问题

侯外庐把荀子批判孟子"无类"作为逻辑问题对待[1],其实这是误解。荀子所说的"类"是"伦类"、"统类"。

---

[1] 侯外庐、赵纪彬等:《中国思想通史》第 1 卷,人民出版社 1957 年版,第 551—556 页。——编校者

三、孟子与道家

一般都认为孟子好辩,然而比起荀子,孟子之言还算较为温和,荀子语言显得尖锐,可见其时各学派斗争趋于尖锐化。

(一)孟子与宋牼

《孟子·告子下》:宋牼将之楚,孟子遇于石丘。曰:"先生将何之?"曰:"吾闻秦楚构兵,我将见楚王说而罢之。楚王不悦,我将见秦王说而罢之,……我将言其不利也。"曰:"先生之志则大矣,先生之号则不可。先生以利说秦楚之王,秦楚之王悦于利,以罢三军之师,是三军之士乐罢而悦于利也。为人臣怀利以事其君,为人子者怀利以事其父,为人弟者怀利以事其兄,是君臣、父子、兄弟终去仁义,怀利以相接,然而不亡者,未之有也。先生以仁义说秦楚之王,秦楚之王悦于仁义,而罢三军之师,是三军之士乐罢而悦于仁义也。为人臣者怀仁义以事其君,为人子者怀仁义以事其父,为人弟者怀仁义以事其兄,是君臣、父子、兄弟去利,怀仁义以相接也,然而不王者,未之有也。何必曰利?"

孟子对宋牼尊重,与之言论,语气和善,所辩的论题是以功利为号或以仁义为号,孟子着重说理,比较两种号的社会效果,否定强调功利而肯定强调仁义。

朱熹认为宋牼即《庄子》书中的宋钘。

(二)孟子与告子

《孟子·公孙丑上》:曰:"敢问夫子之不动心与告子之不动心,可得闻与?"

"告子曰:'不得于言,勿求于心;不得于心,勿求于气。'不得于心,勿求于气,可;不得于言,勿求于心,不可。大志,气之帅也;气,体之充也。夫志至焉,气次焉;故曰:'持其志,无暴其气。'"……

"敢问何谓浩然之气?"

曰:"难言也。其为气也,至大至刚,以直养而无害,则塞于天地之间。其为气也,配义与道;无是,馁也。是集义所生者,非义袭而取之也。行有不慊于心,则馁矣。我故曰,告子未知义,以其外之也。必有事焉,而忽正,心勿忘,勿助长也。……"

孟子和告子对于心志的重要和以义养气的认识是不同的。孟子认为心志是意气的主帅,而意气使人体充盈有力,心志指向哪里,意气也随即在哪里表现出来。意气可以表现出最伟大最刚强,意气的形成,需要义与道的配合,用正义去培养,经常积累而发展充实,所以要持其心志,善养浩气。孟子批评告子不求于心,未能持守心志,主张仁内义外之说,未能集义养气。

告子所主张的人性理论,也受到孟子的批判。

《孟子·告子上》:告子曰:"性犹湍水也,决诸东方则东流,决诸西方则西流。人性之无分于善不善,犹水之无分于东西也。"

《告子上》:告子曰:"生之谓性。"

《告子上》:告子曰:"食色,性也。仁,内也,非外也;义,外也,非内也。"

告子曰:"性无善无不善也。"

孟子对"性无善无不善"的人性理论加以否定,而主张"性善",他说:"人性之善也,犹水之就下也。人无有不善,水无有不下。"

孟子曰:"乃若其情,则可以为善矣,乃所谓善也。若夫为不善,非才之罪也。恻隐之心,人皆有之;羞恶之心,人皆有之;恭敬之心,人皆有之;是非之心,人皆有之。恻隐之心,仁也;羞恶之心,义也;恭敬之心,礼也;是非之心,智也。仁义礼智,非由外铄我也,我固有之也,弗思耳矣。故曰,'求则得之,舍则失之。'或相倍蓰而无算者,不能尽其才者也。……"

孟子对人性有自己的理解,主张"性善"也有自己的解释:人天生的资质,可以使之为善,这就是他说的性善。人的这种内在本质,个人要自觉思索探求,才会充分发挥,实现为真正的善良。有些人发展为不善良,不能归罪于资质本性,那是另外有其他原因。

学术界对道家流派的一些研究,可供参考。

郭沫若有几篇文章:《稷下黄老学派之批判》、《先秦名辩思潮》、《宋钘尹文遗文考》等,都可参考。

侯外庐《中国思想通史》第一卷第315页认为宋尹学派就其思想本身而言,乃为稷下道家一个分支流派,其学术并无突出创新之处,然而它是一个重要环节,从它可以看到道家与儒、墨的关系。侯的说法可以同意。

道家在教育史中可以讲的不是老、庄,而是宋、尹等人,他们讲心理及道德修养,与儒、墨均有关,教育史若要提就提这些。道家的清心寡欲(见《内业》、《心术》)〔1〕,其影响极深。

战国百家争鸣,教育史便要展示其争鸣气氛,单提一家显不出气氛。《论六家要旨》所提的六家,除阴阳之外,其余五家均与教育有关,道家就以宋、尹为代表,名辩则以后期墨家为代表,法家则以韩非为代表。

四、孟子与墨家

(一)孟子批杨墨之道充塞仁义

《孟子·滕文公下》:"圣王不作,诸侯放恣,处士横议,杨朱、墨翟之言盈天下。天下之言不归杨,则归墨。杨氏为我,是无君也;墨氏兼爱,是无父也。无父无君,是禽兽也。……杨墨之道不息,孔子之道不著,是邪说诬民,充塞仁义也。仁义充塞,则率兽而食人,人将相食。吾为此惧,闲先圣之道,距杨墨,放淫辞,邪说者不得作。作于其心,害于其事;作于其事,害于其政。圣人复起,不易吾言矣。……无父无君,是周公所膺也。我亦欲正人心,息邪说,距诐行,放淫辞,以承三圣者;岂好辩哉?予不得已也。能言距杨墨者,圣人之徒也。"孟子将杨朱、墨翟并称,从人伦道德方面对他们进行尖锐批判。

(二)孟子批判墨者在节葬问题上理论与实践相矛盾

《孟子·滕文公上》:"墨者夷之因徐辟而求见孟子。……孟子曰:'吾今则可以见矣。不直,则道不见;我且直之。吾闻夷子墨者,墨之治丧也,以薄为其道也;夷子思以易天下,岂以为非是而不贵也;然而夷子葬其亲厚,则是以所贱事其亲也。'徐子以告夷子。夷子曰:'儒者之道,古之人若保赤子,此言何谓也?之则以为爱无差等,施由亲始。'徐子以告孟子。孟子曰:'夫夷子信以为人之亲其

---

〔1〕 即《管子·内业》、《管子·心术》。——编校者

兄之子为若亲其邻之赤子乎？彼有取尔也。赤子匍匐将入井，非赤子之罪也。且天之生物也，使之一本，而夷子二本故也。盖上世尝有不葬其亲者，……掩之诚是也，则孝子仁人之掩其亲，亦必有道矣。'"

（三）孟子主张"亲亲而仁民"不同意墨家主张"兼爱"的爱无差等

《孟子·尽心上》："孟子曰：'君子之于物也，爱之而弗仁；于民也，仁之而弗亲。亲亲而仁民，仁民而爱物。'"君子对万物、民众、亲人的关系有所不同，依不同对象采取适当的对待。君子亲爱亲人，因而仁爱民众；仁爱民众，因而爱护万物。由爱亲推广及人，由爱人推广及物，这与爱无差等显然有别。

（四）孟子批评墨子"兼爱"是执一而害道

《孟子·尽心上》："孟子曰：'杨子取为我，拔一毛而利天下，不为也。墨子兼爱，摩顶放踵利天下，为之。子莫执中。执中为近之。执中无权，犹执一也。所恶执一者，为其贼道也，举一而废百也。'"执着于一点，这就损害仁义之道，是举一而废百的行为，所以被人厌恶。

（五）孟子认为智者应知当务之急，仁者应急亲贤为务

《孟子·尽心上》："孟子曰：'知者无不知也，当务之为急；仁者无不爱也，急亲贤之为务。尧舜之知而不徧物，急先务也；尧舜之仁不徧爱人，急亲贤也。'"

在孟子看来，墨者虽有其主张，算不上智者仁者。

五、孟子与法家

（一）孟子在政治上主张以德服人的王道反对法家以力服人的霸道

《孟子·公孙丑上》："孟子曰：'以力假仁者霸，霸必有大国；以德行仁者王，王不待大，汤以七十里，文王以百里。以力服人者，非心服也，力不赡也；以德服人者，中心悦而诚服也，如七十子之服孔子也。《诗》云：自西自东，自南自北，无思不服。此之谓也。'"

（二）孟子认为加倍征赋者应受谴责，发动战争者该处死刑

《孟子·离娄上》："孟子曰：'求也为季氏宰，无能改于其德，而赋粟倍他日。

孔子曰：求非我徒也，小子鸣鼓而攻之可也。由此观之，君不行仁政而富之，皆弃于孔子者也，况于为之强战。争地以战，杀人盈野；争城以战，杀人盈城，此所谓率土地而食人肉，罪不容于死。故善战者服上刑，连诸侯者次之，辟草莱、任土地者次之。'"

六、孟子与农家

《孟子·滕文公上》："有为神农之言者许行，自楚之滕，……其徒数十人，皆衣褐，捆屦，织席以为食。……陈相见许行而大悦，尽弃其学而学焉。陈相见孟子，道许行之言曰：'滕君则诚贤君也；虽然，未闻其道也。贤者与民并耕而食，饔飧而治。今也滕有仓廪府库，则是厉民而以自养也，恶得贤？'"

许行是农家的人物，追随他的门徒数量也不少，他主张人人都应该种粮供自己吃饭，君民并耕而食，不必有脱离农业劳动的管理者。孟子针对他这种主张加以批判，认为人需要的生活资料生产资料，不能都由自己去生产制造，社会要进步，就需有各种职业的分工，相互交换产品以满足各人的多项需要。他特别强调劳心与劳力的分工，说了很重要的一段话，论述他的主张："然则治天下独耕且为与？有大人之事，有小人之事。且一人之身，而百工之所为备，如必自为而后用之，是率天下而路也。故曰，或劳心，或劳力；劳心者治人，劳力者治于人；治于人者食人，治人者食于人，天下之通义也。"[1]又曰："夫物之不齐，物之情也；或相蓰徙，或相什百，或相千万。子比而同之，是乱天下也。巨屦小屦同贾，人岂为之哉？从许子之道，相率而为伪者也，恶能治国家？"[2]从经济方面批评农家的主张行不通。

---

〔1〕〔2〕《孟子·滕文公上》。——编校者

《荀子》

（1961 年 10 月 12 日）

荀子姓荀氏，荀亦作"孙"，名况，字卿。

《史记·孟荀列传》："荀卿，赵人，年五十始来游学于齐，邹衍之术迂大而宏辩；奭也文具难施；淳于髡久与处，时有得善言。故齐人颂曰：'谈天衍，雕龙奭，炙毂过髡。'田骈之属皆已死，齐襄王时而荀卿最为老师。齐尚修列大夫之缺，而荀卿三为祭酒焉。齐人或谗荀卿，荀卿乃适楚，而春申君以为兰陵令。春申君死而荀卿废，因家兰陵。"只有寥寥数语，难知其详。而汪中的《荀卿子通论》和《荀卿子年表》言之较详。据年表，荀子活动在公元前 298—238 年之间。

刘向《别录》为《孙卿子》作《叙》，说明一些要点：孙卿赵人，名况；齐宣王之时，孙卿有秀才，年五十始来游学；善为《诗》、《礼》、《乐》、《春秋》；至齐襄王时最为老师，三为祭酒；由齐适楚，春申君以为兰陵令，后家兰陵；弟子有李斯、韩非、浮丘伯。

一、《荀子》书的校注与篇数

《荀子》一书是由汉刘向校，唐杨倞注。

刘向言："所校雠中，孙卿书凡三百二十二篇，以相校除复重二百九十篇，定著三十二篇，皆以定杀青，简书可缮写。"

杨倞序云："以文字繁多，故分旧十二卷三十篇为二十卷，又改《孙卿子新书》

为《荀卿子》,其篇第也颇有移易,使以类相从。"

自第 27 篇《大略》以下 6 篇(《大略》、《宥坐》、《子道》、《法行》、《哀公》、《尧问》),均认为是荀子学生的杂录。

《汉书·艺文志》称《荀卿子》33 篇。宋王应麟说是 32 篇,33 篇是写错,全书皆在。而后 6 篇,杨倞认为不能算数。

西汉无《荀子》在民间流传,只有中府秘藏,如《周礼》、《毛诗》一样,是刘向第一个拿出,而《礼记》则在西汉时已流传。

二、《荀子》与《礼记》的关系

现在先提出问题,至于详加说明要待在以后。

(一)汪中《荀卿子通论》称荀卿尤有功于诸经

乾嘉学者除研究经之外,还研究诸子,汪中是其中的一人。汪有才华,可惜早逝,著有《述学》,《荀卿子通论》是其中的一篇。

汪中认为"荀卿之学出于孔氏,而尤有功于诸经"[1]。此是他的新论点。

刘向仅言"荀子善《诗》、《书》、《礼》、《乐》"。在《荀子》书中,《诗》确引得多,而《礼》、《乐》也多谈。

而汪中认为《礼》、《春秋》也为荀子所传,"二戴礼记"也为荀子所传。

1. 东海兰陵孟卿,善为《礼》、《春秋》,授后苍、疏广。刘向叙云:兰陵多善为学,盖以孙卿也。

2. 长老至今称之,曰:兰陵人喜字为卿,盖以法孙卿也。

3. 二戴并传自孙卿。

4. 由是言之,曲台之礼,荀卿之支与流裔。

(二)《汉书·儒林传序》称汉兴传六艺,八大家分五类:

《易》:田生(田何)(淄川)

---

[1] 汪中:《述学·二》补遗《荀卿子通论》。——编校者

《书》：伏生（伏胜）（济南）

《诗》：申培公（鲁）

　　　　辕固生（齐）

　　　　韩太傅（韩婴）（燕）

《礼》：高堂生（鲁）

（关于礼要弄清高堂生与荀子，高堂生与后来孟卿的关系，才能说明汪中的问题。）

《春秋》：胡毋生（齐）

　　　　　董仲舒（赵）

此八人为汉初传经的第一代，一切今文经学由此出。

在此要着重说明，《诗》与《礼》的传授，与荀子有关。

1. 关于《诗》。《荀卿子通论》："刘向叙云：浮丘伯受业为名儒。《汉书·儒林传》：'申公，鲁人也。少与楚元王交，俱事齐人浮丘伯受《诗》……由是言之，《鲁》诗荀卿子之传也。'"申公是荀子的再传弟子。又"《韩》诗之存者，《外传》而已，其引荀卿子以说《诗》《书》四十有四，由是言之，韩《诗》荀卿子之别子也"。

2. 关于《礼》。《汉书·儒林传·高堂生传》：鲁高堂生传《士礼》（《仪礼》）十七篇，而鲁徐生善为颂。孝文帝时为礼官大夫，其弟子公户满意为礼官大夫。萧奋为淮阳太守。诸言《礼》为颂者由徐氏。萧奋传孟卿，孟卿授后仓、鲁闾丘卿。仓说《礼》数万言，号曰《后氏曲台记》。仓授沛闻人通汉、梁戴德、戴圣、沛庆普。由是《礼》有大戴、小戴、庆氏之学。高堂生的直接传授尚不明，但与徐氏同地，定然关系甚密。《礼》在汉的传授以徐氏为第一代算起，至后仓已五代，说《礼》数万言，而大小戴礼则传至今。

由此传授系统看来，汪中的结论实是捕风捉影。

接下考察《荀子》与《礼记》相同之篇。

《礼论》{《小戴礼记·礼三本》
　　　　{《小戴礼记·三年问》

《乐论》{《小戴礼记·乐记》
　　　　{《小戴礼记·乡饮酒义》

《法行》——《小戴礼记·聘义》

《劝学》——《小戴礼记·劝学》

《大略》——《大戴礼记·曾子立事》

《修身》

汪中考证:"《大戴礼记·曾子立事》篇,载《修身》、《大略》两篇文。《小戴礼·乐记》、《三年问》、《乡饮酒义》篇,载《礼论》、《乐论》篇文。"[1]

还有谢墉的考证,见于《荀子笺释序》:"小戴所传《三年问》全出于《礼论篇》,《乐记》、《乡饮酒义》所引,俱出《乐论篇》,《聘义》子贡问贵玉贱珉,亦与《法行篇》大同;大戴传《礼三本篇》,亦出《礼论篇》,《劝学篇》即《荀子》首篇,而以《宥坐篇》末见大水一则附之,《哀公问五义》出《哀公篇》之首,则知荀子所著,载在二戴记者尚多,而本书或反缺佚。"[2]

《荀子·乐论》,与《礼记·乐记》同的许多,而当中所插的话,都批判墨子。所抄的这些是《乐记》的乐化一段。而"吾观于乡而知王道之易易也"一段,则同于《乡饮酒义》。

《礼论》,首言礼之起源,《礼记》中无,而《史记》、《汉志》皆同。"礼有三本"同于《大戴礼记》的《礼三本》篇,但文字有不同。"三年之丧何也?""百王之所同,古今之所一也",同于《小戴礼记》的《三年问》。凡是谈到儒墨分别、批判墨子的,都是《礼记》所无的。

梁启超认为凡此皆当认为《礼记》采《荀子》,而不能说《荀子》采《礼记》。但《荀子》书也难保《荀子》之外的书渗入,因为《荀子》是汉初传写,刘向删去重复。而刘向以何种标准来辨别真伪,则未尝言也。而列表的几篇,他认为是《礼记》采《荀子》,《荀子》书在战国,而《礼记》成书在西汉。

但是《荀子》书确是出于《礼记》书之后,荀子人虽早,而书出则迟。

郭沫若则认为《荀子》书不是荀子写的,而是荀子的学生写的,或荀派的后学写的,《荀子》是采取《礼记》的。书非成于一时,文非出于一地。但荀子并不纯为

---

〔1〕 汪中:《述学·二》补遗《荀卿子通论》。——编校者

〔2〕 王先谦:《荀子集解》上册《考证》。——编校者

儒，而是吸收百家精华，倒像一位杂家。总汇百家，荀子实开其先河。他认为：《吕氏春秋》的思想是荀子的思想(详见《十批判书·吕不韦秦王政批判》)；汉的儒家是秦以后的儒家面貌，实是杂家，荀子开其先河。

说吕不韦是荀子的学生，无可依据，而与李斯关系密切，李斯在吕不韦属下，参与编《吕氏春秋》，李斯是荀子的学生，带有荀学的影响，乃理所当然。但说《吕氏春秋》以荀子思想为中心，此话过于肯定。

汪中《吕氏春秋序》(代毕沅作)云："《劝学》、《尊师》、《诬徒》、《善学》四篇，皆教学之方，与《学记》表里。《大乐》、《侈乐》、《适音》、《古乐》、《音律》、《音初》、《制乐》皆论乐，……凡此诸篇，则六艺之遗文也。"[1]此段言论较平允，不言谁先谁后，谁平于谁。

过去一般人对《吕氏春秋》，认为是杂家而不重视。现在都视为代表道家、法家的思想，保存了旧典遗文，颇为历史学家看重。实际上《吕氏春秋》以儒家为中心，而吸收了道、法、阴阳。郭氏认为秦以后儒家面貌已变，其论甚确，中心是儒家，是六艺，而渗有各家思想。

侯外庐论述宋钘甚为深透，宋钘影响荀子颇大，荀子批驳宋子而又吸收宋子。

三、《荀子》的校勘与注释

(一) 清乾嘉时，最先进行《荀子》校勘的是卢文弨和谢墉，此校本过去曾广为传播。

(二) 郝懿行作《荀子补注》，王念孙作《读书杂志》，俞樾作《诸子评议》与《古书疑义举例》，都有所考证。

(三) 王先谦作《荀子集解》，其优点在于集前人考证之大成，并有考证资料的编辑，极便于学者了解源流。

---

[1] 汪中：《述学·二》补遗《吕氏春秋代毕尚书作》。——编校者

《荀子》还有其他注本,可参看台州本《经籍仿古志二跋》及重刊台州本杨守敬跋。

王先谦未见日本的注本,故未能更广采摘。

(四)梁启雄作《荀子简释》在后,则采日本物茂卿、冢田虎、久保爱、豬饲彦博等人的校注。但梁启雄删考证,删解题,实是两个缺点。

荀子与先秦诸子的关系

(1961 年 10 月 17 日)

侯外庐称荀子是先秦诸子的综合者。[1]

唐韩愈在《读荀》一文中对儒家的代表人物有所评论,称"孟氏,醇乎醇者也。荀与扬也,大醇而小疵"[2]。在《原道》中又认为"荀与扬也,择焉而不精,语焉而不详"。如果比较孟子、荀子、扬雄三者的著作,《孟子》七篇实较单纯,《荀子》三十二篇则极复杂,扬的三部著作《法言》、《太玄》、《方言》范围更广。

一、荀子与儒家的关系

要找出代表人物,需根据一定的标准来衡量。如以思想主张特别突出且有历史贡献和对教育发生巨大影响这两点为标准进行衡量,仔细研究孟子的影响,这一时期是"六艺"的传授时期,孟子的影响就不如荀子。

汉代小学中只读《论语》、《孝经》而已,《孟子》、《尔雅》不读。《孟子》一书实际不传,到赵岐才做注释。《孟子》被汉人作为传,引用时不称"孟子曰",而称"传曰"。唐代韩愈特别推重《孟子》,杨绾请立博士。《孟子》受尊,实始于南宋,而只有元、明、清三朝始尊为经典。由于受宋人思想影响、受科举制的约束,士人竞读

---

[1] 侯外庐、赵纪彬等:《中国思想通史》第 1 卷第十五章《中国古代思想的综合者——唯物主义思想家荀子》,第 529—588 页。——编校者

[2] 韩愈:《韩昌黎全集》卷十一。——编校者

《孟子》,以为自古如此,实是不合历史实际。

《荀子》书到刘向时才编定,也未为汉人所读。

汉只重视传经,而其余则未要求必读。荀子与传经有关:《诗》的确是其弟子浮丘伯所传,《韩诗外传》有四十余处引用《荀子》,这从辑佚可证明。《荀子》书每篇都引《诗》,可见他是熟悉有研究。荀子的确传博士之学,而孟子与汉代经师无关而与后来的宋学有关。

如以对教育对政治的影响来说,孟子确实无什么影响,而荀子的弟子做宰相,对政治的影响大极了。当然《孟子》书中的井田主张、王霸之辩、讲动机不讲名利、可诛暴君,这些思想可以为统治者服务,但荀子的思想更符合当时社会的需要,他的思想中有法家思想,主要是儒法的混合。而法家思想也与道家有关,司马迁称"皆源于道德之义"。汉代经师都传法律,如董仲舒传《春秋决狱》几十篇,他的思想是儒、阴阳、法的混合,如能当权也必定制法。当时只有这种思想最适合于统治阶级,而孔子的办法,孟子的幻想,都是不切当时实用的。

秦朝依法治思想所创立的制度,就固定在汉朝的法制之中。荀子思想对政治产生的影响,是孟子比不上的。

荀子在思想上有其特出之处:

(一)唯物主义的天道观。道家虽提出天道观,但不如荀子唯物主义天道观那样先进和坚定。

(二)提出性恶论批判孟子性善论。荀子以人之性恶为出发点,而提出教育与政治的办法,他引导解决社会问题有一点方向和办法,孟子则不知引导到哪里去。

荀子对本性与习惯关系问题的主张,强调环境的影响、习惯的养成,不着重本性,而着重后天的文化教养。

荀子认为儿童周围环境的影响作用大,提出尊师亲友的新概念。尊师要以有师为条件,有师是"学在官府"破坏之后,民间私学兴起之后才会有的,故尊师是春秋之后战国的新问题。他在教育上主张有师术:"师术有四,而博习不与焉。

尊严而惮,可以为师;耆艾而信,可以为师;诵说而不陵不犯,可以为师;知微而论,可以为师。"[1]对教育之事态度严肃而有敬业精神,年长富有经验而令人信服,传授的内容有条理不凌乱而遵守师说,掌握的知识达于精微而皆合于伦理。

名辨的武器,也是方法,称为谈说之术,荀子《正名》论述名辨的意义和方法,认为名辨才能分清是非,辨不好就认为邪说该杀,从民主出发,以专制结束。荀子对诸子的责骂很厉害。韩非的《显学》尤甚,称儒家八派都是"愚诬之学,杂反之行",都应该受诛。

(三)提出礼法的关联。《荀子·劝学》:"学恶乎始?恶乎终?曰:其数则始乎诵经,终乎读礼;其义则始乎为士,终乎为圣人。……故《书》者,政事之纪也;《诗》者,中声之所止也;礼者,法之大分群类之纲纪也。故学至乎《礼》而止矣。夫是之谓道德之极。"荀子认为礼与法不是对立,礼是法的根本,作为法例的准则。礼法的提出,与上述一些观点相一贯。

二、荀子与各家的关系

(一)**总评诸子**

《非十二子》

《解蔽》

(二)**荀子与道家**

《非十二子》

《解蔽》

《正名》

《正论》

(三)**荀子与墨家**

《礼论》

---

[1]《荀子·致仕篇》。——编校者

《乐论》

《正名》

《解蔽》

(四)荀子与名家

《正名》

(五)荀子与法家

《富国》

《强国》

《王霸》

《议兵》等等。

《解蔽》所提的六子:"墨子蔽于用而不知文。宋子蔽于欲而不知得。慎子蔽于法而不知贤。申子蔽于执而不知知。惠子蔽于辞而不知实。庄子蔽于天而不知人。"此六子都是当时重要的学派。

《正论》因为评世俗之说,故未为研究者重视,然而此篇后两段谈及宋钘的"明见侮之不辱,使人不斗"。"人之情,欲寡,而皆以己之情,为多欲,是过也。"荀子评判宋钘这两个论点是错误的,值得加以注意。

三、《荀子》考证的问题

(一)《非十二子》

对此篇历来议论较多。一说:此篇非子思、孟轲的言论靠不住,只非十子。宋王应麟在《困学纪闻》中提出此说。他根据《韩诗外传》中引用此篇称为"非十子",而无非子思一段,认为《韩诗外传》靠得住,子思一段是汉末之人加上的。

二说:清陈澧在《东塾读书记》中为攻击荀子,认为《非十二子》主要是要非子思、孟子,其他人只是陪衬而已,不关重要。

三说:《四库全书总目提要》为之折中,"平心而论,卿之学源出孔门,在诸子之中最为近正,是其所长。主持太甚,词义或至于过当,是其所短。"把非子思、孟轲仅视为言辞过当而已。

三说如比较研究起来,王应麟的说法有道理,对子思,荀子只有在此处提到,别篇再也没有提到,对孟子再提到也极少,内证只有如此。本书之外,别人评孟子极多,但未引荀子评孟子之言。另者,又有人认为《礼记》中有很多篇与荀子有关,文句相同很多,而《礼记》就讲五行,既评子思、孟子谈五行,为何自己也涉及五行?《礼记》是渗入阴阳家思想,人皆认为《礼记》乃荀子所传,而未认为是孟子所传。看来王应麟之说有据,若要加以否定,则应证明《韩诗外传》漏掉一段。

(二)解蔽

过去对《解蔽》篇的理论意义认识不深。章炳麟于《国故论衡》中发表《明见》,在学术上影响很大。他用唯识论来解释《解蔽》,发表《明见》以说明各家之见。

其次,是用宋尹学说来解释,揭露其历史源流,侯外庐、郭沫若都是藉此线索为途径,来分析问题。

(三)《正名》

章炳麟的《原名》,第一次把《正名》与《墨经》同时提出作为古代的逻辑思想,用印度的因明和亚里士多德的形式逻辑来解析,做得成功,影响了梁启超和胡适,后来胡适写了《中国逻辑思想》在世界上影响颇大。

郭沫若对墨子、荀子的评价都不好,但对荀子的某几点,如法术问题的评价,极值得注意。可是这两文对逻辑问题总未提及,荀子的逻辑思想在儒家中是很难得的,应当给予适当的评价,这一缺憾,侯外庐作了弥补。

(四)《成相》

这是一篇韵文,有如弹词,过去都作为乐词看待。据《汉书·艺文志》所载:荀子有《成相》杂词。列于赋类之中,可能是由此来的。

侯外庐认为此篇是《荀子》全书的纲领(《中国思想通史》第 1 卷第 577 页),有 56 章。

郝懿行《与王引之伯申侍郎论孙卿书》,谈及此篇:"发愤著书,其旨归意趣,尽在《成相》一篇,而托之瞽矇之词,以避患也。"[1]

(五)《仲尼》、《君道》、《臣道》、《致士》、《君子》、《赋篇》等六篇

很多人认为此六篇无关重要,可以删去。

《致士》前一段为"进良"之术,而后一段为师术,提出四点。

(六)《大略》以下六篇

杨倞认为此六篇非荀子亲笔,其实其他各篇也未必皆是亲笔。此六篇未可全删,尚有可注意之处。

《大略》篇,原无题,故称《大略》,大多为格言,多出《礼记》。

《宥坐》、《子道》、《法行》、《哀公》,此四篇如论语,是当时的一些传说,与《礼记》及《孔子家语》相重,尤其是与《礼记》重复最多,与《论语》则未有重复。

《尧问》最后一段非常混乱,是弟子为荀卿不遇时鸣不平之辞。

(七)刘向校书录

其后有一段话评述荀子,西汉时与孟卿并称,刘向实反映当时的看法。

刘向尊董仲舒,两者在思想上有联系。

《荀子》书是儒法合流,王霸一体,适合于秦以来的王政。

---

[1] 王先谦:《荀子集解》上册《考证》。——编校者

《礼记》

(1961 年 10 月 19 日)

一、《礼记》的原材料、时代及编纂

《礼记》、《春秋》与《论语》、《孟子》、《孝经》的性质不同,倒不在于它是称"经",而在于它是最原始的材料,是儒家之源,博士之学没有比这更高的,所有当时的学术一齐包括在内,学者一时不可能全都懂得。

《四库全书总目》的《礼记》提要,从《隋书·经籍志》讲起,因为《汉书·艺文志》没有毛病,而《隋书·经籍志》则大有毛病,提要的文章则以批驳《隋书·经籍志》为中心。

据《隋书·经籍志》云:河间献王得仲尼弟子及后学者所记一百三十一篇,献于朝廷。至刘向考校经籍,检得一百三十篇,又得五种书,合二百十四篇。戴德删其烦重,合为八十五篇,戴圣又删戴德之书为四十六篇,马融又增加三篇,成为四十九篇。这段话存在毛病:(一)刘向在后,戴德、戴圣在前,说二戴在前而删后人编的书,明显说的不对;(二)小戴又删大戴;(三)马融又加三篇。其说不知所本。提要作了批驳:(一)据《汉书·桥元传》云:戴圣传桥仁(即梁人桥季卿),仁著《礼记章句》四十九篇。其实已称四十九篇,无四十六篇之说。(二)《郑目录》引刘向《别录》,三篇皆《别录》已有。(三)郑玄为马融弟子,未云三篇为马氏所增。结论:"知今四十九篇实戴圣之原书,《隋志》误也。"故可说《礼记》原材料计有六种,而武帝、宣帝时,戴圣始编定为今《礼记》,其所本的材料实是古之官书。

《礼记》的特点是:(一)把内容复杂范围广泛的古籍汇编成丛书,各篇可独立视为一部著作。(二)材料保存了孔子以后汉儒以前的旧典籍,其中有131篇是《仪礼》的传记,这才是真正的《礼记》。(三)此部书无今古文的争执,是戴圣的原本。

汉代的经书有今文与古文之分。古文有两经——《尚书》、《周礼》,两传——《毛诗》、《左传》。《周礼》只有在王莽时的几年有争论,王莽失败之后,《周礼》即结束争论,直到郑玄时才要大注《周礼》。两传原经并无不同。所谓今古文之争,不是经文,乃是经说,关键的问题是每一派的经说要不要立于学官。古文几部,教育史不一定都引用,但《左传》因为有历史记载,故可引用。

《礼记》不牵涉到今古文的争论,但《礼记》的解说,还是有今古文之争论。郑玄注《礼记》是混合今古文之注,而以今古文注为主。廖平说《礼记》的注,有的专是今文,有的专是古文,有的全是今古混合。

二、内容的分类

《四库总目提要》所提刘向《别录》,已把《礼记》各篇分类。

(一)依刘向的分类

1. 通论:《檀弓上》、《檀弓下》、《礼运》、《玉藻》、《大传》、《学记》、《经解》、《哀公问》、《仲尼燕居》、《孔子闲居》、《坊记》、《中庸》、《表记》、《缁衣》、《儒行》、《大学》等16篇。

2. 制度:《曲礼上》、《曲礼下》、《王制》、《礼器》、《少仪》、《深衣》等6篇。

3. 丧服:《曾子问》、《丧服小记》、《杂记》、《丧大祀》、《丧服大记》、《奔丧》、《问丧》、《服问》、《问传》、《三年问》、《丧服四制》等11篇。

4. 祭祀:《郊特牲》、《祭义》、《祭统》、《祭法》等4篇。

5. 吉礼:《冠义》、《昏义》、《乡饮酒义》、《射义》、《燕义》、《聘义》、《投壶》等7篇。

6. 世子法：《文王世子》、《内则》等 2 篇。

7. 明堂：《明堂位》、《月令》等 2 篇。

8. 乐记：《乐记》1 篇。

共分八类，第一类篇数最多，而仪礼在三、四、五类。仪礼包含冠、昏、丧、祭、乡、射、燕、聘等八方面，而重点在丧与祭两项，特别是丧，丧分五服。

范文澜说：《仪礼》十七篇中，《丧服》篇最重要，只有此篇有子夏之传，封建制度的尊尊、长长、亲亲、男女之别，在此表现得最具体最清楚。《丧服》是《仪礼》的中心，也是《礼记》的中心，解释此问题的有十一篇，占全书的四分之一。[1]

"世子法"是讲对太子的教育法。

（二）依材料的来源来分类（原则是要简化，又要合逻辑）

1. 礼记：等于刘向分类的第二、三、四、五、六类。

2. 乐记：等于刘向分类的第八类。

3. 明堂、制度：等于刘向分类的第七、二类。

4. 外记：等于刘向分类的第一类。

过去一般人都把通论看为《礼记》的主要部分，而其实这不是《仪礼》的传记，真正《仪礼》的传记不是这部分，故称它为外记。真正《仪礼》的传记是二、三、四、五、六。《乐记》现存一篇，实际包含十一篇，篇名俱在。

《月令篇》读讲

《月令篇》写作的特点是按月分段，共十二段。所记的事极广泛，首记天文、甲子，然后及于四季变化、动植物变化及人的活动安排。五音：宫、商、角、徵（音子）、羽。十二律：黄钟、太簇、姑洗、蕤宾、夷则、无射、大吕、夹钟、钟吕、林钟、南吕、应钟。

随季节变化的不同，有动物、植物的活动变化。

王者每月朔日要"听朔"，不同季节要居住在不同的宫殿内，行礼也是在不同

---

[1] 范文澜：《中国通史简编》（修订本第一辑），第 215 页。——编校者

的宫殿进行。

明堂与路寝的建筑有点相似。

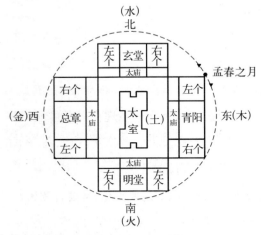

此为王国维的画法,别家的画法可能不同,但内容相同。

一年四季有阴阳冷热的变化,随着四季的变化,居住的地方要有移动,这个变化运行是与五行相配的。按五行相生之序,木、火、土、金、水,而变化转移,王者的建筑是要按这种哲学理论来建筑配备,有此条件,所以"先王月异居而听朔布政焉"。开始是天时,结束是天人合一。

《月令》所记的是每月应当做的,应当发布的政令和措施,可说是经验之总结。凡国之大政,按季节与五行,来作全面的安排。

明了王宫建筑的布局,对于五学的设置也就不难了解。王宫有围墙,墙的东西南北各有门,东与南称门,西与北称闱,所谓门闱之学或门塾,就是设在门闱之旁。小学在公宫南之左,大学在郊。大学的建制,大概不专为教学之用。

《曲礼篇》读讲

不能全篇逐句逐段地讲,只能提一下有重要问题的那些段说一说。

一、《曲礼下》："天子建天官,先六大,曰:大宰、大宗、大史、大祝、大士、大卜,典司六典。……天子之六工曰:……典制六材。"

此段材料与《周礼》不同,郑玄注此段就直认为是殷代之制,故与《周礼》不合,这是他贯彻其原则的体现。古文派认为《周礼》是周公所作,《周礼》记载着周公所制订的西周制度,他们以周公为主,也就以《周礼》为主。今文派认为古之官制在《礼记》,而古文派不限于此,他们欲贯通四朝,加以分别。

二、《曲礼下》："国君春田不围泽,大夫不掩群,士不取麛卵。岁凶年谷不登,君膳不祭肺,马不食谷,驰道不除,祭事不悬,大夫不食粱,士饮酒不乐。……"

"礼也者,理也,理之不可易者也。"

如果打猎围捕,杀幼兽,后果不好,故不合古礼,违理也。

郑玄注打猎此段,认为是夏之制。

凶年不杀牲,表示忧民之忧。

举上述两例,可以说明郑玄的注法,这也是乾嘉学者跟郑玄走的致命伤。

三、《曲礼上》："礼不下庶人,刑不上大夫。"

此话别处未见,唯见于此。

一般的解释,认为礼是阶级制,只适用于贵族,礼不能要求达于庶人。郑玄注云:"为其遽于事,且不能备物。"又云:"不与贤者犯法,其犯法则在八议轻重,不在刑书。"庶人有劳作之事,无暇于这些繁琐之礼,而且也无礼器,不可能行礼。士以上为贤者,不知法不犯刑,若犯法则有八议。孔颖达疏云:"刑不上大夫者,制五刑三千之科条,不设大夫犯罪之目也。所以然者,大夫必用有德,若逆设其刑,则是君不知贤也。"礼不下庶人,非庶人皆不要礼。疏引张逸云:"非是都不行礼也,……其有事则假士礼行之。"刑不上大夫,非大夫皆不受刑,若犯罪,"其有罪则以八议议其轻重耳"。现一般人不按此注解释,而把礼作为阶级性表现。

四、《曲礼上》："凡为长者粪之礼,必加帚于箕上,以袂拘而退,其尘不及长者,以箕自乡而扱之……"

这段是谈为弟子者为长者做日常的清洁工作。

　　此段文章的内容,《管子》的《弟子职》也有,而内容更完整,文字也整齐。两书虽不同,然由其内容一致来说,其来源是一个的。

　　五、《曲礼上》:"敖不可长,欲不可从,志不可满,乐不可极。"

　　"夫礼者所以定亲疏,决嫌疑,别同异,明是非也。"

　　"道德仁义,非礼不成;教训正俗,非礼不备;……是故圣人,作为礼,以教人,使人以有礼,知自别于禽兽。"

　　读此段,就了解孟子是根据古礼来非难墨子,不读礼就不能别于禽兽,故曰,"无父无君是禽兽也。"〔1〕

　　《礼记》的《檀弓》、《表记》、《儒行》、《礼运》、《乐记》等篇,都有有关教育的内容,应该读一读。

〔1〕《孟子·滕文公下》。——编校者

《礼记》（续）
（1961 年 10 月 24 日）

三、儒家思想的反映

（一）制度与思想

过去大家都把理论的部分作为《礼记》的主要东西,这不对,主要应该是在制度。

《礼记》是大丛书,是儒家思想的总汇,集中反映儒家的思想。梁启超认为是不可不读之书,同时又是不可全读之书。

《礼记》中的理论,都是在谈具体的礼中谈出来的。《礼记》是《仪礼》的传,古礼当然不只《仪礼》17 篇,其中主要是冠、昏、丧、祭、乡、燕,同时也包括宫室、车马、衣服、饮食等,小节也包括在内,而更扩大,则包括政治、教化、封禅、娱乐(田猎),故礼书又称为政书,《通典》、《通志》都如此。

《礼记》的特点是无今古文之争,这种说法应当加以补充说明。《礼记》不仅是《仪礼》的传,除此之外,还包括旧典遗文。

西汉在发现《古文尚书》时,又发现了 39 篇《逸礼》,但那时也未立于学官。刘歆争《左传》、《毛传》、《逸礼》、《古文尚书》立学官,平帝时,曾立学官,后又废。但据说现《礼记》中的《投壶》、《奔丧》两篇是逸礼之遗文。现在《逸礼》已经没有了,除了这两篇之外。

范文澜认为《礼记》的《丧服》等篇,最足以表示宗法制度,作为史料看很有意义。[1]

对于教育史来说,《礼记》中有几样的制度有关。

1．原始宗教:《祭法》、《祭义》等篇是最好的说明材料。

2．小学:《曲礼》、《内则》、《少仪》等篇,朱熹认为是古代的小学,把它编为小学一书并加注,此说法不足为据。

3．大学明堂。

4．乡学:《乡饮酒》、《乡射》等,可见乡学的活动。

所以对于《学记》不要单看理论部分,还要看制度的有关部分。

(二) 孔子的言行

在《礼记》中孔子的思想相当突出,是对《论语》中的记载作了补充,《礼记》比较《论语》,记载较详,语句较长,丰富生动。

《孔子家语》据说是古文家王肃伪造的,已有定论,此书不能用,就缺少材料,只有用《礼记》补充。《礼记》中的《檀弓》、《孔子燕居》、《孔子闲居》、《哀公问》、《表记》、《缁衣》、《儒行》等,都是孔子的言行录。

孔子的言行,主要在《论语》、《礼记》,但不限于此。《左传》也有关于孔子言行的记载,其他的子书如《荀子》、《吕氏春秋》、《淮南子》都记载着孔子的话。

对《庄子》书中所记的孔子话,一般则认为不可靠而不引。庄子曾自言"寓言十九,重言十七,卮言日出"[2]。寓言是借其他事物来说话,重言是引用前人或他人之言以为重,未必为真,而真正自己说的话也是日新月异。因他自说如此,大家都认为靠不住。

纬书中有"孔子志在《春秋》,行在《孝经》"[3]这样至关重要的话,一般也不用。

总之,谈孔子而引用其话,不能以《论语》为限。如"知我者其惟《春秋》乎!罪我者其惟《春秋》乎!"[4]见于《孟子》,而为大家引用,这是可以补充的。七十

---

[1] 范文澜:《中国通史简编》(修订本第一辑),第 215—216 页。——编校者
[2] 《庄子·寓言》。——编校者
[3] 《孝经援神契》。——编校者
[4] 《孟子·滕文公下》。——编校者

子所记当然不只《论语》二十篇,《礼记》中的有关篇当也是其弟子或再传、三传弟子所记,可引用。

(三) 诸子的著述

1. 子思:《汉书·艺文志》有《子思子》23 篇,而现在只有在《礼记》中有《中庸》一篇,而沈约考证则认为除《中庸》之外还有《坊记》、《表记》、《缁衣》。《表记》与教育甚有关。

2. 公孙尼子:其书已亡,现存只有《乐记》11 篇,但是否即《汉志》的《公孙尼子》之书尚难说。

3. 荀子:《荀子》书与《礼记》交叉最多。

4.《吕氏春秋》:严格说来非儒家,其《月令》一篇被认为是吕不韦所为,除此外,难保证没有诸子之作汇综在内。

古书的形成都经一样的过程,"最初只有口传,后始著有竹帛"。帛是缯帛,极贵重,著于竹帛是到汉宣帝时才有,在公元前 100 年,这离诸子之时已远,原来书少,又经秦之焚书,各次的迁移,又有损失,而且也有书简坏脱之可能,所以保存很困难,而传授过程也存在有错乱的可能,难免有别家的思想混杂在其中。

四、《仪礼》、《礼记》——《周礼》

《礼记》全是今文,且是小戴(戴圣)所编原本,但经说还是有今古文的分歧。

古文《周礼》的出现而影响了《礼记》,使之也要分今古文,故说明《礼记》与《周礼》的关系很重要。现在的《礼记》注是郑玄所为,郑玄就依据《周礼》来解释《礼记》的。

《周礼》原称《周官》,是记载官制的,称《周礼》已不通,而合《仪礼》、《礼记》称"三礼"更不通,郑玄就是专于"三礼学"。

《礼记》的作者和年代已不必再交代,而《仪礼》、《周礼》则需要作一说明。

《仪礼》是今文,真假亦无问题,但作者是谁,则有两种理论。

今文家以为《仪礼》是孔子所作,起码是孔子手订。这与我们现在的看法大有出入,我们最多认为是孔子编定。今文家之证据引自《礼记》中的《檀弓》篇:"哀公使孺悲之孔子学士丧礼,士丧礼于是乎书。"这17篇就著于书。17篇并非全是古礼,而是有孔子的个人主张渗在其中,如三年丧,《论语》中孔子与宰我就有辩论,如果是周之旧礼,已是社会通行的则无需辩论了。

古文家则认为《仪礼》是周公所作,周朝的制礼作乐是始于周公,一定是西周太平时所产生的,这些古文献保存至春秋时,孔子加以整理编定,周公所作而孔子所述,孔子的地位远不如周公,两者前后相差七百年。按我们的想法,经书到汉朝才写定,相差要千余年。

对于《周礼》,今文家则根本否定。贾公彦的《周礼正义序》即说:此书出于西汉刘歆之时,而成于郑玄,与郑玄争辩的有林存孝、何休,两人都认为《周礼》书是假的,何休认为是战国时阴谋之书,为托古改制而作,唯郑康成认为是周公致太平之迹,是周公所作。

我们认为三部书是各自独立,一部书中的各篇也是各相独立,要并成一家,打成一片,这是郑玄的功劳,也是他最大的错误。

(一)郑玄的三礼学

郑玄认为《周礼》乃周公所作,它包括西周整个政治制度在内,最为重要;而《仪礼》则只是关于部分的丧礼,列于次要;《礼记》则是其传,居于更次位置。此种看法,引起三个问题,影响两千年的读者,既得其助,也受其累。

郑玄把三部书作了综合比较,凡与《周礼》记载不合的,他就做许多解释。如《礼记·王制》说侯国百里,而《周礼》说侯国五百里,两者不合,他认为都有道理,因《周礼》是讲周朝的事,而《王制》是讲前代的事(有时又称为后代的事)。这种比较,若有注明出处,则便于后来学者查考,可惜注出处的极少,使后人感到混乱不清。而他这种三礼会通的思想,是渗透全部注释。他不仅要打破三礼界线,而且还要打破今古文的界线,所以造成今日不能了解何者为今文之说,何者为古文之说,而在今文又属何家之说,全都搞不清。

《周礼》书出在最后,而郑玄则要以《周礼》为准绳进行折中调和,或附会曲解,在某种意义上,他的研究法是综合比较,是进步的方法,这才能看出事情的全貌,但材料的来源是有矛盾的,不能会通的东西,要强通其所难通,结果还是不能通。

乾嘉学者墨守郑玄之说,尽管他们的条件比郑玄有利几倍,但他们的考证有一半落空,这是郑玄给两千余年学者所带来的困难和问题。

(二) 今文与古文

今文与古文,不仅是今古字不同的问题,而且从文字的不同引起学术上政治上的问题,这关系就太大了。我们所关心的是这两派对于学术和政治的看法。

1. 学术上的看法

(1) 口述与传记(书本):西汉的经师看重口述,不重书本,而东汉的马、郑则看重书本。

重口述是很自然的,先有口述,而后有书本,最初只能口述。今文家认为古代无书,旧的典章制度是一代代口传下来的。古文家则认为今文家的看法保守,是为了保护他们原有的既得利益,对于后来新发现的材料就不要。刘歆的《移书让太常博士书》就表现了这种思想,对今文家提出批判,其主要论点:一、烦言碎辞,信口说而背传记,是末师而非往古;二、抱残守阙,挟恐见破之私意,而无从善服义之公心。刘歆的批评是有些道理的,他还说"与其过而废之也,宁过而立之"〔1〕。在未能确定真伪之前,还是以保存而犯错误好些,不要废而犯错。用今日的话说来,就是批判今文学家的宗派主义,不要排斥异己。

而今文学家也有些坚持口述可信的道理,这些看法有二:六经是孔子之学,而非周公所作;孔子之学不在书,而在口传之中。此言常人难于领会,今文家认为有其原因:一、道理是说不完写不尽的,不在书中的东西远超过于书中所写的东西,若限于以书为全部,则是以偏概全。二、孔子的思想是不好写出的,人不能写出的东西是很多的,因为有些写出来要犯罪,孔子作《春秋》之意自己不写,后人仅是听公羊高、左丘明等人所说。《汉书·艺文志》:"《春秋》所贬损大人当世君臣,有权威势力,其事实皆形于传。是所隐其书而不宣,所以免时难也。"孔

---

〔1〕 刘歆:《移书让太常博士书》。——编校者

子作《春秋》而乱臣贼子惧,而所贬损及其时之君臣,不便公开写,而记于传,隐其书不能宣,为的是避免当时有势力者之阻难,所以有些东西都是口传。

今文家也认为口传不能没有错误,而增损、详略不能免,故有各家之说,因此各守家法,各保其系统,本来是分歧的,而要统一各家,选择各说而写下,这倒片面化而取消家法。口传有分歧出入不否认,其中有真,而古文家要定于书,则出于强为。

(2) 微言大义与章句训诂:第一点就牵涉到第二点,口述重在义理,而传记则重在训诂。

微言大义与章句训诂是学术的目的问题。古文家以为目的在于了解过去的名物制度,今文家认为此既非孔子之目的,也非今日做学问的目的。孔子就说,夏礼、殷礼在杞、宋都不足徵,"文献不足故也"。孔子也不懂周之礼,所以问礼于老聃,入太庙每事问。所以不能求学古代的制度,而只能学孔子的经验、态度,对于礼的微言大义。微言大义不能由看书得到,而要由口传,要师说。汉武帝以为《尚书》无学头,没有什么学习价值,但经倪宽博士一讲解,才了解其中有深远奥妙的意义。[1] 今文家就是要依口说去阐发其中的大义。

2. 政治上的看法

(1) 法与文:"法"也就是今日所说的原则、法则。今文家既要求其大义,就要求法,博士要传法而非传文,法是为了用,要用之于实际生活,西汉的经师都有此抱负。如"《禹贡》治河,《春秋》断狱",就不是重复历史,而是要掌握其精神实质的法则。乾嘉的学者就是违反此精神,故龚自珍、康有为反对他们完全脱离实际。

若作为文史资料,当然越多越好。但不是作为文史资料,而是法则之所存,文只是工具,今文家要求通经致用。

(2) 变革与因袭:经典中多处论述变革的思想。

《乐记》:"五帝殊时,不相沿乐,三王异世,不相袭礼。"

---

[1] 班固:《汉书·公孙弘卜式倪宽传》。——编校者

《礼器》:"礼时为大,顺次之,体次之,宜次之,称次之,尧授舜,舜授禹,汤放桀,武王伐纣,时也。"

《论语》:"殷因于夏礼,所损益可知也;周因于殷礼,所损益可知也。"[1]

今文家认为礼是要变的,而只有法则不变。

《礼运》:"昔者先王,未有宫室,冬则居营窟,夏则居橧巢;未有火化,食草木之实,鸟兽之肉,饮其血,茹其毛,去麻丝,衣其羽皮。后圣有作,然后修火之利,范金合土,以为台榭宫室牖户,以炮以燔,以烹以炙,以为醴酪,治其麻丝,以为布帛,以养生送死,以事鬼神上帝,皆从其朔。"

《乐记》:"乐也者,情之不可变者也;礼也者,理之不可易者也。乐统同,礼辨异,礼乐之说,管乎人情矣。"

《檀弓下》:"有子与子游立,……品节斯,斯之谓礼……"

变化是不可免的,求法则就是要去了解控制变化的法则,其所谓变是环环的变。古人受自然界日月出入与四时交替的启示,所以他们总是要讲阴阳五行的道理,认为这是规律。

《礼运》:"故人者,天地之心也,五行之端也。"

"是故夫礼,必本于大一,分而为天地,转而为阴阳,变而为四时,列而为鬼神,其降曰命,其官于天地。"

读此段可知董仲舒的"天不变道亦不变"之说,他说:"继治世者其道同,继乱世者其道变。"[2]最终还是主张有变。

郑玄之学称为"三礼学",此名不通,但自郑玄起至以后,此三部书只有郑注为古文家之精华,宋人不采取这一套而另辟一途,然而还要吸收郑注,宋学近于今文,然不同于今文,故除今古之争外,尚有汉宋之争。

林则徐《礼记训纂序》说:"不薄今而爱古,不别户而分门。"这是朱彬的研究态度,他不菲薄今人的考证,也不完全相信古人的注疏,不分门户而采其当。

十三经之中,只有公羊及谷梁是今文,其余全是古文。而今文家的传,也只

---

[1] 《论语·为政》。——编校者
[2] 董仲舒:《对贤良策》。——编校者

有《尚书大传》、《韩诗外传》、《春秋繁露》等三部，《春秋繁露》已残缺不全，也不纯粹。

因古文兴起，而今文渐失传，此其一；又《春秋》存孔子之志，此其二，故董仲舒的《春秋繁露》地位很高。对我们的研究来说，除此外也无别书，故意义也大。汉人以为孔子之后就无人传其学，只有董仲舒传其学，传六经者虽另有博士，如胡毋生等，但威望没有董仲舒高。《论语》："文王既没，文不在兹乎！"[1]而汉人则说："文王之文在孔子，孔子之文在仲舒"，这是王充在《超奇篇》所说的，代表汉人的见解。在汉人心目中是文王、孔子、董仲舒。王充在《论衡》中累次提及董仲舒，而其本身不算儒家系统，故其意见则值重视。刘向在《荀子叙录》中除提孟、荀之外，还提董仲舒，称三人为孔子之后的大儒。把董仲舒称作为西汉儒家的代表，这是符合历史实际的，今古文问题是贯彻全部经学的问题。

五、礼注与礼图

郑玄注三礼，把今古文混在一起，故不说算是礼注。乾嘉恢复郑注。《四库全书总目提要》指出是参照宋卫湜、元陈澔的《礼记集注》来注释的，认为这些是不能超过郑注孔疏。

如果重印十三经，一定要采用考证最新成果新注疏。其他经皆有新疏，当然其考证注释比前人更繁。在礼方面有胡培翚的《仪礼正义》、孙诒让的《周礼正义》，而《礼记》则无。其原因是：（一）《仪礼》之传，只要探求本源，故古文家不再来做它的工作。（二）因无今古文之争，不必发挥考证家的作用。（三）他们墨守郑玄，而郑玄已把古今打通，要做注也做不出纯粹某派的注疏来。朱彬的《礼记训纂》是一本简明的读本，已吸收了乾嘉研究的某些成果，所以在考证上无助。乾嘉之时，在《礼记》的考证上无所发展。

乾嘉发展了礼图。最先是戴震的《考工记图》，后来有张惠言的《仪礼图》，阮

---

[1]《论语·子罕》。——编校者

元的《群经宫室图》,这是整部的图,而专题的图则有《乡党图》、《尔雅图》,其数甚多。

礼图之说起于郑玄,但郑氏礼图已佚失,后人不得见。除郑玄之外,还有别家之作,《三礼图叙》中有所介绍。

五代聂崇义,河南洛阳人,在周世宗时就搜集了许多材料,作《三礼图》,至宋太祖时献上,奉令颁于学宫,画在国子监宣圣殿,聂被任为博士。《宋史·儒林传》第一人就是聂崇义。

但宋朝的礼学家皆认为聂崇义仅凭书本而少见闻,他的《三礼图》不可靠,指出许多不正确之处,故宋帝令废壁画。

清康熙时重印《三礼图》原书,在其序言中说明根据六种古图。故康熙刻本序说:"窦学士俨序,称其博采旧图,凡得六本,则实源于梁(正)郑阮(谌)夏侯(伏明)诸家之言,而非出于臆说。礼图之近古者,莫是书若也。"

礼图溯其渊源,不能不提到聂崇义,无此资料之积累,乾嘉学者则不能获得如此成就。

《乡饮酒义》读讲

选读《乡饮酒义》这篇为例,有其原因:一、其他篇所讲的都是贵族天子、诸侯之礼,而此篇讲的是乡礼,取其比较接近人民。二、《乡饮酒义》也是《荀子·礼论》中的一部分,在古礼的研究上甚被重视。三、从教育史的角度来看,此篇讲的是乡学,过去的资料对乡学的说明很不够,需要尽可能弥补。

一、关于制度方面

先要把有关的名物训诂讲清楚,才能讲制度。

词目:(一)宫室　庠、门、阶、阼、堂、户、房、荣(檐)

　　　(二)器具　尊、爵、觯、俎、豆、瑟、笙、洗

（三）饮食　玄酒、羞、狗、肺、醢、齑

（四）人物　主人、傧、众宾、介、司正、乐正、工、笙

（五）动作　宾至、主迎、拜、揖、让、升、立、坐、盥洗、酳、献、酬、酢、扬
　　　　　　觯、啐酒、卒觯、脱屦、升坐、修爵、歌、笙、合乐、宾降、
　　　　　　主送

（六）音乐　工歌三终（鹿鸣、四牡、皇皇者华）
　　　　　　笙歌三终（南陔、白华、华黍）
　　　　　　间歌三终（鱼丽、由庚、南有嘉鱼、崇丘、南山有台、由仪）
　　　　　　合乐（周南、召南选）

按以上分类的词，需要作一些说明，才能让现代的人理解。

1. 庠，是一个整个的建筑物。庠有门，其阶分东西，堂就是前面的大厅，堂后面隔为几间，称为房室。

2. 尊，壶。爵，杯。觯，牛角做成的酒杯。俎，放肉的架。豆，木质有脚的盘。俎豆，就是食器。瑟，弦器乐，可敲打。笙，竹器乐。洗，装水的器具，供洗手用。

3. 玄酒，黄酒。羞，食物。醢，成块的肉。齑，碎肉。

4. 傧，招待员，帮助主人。介，招待员，帮助宾客。司正，就是司仪。乐正，乐队的指挥。工四人，其中两人唱歌，两人鼓瑟。笙四人，四人吹笙合奏。

5. 宾至主迎，宾与众宾至，作为主人的乡大夫要至门外迎接。拜，拱手；又称鞠躬至地。揖，拱手。升，登阶入堂，宾坐堂上。立，众宾立于阶下。酳，倒酒。酬，主人劝酒。酢，宾客答主人。扬觯，举杯。啐酒，尝酒，做一下样子。卒觯，干杯。升坐，进堂席地而坐。修爵，随便饮酒。合乐，合奏。宾降，宾退出。

6. 乐歌在乡饮礼仪中列举最详，这里所举与《诗经》一致。此处主要不是讲细节，而是讲其意义。

工歌三首，歌词都在《诗经》，现举《鹿鸣》一首：呦呦鹿鸣，食野之苹。我有嘉宾，鼓瑟吹笙。吹笙鼓簧，承筐是将。人之好我，示我周行。……（《鹿鸣》三章八句）

笙歌三首,这三首歌词已无存,但其歌的注释在《诗经》中还有。

间歌有三终:唱《鱼丽》,吹《由庚》,唱《南有嘉鱼》,吹《崇丘》,唱《南山有台》,吹《由仪》。唱的歌词还在《诗经》,吹的曲调已经无存。现举《南山有台》一首:"南山有台,北山有莱,乐只君子,邦家之基,乐只君子,万寿无期。南山有桑,北山有杨,乐只君子,邦家之光,乐只君子,万寿无疆。"

清张惠言《仪礼图》中有乡饮酒礼图示,可参考。

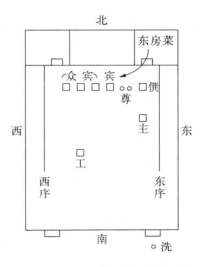

入堂,主由东阶,宾由西阶,众宾立于阶下。设几,席地而坐。在宾主之间,置两大壶酒,菜由主人这一边端出来。

乡学是行礼示教的场所,养老是表现敬老,所以按年齿不同,所供享也不同。旅酬,以次互相劝酒。"宾酬主人,主人酬介,介酬众宾,少长以齿终于沃洗者。"[1]

二、关于理论方面

《乡饮酒义》不仅含有礼义之意,而且牵涉到天地鬼神。古人对于天地自然现象不能理解,他们对辨方向很重视,分别东西南北,对于基本生活条件如水、火、土、木、金都感到极重要,以四个方向配合五样东西,土居中,每件事都要讲方位、天地之别。

《乡饮酒义》云:"宾主象天地也,介僎象阴阳也,三宾象三光也。让之三也,象月之三日而成魄也,四面之坐,象四时也。天地严凝之气,始于西南而盛于西北,此天地之尊严气也,此天地之义气也。天地温厚之气,始于东北而盛于东南,

---

〔1〕《礼记·乡酒饮义》。——编校者

此天地之盛德气也,此天地之仁气也。主人者尊宾,故坐宾于西北,而坐介于西南以辅宾。宾者接人以义者也,故坐于西北,主人者,接人以仁以德厚者也,故坐于东南,而坐僎于东北以辅主人也。仁义接,宾主有事俎豆有数,曰圣;圣圣立而将之以敬,曰礼;礼以体长幼,曰德;德也者,得于身也。故曰:古之学术道者,将以得身也。是故圣人务焉。"

"亨狗于东方,祖阳气之发于东方也。洗之在阼,水在洗东,祖天地之左海也。尊有玄酒,教民不忘本也。宾必南向,东方者春,春之为言蠢也,产万物者圣也。南方者夏,夏之为言假也,养之长之假之仁也。西方者秋,秋之为言愁也,愁之以时察守义者也。北方者冬,冬之为言中也,中者藏也。是以天子之立也,左圣乡仁,右义偕藏也。介必东乡,介宾主也。主人必居东方,东方者春,春之为言蠢也,产万物者也,主人者,造之产万物者也。月者三日则成魄,三月则成时,是以礼有三让,建国必立三卿,三宾者,政教之本,礼之大参也。"

此段话董仲舒也说,荀子也有这些思想,均是来自古人之观念。

《春秋》

（1961 年 10 月 31 日、11 月 2 日）

不懂《春秋》，便不能看《史记》、《汉书》，而不能看《史记》、《汉书》，则未能了解汉人思想，便不能讲汉代历史，以至不能讲古代历史，故了解《春秋》极为重要。

一、《春秋左氏传》、《公羊传》

（一）《春秋》

《春秋》重要到用书名来称呼时期，照理应称"东周"，而史上却称"春秋时期"：

公元前 722 年—前 481 年；

周平王四十九年—周敬王三十九年；

鲁隐公元年—鲁哀公十四年。

东周开始还像样，经 242 年之后，已经太不像样，实在不成一个政府。鲁国开始还是好的，但前三公都记有杀夺之事。此书所记载的都是坏人坏事居多，这样的社会需要有法纪，法家之产生实是适应这种社会的需要。

了解此一时段社会的黑暗，才了解儒家思想的光明、诸子思想的伟大。其时社会已无人道，儒家实是这种社会中的一线光明，按照儒家的礼教所要求，当时的统治阶级实在距离太远了，均可处以极刑。

242 年的历史实在是很黑暗，孔子在晚年看了鲁史而加以修订。鲁国君主称公，十二公相传，依序是隐桓庄闵僖、文宣成襄、昭定哀。后三公是孔子亲见，文宣成襄是父亲所见、己所闻,前五公是传闻之世,更是间接的。

《春秋》原文所记极为简略,孔子依据自己所认定的原则加以修改,据说不问原记简或详,孔子修订都有记的体例,如记、不记、详、不详,以至字的用法、人的称呼,都有不同。

孔子修《春秋》,除了政治意义之外,还有道德的意义,表扬好人,谴责坏人,含有褒贬、予夺、讥讳、劝惩,如对楚王,在《春秋》中称"楚子",公子有爵位但称名,大夫不称其衔而称其名,有的夫人也不称其为夫人,此皆夺其名位,而有的则相反,给以名位,故曰:"一字之褒,荣于华衮,一字之贬,严于斧钺。"[1]

讥刺之语,《春秋》中极多。如鲁隐公"如棠观鱼",实是到池塘去捕鱼,因其人尚可,为尊者讳,故可原谅而不直书。"天王狩于河阳",实是晋文公践土之会大阅兵,召天子观礼,下犯上,为尊者讳,故不直书。

虽然往事已成历史,但记下有劝善惩恶之意。史官所记极简,而传则加以说明其义例或补其事实。

相传《春秋》有两传,鲁有《公羊传》(旧题公羊高撰),齐有《谷梁传》(旧题谷梁赤传),据汉书所载,此两传均是汉人所记,非春秋时人所传。又有《左传》,左丘明与孔子同时,但其书出于西汉末。《公羊传》是西汉景帝时公羊寿所记,《谷梁传》又是后记,此两传均无争论,而《左传》则为两千年来争论的问题。

(二)《左传》的考证问题

今人对于《春秋左传》信之不疑,而对于《毛传》、《周礼》、《尚书》则疑之不信。

唐韩愈《进学解》云:"《春秋》谨严,《左氏》浮夸。"认为有问题,靠不住。

汉司马迁《史记·太史公自序》云:"左丘失明,厥有《国语》。"只提到《国语》,而未提到《左传》。

照司马迁的说法,名为左丘,有人则以为姓左丘,名明,或有以姓左,名丘明。由这些不同意见看来,其名实在不清楚。

《左传》深入人心,还由于宋儒的关系,因为在五经中列入了《左传》,而不学

---

〔1〕 陆钺:《山东通志·艺文》。——编校者

《公羊传》、《谷梁传》。

唐宋人都怀疑《春秋左氏传》，清乾嘉时古文派信之不疑，至清末，今文学家康有为则全加否定，认为是刘歆的伪作。

《左传》并非《春秋》之传，事实是独立的一部书。

宋王安石考证，否定有左丘明此人。

清乾嘉时，《四库全书》定为左丘明作，至清末，今文学派认为伪作。此问题为古今中外学者所争论，古自刘歆，近至康有为，外国则有瑞典语言学家高本汉之说，认为是《国语》的部分。

上面介绍不少情况，可以概括小结一下。

1. 今文派对《左传》提出两点批评。

(1)《左氏春秋》即《国语》，等于《晏子春秋》、《吕氏春秋》，"春秋"是通名。

(2)刘歆把《国语》从鲁国隐公到哀公抽出，并把分国记事的体裁改为编年记事，又以《左氏春秋》配《春秋》经，作为《春秋》的解释。今文家认为此事不可原谅。

韦昭注《国语》，在序中说：左丘明的《国语》称为《春秋外传》，而《左传》称为《春秋内传》。今文家完全不同意此说，认为不妥当，即使从其说法，也足以证明两书为一。高本汉也认为是一个体系。

2.《公羊传》是汉人作的，《左传》虽是春秋时人作，但非《春秋》之传，而是一部历史。

3. 一般人的看法。

(1)《左氏春秋》是真书，《春秋左氏传》之名是假的。

(2)《左氏春秋》非刘歆伪造，但他伪造了《春秋左氏传》，从《国语》中取材造书。

杜预所说左丘明是孔子的学生，承孔子之意作《春秋传》。此说无人相信。

4. 说明来历之后，还应肯定《左氏春秋》的价值。

(1)《左氏春秋》虽非孔子《春秋》之传，不能发明《春秋》的义例，而是一部历史书，对于了解《春秋》极有关系、帮助极大。

(2)按此书是东周时代最完备的历史材料，不过需要与《国语》合起来看，则是从西周末到东周末最原始最好的史书,而对于经的传授关系不大。

《庄子·天下篇》云:"庄周……以谬悠之说,荒唐之言,无端崖之辞,时纵恣而不傥,不以觭见之也,以天下为沈浊,不可与庄语,以'卮言'为曼衍,以'重言'为真,以'寓言'为广,……其书虽瑰玮,而连犿无伤也。"

《庄子》这段话,表明庄周自己著书的态度,他认为天下混乱,不可以讲实话、正经话。"卮言"分枝之言,"重言"引重之言,真话都是当作假话来说,此与《左传》等不同,以假话当真话。

对于古书的看法要改变。《论语》、《孟子》是小学的算术,而《礼记》、《公羊传》等,则是大学的函数,前者是讲固定之数,后者则是讲变法之数,对于后几类书,则要有变化的态度。

古文派是讲名物训诂,一是一,这是算术的不变态度,今文派是讲微言大义,则有函数的可变态度,此是学术的方法问题。

参考资料:

《四库全书总目提要》:读《左传》、《公羊传》的提要,可了解两传之作者,《左传》有争论,而《公羊传》未有争论。《汉书》的《楚元王传》、《刘歆传》,了解刘歆的创作与活动。《左传·杜预序》此为驳《公羊传》之作。认为《春秋》载周公之遗制,孔子据以明之。孔子修经,传丘明,左丘明作传。《左传》之作有通例、变例、非例,例之方式有五。

《公羊传》鲁哀公十四年,作《春秋》是为刘汉立法。这是《公羊传》所强调的教条。

《史记》的《孔子世家》、《太史公自序》,说明孔子为何作《春秋》,《春秋》的义例及其历史作用。

二、公羊春秋条例

张三世

《公羊传》隐公元年冬十二月:"所见异辞,所闻异辞,所传闻异辞",这也就是所谓"三世异辞"。

何休《春秋公羊传解诂》云:"所见者谓昭定哀,己与父时事也。所闻者文宣成襄,王父时事也。所传闻者谓隐桓庄闵僖,高祖曾祖时事也。异辞者,见思有厚薄,义有浅深。"

康有为认为三世说大有文章,按历史事实来说是治、乱、更乱的过程,但孔子记三世则相反,上世是乱世,标准不严;中世为升平世,标准略严;下世则是太平世、大同之世,标准最严。孔子之微言在《春秋》,存在何休解诂的三世之说,而配《礼记·礼运》的乱世、小康、大同,但此三世顺序颠倒。

(1961 年 10 月 31 日)

《公羊学》的理论很多极荒唐,许多经学家甚至为此而付出生命的代价,若追求其意义,亦甚深刻。

前已说明"所见、所闻、所传闻异辞",现还要说明《史记》中《孔子世家》所引用的"据鲁、亲周、故殷,运之三代"。前一句是所谓"张三世",后一句是所谓"通三统"。

通三统

《公羊传》隐公三年:"三年春王二月。"诂云:"二月三月皆有王者,二月殷之正月,三月夏之正月也。王者存二王之后,使统其正朔,服其服色,行其礼乐,所以尊先圣,通三统,师法之义,恭让之礼,于是可得而观之。"

武王封夏之后于杞,殷之后于宋,使统其正朔,行其礼乐,所谓"兴灭国,断绝世"也。三统的差异如下:

①	12	11	夏	寅	人	黑
2	①	12	殷	丑	地	白
3	2	①	周	子	天	赤

三个王朝的历法各有不同,于周之时,三种历法并用。

"兴灭国,继绝世",见于《论语》及《中庸》。《史记·高帝本纪赞》太史发其义曰:"三王之道若循环,终而复始。"注:"必存二代之法,以备本朝之治,既敝而取资焉。"保存遗制是为了供以后衰落时的参考。

因为按照三统的规律,皇帝传位决不能万世而无穷,而必然要更换。三统循环,后来发展为"五德终始",即改变为五行的循环,表现为五种制度的循环,终始就是循环之意。

杞宋两国虽名义上保存夏殷之典章制度,但孔子时已言杞、宋不足徵,衰微不足言。[1]

《史记》说孔子作《春秋》是当一王之法,是要重新开一个纪元,是继承周文王的,如果鲁立国,也要立前二朝之后以保殷周之制,故曰"据鲁亲周",殷尚存,而夏则亡。能详言三统者,首推董仲舒之论。

(一)殷白统,亲夏,故虞,绌唐

只保存前二朝,亲夏,故虞,唐就排斥了。

(二)周赤统,亲殷,故夏,绌虞

(三)春秋黑统,亲周,故殷,绌夏

司马迁引述董仲舒之谬论,但这种理论却说明皇位不能永久保存,不慎则有被替代的危险。

三科九旨

《公羊传解诂隐公第一》疏云:"三科九旨者,新周故宋,以《春秋》当新王,此一科三旨也。又云所见异辞,所闻异辞,所传闻异辞,二科六旨也。又内其国而外诸夏,内诸夏而外夷狄,天下远近大小若一,是三科九旨也。"

242 年的全部记录,所谓的褒贬、予夺、讥讳、劝惩,均按此标准,起先要求不严,到后来要求越来越为严格,这就是条例。这一套东西,其最根本的实质是政权的改变问题,这些说法都是表面的,而内容都是现实的政治斗争问题。

三、春秋灾异、春秋决狱

(一)春秋灾异

灾异问题所攻击的实是天子与三公,而天子不好攻击,实际就是对着三公。

---

[1]《论语·八佾》。原文为"子曰:'夏礼,吾能言之,杞不足徵也,殷礼,吾能言之,宋不足徵也。文献不足故也。足,则吾能徵之矣'"。——编校者

三公就是丞相（司徒）、太尉（司马）、御史大夫（司空）。天有变化，三公一级的官僚要负责.要检查自己。

关于灾异之说，有公羊与左氏二派。

《刘向传》："二百四十二年之间，日食三十六，地震五，山陵崩阤二，彗星三见，夜常星不见，夜中星陨如雨一，火灾十四，长狄入三国，五石陨坠，六鹢退飞，多麋，有蜮蜚，鸜鹆来巢者皆一见。……当是时，祸乱辄应。弑君三十六，亡国五十二，……由此观之，和气致祥，乖气致异，祥多者其国安，异众者其国危，天地之常经，古今之通义也。"

《汉书》之《睦、两夏侯、京、翼、李传》，对灾异之说甚详。

《春秋》的应用有二：（1）用来说明灾异；（2）用来判决狱讼，尤其是用这种《春秋》的道理来判决刑事案件，这也是儒家的法律观点之一。

（二）春秋决狱

儒家不仅是儒生教书匠，他们是要争取机会参与政事，这就免不了要接触刑法问题。现需补充谈他们的法律观。

在董仲舒之前，儒家对法谈了不少，但其基本出发点是"导之以政，齐之以刑，民免而无耻；导之以德，齐之以礼，有耻且格"[1]。"礼防于未然，法止于其后。"最好是不要动用法，但秩序要维持，若违反秩序，则没有办法也要用政与刑。孔子就说："听讼吾犹人也，必也使无讼乎！"[2]

儒家是重礼教的，"不教而杀谓之虐，不戒而惩谓之暴"[3]。先要用礼教，教之而不成，然后才用刑；先要用警戒，不要未经警戒，一见犯错就加以惩罚。

教育不成才用刑罚，这是合乎人情，是儒家原则的第一条。

第二条原则是慎刑。处理案件是要谨慎，《尚书·大禹谟》皋陶告舜："宥过无大，刑故无小。罪疑惟轻，功疑惟重。与其杀不辜，宁失不经。"宥，宽恕那无意做错的人，无论错有多大。对有心故意犯错误的人，虽小错必罚。判罪有可轻可

---

[1] 《论语·为政》。——编校者
[2] 《论语·颜渊》。——编校者
[3] 《论语·尧曰》。——编校者

重的疑问,则从轻判刑。赏功有可轻可重的疑问,则从重赏之主张。与其误杀无辜的人,宁可失于不能守法。

隐公元年三月:经:"会、及、暨、皆与也。曷为或言会、或言及、或言暨? 会,犹最也。及,犹汲汲也。暨,犹暨暨也。及我欲之,暨不得已也。"诂:"举及暨者,明当随意善恶而原之,欲之者,善重恶深,不得已者,善轻恶浅,所以原心定罪。"[1]

董仲舒《春秋繁露·精华》解此意云:"《春秋》之听狱也,必本其事而原其志,志邪者不待成,首恶者罪特重,本直者其论轻。……教,政之本也,狱,政之末也。"

《盐铁论·刑德》:"法者,缘人情而制,非设罪以陷人也。故《春秋》之治狱,论心定罪,志善而违于法者免,志恶而合于律者诛。"桓宽是以治《公羊春秋》而当官的,所讲的还是公羊家之言,"论心定罪"之言就是本于《公羊解诂》。

四、西汉儒家的几个共同观念

(一)仲尼素王

《左传·杜预序》:"或曰:《春秋》之作,《左传》及《谷梁》无明文,说者以仲尼自卫返鲁,修《春秋》,立素王,丘明为素臣。言《公羊》者,亦云黜周而王鲁,危行言孙,以辟当时之害,故微其文,隐其义。《公羊》经止获麟,而《左氏》经终孔丘卒。敢问所安。"

孔颖达疏:"……说《左氏》者,言孔子自卫返鲁,则便撰述《春秋》,三年文成,乃致得麟。孔子既作此书,麟则为书来,应言麟为孔子至也。麟为帝王之瑞,故有素王之说。言孔子自以身为素王,故作《春秋》,立素王之法;丘明白以身为素臣,故为素王作《左氏之传》。汉魏诸儒皆为此说。董仲舒对策云:孔子作《春秋》,先正王,而系以万事,是素王之文焉。贾逵《春秋序》云:孔子览史记,就是

---

〔1〕《春秋公羊传·隐公元年》。——编校者

非之说，立素王之法。郑玄《六艺论》云：孔子既西狩获麟，自号素王，为后世受命之君制明王之法。卢钦《公羊序》云：孔子自因《鲁史记》而修《春秋》，制素王之道。是先儒皆言孔子立素王也。《孔子家语》称齐大史子余叹美孔子言云：天其素王之乎！素，空也，言无位而空王之也。彼子余美孔子之深，原上天之意，故为此言耳，非是孔子自号为素王，先儒盖因此而谬，遂言《春秋》立素王之法，左丘明述仲尼之道，故复为素臣，其言丘明为素臣，未知谁所说也。……"

王充就同意素王之说。《超奇篇》云："孔子作《春秋》，以示王意，然则孔子之《春秋》，素王之业也。"《定贤篇》云："孔子不王，素王之业，在乎《春秋》。"王充非经学家，也受这种空气的影响。

汉人总是以圣王看孔子，凡帝王之符瑞，孔子皆具备。

夏曾佑《中国古代史》也谈此，可参见。

（二）为汉制法

《公羊传》哀公十四年已有好几次说明为汉立法。

王充《论衡·程材篇》："论者以儒生不晓簿书，……文吏治事，必问法家，……固然，法令汉家之经，吏议决焉，事定于法，诚为明矣。曰：夫五经亦汉家之所立，儒生善政大义皆出其中，董仲舒表《春秋》之义，稽合于律，无乖异者，然则，《春秋》，汉之经。孔子制作，垂遗于汉。论者徒尊法家，不高《春秋》，是暗蔽也。"

皮锡瑞《经学历史》[1]："案王仲任以孔子制作，垂遗于汉，此用《公羊春秋》说也。《韩勑碑》云：'孔子近圣，为汉定道。'《史晨碑》云：'西狩获取麟，为汉制作。'……汉经学所以盛，正以圣经为汉制作，故得人主尊崇。此儒者欲行其道之苦衷，实圣经通行万世之公理。"（第121—122页）

（三）通经致用

《经学历史》云："惟前汉今文学能兼义理训诂之长。武、宣之间，经学大昌，家数未分，纯正不杂，故其学极精而有用。以《禹贡》治河，以《洪范》察变，以《春

---

〔1〕 皮锡瑞：《经学历史》，中华书局1959年12月版。——编校者

秋》决狱，以三百五篇当谏书，治一经得一经之益也。……汉学所以有用者在精而不在博，将欲通经致用，先求大义微言，以视章句训诂之学，……其难易得失何如也。"（第 90 页）

（四）内学外学

《经学历史》："汉有一种天人之学，……当时儒者以为人主至尊，无所畏惮，借天象以示儆，庶使其君有失德者犹知恐惧修省。此《春秋》以元统天、以天统君之义，亦《易》神道设教之旨。汉儒藉此以匡正其主。"（第 106 页）

"汉儒言灾异，实有徵验。……故光武以赤伏符受命，深信谶纬。五经之义，皆以谶决。……于是五经为外学，七纬为内学，遂成一代风气。……图谶本方士之书，与经义不相涉。汉儒增益秘纬，乃以谶文牵合经义。其合于经义者近纯，其涉于谶文者多驳。故纬，纯驳互见，未可一概诋之。"（第 109 页）

儒学与诸子学
(1961 年 11 月 7 日)

《史记·儒林传》简述孔子卒后儒学在战国时发生分化,儒术在政治上虽受压制,但继续传授不废。至秦始皇焚书坑儒,六艺由此而缺。陈涉发动农民起义,鲁诸儒生多有参与。汉初黄老思想占据主导地位,政治环境较为宽松,诸子之学乘机恢复,诸儒复修经艺,在民间传授。至武帝时,儒学才受重视,儒生受到招聘。董仲舒在汉武帝即位后还活了三十六年,有二十年在外,十六年在家,实未对汉武帝产生重大影响,有影响的是位居丞相的公孙弘。

一、何谓儒家

今日只提出问题和初步看法。

儒的定义,郭沫若在《青铜时代》有《驳说儒》一文,批判胡适的《说儒》。胡适《说儒》是论述孔子的,认为孔子是殷民之后,殷遗族的奴隶(即儒＝奴),盼望救世主,孔子以得天命为任,改变了儒的含义。郭沫若驳之,说明儒是如何发生的,广义的儒是术士,狭义的儒则孔子之徒。他赞成狭义,他认为汉代以儒概称术士是儒名的滥用。儒本来应当是"邹鲁之士,缙绅先生"们的专号,不应把术士称为儒。儒的发生是产生在奴隶制的没落,儒成为一种职业。孔子是贵族阶级没落下来的大师,孔子是天才,但其功绩也仅在于把贵族的知识普及于民间。六艺乃贵族原有,孔子并无创造。总之,他认为只有孔子及孔子之徒才能称为儒。

(一) 刘向《七略》与《汉书·艺文志》

在汉谈诸子,最早司马谈只分六家。刘向认为不足以概括先秦诸子,其《七略》一书,总论部分已亡,余者存今《汉书·艺文志》,分书籍为六类:(1) 六艺略;(2) 诸子略(儒、道、阴阳、法、名、墨、纵横、杂、农、小说),(3) 诗赋,(4) 兵书,(5) 数术(天文、录谱、五行、筮龟、杂占、刑法),(6) 方技(医经、经方、房中、神仙)。此分类至魏荀勖已改为甲乙丙丁之分类,虽不久就又改变,然其分类后人不视为目录,而视为学术之分类,影响甚大。

此分类法,其存在的问题可谓无数。例如:兵家之书也可视为诸子之一;农家之书也是技术,可视为方技一类;诸子可言者也有无数家,故以百家称之。

《六艺略》实际分为九种,除《易》、《诗》、《书》、《礼》、《乐》、《春秋》之外,还加《论语》、《孝经》、小学,可见数目不对,而艺实指经。小学不能称经,而也列入六艺,实是不类。

六艺与儒家的分界也值得研究,有的置于六艺,有的放在诸子类儒家之中,实在是交叉重复混乱,看不清学术源流。如董仲舒,此人分列两处:一属六艺春秋家(春秋决狱),一属诸子儒家类(123 篇);荀子,是属于儒家,而其赋篇则列在诗赋类;扬雄是诗赋家,又有其他学术著作放在儒家。实际上有好多人还可兼其他各家。

我们对于那些思想家只注意其一方面,如司马迁,则只知其有《史记》,而不知他同时又是历法家,制定太初历。而且与诸子的其他家也有交叉重复,只能说他们以何学术为主,而不能纯一,如易学家,也必懂占卜。

故对于何谓儒家,实无明确的定义。

(二) 章炳麟《原儒》

章炳麟著《原儒》,原文用文言,现译其意。

"儒有三科:关达、类、私之名。"儒有三类,分属于三类名词。最广义的概念称达名,较普遍的概念为类名,专有的概念为私名。

如以达名而言,儒者,术士也,如稷下术士,秦始皇坑术士,均称儒。他认为后来不能这样用。

以类名而言，儒者，知礼乐射御书数。章氏认为应承认通六艺者为儒，而非通六经者为儒，其证本于《周礼·天官》："师以贤得民，儒以道得民。"郑玄注："师，师氏有德行以教民者。儒，保氏有六艺以教民者也。"《周礼》成书于战国，可见战国之时是师儒并称，而儒者是指有六艺者，故章氏认为"此则躬备德行为师，效其材艺者为儒"。

以私名而言，也即《汉书·艺文志》所云："儒家者流，盖出于司徒之官，助人君顺阴阳，明教化者也。游文于六经之中，留意于仁义之际，祖述尧舜，宪章文武，宗师仲尼，以重其言。"这种狭义的儒与汉代的儒也不同，儒是要遍懂六经的，而汉实只有五经，五经家以术取宠，五经不备，各经均言灾异术数，故三科之名至汉往往相乱。

其结论有三：

第一，儒名古今异义。题号曰古今异儒之名，于古通为术士，于今专为师氏之守。犹道之名，于古通为德行道艺，于今专为老聃之徒。

第二，儒广指师氏之守，非独指经师。孔子曰："今世命儒无常号，以儒为相病。"（《儒行》）谓自师氏之守以外，宜皆去儒名。

第三，一切儒学以书数为本。礼乐世变，而射御今巤粗，独书数仍世益精博。凡为学者，未有能舍是者也。三科虽殊，要以书数为本。

二、西汉的儒家

1.《史记》与《汉书》的《儒林传》所说的儒，及以后《艺文志》与《儒林传》所说的儒，都实指经学家、五经家，只有《宋史》称道学家。

汉代经学家并非五经全通，多数只通一经，当然小学也懂。经师也懂方技之术，实际也是术士，有医、卜、星、相之术。

荀子于《儒效》篇分儒为三类，俗儒相当于术士，雅儒相当于读经之士，只有隆礼义而杀诗书的人才称大儒。

2. 儒学实已包括术数方技,而非纯守儒经。

先秦诸子学派,至汉"已无独立存在",看一看法家,可知此论不谬。"法十家,二百一十七篇",此十家,有九家属于先秦,而汉只列晁错一人,而晁错实也难称法家。"道三十七家,九百九十三篇",只有捷子、曹羽、郎中婴齐三家是汉武时人,他们不是有代表性的思想家,且捷子也有疑问。而名家、墨家则无汉人。

其所以如此,是诸子学派已被儒学融化吸收了,儒学兼综"六艺"、"诸子"、"诗赋"、"术数"。

三、儒法之争

汉代最重要的对立是儒家与刑名的对立,其争论不是学术,而是政治,在学术上儒家也要法,故在学术上不必争。

王充《论衡·程材篇》称儒生与文吏之争。文是指法令条文,而非文学,文吏就等于法吏。

儒生从读小学开始,由《论语》、《孝经》,然后读经,有成就的就留用为博士,成为太常属官,无权力。而文吏出身则杂,以吏为师,在官府中学习任事,然后逐级上升,虽然不懂经学,而政治情况则很熟识,应对有办法,文吏与儒生有俗与雅之分。

王充说:"论者以为儒生不及文吏。文吏、儒生皆有材智,文吏经世,儒生不习也。"[1]社会上看得起文吏而瞧不起儒生。两种人实在是由习而成,而非本性有善恶之别,儒生非皆善也,然习圣人之道,耳濡目染也。文吏舞文弄墨,为非作弊,所习而然。

《盐铁论》很集中地反映了文吏与儒生之争,在政治上各方面的看法是不同的,此书不限于盐铁问题,而涉及几十个重要社会政治问题。

---

〔1〕 王充:《论衡·程材篇》。原文为:"论者多谓儒生不及彼文吏,见文吏利便,而儒生陆落,则诋訾儒生,以为浅短,称誉文吏,谓之深长。是不知儒生,亦不知文吏也。儒生、文吏皆有材智,非文吏材高,而儒生智下也。文吏更事,儒生不习,可也。谓文吏深长,儒生浅短,知妄矣。……"——编校者

刑法问题：

汉文帝在中国法律史上进行一次重要变革，就是除肉刑。原来的刑有五种刑：墨、劓、剕、宫、大辟。至文帝时，前四种肉刑用其他方式的刑罚来代替。有人说宫刑被废，然而司马迁为太史，在武帝时尚遭宫刑，可见宫刑在汉代实未废。文帝以髡（拔发）、笞（棍打）为替代方式。伏生著《尚书大传》赞此举是以《尚书》治狱，合儒家的主张。

东汉的王符、崔寔、郑玄都主张恢复肉刑，因为笞刑往往打死人，而肉刑则未致死，这些人也是儒家，认为笞刑比肉刑残酷，名轻而实重。

西汉之初，施刑甚残酷，有五刑，罪重者五刑具，斩首示众，展其骨肉于市，不仅本人治罪，还要夷及三族。儒家学者一直想法来减轻刑罚。

《汉书·元帝纪》："帝仁柔好儒，见宣帝所用多文法吏，以刑名绳下，大臣杨恽、盖宽饶等坐刺讥辞语为罪而诛，尝侍燕从容言：'陛下持刑太深，宜用儒生。'宣帝作色曰：'汉家自有制度，本以霸王道杂之，奈何纯任德教，用周政乎！且俗儒不达时宜，好是古非今，使人眩于名实，不知所守，何足委任。乃叹曰：乱我家者，太子也。'"

崔寔《政论》："凡为天下者，自非上德，严之则治，宽之则乱，何以明其然也。近孝宣帝明于君人之道，审于为政之理，故严刑峻法，研奸宄之胆，海内清肃，天下密如。算计见效优于孝文。及元帝即位，多行宽政，卒以堕损，威权始夺。"[1]崔寔以为宣帝的严刑法能稳定社会，是西汉最太平的时代，比文帝还要好。元帝就不行，开始衰落，此也是儒法之一辩。

儒法之争问题极复杂，不仅是政策而已，还是朝向何人的问题。

西汉的儒不仅是杂家，而且都要有法术，他们要通经致用，在政治上要有作为，不像后来的宋儒一样。

---

〔1〕 马端临：《文献通考·形制》。——编校者

北京有人认为在中国历史上儒家是文化主流,儒家即是教育家。

读章炳麟文章之后,不应认为儒学即是董仲舒之学,即是宋明之学,儒家应是以书数为中心,讲道德品格和知识技能训练,这种儒学才与教育直接有关。要联系具体历史,但看哲学史等书,绝难了解儒学。

董仲舒在西汉儒家中的地位
(1961年11月9日)

一、汉宋人的评价

西汉的经学家都兼术士,外学是经,内学是纬,再加阴阳五行,形式上是迷信的,他们又讲通经致用。也是讲究政治上的应用,也即是以旧的形式,贯穿新的政治斗争的内容,这是与宋代理学不同。董仲舒也不例外,他是汉儒的代表,但也有别于其他汉儒,可能在于两方面:(一)他的学问较广博,文才表达较优;(二)品格很有修养,较为坚定。

要估计他,最好是了解同时代人的看法,他们有一定的评价标准。司马迁的父亲与董仲舒同时,比起来司马迁是后一辈,较年轻,他也见过董仲舒,在《史记·儒林列传》写及董仲舒,认为"汉兴至于五世之间,唯董仲舒名为明于《春秋》,其传《公羊氏》也"。把董仲舒视为唯一的春秋公羊家。

王充的《论衡》书中表现出极尊重董仲舒,认为"文王之文在孔子,孔子之文在仲舒"(《超奇》),又认为董氏有稀有的材能(《案书》),能随心所欲论治世之理。通晓诸子百家才能称为通人,董氏可属通人,读过《山海经》(《别通》)。王充虽反对迷信,但对董氏造土龙去求雨,则赞其行为。(《乱龙》)王所论证当然不足为据,然可见其佩服董的才能。

班固《汉书》专立董仲舒传,在传赞中说:"刘向称董仲舒有王佐之才,虽伊吕亡以加,管晏之属,伯者之佐,殆不及也。至向子歆,以为伊吕乃圣人之耦,王者不得则不兴,故颜渊死,孔子曰:噫!天丧予。唯此一人为能当之,而宰我、子游、子夏不与焉。仲舒遭汉承秦灭学之后,六经离析,下帷发愤,潜心大业,令后学有所统壹,为群儒首。然考其师友渊源所渐,犹未及乎游夏,而曰管晏弗及伊吕不加,过矣。至向曾孙龚,笃论君子也,以歆之言为然。"在此赞中,无班固本人的评价,其本人所评,见于《叙传》第一百卷中:"抑抑仲舒,再相诸侯,身修国治,致仕县车。下帷覃思,论道属书,说言访对,为世纯儒。"

《汉书·公孙弘传》于赞中也有所评:"是时汉兴六十余载,海内艾安,府库充实,而四夷未宾,制度多阙。上方欲用文武,求之如弗及,始以蒲轮迎枚生,见主父而叹息。群士慕向,异人并出,卜式拔与刍牧,弘羊擢于贾竖,卫青奋于奴仆,日磾出于降虏,斯亦曩时板筑饭牛之朋已。汉之得人,于兹为盛。儒雅则公孙弘、董仲舒、倪宽;笃行则石建、石庆;质直则汲黯、卜式;推贤则韩安国、郑当时;定令则赵禹、张汤;文章则司马迁、相如;……是以兴造功业,制度遗文,后世莫及。"

特别要注意的是汉宣帝魏相对董仲舒也有看法。《汉书·魏相传》说:"相明《易经》,有师法,……数条汉兴以来,国家便宜行事,及贤臣贾谊、晁错、董仲舒等所言,奏请施行之。"魏相做丞相是很谨慎的,因为以前的丞相多数是被杀或自杀,他认为汉以前的帝王不足为法,要吸收汉代之相的经验,常列举以前名臣之言以谏宣帝。董仲舒(武帝臣)、晁错(景帝臣)、贾谊(文帝臣),就是被认为最有才干最积极有为的人。这种看法与刘向相近,把董仲舒认作卿相,而王充、司马迁是把董仲舒看为学问家。

总之,汉代对董仲舒很尊重,评价很高。

宋儒对于汉学极力否定,但对董仲舒还是极为尊重。程颐认为:"汉儒如毛苌、董仲舒最得圣贤之意。"[1]朱熹认为"仲舒本领纯正,班固所谓醇儒极是。至于天下国家事业,恐施展未必得"。(《近思录》卷一四)这两个人可以代表宋儒对董仲舒的看法,肯定他为纯儒,属圣贤。

---

[1] 《二程遗书》卷一。——编校者

二、政治的争论

董仲舒有何本领以别于汉儒,本传中看不出。然其地位不外政治与学术,现先研究他政治上的本领。

(一)灾异

他在政治方面实是有极大的识见和才能,有胆量、魄力、才气。做博士时尚年轻,《对贤良策》是众所周知的,实是关系不大,其所见的时弊,当时他人也可陈说。他在政治上最重大的是灾异案。关于灾异之案,本传中言之极略,传称:"先是辽东高庙长陵高园殿灾,仲舒居家,推说其意,草稿未上,主父偃候仲舒,私见嫉之,窃其书而奏焉,上召视诸儒。仲舒弟子吕步舒,不知其师书,以为大愚。于是下仲舒吏,当死,诏赦之。仲舒遂不敢复言灾异。"[1]其事发生在建元六年,高庙灾,太后崩,事极重大,欲究其意,而求善后办法。

据董氏的看法,认为被焚的都是天意,不该烧的不会被烧。而其处理办法则认为:"天灾若语陛下,当今之世虽敝而重难,非以太平至公,不能治也。视亲戚贵属在诸侯,远正最甚者,忍而诛之,如吾燔辽东高庙乃可;视近臣在国中,外旁仄贵而不正者,忍而诛之,如吾燔高园殿乃可云尔。"[2]如此则可消灾降福,建议杀人,且认为是天意。所言实不是灾异,而是要杀人的政治问题。

自汉以来六七十年,政治上有两大问题,一是对外方面汉与匈奴的民族斗争,二是对内方面内战不止。

高祖时,专与异姓诸侯王打仗。平异姓王之后,吕姓外戚当权,刘吕又争,吕姓被诛,迎文帝即位,淮南王即举兵欲夺帝位。王都是与中央的皇帝对立的,故做国相极难。

贾谊向文帝上《治安策》,言可为痛哭者一,流涕者二,长叹息者六。总的策略,在对内的要"众建诸侯而少其力",削弱诸侯国的力量,对外的则要用同化政

---

[1] 班固:《汉书·董仲舒传》。——编校者
[2] 班固:《汉书·五行志》。——编校者

策,使匈奴诸王安于享受。在教育上则应各有教法,王家当有五家教法。

《晁错传》也是讲两个问题:对匈奴的办法是移民于塞外,使其垦耕并防御;对内方面则对诸王有谋反者平定之后削其地,派太守去管,保其位者,领地面积小则力小。但此做法引起七王之反,动员几十万大军,讨伐战争七个月才平定。晁错与窦婴不和,窦婴当权,晁错为此事被杀。

至汉武帝时,匈奴问题不大,对内问题尚存,但表面尚无事。董仲舒藉高庙灾等事,重提晁错的问题,其办法则干脆主张杀,武帝不能断,而大臣则欲处以死罪,得赦实幸。这是武帝吸收景帝错杀晁错而后悔的教训,因而赦之。董仲舒从此不敢再言灾异。事过十三年之后,淮南王举兵反武帝(元狩元年),时董仲舒在胶西为相,武帝派仲舒弟子吕步舒,以春秋大义断狱,此事大为闻名,致以后廷尉决狱,往访董仲舒求教。

(二)盐铁

第二个问题是盐铁之事,在西汉武帝时甚为重大。此事本传未载。而《食货志》记其事。元封元年(前110)桑弘羊为治粟都尉,他主张盐铁国营,使国家财力充裕。而董仲舒主张多种粮食,减轻赋税徭役,限多占田,盐铁归民。

武帝未能重用董仲舒,然董死后,武帝甚敬之,出游经过董仲舒墓地,下马示敬。

从经济史上来说,董氏的主张很有意义。

三、学术的传授

(一)公羊春秋

《汉书·儒林传》载:董仲舒所传弟子有兰陵褚大,东平嬴公,广川段仲温、吕步舒。褚大官至梁相,吕步舒官至丞相长史。唯嬴公守师法,授东海孟卿、鲁眭孟。眭孟传严彭祖、颜安乐,公羊有严、颜之学由此始。

(二)春秋灾异

《汉书》列传四十五,赞曰:"汉兴,推阴阳言灾异者,孝武时董仲舒、夏侯始昌,昭宣则眭孟、夏侯胜,元成则京房、翼奉、刘向、谷永,哀平则李寻、田终术,此其纳说时君著明者也。"言灾异者,其下场都不妙。

据《五行志》,言春秋灾异者,分董仲舒公羊派与刘向谷梁派。《眭孟传》云:昭帝时,山有人声,大石自立,枯树复生,孟言此异象,当求贤人而禅位,被霍光所诛。后宣帝立自民间,知此事,征孟之子为郎。

(三)春秋决狱

《汉书·张汤传》云:汤为法吏,能治狱,而难言其理,于是使弟子治《春秋》、《尚书》,为其断狱寻根据。

《后汉书·应劭传》云:故胶西相董仲舒老病致仕,朝廷每有大议,遣廷尉张汤亲至陋巷问之,作《春秋决狱》232事,劭采《尚书旧事》、《春秋决狱》,删定律令,为《汉仪》奏之。事,是例案。应劭采《春秋决狱》、《尚书决狱》而删定律令,著《汉仪》,与郑玄并名为法律家。现《汉仪》已失,唯《太平御览》中尚有董仲舒《春秋决狱》案四五例。

1. 甲父乙,与丙争言相斗。丙以佩刀刺之,甲以杖击丙,重伤乙。按律,殴父者当枭首。论曰:《春秋》之义,原心定罪,甲无殴父之心也,不当坐。(宣告无罪)

2. 甲夫乙,船没,尸未得葬,四月,母丙嫁之。按律:夫死未葬,私为人妻,当弃市。论曰:《春秋》之义,夫死无男可改嫁,甲从母命,非私为人妻,不当坐。

从这两例可见其治狱从宽,而不像张汤等人从严。这种儒家的法律理论一直传下来,从宽的法律精神渗入封建的酷律中,实是黑暗中的一线光明。

《春秋繁露》原有八十余篇,至宋欧阳修校勘时只有四十余篇,今本已非原状。若对之进行研究,仍可以有些合理内核可取。

东汉开始情况就改变了,"通经致用"被王莽的复古改制把名誉搞坏,于是学风改变,不讲"通经致用",做学问者无积极参与政治的精神,而只读经求作博士而已。了解这段历史,也就可以理解乾嘉的学者在政治压迫下只从事训诂之学,古文派不讲致用。到魏源、龚自珍重提"通经致用"之口号,为今文派中心主旨,至康有为则达高峰,明言托古改制,自命圣人,长素王一等,故号长素。

东汉的学风,至魏晋又有改变。

对观点与材料统一问题的看法

(1962 年 5 月 22 日)

学习北师大的讲义[1]，当然要有学习也要有批评，批评的标准就是这几次报告的精神，特别是关于观点与材料统一的问题。这个问题对于我们编写教育史关系很大，所以我想就这个问题谈谈我的看法。

一、对于占有教育史资料的问题

每门学科都有特定的范围与对象，教育史与一般通史不同，与专门史也不同，与专业史也不同。专门史是高级的学科，是在学通史之后才学的，是在通史基础上进一步专门深入的研究。写通史的人要吸收其他专史的研究成果与资料。由此说来，专史是通史的根据。

所以研究通史要引据哲学史、经济史等专门史的材料，而非相反。例如郭沫若主编的《中国史稿》，所据以说明的资料是专门史研究的材料与成果。(张杨园关于农业经验的总结，这件事是农业史研究出来的，而非通史研究者所专门研究的。)

教育史应当掌握自己专门的材料，别人要了解教育史问题只有求之于我们，没有占有这门学科的特有资料，就算不得掌握材料。

---

[1] 北京师范大学教育史小组编：《教育史中心讲稿》(1954 年第一学期)，北京师范大学油印本。——编校者

所谓教育史的资料,康士坦丁诺夫他们列举了七项:第一二项讲现在的,第三项第六项说的大部分是指古代。[1]

就目前的情况来看,掌握资料的工作,北师大、华东师大都未做好。

第二章所用的材料是很普通的,人人皆知,谈孔、墨的思想很抽象。学习的第一个问题就是文字,不说明文字学习的困难,就不能说明儒家的作用,没有儒家这群人,后人无法知道历史,《书》、《诗》、《礼》是靠儒家而传,而非靠墨、法、农而传。

今日世界各国的学者,谈历史都不能不谈孔子的贡献,他们认为孔子的贡献不在于礼、仁等思想概念,而在于他总结中国古代文化。

墨子难于与孔子的贡献相比较,批评孔子"信而好古,述而不作"很容易,但应该正确估计其作用,这就很难做好。

儒家就专做文化教育的事,历史事实就是如此,并非我们特别对他好感才这样说。

讲义本来应该告诉我们,孔子的贡献如何,对后来的影响如何,世界教育史都如此谈,但北师大的讲义却没有做这个工作。

研究教育史需要参考中国历史、中国哲学史、中国文学史,前一部已看到,后两部还未看到。缺乏足够的参考资料,做文选工作就很吃亏。

有专门资料、有参考资料,我们就可以编教育史。

谈一下苏联的俄国教育史的古代部分,对我们会有启发。其内容:(1)人民教育的形成;(2)文字的产生;(3)学校的设立;(4)教育思想(有简略而科学的有比较的评价)。

教育科学研究所要占有专门的资料,这是我们努力以赴的工作的一部分。

---

[1] 康斯坦丁诺夫、米定斯基、沙巴耶娃著,李子卓等译:《教育史》之序言,人民教育出版社1957年版,第7页。原文为"苏维埃教育史的源泉是:1. 马克思、恩格斯、列宁的著作,苏维埃共产党代表大会和苏联共产党中央委员会的决议;2. 关于国民教育问题的档案资料;3. 古代的文献,关于教育和教学问题的古代的手稿;4. 公布的官方资料(法令、计划、通告、总结报告、报告书、代表大会决议等);5. 教科书和教学参考书、教学大纲以及其他足以说明学校工作的特征的资料;6. 杰出的教育家的著作;7. 某个时期的刊物"。——编校者

二、观点问题

马列主义与中国革命实际相结合的毛泽东思想,就是我们的观点。

《马克思主义哲学原理》第十七章[1]对我们颇有启发。

1. 民族心理(意识):这一概念研究对世界教育史关系很大,对于研究本国教育史也很重要,不注意就会忽略民族特点,忽略特殊贡献,也就会等量齐观,重点不突出。

必须把某一民族各阶级共有的民族心理与民族中各阶级的心理区别开来。民族心理(包括性格、爱好、情操等心理特点)有极大的稳定性,对每种意识形态打上烙印,留下民族色彩。

2. 个人心理(意识):各阶层各自的特点,不能归为个人的特点,还是阶级的特点。由于各人的生活条件不同,产生不同的心理特点,不看到个人特点,很多东西就无法了解。

中国的古代,个人的生活特点无法了解,孔墨都是难了解,到唐宋以后有传记记载才较清楚。

时代潮流不可抵制,一定要跟着走,但如何改造,与各人的个性,特别与条件都是联系的,这是不能忽视的。

三、意识形态的相对独立性

1. 旧的思想理论有相当的生命力,意识是落后于形势,落后于存在;另一方面,意识也可能走在时代的前头,提出了自己的预见,如马克思自己就是如此。

2. 承续性(继承性):不能白手起家,而是要吸收和改造过去的思想材料。

---

[1] 苏联科学院哲学研究所编著,中国人民大学出版社编译室译:《马克思主义哲学原理》上、下册,人民出版社 1959 年版。其第十七章为"社会意识及其在社会生活中的作用",在下册,第612—667 页。——编校者

3. 人类性：一切先进的哲学理论、文化艺术，虽然是为各阶级服务的，但具有全人类的内容。

4. 上层建筑之间有相互的影响，既影响制约别的，也受别的影响制约。如果不知中世纪宗教的作用，就不能了解中世纪的哲学。不仅欧洲如此，中国也是如此，不知道佛教神学，就不能了解宋明以来的理学，与其说理学是经济原因，不如说是思想意识有其直接原因。

附带说明两点：

养老：只是一种典礼，而非把老人养于学校，经常进行教学。当时虽有教学，但不是经常的。

小学：六艺中的射御，非小孩所能学，小孩所能学的是书与数。从小孩身心发展的过程来考虑，就应该不会产生误解。

整理后记

《孟宪承讲录》（一），是 1956 年 9 月至 1957 年 5 月孟宪承教授为华东师范大学中国教育史研究生班学员讲课的记录。

按授课计划每周讲两次，都安排在上午。一般都按计划进行，只有遇到校内外有重要会议必需参加，才把讲课顺延。

讲课的内容是中国古代教育史，但从学员的实际情况出发，缺乏的中国古代文化一些基础知识，也要结合讲课附带补一些。形式上是一个个专题，实际上还是有计划有系统的讲授。

能听孟宪承教授讲课，是极好的学习机会，我们都聚精会神地听、认真地记。我没有受过速记的专门训练，记录跟不上讲话的速度，难于记全，只是努力不要把要点漏掉，课后再把笔记复习一遍，凭记忆印象，略作校补。

开始听课，注意力都集中于讲课的内容，没有记下讲课的具体日期，后来感到具体的讲课日期不应忽略，每次听课都先记下日期。

1957 年 5 月，因为"整风""反右运动"开始，学员响应号召参加运动，中国教育史的讲课也只好提前告一段落。

现根据笔记整理的《孟宪承讲录》（一），展示孟宪承教授关于中国教育史系列的学术观点，也体现他的学风和教风。

《孟宪承讲录》（二）是孟宪承教授 1961 年至 1964 年在主编《中国古代教育史》与《中国古代教育文选》时，专为参编工作的青年举行专题讲授的记录。

　　为了青年教师加深对理论的掌握,进一步充实基础知识,提高专业素养,以保证编写教材的质量,所以才安排边工作、边学习,请孟宪承主编结合编写教材中的有关问题,为青年教师进行几次专题讲授。

　　讲授的内容由孟宪承教授确定,着重在先秦、两汉有关的学派和争论的问题。地点就在华东师大一村西楼编写组工作室,边听、边记。时间集中在1961年下半年的两个月内进行,以后就偶尔需要才举行。这些讲授不论观点和内容都关系到教材的编写。

整理者　孙培青

2007 年 7 月

孟宪承文集·卷十二

孟宪承谈话录

——关于中国古代教育文选与

教育史问题

（1961 年 3 月—1963 年 4 月）

《教育文选》任务相当繁重

(1961 年 3 月 29 日)

《中国古代教育文选》的工作,任务相当繁重,初稿七月底要完成,从现在算起,时间只有三个月,计划字数有二十万,每月要几万字,单抄写就已来不及,数量之多要做充分估计。工作是繁重的,应当注意工作方法,才能解决繁重问题。

一卷之书,必立之师

(1961 年 3 月 30 日)

要理解扬雄《法言》中的这句话,必需了解唐以上的物质生活条件。自唐以上,书籍很少,学者无课本,均靠口耳传授,所以学问要有师承,一本书的传习,一定要有懂得此书的专家来讲授。

《文选》要做好应抓住几个重要环节

(1961 年 4 月 1 日)

第一个问题是"选":选是最关键的环节,决定全书的质量,也体现编者的学术水平。选文要有思想性,能为学生喜爱,对学习专业有帮助,文章若生僻就不好。

第二个问题是"节":若文中所列举多个事例,删去而无害原意的则可删去。书中如引用历史典故,必须是读过了并懂得其原委的,看了能理解的才会有兴趣,否则读者就感到繁难。节录既为减少读者繁难,也为精简篇幅着想。

第三个问题是"注":什么该注,什么不该注,范围必须限定,注只能努力做到忠实,而不能追求巧妙创造。

《大学》的问题要入文选
（1961 年 4 月 1 日）

《礼记》中的《大学》，至宋时才被理学家单独提出列为《四书》之一，朱熹以为是周敦颐的主张。

关于《大学》，历史上有过多次论辩。朱熹是"格物派"的代表，认为《大学》有错简脱简，所以要重新整理其次序，分为经一章传十章，并补格物一段。明代的王守仁是"致知派"的代表，他反对朱熹的整理增补，主张恢复《大学》古本，作《大学问》解释《大学》，此篇是其哲学思想的最后纲领，被认为定论。后来的陈确作《大学辩》，对于《大学》的真实性加以否定。

关于《大学》不同主张的发展，均可考虑选入。黄宗羲赞同陈确的意见，王夫之于《礼记章句》中同情朱熹的整理，诸如此类，值得关注。

从发展来看《古代教育文选》问题
（1961 年 4 月 1 日）

《古代教育文选》的问题，是关系到中国古代文化遗产的继承和普及的问题，意义重大。

解放前，学西学的人以为研究中学没有用，有点鄙视，认为中国文化虽是世界文化的一部分，但在世界的文化中没有地位，研究中国古代思想哲学，没有什么好东西可以提供。

1942 年后，高师教育系设"中国教育家"一门部定的课程，当时教外国教育史的人，不研究中国教育史就说不过去，虽然也负责这门课，但兴趣不大，认为要搞有用的学术，从其中是搞不出名堂的。

解放后，尤其是 1955 年受苏联教育的影响，他们很重视古代教育遗产的整理继承，我们也有古代教育遗产，为什么不做整理工作？那时，感到现在懂古文的少,不必全部去搞古文,只能由少数人去搞教育遗产整理。

1958年"教育大革命"时,宣传"厚今薄古",思想又受些影响,起了一定变化,认为古的东西无用。

现在经过学习之后,感到古的东西还是有用。单以文学来说,不学古典文学,语言就很贫乏。

一些学者否定学习古代文化,认为学了无用,只是看重西洋,所以他们除了"厚今轻古"而外,还有"厚外轻中",厚科学技术而轻文史。

现在中央提出学习历史知识的重要性,尤其是文科教材会议之后,明确了基本的几个问题,今后中学的语文一定会包括一些古典文学作品。从发展观点来看,两年后大学生的水平不会与今日一样,现在大学生对于《教育文选》尚未发生兴趣,可是听了党的号召之后,大家已经注意起来,情况是会改变的,这应当要有充分地估计,不应仅就现状出发,对学生估计太低。

我编《古代教育文选》的一种倾向是比较着重学术方面的注释:一、凡是书名、人物,牵涉到的文献、地名,都要加以注释,明其来源;二、哲学概念要加以注释;三、属于教育的专门概念也应注释。其他凡是在字典、辞典中可以查到,在课本或一般读物中都已谈到,又是非教育的,都可以不注。

工作任务的特点何在?时时都要明确,这是指导方向的问题。看问题应从发展来看,看到因时间不同所发生的变化和提高。《教育文选》的读者目前很少,将来是会越来越广泛的,不仅是师范大学的学生、教师,而且记者、文教干部、人民代表、老年人,凡是关心教育的人都要看。

写《教育史》应当看原始材料,原文看过三四遍,把握较大,领会较深,否则就会轻飘,这是写讲义应注意的,也是教学中应注意的,所以《教育史》一定要与《文选》相配合。

《文选》注的有关问题
(1961年4月2日)

一、选文中有错字、脱字、增字、同音字,都可加以改正,无需照错去抄,然后加注。注释不要多做校勘工作,这是体例问题,将来在"说明"中可加以说明。

二、注要少而简要。

三、注释的目的在于能说明清楚,所以用浅近文言或白话要灵活,用半文半白也可以,但在同一条中要一致。

四、典故、文献的注释最好引用原文,不厌其烦。

五、初稿的选文与注释都单独抄与印,以便易于更动。

古代神学问题
(1961 年 4 月 2 日)

神学真理不同于科学真理。开始只有宗教而无神学,宗教强调信仰,是启示的真理,后来宗教不行,则要依靠理性的支持,所以欧洲在中世纪的时候就产生神学。

严格说,古代的中国是无神学的。西汉董仲舒所处的时代是公元前百余年,依当时的历史条件,能形成这样的思想体系已不容易,他的思想比起欧洲的神学要精微得多,说他是神学家不过是比喻而已,东汉王充、桓谭生活的时代也相当早,他们的无神论主张,实在是了不起。

回教的《可兰经》产生在公元 7—8 世纪,时间较后,学理上也还不够精细,而孔子的怀疑主义思想产生在公元前 500 多年,时间要早得多,比较起来,更显得伟大。

顺带提一下,小学与大学,古今的含意是不同的。古代大学是"大人"之学,"大人"就是统治阶级。与之相对的"小人"之学是没有的,因为"小人"是被统治阶级,无学可言。

六艺演变问题
(1961 年 4 月 4 日)

在周代,"六艺"是礼、乐、射、御、书、数。

到孔子办私学时,礼、乐还有,射、御不讲,而书、数属小学也不讲,加上他自己收集整理的《尚书》《诗》,就成诗、书、礼、乐。

孟子时,不大讲礼乐,而专讲《诗》《书》,还加上《易》与《春秋》。学习《春秋》这是较可信的,至于学《易》则未必可能。战国时代,"六艺"就改为礼、乐、诗、书、易、春秋。

到了汉代,不称为"六艺",而称为"六经"。把"艺"称为"经",最早见于《礼记·经解》。"经"是书,不同于"艺"的就是它是不动手的。

至20世纪,中国学者思想解放,始怀疑孔子传授"六艺"的事是假的,认为是汉代的传说。马叙伦就持此说,认为孔子不会教《易》与《春秋》,《庄子·天下篇》所言"六艺"非庄周之言,而是后人注释混入。郭沫若就根本否认孔子之时有《易经》。

《礼记》中许多篇的真实性都有问题,《经解》一篇是汉人所作,问题很大。经学者考证,《大学》《中庸》为思孟派的著作,《乐记》为公孙尼子之作。

《礼记》与教育的关系很大,在《教育史讲义》中以"《礼记》中的教育思想"为题,这种提法很好。宋明的学者,以为《礼记》的教育思想即限于《大学》《中庸》两篇,至20世纪,这种传统的看法才有了改变。但有人认为《学记》一篇是教育思想概括性的代表,这种意见也不对,因为有关教育的各篇,没有一篇是足够完整的。

关于《乐记》,郭沫若有深刻研究,他的文章值得看。但他的文章中未充分阐明《乐记》与教育的关系。《乐记》对教育对思想史关系都很大,其中所讲的不只是"乐"与"礼",而且包括有哲学的问题,"天理人欲"的概念,就是这篇最早提出的。

在教育思想史上,《乐记》《礼运》《大学》《中庸》这几篇都相当重要。谈实际教育问题较多的则是《学记》与《儒行》。

《管子》的《弟子职》,《大戴礼记》的《劝学篇》,《吕氏春秋》的《劝学篇》,都可以看作是重要的教育史料,编写教育史者不能不读。

观念、概念、范畴的联系与区别
(1961 年 4 月 24 日)

人的逻辑思维和人的心理活动有密切联系,从不同学科的角度来分析,则有不同的体现形式。

逻辑　名词　语句　论式

心理　观念　判断　推理

观念在各个人是不同的,因为人认识事物的程度有深浅,认识就有丰富与简单的区别,由此形成各个人观念的不同。一般来说,观念只认识到事物的特点的某些方面,而概念则是总括一切观念的内容。

观念来源于感觉(视觉、听觉、触觉等),语言也可视为感觉对象。感觉所提供的东西称为表象。所有有感觉的动物都有表象,而人由感觉获得的表象则称之为观念。

各种感觉的总合,一感觉到就知道是什么东西,这是日常生活中的判断。但生活现象复杂,有的东西不能一望而知,故观念必提高到概念。概念即词,词有虚与实。观念是感性的,而概念则是理性的。

范畴,在中国古代文献中最早见于《尚书•洪范》。范是法,畴是类。范畴是最高的哲学概念,它也是词,也即概念,但与其他概念有所分别,它是最概括最普遍的概念。越是普遍的概念,其所包括的东西也就越多。把无数的实际经验归类总结,化为普遍性的概念,这种概念就成为理解事物的原则,作为法则看待,而非一般的理解。

范畴是最抽象的、广泛的、普遍的概念,是哲学对于一切现象的类的概括。范畴是法之类、理之类,而非物之类。

古代教育的基本问题
(1961 年 4 月 25 日)

一、关于教育的基本问题(概念)

《中庸》开始提出性、道、教,这是儒家最高纲领性的概念,以后历代一直就谈这几个概念。

教育史上除了这三个概念之外,还有师与学两个概念也是基本的。

学的含义有二：1. 学校；2. 学习。

中国古代的教育家所探讨的问题，没有超出这几个概念的范围。古代儒家的文献完全是围绕着这几个问题，若欲按今日的教育学体系去教育史上找东西是找不到的。

二、关于韩愈的《原道》与《原性》

《原道》一篇的写作，有其社会目的，首先是为了区别儒之道与佛老之道，故其所言的道是仁义之道。

《原性》一篇的写作，目的也是如此。

儒家对于道家、对于佛学的斗争是很激烈的，这不仅是思想意识的不同，而且是权力地位相互威胁与斗争。

佛教是在魏晋之后，尤其是六朝时代盛行的，而此时代儒家相反地却很冷落。儒家处此情境，在思想感情上是非常激动的，他们就想以儒家道统与佛家学说相对抗。韩愈的《谏迎佛骨表》就是在这种情况下写成的，从文字上可以看出他的情绪是极为激动的。

儒家对于道、性、情、识的理解，与佛家大不相同。佛家认为儒家内容极为贫乏，甚为藐视。儒家虽与佛家对抗，如唐代韩愈，为反佛卫道而写了《原道》、《原性》，但内容确极贫乏，没有一点是打击到佛教的致命之处。

儒家反对佛家的战术，到了宋代有所改变，张载、程颢、程颐、朱熹都读佛经，先研究论敌的思想，出入于佛家几十年。

佛家有死后升天或入地之说，着重于未来而不谈现实生活的改善。韩愈没有抓住关键问题，故不懂得怎样更有效地反对。

宋儒与韩愈不同，他们吸收佛家的优点，援儒入佛，故程朱、陆王两派都与佛学分不开，后来的王夫之、颜元都说他们不是儒而是佛，这是有根据的。

宗教思想上的斗争是很激烈的，《原道》之作就是为了与佛家、道家划清界线。但唯心主义是不能打倒宗教的，能打倒宗教的只有今日的科学。为了说明儒家之道优于佛家之道与道家之道，韩愈就从尧、舜、禹、汤、文、武、周公谈下来，说明自古以来仁义之道就好得很，比其他家都要优越。这种斗争方式未能打倒佛与道两家。

韩愈对于佛家的斗争是为了保卫儒家文化,他感到若不奋起斗争,儒家文化就将要灭亡。他对外反佛家,对内还要反对道家,韩愈进行内外两面的斗争,结果都是失败。

后来的宋朝学者,学问比韩愈要高些,他们实际上把儒学与佛学的概念统一起来而加以研究,故后来分不清他们是儒家或是佛家。为了打击佛学而学佛学,这就是宋代的"理学",用"理学"的名称较为确切,用"道学"就不太好。

三、承续性问题

用承续性的提法要比用继承性的提法好些,因为:(一)连续是不能割断的,这是自然过程,不是有主观意图而人为主动的意思;(二)承续说明后人要从前人的思想材料出发。

历史时代的不同,教育制度、内容也都已完全改变了,教学方法也必然随之相应地改变,所以教学法上也无相同的东西可以直接继承。

教育史是一门专门史,为了保存中华传统文化,了解历史发展过程,总结教育经验,需要有专人从事研究。

性与情概念的提出及其内容
(1961 年 4 月 27 日)

性与情、天理与人欲等概念都是出于《礼记·乐记》,七情之分则见于《礼记·礼运》:"何谓人情?喜、怒、哀、惧、爱、恶、欲。"好、恶是最基本的情感。

对于性的理解,孟子只说有仁、义、礼、智之端,要扩而充之,使其发展。

到了汉代,就说性具有仁、义、礼、智、信。早在董仲舒之前就有此种说法,后来相当流行,成为普遍的说法,还进一步与五行相配,仁、义、礼、智、信就称为"五常"。

无神论思想家
（1961 年 4 月 27 日）

说起无神论就要提到范缜。范缜以佛学为抨击对象，其无神论思想所以光辉是由时代条件造成的：一、他宣传无神论思想活动时代较早；二、当时梁朝佛教势力极盛，他不屈不挠敢于坚持批判斗争。

在范缜之后，著名的无神论者就是刘禹锡与柳宗元。柳宗元的《天说》只是小品文而非系统性的著作，这篇文章的特点在于：一、表明韩柳的思想有对立的方面；二、表明他的无神论思想；三、文辞好。他的无神论思想还体现在其他的文章中。

在考虑和领会他们思想的时候，必须从具体历史实际出发。研究任何一个古代思想家，都必须想象他们的物质生活和文化生活条件，否则就不能理解他们的思想主张。看《历史图谱》，对于了解古代的物质生活与文化生活，帮助极大。

编写《中国古代教育史》先要认清一些问题
（1961 年 5 月 2 日）

编写《中国古代教育史》必须注意，观点与资料要结合起来，不能用理论公式去套。过去教育史的研究者总归先有些题目，然后去找教育史资料，如：一、教育的作用，可能与必要；二、教育目的；三、教育内容；四、教育制度；五、教育过程；六、教学方法；七、学校与社会政治、家庭的关系等。这些是近代资产阶级教育学的题目，拿来去套中国古代教育，立了条目，然后去挑选资料，这种做法，一直影响到我们现在。这样去搞资料，在观点与方法上都有问题，古人的著作中，各个问题都有其有机的联系，把它加以割裂是很幼稚的，歪曲了古人的思想面貌。能认识这点，就已经是进步了。

《文选》的办法比资料好得多。编资料分类编列，花巨大劳动，带有编者的主观性,割裂了有机的东西,这是人为制造历史的假象,而非历史的真实。《文选》提出原文,保存原来的面貌,这种做法毛病较少。这点是可以自信的。

教育史与教育学史是有区别的,教育史可从原始社会谈起,因为教育是永恒的范畴,教育学史只能从有教育学开始,也只能在此范围内研究。

苏联的教育学史对于这些问题很明确,解决得好,他们写的教育史没有脱离教育的实际。但我们有些人自以为学问博,硬要超过这个范围去谈教育史,在教育史中去谈起其他非教育史的问题。例如黄宗羲、王夫之实无教育学可言,硬要加以分条目,就不真实。托尔斯泰有实际的教育活动和教育著作,教育史上只从这些方面去谈,而不涉其文学著作。

教育史的范围应当确定,否则就与思想史无区别。明确了教育史的范围,就可以不谈老子,老子是无教育思想可谈,实在没有。

要谈中国古代的学校制度,这是真实的历史,史料也极丰富,做这一类的科学研究工作,总会有成果。

要写中国教育史,有些先决问题要弄清:一、教育制度与教育思想的关系;二、哲学思想与教育思想的关系。

从中国的历史来看,实际上只是儒家担负文化教育工作,所以谈中国教育史就不应超出儒家的范围,这是历史真实。

王夫之的《知性论》
(1961 年 5 月 4 日)

王夫之教育思想文选,可以增加其文集卷一的《知性论》一篇。此篇把历来论性的问题作了总结,儒、佛、道三家的思想皆包括于内,唯文章不大容易读。有了此篇,《正蒙注》可以不要选。

章炳麟评论历史人物
（1961 年 5 月 5 日）

章炳麟是清末民初一位经学大师,在其著作中,对前代名人都有评论,自章学诚之后,少有这样人物。侯外庐所编的《中国思想通史》在评论人物时,常引用他的观点。

章氏的书,我们应先读有关的,如古代的诸子百家、颜之推,如近代的《释戴》、《非黄》、《正颜》等。

章氏对提及的每人的为人品质,都有所评论,他认为颜之推生在当时,不随波逐流,朝秦暮楚,而能教育自己子弟求学问,不是为了献媚取官,思想行为表现甚好。

有人对颜之推的重要性认识不足,这是不对的。《颜氏家训》反映了那个时代的学术,如果要寻求那个时代教育上的代表人物,除了颜之推而外,没有第二个更为合适的人了。

黄宗羲的《明夷待访录》是一部政论书,设想一个他所理想的社会图景。"明夷"两字取自《易经》,意思是蒙难,"待访"是以箕子待问于周王的故事自比,故此书还是期待清朝采用的。章氏对此有批评,认为黄氏在这点上品质较差。

对于王夫之,章氏认为他有学问,思想品质较纯洁。其次是顾炎武。颜元也被认为思想品质不错,有复明的思想,可是学术上无更多创造贡献。

章氏对于戴震推崇较多而批评较少。

选举与科举
（1961 年 5 月 11 日）

一、对于选举和科举要有明确的概念

《周礼》就已谈了选举,但当时实情后世难知。只有到了汉代,选举的事,记载较为详细,才认为可信。

在古代，"国之大事，唯祀与戎"，贵族为了祭祀和打仗的需要，考士的课目有礼、乐、射、御，前二者为文，后二者为武，文武合一。

汉代确实实行过乡举里选。至三国始改变选举，而实行九品中正制度，把士人分为九等，进行按等提拔，这种制度，后来演变为科举。选举是为了找出辅助的人才。

在古代利用科举选才是一个好办法，中国有这种制度，外国没有。科举在选拔人才上有其特点，为外国学者所称道，且认为对世界有影响。

实行科举，布衣可为卿相。布衣之士，仍然是中小地主家庭出身，这样一来，可以模糊阶级界线，调和统治阶级内部矛盾。

科是分科、科目，举是上举。科举就是分科考试以选拔人才。

汉代的选举就已分科，如孝悌、力田、贤良方正等等，但未采用考试，而是乡里选举。当时社会舆论的压力很大，为了取得利禄，弄虚作假弊端百出。选举和后来的科举两者有联系，但不要混淆。科目不能讲几种，科举制度是一个，其中再分科目、名目。

二、任命官吏的问题

从唐代开始，考试和任用分开管理，礼部管科举考试，吏部管官员任用。

科举考试被录用之后，还不能立即获得官职，集合在一起候官的人有几种处理办法：（一）等候补缺，（二）入太学为太学生，（三）到地方去当学官。

任官的时候还要选，名曰"铨选"，按照次序入选，又称"铨叙"。

三、王安石变法

王安石变法也对科举实行一些改革。

王安石的变法是适合时代要求的，但是他没有好的可靠的人才为助手，他本身又很固执、刚强，又有脱离实际，在采取措施上与大地主阶级的利益相抵触，故而造成历史悲剧。

西欧的学者都把王安石比为中世纪的僧侣集团，僧侣（三个条件——贫穷、贞节、服从）有殉道的精神。

正确看待董仲舒

（1961 年 5 月 13 日）

称董仲舒为神学家实在不恰当，但称为"儒家神学"可能确切些。

一般人单看贤良对策的文字，而不了解历史实际情况，以为罢黜百家、定于一尊、统一学术思想是董仲舒的作为，其实这不是一个人所能左右决定的。

董仲舒在贤良对策之后，并没有立即做大官，而只做江都相，相当于县秘书而已。汉武帝并未重用他，并且因为他讲阴阳灾异的事触犯了汉皇朝，差一点被逮捕。

公孙弘与董仲舒同时参加对策，皆被赏识。公孙弘做了宰相，排斥董仲舒，故董仲舒一直是不得志。

漫谈中国古代教育史的一些问题

（1961 年 5 月 14 日）

一、《周易·系辞上》有"观象制器说"，有人拿"观象制器说"去说明原始社会。细加思考，"观象制器说"不足为原始社会的说明材料。

二、先有八卦或先有文字？从常识来看，应先有文字而后有八卦。八卦是很严密的，不能先有八卦而后有文字。郭沫若关于八卦和文字关系的说法是可以相信的。

三、谈夏代的学校，应引用最原始的材料。不用最原始材料而用《通典》，实是不伦不类。

四、小学的课程有"六艺"，这种说法是违反常识的，小孩不能学射御。处于成长过程中，体能还不够。

学龄的概念是专门术语，这是 19 世纪时资本主义国家用法令规定的入学年龄。对古代的教育不可说有学龄与学龄前之分。

五、引用《诗经》最好用今译较为便当。《国风》不能说是"周人的民歌",周人一般限于周族,如说"周代的民歌"就比较接近于正确。

六、孔子的教育内容,有人说他实行文、行、忠、信四教,这种说法不可靠,忠信与行是分不开的。有人说他重视读书,其实那时没有什么书可读。

七、一般谈中国古代的教育轻视劳动,都强调孔子的影响,这是违反历史唯物主义的。历史唯物主义要求对任何一种社会现象都要从经济基础去找其最终的根源。

八、在韩愈教育思想中,《原道》一篇是战斗宣言,该用较大篇幅来讲《原道》、《原性》,而《师说》不占重要地位,故只能说有些原则可以肯定。

九、中国古代历史上的重要学术争论

(一)盐铁论

(二)白虎通议

(三)朱陆之争、朱陈之争

十、学中国教育史要先看三部书

(一)中国历史

(二)中国思想通史

(三)中国教育思想史

十一、写中国教育史,应注意两点:(一)在写法上要虚实结合,有的重点写,有的略微带一带;(二)在文字上要照顾古文修养差的人读此书的困难,用现代语言,论点压缩一些,看起来就较容易。

《古代教育文选》体现历史事实
(1961 年 5 月 17 日)

《中国古代教育史资料》一书,是以传统的儒家为中心,这是近于历史事实,道家、法家谈教育很少,过去未选,这次《中国古代教育文选》也未选。

《中国历史》提到《韩非子》的《五蠹》和《显学》,尤其是《显学》以攻击儒家为主,可加入《文选》,以显示那个时代的对立斗争。

理与器的问题
（1961 年 5 月 17 日）

"理"就是法则，法则早就存在，但是到后来才被人发现。

法则与事物的关系也就是理与器的问题。凡物皆有法则，也即皆有理，故宇宙之理极多，而人所知道的还极少，人类不能骄傲，不知的东西还很多。

理是宇宙之理，是客观的。理与器是区别的，但不能离开，宇宙是有法则的，这法则就体现在人、动物、植物之中。法则与事物、理与器是对立的，如说理是反，器是正，反之反就是正，精神的东西变为物质，这样一来，似乎要以物质灭掉心灵。

黑格尔认为整个宇宙的发展是一个正反合的过程，物质世界的逻辑应当是其相对的东西，不是物质而是物质的理，也即是宇宙之理存在着。但理又不可离开物质，故说有理即是无理，前提不能存在，才说有已经无，这正如周敦颐的无极而太极、有产生于无的说法同样。

理在器中，器中见理，要以宇宙为本位，不要以人为本位。但人是构成宇宙的最重要部分、最自觉的部分、最有明确思想的部分。

宇宙是一个统一体，其大脑在人，"人者，天地之心"。（《礼记·礼运》）人自觉来想宇宙之理，如无人类，宇宙之理不明，宇宙藉我而明其理。

人为发现宇宙之理而斗争，这是逐步达到的。牛顿是宇宙中极小的部分，其发现的定律也只是宇宙全部理的一小部分。

人是宇宙的一部分，而代宇宙讲理，这也就是自言其理，此所谓自觉，宇宙靠人而自觉其理。宇宙原是自在的，至人而有自觉。

能代宇宙讲其全部历史与全面的理的人，就是圣人。

人与天地万物为一体，是其中的一部分，但人是最自觉的。如此说，人可以代天说话，代天说得对则行，说得不对则要被打倒，由别人来代替。

唯心主义的宇宙观

（1961 年 5 月 19 日）

一、宇宙是个统一体

（一）各部分有不可分割的联系。

（二）整体决定部分的性质。

二、宇宙的发展是辩证的

（一）逻辑上的发展，逻辑是宇宙发展的法则。

（二）正、反、合（统一）。

（三）正（自我、主体）→反（非我、客体）→正反统一、主体与客体统一。

三、人的发展也是辩证的

（一）人的发展是自我的非我化。

（二）人一定要服从，越是服从就越伟大。

四、要承认自由才有责任

（一）自由是必然的相反，宇宙之理是必然的。

（二）以宇宙之理为必然之理，法律体现此必然之理。

皇帝要体现宇宙的意志，以宇宙之理为我之理。

以皇帝的意志为我的意志，这就是自由。

相对的一些概念

（1961 年 5 月 24 日）

一、"天地之性"

有的称为"道"，有的称为"理"。对于道，存在有不同的理解，有的作理解释，有的作规律解释，而老子则作宇宙的本体解释。

"天地之性"四字出于《孝经·圣治章》："天地之性，人为贵。"到张载时首先提出"气质之性",性始为"天地之性"与"气质之性"两方面。

二、太极与无极

"太极"一词出于《周易·系辞》。"无极而太极"之说是周敦颐首次提出的。这都是探索宇宙的根源所提出的不同说法。

三、形神存灭

范缜反对佛教,提出两个基本命题:"形存则神存,形灭则神灭。"这样并未能解决问题,因为形不灭,则神也不灭,佛教是主张神不灭的,就是要摆脱人的轮回之苦,教人不受个人意识的欺骗,去掉一切人欲而自觉,认识规律而不上当。

四、赏与罚

教育的开始是赏与罚,做得对有赏,做得不对就有罚。原始社会是野蛮的,不可依《礼运》篇把它理想化了。

对历史要知其源也要知其实
（1961 年 5 月 27 日）

一、致良知

"良知"的概念见于《孟子·尽心上》。"格物致知"见于《礼记·大学》。合两个概念即组成为"致良知"。

二、汉代太学

汉代太学有三万人并不稀奇,因为有学问的人都在太学,要求学问就到太学去,登记个名字在太学,并非长期都在太学学习,随时来随时去,太学很像个大旅馆。

"学"不仅是学校,其用途还多,凡举行典礼、养老、献俘的活动都在其中。

三、墨子的团体

墨子和他的门徒,组成半宗教性的集团,以"有力相营、有道相教、有财相分"[1]为教条。这样的团体,有严密的组织。

―――――――――

[1]《墨子·天志中》。——编校者

四、孔子的私学

孔子若有三千学生也是大约的数字,并非同时就有三千。孔子的私学也不是真正标准的学校,其所教的东西也极有限。教礼乐,这是要演习的,但他缺乏器物。不教写与算,那时也无书供给学生,故《论语》不讲读书。

关于《大学》问题
(1961 年 6 月 8 日)

一、大学与小学相对的说法既无内证也无外证

郑玄注《大学》云:"大学者,以其记博学可以为政也。"认为博学可以为政,是大学的本旨,这是内证,而外部无反证,这比较谨慎,可以作为依据。

朱熹的说法见于《大学章句序》,认为大学与小学相对,与郑玄差别很大,这种说法要有较多的说明,可惜他未能提出充分的证明来。

二、宋代对《大学》的看法分为两派

朱熹一派强调"格物"。

陆九渊一派强调"致知"(到王守仁时则强调"致良知")。

明代的王守仁说大学为"大人之学","大人"从其社会地位来讲是统治人物,从道德上讲是有德人物,此说法有内证,《大学》的明明德至治国平天下,可解为"大人之学"。

三、程朱提倡《大学》作为《四书》之一,是历史上的大事

《大学》一篇对于后来的影响很大,其所讲的东西有的成了传统。

《大学》立于学官,成为官学传授的课程内容,国家规定的注释,是科举考试的依据,不能随意作别的解释。

四、朱熹说《曲礼》、《少仪》、《内则》、《弟子职》是小学

朱熹的说法是主观的,没有根据。

《弟子职》是战国时写成的,郭沫若说是齐稷下之学的学规,是大学的学规。

朱熹不重视《学记》,在其语录中未曾提到。

五、《大学》讲的是政治而非教育实践

外国的学者,不理解为大学,而译为"伟大的学习"。

六、不要有"历史错觉"

对待历史的东西,要还其本原面目,按原来的实际意义加以理解,不要有"历史错觉"。现在对于庠序、大学、小学、学令等等都是些空谈,实际上不是那样。用较确切的话来说,庠序就等于礼堂,太学等于旅馆,府州县学等于文庙。

七、研究孔子需要做些历史比较

(一)和以前的占卜、刑罚的历史事实比较。

(二)和以后的而且是外国的耶稣比较。

否定孔子的最先是王充,其次是刘知几,更后是章学诚。他的批判比前人都更彻底一些。

八、客观看待不同来源的文献

不同来源的文献,其思想体系不同,不必求其一贯。企图求其一贯,反而不合逻辑。

孔子的教育思想应与时代联系

(1961 年 6 月 12 日)

一、中国的奴隶制社会开始于夏朝,这是无可怀疑的。以前的尧舜不过是酋长,由选举而产生,故有禅让。而从夏朝起则有帝王有国家,故可视为奴隶社会开始。

二、晋朝时在汲郡发现一古墓,其中随葬有许多竹片,整理出来成为《竹书纪年》一书,从夏禹时记起。虽然夏朝还无文字发现,但从夏朝开始已经有历史记载了。

三、研究孔子应该把他与周公等联系起来,这是应当的,但更重要的是要与春秋同时代的人联系起来。

四、《论语》中的"文"不可理解为文学、文章,"文"主要是礼仪节文,包括服制在内,但不一定扩及乐。至于"行有余力,则以学文"[1],也是可解释的,这指的是家庭子弟的"入则孝出则悌",非指庙堂。礼乐是不能与诗书绝然分开的。

五、"民可使由之,不可使知之"[2],此话在过去从未解释为愚民政策。因为孝悌之道理,不是一般人都能了解的。群众可以深耕密植,但未必能说出其道理。民众是真理的体现者、实践者,但未必能清楚说出真正的道理来。

从《中庸》的问题谈对待经书

(1961 年 6 月 17 日)

《中庸》的成书是杂凑的,故无一贯的主张。不如今日的文章有结构和次序。过去的学者不了解,以为《中庸》作于一人,从来就是如此样子。只有到章学诚才改变这种看法。

《中庸》书中的每一条,前后都不能统一,但每一条都可以作为引起后来思想家每个观点的环节。

《中庸》有"九经"一段:"凡为天下国家有九经,曰:修身也、尊贤也、亲亲也、敬大臣也、体群臣也、子庶民也、来百工也、柔远人也、怀诸侯也。"此段讲政治,可与《论语·尧曰》对照起来看。范文澜对此曾有评论。

王充对过去的书有怀疑,《论衡》有十几篇是批判假书的,这也体现《论衡》一书的基本精神是要求实效,反对虚妄。

郑玄的态度与王充不同,他认为过去的书都是可靠的,各种要连贯在一起,并根据师说来把它贯通。守师说来做学问,对文化的贡献很大。他们的态度谨严,依靠他们的传述,后来的人,才能考证古代的制度。

总结前人的研究结果,看待经书的基本态度应当明确:经与经不能打成一

---

[1]《论语·学而》。——编校者
[2]《论语·泰伯》。——编校者

片,各经中的各篇也不能相连,而应看为单独的一本,每篇中的各条,也不能连在一起,所以不要牵连附会。如《礼记》与《周礼》不能连在一起,《礼记》内部各篇不能连在一起,而《中庸》的各条也不能连在一起。总之:第一,各经不能会通;第二,经中各篇不能会通;第三,篇中各条也不能会通。

梁启超的《中国近三百年学术史》,谈到乾嘉学者的成就,他说:"凡是专攻一礼的都有成就,凡是要打通'三礼'的,就搞得糊涂而无成就。"故其时只有专搞《仪礼》的四家有成就。以后孙诒让研究了二十年,作《周礼正义》八十卷,其依据是郑玄的注,但不完全跟着郑玄,郑玄欲打通"三礼",孙诒让则反之,博采众家之言,校正郑注,大部分肯定,而欲打通"三礼"之处则校正,故孙诒让有成就。

文字解释一定要根据古代的字典或注释。凡是牵涉到观点理论的就不可能采取,而要自己重加考虑。

古人的生活条件与今日大不相同,科学知识也根本没有,这个概念要树立。

要真正专门的教育史
(1961 年 6 月 19 日)

要讨论先秦诸子的叙述方法,这也牵涉到以后的叙述方法问题。

教育史究竟是政治思想史或学术史,或是真正专门的教育史? 像过去那样写法,有点像放风筝,是在经济、政治之后,带着教育尾巴。

专门、详细、深入研究古代教育、教学的理论和实践,只有这样做,才能改变教育史的面貌,今后一定要这样做。

以先秦诸子的情况来看,历来的研究者都是平列地来评论,荀子的《非十二子》、韩非的《显学》、《淮南子》的《要略》、《汉书》的《艺文志》都是如此。在学术上几家可以平列,《通史》就是这样的做法。但在专门的教育史上,其重要性就不同,就不能各家平列。在历史上实际占有重要地位的,就该让它突出。同时一家之中各方面的问题也不能平列,只能在关于教育方面着重加以叙述。解决了前一问题,也就解决了后一问题。

教育上最重要的是儒家,客观历史事实一直是如此,教育史上是以儒家为中心,它转变成为正统的思想。其次,重要的是法家,这是因为它在历史上一贯作为儒家的对立面。基本的对立面就是儒法,这一对立是起源于原始社会进入奴隶社会有了阶级开始,一直就有了对立面。原始社会的赏罚,很重很分明。进入到奴隶社会,刑罚则很残酷,不用暴力,阶级制度建立不起来。儒家说商朝的刑罚重,但在《尚书》中记载很少,不过古文《尚书》所记的刑罚很苛刻,其法有三千,三千之数不可尽信,但刑重则可信。《尚书》经儒家修改删削之后,很有文明的影响,但孟子早就说不可尽信,即使其中《吕刑》一篇,所说的也有五刑:墨、剕鼻、荆(也作腓)、宫刑、大辟。孔子对这样酷刑当然认为不仁,故对穆王允许用罚钱币代刑,认为是仁政。

在孔子之前,法家代表是子产,子产主张宽猛并用,叔向反对他,但说,这是合乎当前事实的。后来的孔子对他的宽猛并用很赞同。法家主张"导之以政,齐之以刑",儒家则认为"导之以德,齐之以礼"。此后儒家的政治活动没有不失败的。他们之所以有这样的主张,因为他们是教育家,强调教育,先说服然后用刑罚,他们是仁道主义者,不适合当时的社会情况,各国的君主都不能采用他们的主张。

与儒家对立的是法家,法家主张的刑法,这是统治者必然要采用的。除去"法"之外,法家还要讲"术"。

作为儒家对立面的法家,应当要叙述他们,但他们正面的教育主张则没有,谈法家正好说明儒家的重要。

对墨子思想新的看法会改变教育史的面貌
(1961 年 6 月 19 日)

墨子思想有很大的积极意义,其思想有多面,与教育最有关的是逻辑的思想,这恰是儒家所无。墨学失传,对学术影响很大。谁作这六篇(《经上》、《经下》、《经说上》、《经说下》、《大取》、《小取》),对我们关系不大,我们的问题是这六篇的内容是思想方法。

儒家的逻辑是权威,凡周公、孔子所说的就是对,证明是周公、孔子说的,就是证明了真理,故以后的考证都是这种保守思想的表现。

过去以逻辑难而不述,不问其对教育重要不重要,这是不对的。

解决了前面的问题,对于秦以后教育史的叙述面貌就大有不同。要注意多谈与教育直接相关的问题。

汉以后有考据、辞章、义理三种学问,这些都已成为过去,但在历史上有长期影响的是教育内容、积累的传授经验和方法。

郑玄所传的是两种学问:儒学、律学。唐律是根据郑玄所传的律学而订的。经学考据的传授,有经验积累,有现实意义,两千年来都是如此。

辞章是教育的内容,其传授也有经验可以总结,这种经验不仅可以保存,而且有现实意义。

理学的内容没有意义,但其方法则可研究,其思考辩论方法远超过先秦,他们也吸收了佛学。

戴东原的《孟子字义疏证》,讲的只有十几个字的概念,侯外庐以为这不及王船山,我则认为大大超过王船山,他是偏重于逻辑分析。

因为"礼不下庶人,刑不上大夫"[1],所以凡是"礼"书,如《周礼》、《仪礼》、《礼记》等等,所记的都是统治阶级的礼,而不记劳动人民的,吕思勉认为是一个缺点。

《周礼·考工记》所记的是官制,而不是记载劳动经验传授,所以以《考工记》为据来谈劳动人民的教育是应当再进一步来研究的。

---

[1]《礼记·曲礼》。——编校者

孟子有人民性,不只有民主性。他回答梁惠王说:"仁者,以其所爱及其所不爱;不仁者,以其所不爱及其所爱。"[1]明太祖下令禁读《孟子》,除去孔庙中孟子的牌位,因为《孟子》有"民贵君轻"的思想。

孟子之时,还没有《大学》。《大学》成书于汉代,孟子当然不会见到,不能与孟子联系在一起。

儒家所传,以诗、书、礼、乐为内容,而以礼为中心。

《礼记》中的《大学》、《中庸》都是谈政治的,与教育的关系并不大,而《乐记》与教育的关系则大。另外还有《孔子闲居》谈教育问题,《儒行》、《表记》谈教育的多。各篇都要研究分析,对《礼记》的看法就会改变,现在受朱熹的观点束缚太厉害。

讲述汉朝教育制度要符合历史实际
(1961 年 6 月 26 日)

汉朝是在公元前两百年至公元后两百年。西汉两百年,前八十年与秦朝的政治制度无大差别,从统治者到人民都一样。只有到汉武帝时,改正朔,易服色,才起了改变。这从董仲舒的对策中可以看到,在此以前未改变,到这时建议改善。西汉初年,儒家学者很少,较有名的是叔孙通、贾谊等人。

秦始皇做了很多事情,在教育上也是如此。例如文字由大篆改为秦篆即小篆,后来又简化,至汉朝变为隶书。文字的统一,趋于简易,关系教育极大,识字教育就较以前容易。

除文字外,还进行统一思想,其措施之一就是焚书。那时可烧的书很少,有的要烧,有的不烧,例如《周易》就不烧。

学术照样又集中在官府,秦设博士,由博士管各种学问,其时可能有私自藏书。秦朝的刑罚、徭役都很重,这些在汉初都有所改革,在文教上也都如此。

---

[1]《孟子·尽心下》。——编校者

汉初文景之治七八十年,社会安定,生产发展。

汉武帝有雄心大志,在扩大疆土统一之后,就想发展文化,于是就改正朔、易服色,起用儒家学者。

贤良方正是较为高级的选举,孝弟力田是低级的选举。董仲舒从文帝时就是以贤良方正作为博士,在学术观点和政治主张上与汉武帝差不多。

汉武帝尊重儒家,就增设儒家博士,名为五经博士,共十四人,每经都有两三个博士。《尚书》三博士,称三家。十四博士就有十四家。

据说伏生传《尚书》,他自己背熟,又藏一套在墙壁中,到汉朝时不禁书,他就进行传授,共传三个弟子。文帝想搜集书籍,继承旧文化,派晁错从长安到济南,晁错到济南见伏生,伏生当时已九十余岁,话说不清,只好由伏生的女儿传授,因语言不通,晁错勉强记下,也只有懂十分之三,十分之七弄不清。

其时传经的都是老头,传《诗》的申公也是如此,所传同出一源,经文一样都会背,但解析不一样,一种解释就是一家。当时获政府认可的五经是:《书》28篇、《诗》305首、《礼》17篇(《周礼》还没有出现,《礼记》是汉人收集文献材料编写的)、《易》仅有卦辞爻辞、《春秋》有《公羊传》等。五经是很简单的,其时无《周礼》、《毛诗》、《左传》。每经都有经文、经说。

经文:第一代传下来。

经说:弟子们所传的解释不同。

博士各传各说,一个博士只传两三个弟子。其时的经文都可用文字写于竹简,便于传播。

但是民间中所传的还不只这几家,各地都还有师传、家传,除五大经之外,还有《论语》、《孝经》,流传也很普遍。

董仲舒是汉文帝时的博士,是老博士,处于大师的地位,在公羊学上是自属一流,如伏生之传《尚书》,地位很高。那时博士在政治上的作用不大。

五经的传授都有两套,有正有副,有表有里。正的是经,副的是"纬",各经都有"纬"。经是公开讲的,是外学。七纬(六艺加《孝经》)是不公开讲的,是内学,据说都是孔子的预言。这是经师的一种法术,可以未卜先知,预知吉凶,皇帝要请他们为顾问。皇帝看灾变很重，发生灾变总认为与己有关，要找经师咨询应对的办法。

当时灾变的思想很普遍，所有的人都如此，并不是董仲舒一人的思想。现在有的人把它归之董仲舒，实是误解。反对灾异思想是到桓谭才提出的。

以上是今文。

到王莽时经学才起变化，与刘向父子有重要关系。

刘向的思想与董仲舒一般，其知识很广，搜集所有书籍，编成目录。其子刘歆，学问广博，所见的书籍也很多，他认为各个博士各传家法，孤陋寡闻，因此提出几样新的东西：

1. 《左传》
2. 《周礼》（周公作）
3. 《毛诗》
4. 《古文尚书》

刘歆要求为此增加四名博士，但受到各位博士的反对，而王莽则表示支持。此四样为"古文学"，懂得人很少，只有秘本，别人不得见。

东汉光武时又废古文学，但已经传播开，无法包住，主流虽然还是今文，而古文已有人去学习，在民间流传。

东汉时兴太学，太学生数量较多，住在洛阳等候派差事。当时要学习知识只有到洛阳，在那里可以看到博士，见到书籍。太学周围有学舍，可供住宿。

太学是行礼的地方，无定时教学的事。

在民间私学传授很多，多了就杂，家法就乱。古文也传播开，马融、郑玄几乎成为古文派。

郑玄长于"三礼"，《仪礼》、《礼记》可以说是今文，而《周礼》则纯是古文，他实际是集今古文之大成。

在东汉纬学也发达，光武提倡纬学，这与他的受命相关，为维护纬学，甚至要处死桓谭。

此时也产生"谶","谶"更为荒谬。

民间传的东西多,多了就失其真,故王充著《论衡》给予批判。

纬谶之学,到隋炀帝时才下禁令,加以焚烧。

在民间,也有学术科技的流传,如张衡的天文学,就是民间所传。

郑玄的注,流传至唐,孔颖达、贾公彦又加以疏。

宋朝完全肯定专讲义理,王安石就有《三经新义》。

到清朝乾嘉时,才恢复东汉的古文,称为"汉学",是搞考证的。至咸丰、道光时,又恢复西汉的今文。古文、今文之争影响到教育,只有到辛亥革命时才结束。

郑玄推崇《周礼》,一切解释全依《周礼》,凡与《周礼》矛盾的,都说讲的不是同一时期的事,都是夏商的事,而不是西周的。

今文是有较严格的师法、家法,而古文则无师法、家法。现在的《十三经注疏》,除了《公羊传》外,其他全都是古文。

今文、古文的分别有三:

1. 对经的概念不同

2. 经说的内容不同

3. 经说的方法不同

西汉正统的观点,也是今文派的观点,认为六经是孔子写的。古文派认为经产生在孔子之前,如《易》就是伏羲、文王作的,其他的大半是周公作的。章学诚认为"六经皆史",他把六经归之于周公,王国维也是如此。

在内容上也有所不同。博士有学问,有经学也有纬学,作为法术,以其议论来影响政治。西汉博士都讲"通经致用",各经都可以用于政治上。古文派的人都不问政治,与政治的关系较少,他们都在民间,所以是为学术而学术,经说的内容较多。

在方法上,古文派专讲"名物训诂",名称、器物的考证,字的解析考证,是比较琐屑的。而西汉今文派则求"微言大义",从经文可以看出,但更重要的是经师的发挥。所以"微言大义"与"名物训诂"就有分别,一重理论,一重史料实际。

经的名称,最早出现于《礼记》的《经解》。

儒家是认为一切民是可以教的,如果否定民可教,也就否定儒家自己。儒家以教化代刑罚,但这种教化非今日的普及教育,而是"礼为之防"。

董仲舒是阴阳家兼儒家,这从《汉书·五行志》中可以看到证明。后来的儒家一贯推崇董仲舒,王充、韩愈、朱熹都很尊重他。这与他会写文章也有很大关系,经师文章好的人并不多见。会写文章并广泛流传,就显为杰出人物。

在历史上儒家一直是有内部斗争,并不是定于一尊之后就平静无事,刘知几、王充都对孔子的权威加以否定,并揭露《论语》与《春秋》的一些矛盾。

中国的文化,起先都在北方,尤其是集中分布在黄河流域的中下流。到三国时就开始逐步南移。

重视儒家思想发展变化的研究
(1961 年 7 月 3 日)

对于每个古代思想家的研究,总要认真读其原著,读得越多越好,这样可以比较全面了解,不会片面。

思想发展有其连续性,中间有过变化,由前到后有中间环节。

在未熟识历史以前,许多人总把孔子或儒学,作为两千多年中国思想的代表。但从汉代起就没有人晓得孔子所讲的是什么。虽无证据来否认西汉经师的教育形式和内容是孔子的东西,但把孔子说成是西汉的博士所介绍的那样,也是值得人怀疑的。

两汉的儒学,已不是孔子的东西。孔子之后,儒家分裂,所传已失其真。实际上,孔子死后,儒学就绝,后来的人不过借其名以自重,来树立思想权威,以保护统治。

汉代儒学已有变化,而自魏晋以来变化更大,南朝有一时期四学并列。实际上此时儒学已不行,两汉的儒学已不适合此时社会战乱的需要。

在此混乱时期,传来了佛学,转移对现实失望,而把幸福寄托于美妙的将来。此时儒、道、佛三家并列,而主要内容还是佛家的思想。

学校衰废,家学兴起,所以那时任何一种学问的传授都是靠家学,而不是靠太学。《颜氏家训》体现了家学的传授,在这一时代它是代表性著作。

历史上优秀的人物,从隋唐以后都到佛学和文学方面去了,很多世家大族通经的弟子都去讲佛学,并有很多人还出家当和尚。

玄奘从印度取经回来后,全力从事翻译,但从未攻击儒学。而且其译经之时,还有儒生、官员、文学之士去帮助。玄奘是法相宗一派,所传唯识论,讲因明,作心理分析,最终的结论就是:心理意识都是主观的。这种内容和译文都不容易流传。

与韩愈同时的澄观,学问极博,是华严宗的代表,他用己意注佛经,为了说明道与儒皆不及于佛。

宗密著《原人论》,有较深的理论,受当时学者关注。

华严宗是中国化的佛学,把儒学与佛学结合起来。

天台宗则完全讲修身之道,智𫖮是创始者,是中国化的佛学第二派,内容是佛,形式是儒。智𫖮也是世家大族出身的。

禅宗,是由印度传来的,他们最主要的主张是"不立文字,直指本心"。他们不读经,因为读经要有文化,不容易推广。只要念佛,不需读经,而可成佛,这样一来,信仰者广。其第六代大师慧能,是寺中挑水者,根本不识字,但他作为禅宗信徒,能悟禅宗之道。做禅宗的和尚,免除了许多义务,不劳动、不服役、不纳税,又可成佛,谁人不为,因此流传极广。他们本来要承担的义务,都转给不出家的人去负担,这是韩愈痛恨他们的原因。

陆九渊受到禅宗的影响,把禅宗思想引入儒学,认为要成圣人,可不读经,他提倡"心学",认为"六经皆我心之注脚",最根本的就是要"发明本心"。

科举制度对儒家传经也有影响,虽设有明经科,但明经出身的并不受重视,做显官的都是进士,而进士的考试不重经而重诗文,大家都趋向进士,重文学成为社会风气,经学进一步衰落。

到韩愈时代,儒学几乎完蛋,国学传经活动趋于停废,私家也很少传授。韩愈自认属儒家,要反佛就要借孔子的旗帜。

文学是唐代教育的主要内容。当时考试都以文学为主,读经是为了引用词句装饰文章。此时要求改变自晋以来的文体,把骈体改为散体,把双行改为单行,把四六改为长短句,这就可以比较容易表达思想内容,也较容易普及,对于教育大有好处。韩愈对于改变文体之事关系极大,苏轼评他为:"文起八代之衰,道济天下之溺。"[1]

其时的私学教育,所传大多是文学,韩愈的传授成一学派,韩门弟子重要的是李翱和张籍。李翱的排佛大不同于韩愈,实际上他吸收佛学,在哲学上比韩愈高明。

魏晋南北朝中,分南北学。北学是以郑学为正统;南学是以玄儒结合为新潮,以道家观点来解析儒家经典,不讲阴阳五行。

朱熹生时的影响,不如胡瑗那样大。

范仲淹很贫苦,生活困难,只得到寺庙中去学习,胡瑗也是如此。其时社会混乱,寺庙在山林,较安定,也有些文献,是学习较为适当的地方,至此读书,难免受和尚艰苦的作风所影响。

范仲淹帮助胡瑗办学,胡瑗认为经文之外,还要有实际知识,这是最大的特色。他们都有改革科举的意向。

宋朝的教育与宋学的特点
(1961 年 7 月 10 日)

宋代(960—1279,10 世纪至 13 世纪)。

---

[1] 苏轼:《经进东坡文集事略·潮州韩文公庙碑》。——编校者

10 世纪在世界上是划时代的。欧洲 5 至 14 世纪称为中世纪的黑暗时期。而以 10 世纪分前后,称 10 世纪以后为再生时期,从此开始才有各国自己的历史。

宋代在世界文化上开头还是领先的,三大发明是在北宋发明的,文学艺术也甚发达。但宋朝的国势是较弱的,不能抵抗外族的压力。

宋代的官学不发达,开头九十年,太学有名无实。到仁宗庆历时,胡瑗入太学进行了整顿改革,才使太学较为充实,才有真实的太学,而仁宗后九十年,北宋就亡了。太学生都在追求利禄,人才都不出于太学。

所以将官学与私学比较,重要的还是地方的私人讲学,书院起了重要作用,教育的重心在私学,讲学无固定地点。私人讲学的纪录就成了语录,这是个别谈话。后来的人数较多,一起听讲,就产生了讲堂,集体讲授即有讲义。讲堂正规化,要有较固定地方和设备,这就逐渐产生了书院。

宋代的地方教育较发达,因为有印书,书多、印数多、体裁多,这对地方教育的发达是有利的。

宋代的启蒙课本可加以重视。

《千字文》据说是梁代周兴嗣所编,不足为据。

《百家姓》编于宋,首字赵,次字钱,钱是吴越之豪族。此书不伦不类。

《三字经》,作者王应麟,属朱熹一派。是否王氏所作,尚有疑问,因过去作者都要假借是名人所作,以抬高自己。

《千家诗》,编者是刘后村,字克庄。他编了《唐宋千家诗选》,而塾学中的《千家诗》则是从《千家诗选》中提出浅近易懂为儿童所能接受的几十首。

《神童诗》,汪洙九岁中进士,被称为神童,传说是他作《神童诗》,实际不是他作,而是无名作者所作。

其他尚有各种传抄、辑录、翻印的教材,是村塾的教本,称为村书。官家弟子不读村书,而读较高级的蒙学课本。

宋学的特点

一般都把宋学和理学等同起来,一提宋学就联系起程朱,而未想到范仲淹、胡瑷等人的作用。

与汉学比较,宋学的特点有:1. 对古代经典的怀疑和批判;2. 对汉唐训诂辞章之学的否定;3. 对佛教的反抗和吸收。

首先谈对古代经典的怀疑和批判。

北宋初的学问家,就不信汉人所传经书。司马光就说:"新近后生,未知臧否,口传耳剽,翕然成风。至有读《易》未识卦爻,已谓《十翼》非孔子之言;读《礼》未知篇数,已谓《周官》为战国之书;读《诗》未尽《周南》、《昭南》,已谓毛、郑为章句之学;读《春秋》未知十二公,已谓《三传》可束之高阁。"[1]这种风气,极可注意。而司马光自己也写《问孟》一篇,可见学者有疑,对青年有影响。

《易》 欧阳修作《易童子问》,说十传靠不住。叶适在《习学纪言》中也加以怀疑。

《周礼》 欧阳修在考进士策中,对于《周礼》,暗示可疑。张载信《周礼》,但也认为该书不可靠。

《古文尚书》 朱熹始终不信《尚书》,不肯为蔡沈作《尚书传》序。

《诗》 郑樵作《诗传辩妄》。朱熹也不信《毛传》,他列了 24 篇可疑。

这种怀疑之风,后来形成凭主观论断。

其次,对于汉唐训诂词章之学的否定。开始于王安石,他组织人帮助而作《三经新义》,变法失败后,书废不用。自此之后,宋代学者都不要汉唐注疏,而由自己来作注,程颐就注过经书。元仁宗皇庆时,1313 年废汉注而用程朱注。七八百年全袭用宋注。明永乐时编《四书大全》,全是程朱派的官书,集起来刻成一部。朱熹之注也一度被废,不是一开始就居统治地位。南宋偏安,程朱并不显达,到了元代则被推崇。

宋理学家极轻视辞章,认为"玩物丧志"。

宋理学家对孟子之后的学者都一一评论而否定;荀子不行,毛公、董仲舒还能得些圣人之意,扬雄才少,对王通认为还可以,但以为《中说》书不可靠,韩愈也

---

[1] 司马光:《温国文正司马公文集·奏议·论风俗札子》。——编校者

被认为不行。

程颐认为至宋有其兄程颢"以兴斯文为己任"。朱熹在《大学章句序》中则公开说："孟子之后,有河南二夫子。"但陆九渊等反对安排二程去承接孔孟的道统。

第三,反对佛学又逐步吸收。唐以后佛学各派已衰而禅宗独盛,故宋学者所攻击的都是禅学,以唯心攻唯心。由于本质是一致的,结果必然吸收,起初是佛学的批判者,后来就变成批判的佛学者,至明朝则达到疯狂的程度。明朝有反禅宗的运动,出了莲池与放心两位大师,是佛教中的颜元、戴震之人,称净土宗,重新提倡研究佛学。此运动并不对理学发生影响。至明末几位大学者才反理学。乾嘉时反理学而复汉学,产生了考证学派。

颜元专挑朱熹来批判,他反对读书,在读书的方法上与朱熹意见不合,而赞成陆九渊"六经皆我注脚"。顾炎武、王夫之二人都只反王守仁,而尊程朱。

关于原始社会文化的研究
(1961 年 8 月 7 日)

原始社会都被称为史前史。但我们关心原始的文化和那时人类的精神面貌。这些虽然历史也研究,但不是它的专门研究题目。

恩格斯的《家庭、私有制和国家的起源》只谈三个问题,而未及于文化。在他的 1891 年第四版的序言中,说明他根据摩尔根的材料。又说根据太诺《人类原始历史之研究》,太诺是英国人。

自太诺之后,关于原始文化的研究,成为独立的科学,超出历史学、史前史的范围,这要根据考古学和尚存的原始部落的状况来研究,要研究他们的语言、宗教、心理,此门学科称为人类学。人类学又分为体质人类学与文化人类学。关于人类学的著作很少,林惠祥有《文化人类学》可供参考。

关于奴隶制社会的教育材料根据
(1961 年 8 月 7 日)

关于奴隶社会的材料,所根据的主要还是《尚书》及《史记·五帝本纪》。

东晋时于古墓中(战国时代魏襄王墓)发掘到竹简,书极多,其中有一部书是《纪年》,从夏商开始,这极为宝贵,可惜此书后来佚失,现在的《竹书纪年》由后人补写成书,不可靠。汲冢《竹书纪年》是战国人追记的,其真实性还待研究。

甲骨文的发现,王国维称之为古史新证,证明《尚书》及《史记》不是无稽之谈,甲骨文的价值就是证明古史,本身价值并不大。

山东龙山发现的称为黑陶,仰韶发现的是各色的陶。按三统的说法,其次序是黑、白、赤,黑色是夏朝的,而仰韶是更早的,但这些东西不能与《竹书纪年》配合起来。

可靠的历史是从商朝开始的。李亚农有《殷代社会生活》,对于文化艺术叙述较多。

郭沫若在《殷契粹编考释序》中,说明一甲骨片(1468片)有教师写,学生临帖,可表明殷代的教学。

有教育理论的古籍,最早的是《尚书》,在商书部分。王夫之的《尚书引义》对这方面作了一些阐释。

一、性习。《太甲上》伊尹对太甲说:"兹乃不义,习与性成。"王夫之解释,性成于习,不是生来固定的,而是生来慢慢成长的,改变了习惯,就改变了本性。

《颜氏家训》引孔子语:"少成若天性,习惯成自然。"《汉书·贾谊传》也有引语,都是根据传说,《论语》中只说"性相近也,习相远也"。

二、知行。《说命》傅说对殷高宗的教导:"非知之艰,行之惟艰。"王夫之就借此题来发扬,批判王守仁。

在《说命》中,关于教学的问题,再三提到。如"惟学,逊志务时敏,厥修乃来""惟教学半",教人,一半是自己学,这就是教学相长。这些话都成了《礼记·学记》的根据。

宋人所说的"道心惟微,人心惟危",也是见于《尚书》。

有关教学的这些概念,都是见于《伪古文尚书》,虽伪,而《礼记·学记》却引以为据。

研究儒家要抓住基本的源流

（1961 年 9 月 13 日）

自张之洞作《书目答问》至现在，史学的变化很大：一、考古学的新成就；二、马克思主义史学观的传播，以郭沫若为代表；三、以顾颉刚为代表的怀疑主义的影响。

经学起于一源。皮锡瑞在《经学历史·经学开辟时代》中主张："经学开辟时代，断自孔子删定《六经》为始。"[1]"故必以经为孔子作，始可以言经学；必知孔子作经以教万世之旨，始可以言经学。"[2]

从东汉开始，经学不断有异议，传注的真实性受到怀疑。《尚书》孔安国传出现在后，后来学者疑是王肃所撰。《经学历史》就称"王肃伪作"，指出"孔传多同王肃，孔疏（唐孔颖达《尚书正义》）已有此疑；宋吴棫与朱熹及清阎若璩、惠栋历诋其失，以为伪作；丁晏《尚书余论》，考定其书实出王肃"（第 163 页）。

郑玄博学，兼通今文古文各经，他以古文为主兼采今文，他欲打通"三礼"；以《周礼》决定《仪礼》、《礼记》，凡有与《周礼》冲突者则改之。由此今文古文不再分别，两汉家法消亡不可考查。所以"郑学出，汉学衰"，是经学发展的转折。

今文学家认为《左传》是另一部书，非《春秋》之传，故称《左氏春秋》。

对于六经，今文学家按时代先后列序：《易》、《书》、《诗》、《礼》、《乐》、《春秋》；古文学家则由浅入深列序：《诗》、《书》、《礼》、《乐》、《易》、《春秋》。

要研究《论语》，一定要知道汉学和宋学的研究成果。刘宝楠是刘台拱之侄，也是他的学生。刘宝楠的《论语正义》是集考证学之大成，是汉学的代表。朱熹的《论语集注》探索微言大义，是宋学的代表。

---

[1][2]　皮锡瑞：《经学历史》，中华书局 1959 年版，第 19、27 页。——编校者

《中国古代教育文选》注释，《论语》是尽量依据刘宝楠的《论语正义》，古注不必翻译而能看懂的就不用白话。供本科生学习的教材，注释要在高中语文水平之上，而在专家考证之下。

要研究先秦儒家，必须先学习，有一定的知识准备。要抓住基本的源流，要清心寡欲，集中精力，以欣赏的态度念熟《论语》、《孟子》、《礼记》中的几篇，以及《周易》中的《系辞》，不要有野心想多看，以为懂音韵就可以考证，其实要真正读熟才可以，《论语》不熟不能考证。

为了打好基础，要尽量约束阅读范围，尽量集中注意于最基本的代表作，不要务博，念熟之后，自然会有心得，会念不一定会懂，也不一定求其全懂。

测验自己学习是否有进步，其标准是看是否发生兴趣，不畏难，而想再看，且有体会。

你现在面对任务有些性急，不想花工夫去做好基本功再完成任务，而要立即去做研究、分析、评价，从心理上讲就是只用思维，而少用识记、想象、欣赏。

要学习古籍，前人一些研究，如俞樾的《古书疑义举例》、王引之的《经义述闻》，应该读一读。

《古代教育史》编写的有关问题
（1961 年 9 月 25 日）
（由张瑞璠先生传述）

写讲义要发前人所未发，可以发现一些别人未深入研究的问题，要略人之所详，详人之所略。

《明儒学案》是黄宗羲的学术思想精华，其文中有些议论，非常显然，应该加以注意。

关于原始社会教育，我们运用材料应该广些，如《绎史》、《路史》、《人类学史》（林惠祥）。

关于孔子是否学军事的问题：应当了解当时大夫要指挥战争，士要参加打仗，故孔子也必须懂得军事，但孔子谈军事实在很少。因为文武不分，孔子也不能不讲军事，但主要是讲诗、书、礼、乐。

颜回是否为孔子学生的典型？颜回能"克己复礼"，很得要领。颜回身上有圣人气象，而无王者企图。至此时代，圣、王已分。

礼器是有阶级的，贵族才有，平民没有。而礼已下庶人，礼似在平民也讲。

孔子思想是否有体系？但就今日所保存的材料看，极不全，无体系。孔子的宇宙观极零星，认识论少，逻辑不谈。

孔子的思想，礼乐很重要，既有德育，也有美育，很少人能说明清楚。

《易》与《春秋》孔子是否讲？现在的人都说《易》非孔子所作，而《春秋》则是私人所作。《史记》有明确记载孔子的学习和著述活动，说孔子自己未学《易》极难说，当时卦爻是很普通的，大家都懂，但说孔子教《易》、《春秋》则谈不上。

研究孔子存在着用书问题。研究孔子不应限于用《论语》，"六艺"为孔子所述，系统思想在此，所以可以用《孝经》与《礼记》。思想主体是"六艺"，《论语》是言行录，是个别记的，未可作为研究思想的主要根据（如墨子，言行录之类未可为据，系统之篇则可为据）。《论语》成书于汉，其思想在《礼记》中得到充分发挥，故应重视《礼记》。

材料的鉴别是无底的，今日的考证也不是最后的，以后或许会变，无考证的材料也可以用，历史材料要广，不要怕。凡是没有说是假的东西，没有确证是假的，都可以应用。

写书要放得开，应该有"三不限"：

1. 不限时，不限今年就写出定稿；
2. 不限字，限字数就难写出特点；
3. 不限范围，限范围就影响重点突出。

《教育史》编写不可迁就形式而束缚内容
（1961 年 9 月 27 日）

凡是编写文科教材，都有篇章节目，若按我们篇章节目的形式，未能容纳错综复杂丰富多彩的新材料内容,就发生形式与内容之矛盾。是否迁就形式而抛掉它宝贵的内容呢? 如大纲无后起墨家专节,是否就不讲他们? 又如《礼记》中的教育思想,《礼记》49 篇,大部分讲礼,为何只讲几篇就能代表《礼记》全部? 这也有矛盾。

答案是不能使内容迁就形式。形式是可以改变的,应以内容为主,不可使形式束缚内容。在编写中,大纲要灵活应用,有好的材料就列入,不受大纲之限制。具体的办法,还是要学习《汉书·艺文志》和《儒林传》的形式,有总论又有分述。

过去只把总论用来说明时代背景、政治经济,而未考虑还可以在此来进行教育思想方面的总论。任何教育家都不能孤立地来讲,与之有关的,只要是好的都要讲。有总论又有分述,才能做到包罗丰富、纲目分明、血脉流通、精神贯注;只有如此,才能做到周扬所说的"史中有论,论中有史"。[1]

《艺文志》是目录学,但值得特别重视,其中有论,各方面问题都可以论及。《教育史》编写不妨效仿之,凡"精理名言"都要采集。

写《教育史》应注意好的优秀的遗产
(1961 年 10 月 4 日)

《吕氏春秋》、《淮南子》都是由门客编的,等于是一部丛书。

《春秋》大家都可以做,墨子就见过百国《春秋》。《吕氏春秋》的《当染》即《墨子》的《所染》,《月记》即《礼记》的《月令》。凡这些书中,有教育史材料的皆可采用,要保护学术思想,考证不是我们的主要任务。

郭沫若对《墨子》的考证,有方法论问题。在考证上,此方法可用,但若研究《墨子》书的思想,则任务各有不同,不必全照他的做法办。

《墨子》讲逻辑,用逻辑来讲兼爱学说,对批评兼爱的话进行了解答,墨说不讲鬼神,显然是后期墨家的作品。

写《教育史》应该注意的是有什么遗产,不必太强调人。

---

[1] 参见周扬:《关于高等学校文科教材编选的意见》(1961 年 4 月 12 日在高等学校史科教材编选计划会议上的讲话),载《教育研究》1980 年第 3 期。——编校者

中国古代的逻辑已失传,文献却还在《墨经》中,且还有几何学。

郭沫若说《墨经》非墨子作,我们还可以说非墨家所作。

古代手工艺保存于《考工记》,不知谁人所作,但不能不用此材料。对《墨子》也是如此。

一、古代保存的优秀遗产,都应该表扬发挥。《吕氏春秋》正因为非吕不韦所写,而是传统的材料,经人整理而保存,故特别宝贵,我们应该写,只要是好的、优秀的遗产都要。

二、东汉之前,公元前"只有一家之学,而无一家之言",要认真相信此言,相信"诸子出于王官",相信了就不要动摇。

历史主义地对待,可以说"学在官府"。如非贵族,哪能在难写难读的条件下搞私学。西汉时把古书都藏于兰台石室中,当时没有具备必要的物质条件,不可能印。

至东汉时情况起了变化,有了书籍,太学生已达三万人。

有人认为郑玄最坏,混合古文今文,此后就无私家之学。

所谓"一家之学非一家之言",这是就经学来说,其他方面的私人学术著作很多,司马迁就欲使《史记》成一家之言,然而严格来说,他是利用许多档案材料,实非一家之言,而文学著作则有一家之言。

学术在官府,这总的源流只有一个,后有私人著述才分裂。《汉书·艺文志》说:"诸子百家皆六经之支与流裔。"

严肃地说,"六艺"是传统的文化材料,越到后来越分越多,战国时就分得厉害,司马谈说六家,刘向说十家,按其《诸子略》所述,何止百家。

概念是随时代而变化的,大家用同一概念,但内涵就不同。《墨子》书按其内容,按传统的分类可分许多家。

《礼记》中的教育思想,若放在荀子之前有人反对,虽其成书在汉代,但其中所说的实非秦汉之事,都是秦汉以前的事。

三、从一般到特殊,从统一到分裂,写讲义时应说明内在联系,是客观存在的矛盾统一的内在联系。

思潮不是一个人的,一个人就不能成为思潮,孤零零地讲孔墨不行。要谈典型人物,但只谈这几个是不行的,十三个代表人物不能反映时代的面貌,所以要有总述和分述。《儒林传》的体例很好,我们就是要写新的《儒林传》。

写的方式有两种,一种是按家分述,一种是按问题分述。

《礼记》各篇的性质和材料内容都不同,若作为材料用,大都是在荀子之前。

《论语》有齐、鲁、古之分,今本《论语》的定本,比《礼记》的定本还迟。

编写《教育史》应处理好几个问题
(1961 年 10 月 28 日)

杨荣国的《中国古代思想史》一书,就形式上来说具有两个特点:一、眉目非常清楚;二、把引文和自己的说明分开。把这本书与我们的《教育史大纲》来比较,我们的就眉目不清,重点不突出,其原因是我们把教育思想和教育制度合在一起来叙述;其次是我们所要谈的内容上下跨了两千年。例如把秦汉魏晋南北朝合在一起,其社会情况就大不相同,合起来极不容易说明。

秦汉是可以合为一体的。在秦代主要应谈法家,韩非、李斯等法家都在秦做大事,要以法家来统一思想。至于汉代,除要求中央集权一致之外,在思想上也要求统一。但要以儒家来统一。秦汉的总序,中心应该是儒法对立的问题。

魏晋社会情况变化有些特殊,土地制度与政治制度均不相同。魏晋的思想家是要否定繁琐的哲学学风,这在思想历史发展过程中是一个大的发展。王弼是一个天才的年轻的哲学家,世界上少有。这一段不能以"清谈"二字概括。过去的人,无兴趣去谈他,但鲁迅的看法却不如此。

在历史分段与经济、政治的分析上,应当根据最新的通史,这是经无数专家集中研究的结论,不能不参考。

内容联系到形式,教育史的内容调整变化要突破大纲所制定的形式,组织形式要包括学校教育制度,而内容以思想史为主。

制度方面要大大删略,因为名目繁多,要作详细的考证而一一加以说明是办不到的,这需要下定决心,正如过去我们把科举删去一样。对学校制度如何写,应当大加研究,要求什么要想妥当:一、要了解名物制度;二、要了解教育发展;三、要了解教育发展最必要的东西。三个之中要求的是哪一个,总要加以选择,一定要简化。

各时代有影响的教育专门人物需要个别介绍,但不能提得太多,一些需要提到的人都可放在思想总序之中。

清代王筠是个大学者,他认为儿童教育至关重要,值得重视,所以下功夫来研究小学教育问题,写成《教童子法》,虽然他的成就是很少的,但这种精神是应该表彰的。

对于重要的关键性问题,则应重点地加以清楚的说明,成为我们这部书的精彩之处。

分章不必过分控制数目。如果章节较少,而包含内容多,虽只负责一二章,工作量仍然甚重。分章应该适当多些,每章范围比较确定,工作起来会更加顺畅。

各代史料的鉴别要吸取前人的经验
(1961 年 11 月 9 日)

关于各代史料的鉴别问题,要从前代学者吸取经验。

王充《论衡·艺增篇》云:"俗人好奇,不奇,言不用也。故誉人不增其美,则闻者不快其意;毁人不益其恶,则听者不惬其心。……诸子之文,笔墨之疏,人贤所著,妙思所集,宜如其实,犹或增之,倘经艺之言,如其实乎?"

《庄子·天道篇》:"桓公读书于堂上,轮扁斫轮于堂下,释椎凿而上,问桓公曰:'敢问,公之所读者何言邪?'公曰:'圣人之言也。'曰:'圣人在乎?'公曰:'已死矣。'曰:'然而君之所读者,古人之糟粕已夫!'"

王充是个杰出的批评家,认为经、子之书不可尽信,故言"三增九虚"[1],要

---

[1] "三增"为王充《论衡》一书中的《语增篇》、《儒增篇》、《艺增篇》共 3 篇,"九虚"为《书虚篇》、《变虚篇》、《异虚篇》、《感虚篇》、《福虚篇》、《祸虚篇》、《龙虚篇》、《雷虚篇》、《道虚篇》共 9 篇。——编校者

批判,就要指出三增、九虚。《艺增篇》这段话有助于我们评价古人、古书,经艺文字不会一一皆实。

《庄子》的话,对于我们也有启发。

宋学虽不能赞成,但后来居上,是比汉学进步了。后代批判前代,这是历史事实,也是必然的。

批判者由于不了解历史,必会言过其实。掌握全面材料,然后可加以分析,才能有较正确的鉴别。

《文选》工作初步总结的三点认识应贯彻于工作
(1961 年 11 月 14 日)

中国古代教育史文选的工作,比上学期有很大的改进,初步总结《文选》这一阶段工作的经验,应有三点认识。

一、原始材料头等的重要性

原始材料指的是原著,宁可读通原著几篇,而不看评论十篇。如对荀子,对于其地位和贡献都还不懂,但宁可暂时不懂,也要读通其几篇原著,读过原著之后再去看评论就很容易。若先读评论而不读原著,想坐享人家的劳动成果,此非真正求学之法,实是极为幼稚的做法。夸美纽斯曾说:树枯死之后,摘他树之花叶装在枯树上,请人来看,初看远看似真,但过一两天又不成了。因为此树不能自己生长,要吸收别的花果,而自己没有生长活力,结果还是不行。[1]

看今人的文章,可以帮助我们了解对问题有哪些看法,作为指南参考,但不能代替对原著的钻研。

我们不能依靠别人,而要自己苦干,从原始材料攻读中求得理解,要经过此

---

[1] 夸美纽斯著,傅任敢译:《大教授学》,商务印书馆 1939 年版,第 176 页。原文为:"……各个作家的论说与见解集合而成的知识正同农人们休假的时候竖起来的树木是一样的,它虽则也有枝条、花儿、果实、花环和花冠,但是它不能生长,并且不能耐久,因为它的装饰不是从它的根儿生长来的,只是挂在上面。这种树木生不出果实,附着的枝条会枯萎,会掉落。"——编校者

过程,而不要想取巧、求捷径、走短路,科学态度应老老实实,不能有半点虚假,一个人读书体会之深浅,一谈即可看出。

第二三手材料不能代替原著,故说原著是无比的头等的重要,这有下列几点原因:

(一)具体情况的具体分析,不读原著就不能接触具体情况。具体有二义:一是实际事物,感觉所及的可见可闻,而抽象即是相反,这是哲学上的理解。一是凡脱离整体分裂开来的一部分,不与整体相连而单独看的是抽象,抽象者非整体也,具体者整体也。

(二)思想发展的先后过程中,有继续性(即继承),又有变化(即改造)。

(三)不经过原著的学习,不能有自己的亲身体会,就不会写成有真情实感的文章,如把别人的花果缀在自己的枯树上,就以为可以吸收别人的成果,综合利用,终归要露出原形。

关于第一点,具体情况具体分析,就是全盘的情况全面的分析,非同于今日所谓从实际出发。无论哪一种具体,都非读原著不可。无论任何人所作的概括荀子的文章,都已脱离了荀子的实际。现举第一个实例:古代养老,普通人误解为养教师,其实不然,养老是古代许多典礼中的一种。读《礼记·文王世子》,其中就有几句讲养老之事,王者亲敬酒菜,其意义是令诸侯观礼,以教诸侯孝与悌。读《春秋》之后,便可了解其政治上重要的氏族世袭统治,若政权操在无德者之手,该怎么办?儒家认为办法有两种:第一是换人,但禅让只有在尧舜时代实行,后来不行;第二是教育,把人教好,抓牢王者,把他教好,政治也就好,要家齐而后国治。《大学》所讲的实是贵族教育,教育好,就可以齐家、治国。这种教育是为贵族服务,然有社会意义。在社会上,既靠法令制裁,还靠教育手段形成一种风气。养老典礼,参加的老者不一定都有德,故有主宾与众宾,主宾要年高德重。养老一年两次,行礼时,众人观之,这是一种社会教育,有社会意义。这种教育在今日已无意义,然现道德教育中强调树立榜样,奖励好人好事及劳动模范,树立榜样比讲空话更有效果。这都是要实际分析的,否则就会误会。

又一个例子:不懂《公羊传》,就不能了解董仲舒,也不能了解司马迁。但

《公羊传》并非最原始，其三科九旨之理，《春秋》正文中没有，无法证明此意属孔子。然此话是综合以前儒家对于贵族统治的思想，若读了《孟子》之后，对于《公羊传》就会有体会，其"通三统"、"张三世"顶要紧的是政权问题，儒家要有德有才者当权，不要依靠贵族成分得位。然自尧舜以来，有位者不一定有德，有德者不一定有位，故儒家总是讲尧舜，孟子见齐宣王也语之尧舜，王者若不行，孟子公开认为应当去位，而去位在现实中做不到，就想以教育手段改造统治者。现在有人认为孟子不适应当时讲富强的形势，而专讲不切实际的仁义，实际上他讲的是社会最根本的问题，今日之人往往不体会。

至春秋战国之时，儒家认为可以以德与才而王天下，不要以武力而霸天下，社会发展趋势如此，统一天下有统一天下之道，这就是"王道"，是孟子的重要概念。其次是仁义的概念。仁是宽，孔子常谈仁。义是严，是法制，义是孟子所加。董仲舒解仁义，认为仁以对人，对民要宽，义以对己，对己要求严格，要有法度，这是针对统治阶级讲的。在中国历史上要为一统扫清道路，为消灭封建割据创造条件，气量就要大。故言孔门五尺童子，羞称五霸。对《孟子》一书，现在很少人有体会，这书是政治挂帅，气魄大得很，思想光辉得很，非"民贵君轻"一语所能概括。

客观的东西叫具体情况，人的思想反映，是抽象的思想内容。哲学史所讲的思维与存在、思想的方法问题，只抓这两方面基本问题，非讲政治，是不讲政治内容的，所以与我们的要求不大对头，我们讲的不是世界观与思想方法，而是政治（政权属谁）、伦理（有德有才）的问题。

要看思想的继续性，只有看原始材料才行。

要看原始材料才有亲身体会，有体会才能写文章，否则也不必写。看别人的东西，又是一个抽象，许多抽象不能合成一个具体。

有人不走读原始材料之途，也有其原因：一则不了解这种方法对做学问非常不利；二则想走捷径、省时间。

二、原著有很大的不平衡性

原著中不论是一部书，或一篇文章，其意义与价值不是同等，而是有很大的不平衡性,在学习上应作适当处理,过去未作此适当的区别,今后则必需改变。

经史子集,最重要的是经,其次是史,这是具体的源流。现在有些人都不肯去探源,想离开《春秋》、《史记》、《汉书》去搞墨子、董仲舒研究,不重视历史就不懂历史。《论语》是语录,内容有些零杂,《孟子》则是对战国政治提出自己的主张。

做学问的根底在于经史,要立此信念,不能速成。《左传》、《礼记》、《史记》、《汉书》,此四部书是最根本的,只买此四部随身带,其他书只是辅助的,这是学问之源。能读《史记》,便能读任何史书;能懂《礼记》,也就能懂儒家诸子。书不是平衡的,而一书中各部分也不是平衡的。例如《荀子》特别之处何在?特别之处只有《天论》、《性恶》、《解蔽》、《非十二子》、《劝学》等篇,其他也就无关紧要。

强调此四部书,非特意要以儒学为中心,而是客观实际如此,是学术的总汇。抓住源,其支流也就无关紧要。要探此源,须花四年工夫,而且要不受外诱,绝对相信此为根底之学。

由于书的不平衡,我们学习的用力也就不平衡。

三、原始材料非原来的模样

所谓原始材料,均非原来的模样,一切古书都是由汉代人所编成的。历史事实如此,所有的书均非原样,如有迷信,就应该打破。如果讲穿这一点,其他所有考证说是春秋或战国的书,就无意义,此类考证,画蛇添足,浪费精力。陈确批判《大学》有意义,而考证《大学》则实多余。

有此看法,然后可以打破原文不可割裂的迷信,人人均有改编删节之权。这是否有损于历史的真实性呢?其实原来就不真实,为了让学生读最精要的,而非史料汇编,也不能保证原样,在汉代已把古文改为今文(汉代文字),已经过改编、校补,文字声音都变,后来又再编、改、印,无一书是原样。

相信以上三点,对工作有新的信念,做《中国古代教育文选》工作则更有信心,这是两个月来工作思考应有的新认识。

现在需要把三点新认识贯彻于《文选》工作

一、《文选》应确立原始材料无比重要性的看法

不掌握原始材料不能编教育史。可是这一点到现在认识还不一致，还想走捷径。开始时我认为先一起搞《文选》，然后可以写《讲义》，不懂为什么不这样做。编《文选》与写《讲义》分开，这样对大家不利。现在形势有改变，应使教师老老实实地学。现在还有人认为编教育史教材有利，我的看法是编写教育史教材有危害性，而搞《文选》工作则有利，故认为《文选》工作意义比《讲义》要大。

现在提出基本知识、基本理论的要求，不仅对学生、对青年教师、对中年教师，甚至对老年教师都是有意义的。做资料工作我肯来，而编写则不愿意做，因为这对我的精神、学问、健康都有损害。

二、《文选》的各单元各篇有不平衡性

《文选》篇目中，有的极重要，有的不那么重要。如《论语》、《孟子》、《礼记》是三种经，是重要的，而《墨子》、《荀子》则不那么重要。《孟子》列在十三经中，这是偶然地强调它比《荀子》重要，然已摆进经，对两千余年来的历史影响就比《墨子》、《荀子》大得多，这种历史事实不能改变。其后的董仲舒、朱熹有特殊贡献，而范缜、韩愈则谈不上。故百篇选文不可同等看待，所以要有区别地对待，有轻有重，各家各篇都如此。

《文选》篇目可能要改换，这是全由客观历史所决定的，而不是主观好恶所定的。如《汉书》的《礼乐志》就不能用，因为它抄《史记》，而又因袭《乐记》，《礼乐志》序言是《礼记》的，而中心内容则是汉朝的礼乐，我们没有选用。《汉书·食货志》讲古代的乡村教育，其材料伏生的《尚书大传》也有，而《尚书大传》不选，故选这一段，比之《礼乐志》，意义大得很。《墨子》顶重要的还是《墨经》，其《兼爱》不重要，《明鬼》、《天志》思想不光辉，《非攻》也非其一人所讲，故还是选《墨经》的《小取篇》，有名家之言。王符的《赞学》从当时来看有意义；颜之推的著作也非脱离社会实际的；贾谊的文章，所讲的是为统治阶级的，他是通过政治来为人民服务的。

由于选文的意义、价值不平衡，就影响到注解、题解、作者介绍的详略，故百篇的用力不均，质量也就不等，有的会细致一些，有的会粗疏一些。

三、一切原始材料均非原样,故可大胆进行节录以控制篇幅字数

《文选》各篇的次序可根据需要改动,唯一的要求是更好地为读者服务,并非一定要为古人著作保持原来面貌,每家只选两、三篇,实难于保证其全貌。

《文选》三十家百篇,要求全部都搞通是做不到的。编者是如此,更不能要求读者。读者主要是大学本科生,文选应浅近些,为了阅读方便,可考虑用哪种方式来分段、标点、节录更好,加以选择,分段要多,行距要宽。

这个问题牵涉到对古本的迷信、考证的迷信。最大的权威当然是原始材料,版本以最新的为好。因为吸收前人研究成果,错字已经校对过了,校勘是后来的好,而注释则不一定能比以前好。

在《文选》中避免考证,决不要摆出考证架势。编者对考证要重视,但不要在形式上表现出来。考证是手段,而非目的,它是为帮助读者了解原文,要告诉结果,而不要说明考证的过程。若说明过程,反而会引入歧途,混乱思想,所以是不必要的。

《学记》与《礼记》中其他篇结合起来,从当时的社会来看则是有意义的。若结合到现在,则近于迂腐,这也是一种迷信。社会发展已经过了几个阶段,古与今有本质的不同,古的不适用于今日。

近五十年来,科学革了命,这一时代可称原子时代。以后五十年的科学状况,现在是很难想象的。用科学技术的力量改变了自然,同时也改变了人的思想,一定要有科学的思想去对待文化遗产。

现在要研究历史文化遗产,否则不如外国。但不能用王国维、孙诒让的头脑,而要用现代的科学方法。现在的青年教师虽很用力,但无情报信息,非常闭塞,忙得有些糊涂,无新的头脑。新的头脑应有两个内容,实际上也只是一个:要掌握现代的科学方法。否则就要落后,就要厚古薄今。现代科学方法的两项内容是:(一)辩证唯物主义与历史唯物主义。(这是大家知道的,但做得还不好,因为只用于搞形势政策,而没有真正用于搞哲学。)这是辩证的逻辑,是发展的变化的逻辑。(二)形式逻辑。这是具体的,是今日的科学所用的。后者是现

时代运用的思想规律,而前者则是历史发展规律的概括。做学问应先懂逻辑,才可能学哲学。现在理科的人不学逻辑然而在做,文科的人不学逻辑而落后。特殊的思想规律应名为现代逻辑,现在最需要的是这个。教育系学生缺乏科学头脑,虽然心理学也还有一点,但学得不好;统计学也很重要,但教育系不学。

《教育文选》的世界通例与我们把握的专业标准
(1961 年 11 月 16 日)

现在对于《文选》的要求,各人的概念很不相同,这是由于过去教学经验的不同,同时也受了最新文选的影响,甚至受同教研组同志的影响。我依过去的经验,而不受这些方面的影响。

从做学生到现在,我了解世界各国的通例都有"文选",是逐步搞起来的。教育史也有与之并行的读本,名为《教育史资料》,因为教育家无教育名著,有的都是属于哲学著作,无法作为教育名著选,而只能作为辅助资料性质,都是一段段资料。(如耶稣会教育,其特色是奖惩、榜样,资料中就包括此类材料。又有赫尔巴特的五段教学法,也有此材料包括在内。)现看到的有三种教育方面的资料选:

一、德人乌尔斯编《三千年的教育智慧》。[1] 此人反对纳粹主义,逃亡到美国才编此书。

二、美人孟禄编《教育史资料》。[2] 此书是直接从拉丁文、希腊文翻译过来,详于古代教育。

三、克伯雷编《教育史资料》。[3] 取材较全面,唯较零碎,但每段都注明在何章何节应用。

---

[1] Robert Ulich, *Three Thousand Years of Education Wisdom*, Cambridge: Harvard University Press, 1947. 有徐宗林译:《西洋三千年教育文献精华》,幼狮书店 1973 年版。——编校者
[2] Paul Monroe, *Source Book of the History of Education for the Greek and Roman Period*, New York: The Macmillan Company, 1901. ——编校者
[3] Ellwood Patterso Cubberley, *Readings in the History of Education*, New York: Houghton Mifflin Company, 1905. 有吴有训主译:《外国教育史料》,华中师范大学出版社 1991 年版。——编校者

我们所编的《文选》，与乌尔斯之书性质较相近。外国在这方面有些通例值得我们关注，可供参照。

一、有资料书与课本配合，这是第一个通例。

二、比较其质量，主要看篇目的内容，看是否精炼，是否有独创性。人家是否要采用，主要看篇目，重在内容，不在形式。教育史不像文学史、哲学史有那样专门性，所谈的人物有的是哲学史、有的是宗教史、有的是科学史中的人物，所以内容是混杂的。人家要比较的是内容，由此来评其优劣。

三、外国的"文选"或《资料》都没有注，但在开头都有长篇的序，都由名家来写，体例不一，内容包括考证、评论、读法。读这种书总要先看序。（现在我们出版社所作的序很可笑，有的根本不研究就来写批评，如吕思勉的《隋唐史》序文毛病就很大，他与乾嘉学派完全无关，序言却说他运用乾嘉的方法。）

《文选》工作要两人的认识一致，需要考虑到许多方面。

一、不能照外国的例办，但还是要抓篇目为首要，如选的篇目内容不好，注好也没有用。

二、文选的适用程度，下限要在高中水平之上，上限在综合大学文科本科水平。

三、专业标准有四点界限。

（一）不重复教育史。重复就浪费，代替了教育史工作。

（二）不侵犯哲学史。未学哲学史，不能冒充行家。要能懂一些哲学史，但不能由你来讲。每人各有所专，遇到专门学科就不好去比、去侵犯，所以绝不能去与哲学史专门家比，人的精力有限，只能有一专门，不管外面的压力或引诱，都不要动心离开岗位，在《文选》未搞好时要坚守岗位。

（三）不作考据。人家的考据应该懂，并应有选择，而不要跟着去作考据。我们不注意其形式，而注意其成果，告诉结果就成，如"六艺"之注，要说明有两种解释：一指礼、乐、射、御、书、数；一指《诗》、《书》、《礼》、《乐》、《易》、《春秋》，在此指六经。不作考据是指一般的，个别特出的有特殊贡献的，可以有些考据。

（四）不作评论，一般不评论，个别情况也不能绝对不用。

这四点以前两点为重要,后两点为从属。

《文选》计划只用百篇,分上编、下编,应以上编为重点,而下编为其次。

《文选》的专业性问题,我们必需认真把握好。

《中国古代教育史资料》,原来以专门史的标准来选编,人物没有那么多。书稿送出版社,审稿后,提出要按 1958 年陆定一发表的《教育必须与生产劳动相结合》一文的精神做些补充。那时出版社不补就不能出,不得已,只好依他们的要求补了几节。

现在《文选》中有些哲学史的味道,还不够专业化,一些文章与教育名著名篇配不上。《神灭论》可删。

《史记》选《游侠列传》而不选《儒林传》是外行。选《儒林传》意义很大,《游侠列传》可删。

古代的教育是包括"学",所以汉代王符的《赞学》应加以考虑。

若强调教育的专业性,《弟子职》、《急就篇》、古本《三字经》也可以加入。四言、三言、七言的教材要突出。

教育家传记是否要列入,还要细加考虑。

《教育文选》要文约而义丰,字越少越好,而内容涵义要丰富。

《文选》遇到的问题,要明确要求作出处理。

一、生平介绍问题

作者生平介绍不要多,一两百字就行。生平与著作一定要查《四库总目提要》,完全以此为据。不在《四库总目提要》之中才查其他史传。要说明著作的来源,有的可略作版本介绍。可以简要介绍教育事业活动。

二、题解问题

题目要解释,让人得正确的理解。

说明写文章的真实动机和意义。

要有重有轻,如《荀子》的《劝学》,要提到《大戴礼记》有相同之处。韩愈的

《原道》,要提到《淮南子》、《文心雕龙》、《文史通义》都有《原道》,主要是以儒道反对老与佛。

三、注释问题

三者之中,主要还是注释,功夫要花在这上面。

注只能照主观的想法,认为那些应告诉读者的就注,不能要求包罗一切并适应各个人的需要。

注只能限于教育史,而不扩及哲学范围。若归纳百篇,不外十几个最基本概念,而每一基本概念有不同的含义。如宋儒的"学"是"学为圣人"、"学道",要经过实践才能体会并懂得它。王阳明强调唯心的内省,要由"心"来对一切感觉行动发命令,不受外来刺激影响所支配。宋儒要求对人的情绪都完全控制,喜怒哀乐都要调和,控制全属主观,可以主宰自己,有选择地反应,而这种性能提到最高度,且达到有浩然之气,这要实践。"敬",全神贯注,精神集中,敬业的敬,其意在此,其形式是次要的,是包括在敬之中。

材料的出处要说明,有时单注出处还不够,还要说明其意义。

文章精要之处,也可在注中指出。

对编写《教育史》有三点意见
(1961 年 11 月 20 日)

编《教育文选》无经验,究竟一部文选应当如何,应该先看先例,所以就要查看英美俄的教育史读本,作为参考。

其次要估计我们的能力和时间,只有后日才能完成的,就应降低要求,从实际出发。

明确这两点,就有信心,就很踏实。

编写《教育史》要参考历史上外国在编写《教育史》方面的经验。

《教育史》最先发展在德国,与黑格尔学派有关;后来有法国,英、美是比不上的。回顾一下,他们的写法与我们不同。

苏联四十年的经验,值得我们慎重的研究。最重要的是克鲁普斯卡娅的《教育文选》,其中有一篇《谈学习教育史的问题》论文,她本身也是研究教育史,其中有《国民教育和民主主义》一书,实际研究教育与生产劳动相结合的教育思想史,有些东西教育史课本上已有,有些则未有,很值得大家来看一看。其中谈到欧文,后来的马克思受欧文的影响很大,而贝来斯关于教育与生产劳动的思想比欧文早百余年,对欧文有影响,这件事,在教育史上未说明,而能说明此点很重要。[1]克鲁普斯卡娅《谈学习教育史的问题》一文指出两点:一、原始材料十分重要;二、要从历史实际出发,与政治背景联系起来。[2]

对编写《教育史》有三点意见
一、要认真尝试写教育专业史,要区别于通史、哲学史等等

克鲁普斯卡娅的《教育文选》是专谈教育,不谈哲学,只有谈到一点辩证法,提到列宁对于辩证法的理解,此点值得看,这可以作为参考。

谈《教育史》而涉及太多的哲学概念,不易懂,也令人生畏。应当是围绕教与学有关的问题、实际的问题来谈。

总结历史,可以从我们的立场出发,当前有哪些重要教育问题,我们教育史应与之有联系。现在"普通教育工作条例草案"[3]有以下几个重要概念:教育要适应青少年的年龄特征;全面发展,因材施教;理论联系实际;循序渐进等。以上是原则。关于学习内容,明确规定一些基础课:政治、中外语文、数学等。这是当前的重要问题,研究教育史就要注意古代的经验对于解决这些问题有所帮助。过去的教育是成人的多,道德教育经验较多。如宋儒的修养方法,英国的心理学家在探讨心理卫生时就加以参考。当然也有些教学经验可取,如最近《人民

---

〔1〕 克鲁普斯卡娅著,卫嘉译:《克鲁普斯卡娅教育文选·国民教育和民主主义》,人民教育出版社1959年版,第194—218页。——编校者
〔2〕 克鲁普斯卡娅著,卫嘉译:《克鲁普斯卡娅教育文选·谈学习教育史的问题》,人民教育出版社1959年版,第625—629页。——编校者
〔3〕 此《条例草案》为未刊稿,非正式文件,为1963年颁行的《全日制中学暂行工作条例》,即"中教五十条"和《全日制小学暂行工作条例》,即"小教四十条"的内部交流文件。——编校者

教育》上登载一篇关于《千家诗》的学习,写得好。[1] 教育专业的方向,应该是编写教育史要注意的,要多吸收关于教学活动和思想的材料。

过去教育家的道德教育常联系哲学,而教学则联系认识论,但我们写《教育史》应重前者(道德教育、教学),而轻后者(哲学、认识论),写成专业史。

专业性的《教育史》,是要供中等学校教师看的,要对他们有启发和鼓舞的作用,故不该写得暗淡无光,专抓缺点,而要多找好的可取之处。写讲义应用现代话,原文用附注,有精要之语可引一两句,不宜整段引,整句串,这样看不清楚。最好还要附有教育思想家的照片。

二、用总述的体裁,对于工作上有很大的便利

用何种方式最能以历史唯物主义照亮历史的发展?现只有用总述这种体裁。写《教育史》着重去写其好的可学习的方面,至于指出其阶级性、批判其保守性等,可以在总述中交代。

分章不要包得广,拖得长,以便教学和复习。

三、应当抓住特点

如王充可多谈其学习,谈哲学则不必,将来在书后可以列参考书目。

写的时候要注意先后的发展。如"迁善改过",孔子说过,颜元说过,如此则看不出特点,看不出发展,所以用现代话翻译是必要的。范文澜主编的《中国通史》,表面是现代话,实际上都是有来源的,这样容易看,则能适应广大读者,是简明的、有直观的东西。不以哲学家、理论家的姿态出现,而是以介绍经验的姿态出现,能为广大教师所接受。

对于宋、明整个教育的估计,如不把理学突出,则难看出特点。在文化上这段时期有些问题可提。

(一)宋代印书业发展,现在尚有宋本书。由于有此物质技术条件,再加文字的改变,这对教育的发展有意义。

(二)宋代有评话、章回小说,也有民间文学。私塾教育普及一些,内容也有

〔1〕 张耕:《〈日记故事〉〈千家诗〉和"属对"》,载《人民教育》1961年第11期,第47—51页。——编校者

变化,《三字经》等都产生并流传。

(三) 宋代学风改变是从北宋就开始,不能从南宋开始,在北方有此学风的发展。故写此段应注意《宋史·儒林传》,从欧阳修、苏东坡等人加以研究。此种批判学风,实由柳宗元发其端。

(四) 在教育制度上,宋增加画学,在官学方面并不如过去说的那样暗淡。

(五) 王守仁的讲会是有特点的,到了泰州学派就有群众基础,实际是社会教育。

(六) 北宋有讲义、语录。对集体的讲话就是讲义,对个别的谈话则是语录。

《朱子语录》其内容繁多,因为由很多人记而后编辑而成,集中编纂时,经过分类整理,使之合乎一定的思想逻辑,书名称为《朱子语类》,这件事在教育史上值得纪念。如欲腾出精力,不必看全部语类,而只看《续近思录》。

法国、英国《文选》的先例
(1961 年 11 月 21 日)

法国编有《当代教育文选》,其体例是这样的。

一、照片、生卒年、属于何学科的思想家。

二、简介:生平、著作、地位意义的评价。

三、选文:最有代表性的一两篇。有的则未选。

四、名句摘录:每句代表一个论点。这种摘句的方式为其他《文选》所无,取材范围较广。

五、附有人名和题目的索引。

六、附年表(所录乃关于名著、重要会议、法令颁布、重要人物逝世,皆为教育学与心理学研究者所必知的信息)。

英国共产党所编的《马克思主义文选》。

一、选文中只有《共产党宣言》和《第三共产国际纲领》用全文,其他文献全都用节录。

二、每篇都有按语,谈些历史事实。有的按语则极不容易写,例如恩格斯所写的《德意志的革命与反革命》,只选一段,而写了一段较长的按语,指出1852年写的一篇文章中有一段是关于武装起义原理的经典说明,这是十月革命前列宁从芬兰写给彼得堡党组织书信中所引用的,所以要选。按语一般都要讲文献产生的时间、背景、说明什么问题、文献的特殊意义,这是选的根据。

三、编此文选的目的是供共产党员作为读本用,所选的文献都是关于政治斗争的,而非注意学术理论的,目的不同,选材也不同。

四、书后附有索引。

我们编《教育文选》的目的,是为了给高等师范学生、中等学校教师等广大读者提供读本。如果要包括内容多些,就只能摘录,甚至达到摘句。摘录这种体例是一种好的形式,有意义的东西都不放弃,长短兼收并蓄,可包容较多的内容。

苏联《教育文选》的先例
(1961年11月23日)

苏联的《教育文选》其目的较狭,似乎专对小学教师的,这是说明小学教师要看,要求内容是进步的,知识面广博,水平要高。

看了苏联《教育文选》之后,对情况有一定了解,可以明确几个问题。

一、篇目字数:13万字太少,而20万字也不多,作为资料书太简略不行。

苏联《教育文选》特别值得重视的、有特点的是俄罗斯部分,尤其是18、19世纪部分,其他部分我们都已知道。其篇目选择是体现了一番用心。

二、传略:写得简略,而且不是所有入选的人都写。如马克思主义经典作家人所共知则不写。但有几个著名人物写了传略而不评论,如夸美纽斯、第斯多惠、乌申斯基。评价只是限在教育活动和教育思想范围内,指出其优缺点及其立场,至于宗教观、世界观都不作评价。

三、题解：他们的处理就作为注释，放在书后，各国都如此，以俄罗斯部分为例，值得研究的问题很多，由此也可见其选文的原则。

四、注释：条目多，用字少。

对诸子的一些看法
（1961 年 11 月 28 日）

对于诸子的看法，基本上同意郭沫若的观点，不同之处在教育方面更尊重一些，《教育文选》的题解在这方面可以多发挥一些。

《荀子·解蔽》篇属于心理学，谈人的思想毛病，存在着片面性，不是谈认识论。心术是心理过程，术有方法的意义。

说"性善"或"性恶"，理论上都不通，性恶尤其不通。善或恶是社会的事，是道德判断，要有二人的关系才有此判断。人生来有各种生理上、心理上的特点，不能靠教育去改变，与其说是性恶，毋宁说是性善，有发展善的可能。凡在教育上提出启发的，都是从性善出发的，启发要比灌输、积学好。

孟子的唯心主义比较难写，现想到有两种写法：一是写小传，在小传中谈他的教育观点并做一些题解；二是按选文归类的小标题去做题解。

董仲舒的阴阳灾异的思想，不是他一个人的，而是时代的社会意识，是普遍流行的，不过要有个代表人物来做说明。

古代人把必然的、没有法子的事情说成是"命"，在当时科学不发达的条件下，人们形成这样的看法，时代是公元前，思想闭塞，认为有"命"，认为天可求，董仲舒亦有那种思想是可以理解的。

董仲舒处于士的社会地位，他是有意要帮助皇帝，但又同情农民。董仲舒比之荀子，当然不能说他进步，但当时汉是一个大帝国，局面不同，统治者又能用儒家，所以董仲舒必然想去帮，可以说是好人，但有唯心主义，不能算进步，用"有积极意义"的字眼较好些。

侯外庐认为董仲舒摸着汉武帝的心思，看透了，然后发议论。这种说法，与历史事实不符,武帝时年十七岁,董仲舒不能预测其发展,如何能猜测。这样叙述问题,恐非科学方法。董仲舒的处境很艰难,侯外庐把他看得很适意,恐非事实。

关于《教育史》的分章问题:以明中叶分段似乎不自然,也与郭沫若主编《中国史稿》分法不合,别的分法都可以考虑,为了教学的方便,章不宜太大。

每章开头都有总述,总述包括政治、经济、教育,但不用总述之名。如内容多可以分节,每节都可以有专门的标题。

对《中国古代教育文选》工作的指示
(1961 年 11 月 28 日)

一、教育史是一门专业性质的学科,其主要任务在于以下两方面

(一)以历史唯物主义的观点,阐明各个历史时期的教育、学校、教育思想的发展。

(二)批判地吸收以往伟大的教师关于教育(德、智、美、体)和教学(主要学科语文、数学)的思想和经验。

原先初选篇目,过多地属于一般哲学思想,教育专业性质不够,但为扩大学生的基础文化知识,基本上还可予以保留。按苏联的选本,页数都在 500 以上,相比之下,我们初选仅 13 万字太少了,现在可以多选教育专业文章,使正文增加到 20 万字以上。

二、篇目

(一)上编所选是各历史时期代表人物的代表作,暂不必动,做好题解与注释。

(二)下编需扩大选材范围,补充学校与教学实际的叙述与理论依据。

三、传略

(一)每一作者约写一两百字,只叙述他的教育活动及著作,说明他的历史地位。非特殊必要,不作批判。

(二)凡《教育史》上已谈到的,为避免重复,更要写得简短,《教育史》没有专节的人物,可写得稍详。

四、题解

(一)说明选文的出处,为了什么而写的,有什么价值和意义。非特殊必要,不作分析和批判。

(二)选文出处只注普通的一般人可以核对的版本,非特殊需要,不作目录考证。

五、注释

(一)单字,只注罕见的难字。

(二)术语。

(三)成语。

(四)典故,解释稍详。

(五)人名、地名,只作最短的注。

(六)一段难解的文字,注帮破解。

(七)一段重要的议论,注加以提示,不作全面分析。

(八)注释条数可多,每条字数要少。

总之,所有传略、题解、注释,力求简短、概括、谨严。避免论文式的说理,目录式的考据。

调整《文选》的选文与抓住各家的特点
(1961 年 11 月 28 日)

选文是最重要的一项工作,要确定哪些选,哪些不选,最近就要整理出一个篇目来,任务一定,工作才好安排。

需要补充的有两方面:一、反映人民性的内容。如从人民立场出发反抗统治思想反对儒家,有好的材料就应该补充,以改变选文的面貌。二、反映专业性的内容。如与教育、教学实践直接有关的文章,还可适当增加。

《论语》、《孟子》的标题可以少些,可以考虑较笼统较概括的名称。《论语》可用:性与习(性习问题是孔子最先提出的,以后一直有讨论)、礼与仁、学与思、教学(可以概括启发、因材施教、师生关系)等;《孟子》可用:仁政、性善、存心养性、论教学等。

儒家所讲的心理问题,全在意志对情绪的控制,而不研究感觉、观察、思维。存心养性,主敬都是意志问题。

孟子主要讲情意。人有需求,产生情绪,存有欲望(食、色、名、利),儒家、理学家要求节制欲望,追求道德修养,求得永久的历史评价。

每个社会都有奖惩,有物质性的,也有精神性的,按条件不同而有不同的奖惩标准。道德成为社会标准,合乎道德的行为,就得到好的评价。

在中国历史上,孔、墨、孟、荀较早提出个人的教育思想主张,具有创造性。他们提出一些根本问题,后来也成为教育与心理讨论的根本问题。

与西方不同的是:希腊的亚里士多德是主智,而中国是主情意,不去追求对客观了解与扩大知识,而只求主观修养。墨子好一些,就是较重视自然的实际知识,而儒家仅主张政治与道德,其余则不讲,这样就流于主观主义。伦理政治有历史性、阶级性,而儒家认为是固定不变,故落后,使社会受其影响。

选择《管子》用意深,注虽重要应简化
(1961 年 12 月 30 日)

中华文教,有其源流,孔子之前,尚有人物,所以不能以孔子为开山第一人,"万世开宗"的思想要改变。管仲较早,故列管仲在前。《管子》书非管仲所写,是一部丛书,其中道家的作品占大部分,其他家的材料也收入。选择《管子》,就可以选《小匡》、《弟子职》以及宋尹的《内业》与《心术》,后者是我们要加注意的心理学材料。

《管子》包括道家思想,也包括法家思想。道家是后来理学根源之一。道家

有道家的教育思想，反对的是知识教育，主张的是修养教育。这种思想影响了儒家，后来的周敦颐、邵康节因受影响而成为道士。

尊师的思想与荀子的教育主张有关。荀子的学生李斯、韩非与《吕氏春秋》有关，但《吕氏春秋》在学术上地位不甚重要。

赵匡的学术地位重要。唐时的教材，用郑注、孔疏，这是官方的。而修正的啖助、赵匡，他们主要研究《春秋》，要求创造性地研究古代学问，不要为注疏所束缚，他们开宋学之先河。一般误解，以为韩愈开宋学之先河，其实韩愈在经学儒学上无地位，有识者都把韩愈当作文学家，他在经学上毫无贡献。

在教育学中只谈知识一面，故注重认识论而未注意感情、意志培养，便忽视了心理学问题。增加刘劭，反映心理学，很有意义。

认为注不重要，这是不学无术者的看法，现在的出版社都很重视注的问题。

古代的典籍，就经学来说，注都是由大师来做的，如《丧服传》托之子夏，《诗》是毛公传，《礼》是郑玄注，《易》有程颐传，都是如此。

子部方面，如俞樾的《诸子平议》、郭沫若的《管子集校》，都是名家所为，注本身就是一种著作。

史部的注也很名贵，如《汉书》是唐颜师古注，清王先谦补注。《汉书注》是最权威的，居第一位，《三国志》裴松之注第二位，《史记》的裴骃《集解》居第三位。

集部的注常附有典故，如《昭明文选》就是如此，为后来的研究者所重视。

江永所作《近思录集解》，并非一般的注，他本人就是一个大家，这是他长期研究工作的结果。

字典、类书在过去没有，后来有《康熙字典》、有《经籍纂诂》，前者查字，后者专门查经典。《佩文韵府》可查典故。这些都是专门的学问。

要注一部书，非花几年、十几年不行，若训诂不行，其精义也就未能深究。没有具备这种能力来做,就应老老实实地对待,并加紧学习。

我们所做的注,仅仅是帮助阅读而已,这是一般人所期待的,也是我们所能做的,不能超过这个程度来提要求。

现在的问题不是上限问题,而是下限的问题,考虑读者对象应在高中水平之上,注要简,不能繁,不能以《中华活页文选》为样本。

注要简化,一般根据古注,条条有据。程度的把握,高的不能代替专著,低的不能代替字典。

《辞海》、《辞源》出版,这是很重要的资源,应该充分利用。有此条件,初稿的注可以尽量删减。现在要求注的条数越少越好,字数也然。

作者介绍和解题都放在后面,是因为怕损害原著。以后经过审稿和征求意见,若大家认为还可以,对读者有帮助,就移到前面。

把历史唯物主义观点应用于分析评价
(1962 年 1 月 7 日)

在中国教育思想发展历史上,孟子是很重要的人物,特别是他关于教育的东西比较多。他的思想除了承继孔子之外,也接受其他思想家的一些思想。《孟子》书中有"养气"的说法,这是吸收道家的学说而来。《孟子》的文章显其个性特点,有论述、争辩,文章长些,比《论语》要好。清代戴震就深受孟子学说的影响。

我不赞成都用阶级分析的方法去对待古人,但以"政治挂帅"的观点看待历史人物的言论行动则是应该的,从当时的时代条件出发,看他的活动发生什么实际作用。

评价历史人物,不能以唯心、唯物为衡量的唯一标准,那就太过简单化。历史上有唯心观点的人物不一定完全就是反动的,有唯物观点的人物也不一定就是进步的(如机械唯物论)。

《管子》的"礼义廉耻，国之四维。四维不张，国乃灭亡""仓廪实而知礼节，衣食足而知荣辱"[1]都是重要的思想，与《论语》的"庶、富、教"的思想有一致之处，对明末清初顾炎武的思想有影响。

经济基础决定上层建筑，这是历史唯物主义研究总结而确定的社会规律。中国古代的经济基础是农业，是自给自足的，这种经济基础的实际需要，不足以推动成立统一的政府，也不足以推动发展科学，所以要有经济基础的发展，才能有上层建筑的发展。社会政治对思想意识有制约作用，思想意识并非直接取决于经济基础，各种意识形态能互相促进，也能互相限制，如哲学思想就要受前人或同时代人的影响。

解题着重其在历史上的地位及其贡献。

教育人的问题，各个民族、各个国家都有这问题，中国自古以来也有这个问题，故带有共同性，有共同的规律。

问题是中国的儒、墨、道诸家有何独特贡献，在今日还有理论价值的贡献？我们现在所了解的"学不厌，教不倦"，这是共同的，而非独特的，就是需要再找出一些独特的。孔子所教的诗、书、礼、乐是独特的，其主张"有教无类"，提出"性、习"的关系是特殊的，所强调的"学与思"则是普遍的。解题就是要提出其特别的东西，加以简要说明，如"有教无类"。

《论语》和《孟子》的解题中，要说明《四书》问题以及著名的注。不要做语录的解题，而要突出其特殊的思想观点。

解题的各篇是不平衡的，有的就有较多内容可以谈；有的就较少，有的不是要说明其内容，而是要说明选入《教育文选》的理由，有的则还要藉本篇旁叙其他的代表作。

再谈关于注释的问题。现在已经做的注释，看起来还是多，还要删。如《论

---

[1]《管子·牧民》。——编校者

语》的注释,虽已删过,现在还要再删。

注有时要引用原文,凡读者能看懂的,都不用再添加任何说明。

凡需要加以分析的问题,可以提出研究,但这限于少数。对这少数的几条,可以查古今的注或现代人的著作,求得答案。

有些典故,不仅要讲出处,还可引原文。如"孟母三迁",介绍原文就很有意义,可以着重指出:环境与教育的关系极为重要;母亲对儿子教育的特别关心。

人名、地名等是否要注,应有区别对待,有意义的才要加注,若无意义就不必注。

现在有需要对古代的概念作分析,用科学的历史唯物主义来解释,仅能说明那时的概念类似今日的哪一概念,而非相等。

"语录"严格地说是宋代开始才有,是当时的白话。在此之前,不能用"语录"之名。顾树森把其所编的书命名为《中国古代教育家语录类编》,是应再加考虑的。

解题与注释的问题要深入讨论
(1962 年 1 月 16 日)

现在要深入地讨论一下解题与注释的问题。《教育文选》的解题有三个类型:一、《论语》、《孟子》;二、《墨子》、《荀子》;三、《管子》、《庄子》。

《论语》题解,我写了两千五百字。星期六说了此事,星期日早上开始写,两个钟头完成,下午随即抄清。星期一早上一想,感到不大对头,用四个钟头来考虑修改。

《论语》一书的说明,在这张纸上列有五个问题。

一、《孔子家语》

一般人写文章,论孔子都是根据《论语》,而忘记其他。所以我要特别指出其思想言论的一部分在《论语》、《礼记》中,如《礼记》的《中庸》。《中庸》思想影响两千多年,这极重要的思想,《论语》很少谈到,应当作为孔子的东西看。但这在《论语》与《礼记》也仅是一部分,不可能包括全部,这是历史唯物主义的看法,孔子无亲笔著作传下来。

《孔子家语》记孔子言行,是魏王肃伪作。

汉以后在北方的经学有两大派,王肃与郑玄两派相争辩。王肃为反郑玄之说,拿出《孔子家语》和《孔丛子》两书,其地位与郑玄一样,是经学的一派。乾嘉学者的看法,认为《孔子家语》是伪造出来的,其目的是为了打击郑玄。乾嘉学者的想法很可笑,是郑则对,非郑则错。但也有通达的学者,如章学诚,看法较客观。

近代,如《辞海》也说《孔子家语》、《孔丛子》是伪作,但又说《孔子家语》其中有几篇可以看出属于《齐论语》,《孔丛子》也有几篇是《齐论语》的材料。

我们的看法也不绝对。过去搞古代教育史资料也曾用其中材料,不过用荀子之名,因为《荀子》书有此材料。可见《孔子家语》的原材料非伪造出来的。班固已说看过《孔子家语》,但那个原本在东汉时已不存在,而今本则"疑"为王肃伪"编",不是"作",而是"编"。班固在王肃之前,其言可信。

二、《齐论》、《鲁论》的问题

今本的《论语》是《鲁论》。

《论语》与西汉的张禹关系甚大。张禹曾改编今文本《论语》,以《鲁论》为主,而考之《齐论》,将《鲁论》与《齐论》合为一书,称《张侯论》,篇次是《鲁论》的,故只有二十篇。

东汉的郑玄,是古文经学的名家,他治《论语》,要考之《古论》,所注《论语》,有古文经说在其注中。

研究《论语》,留意章句与注要分清,经文不能改,而注有今古文。

三、何晏《论语集解》

此书是阶段性的总结,这是极重要的一部。

我们编《古代教育文选》,为什么要采取古经,为什么要信古人,解析之后,应有明确的观念。

何晏为三国时人,魏之玄学家,但称他的《论语集解》的注为汉注,因为他做的工作是"集解",把郑玄、马融等人都包括在内。

汉人的字形、字音都不同于今日,这是研究汉注需要特别留意的。

注与疏:因对古代经文有不理解之处,所以才要注,注就是对经文的注解。后人又因古注难理解,对注又再加以更详细的注解,称之为疏。注在先,疏在后,注只有几个字,而疏则很繁琐、很冗长。疏要忠实于注,而注要忠实于经,"疏不破注,注不破经",是其必须遵守的基本原则。注与疏一定要分清,而且就是疏与疏也要分清是哪一朝代的,前代的疏与后来的疏有不同的价值。

《论语集解》作者多人,何晏是其中职位最高的,故署其名。集解采取各家之注,但有几家为主,如马融、郑玄、陈群、王肃等家。

今本《十三经注疏》的《论语》,用魏何晏集解,宋邢昺疏。

四、朱熹《论语集注》

认为朱熹《论语集注》是宋以后人家都读的,其实未必如此,各人之见不同。

朱熹有重要的历史影响:(一)定《四书》之名;(二)排《四书》之序;(三)作《四书》的章句、集注。他用毕生之力做第三项工作,他作的是"注",而且是"集",其中有汉人的东西,也有程、张的东西。《章句》、《集注》之后自己尚不满意,又作了《或问》。

元明科举,均用宋注,而不限于朱熹一人之注,学者也读他人之作,汉人之作当然也有人读。

刘宝楠专治《论语》,他旁搜博引,详采各家之说,而加以消化,观点不分汉宋门户,为"汉注"作新疏,撰成《论语正义》。

作疏要打交道的是"注",与"经"无关。

现在做《古代教育文选》注释,要严格区别"经"与"注",不要把"疏"作为"注"看,要"从古"、"从简",而不要把经文按自己的理解去引申。

五、"分题选录"与"分类选录"

我们没有将《论语》的全书分类,就不能说分类,而只是取几题。而标出几题也不可靠,可以引起讨论,人各有主张,讨论也难得有一致的结论。

问题在于我们应该如何标题?现在的读者看《文选》有困难,看注疏也还有困难,不加标题就没有提示,现在这样搞,是根据《文选》教学的需要来做。

目录的标题不要与原书的标题相混,都用原名而不自加题目,这样就无毛病。

孔子的小传中,已介绍了《孔子世家》,但是《易经》则不提,因为不能相信这种说法。"乐"无书,《礼记》也不能说是孔子所传,故不加引号。

"孔子是伟大的教育家",只有这句话对他作评价,其伟大何在? 提出四个概念:一、有教无类。根据马融所注:"言人所在见教,无有种类。"孔颖达疏曰:"言人所在见教,无有贵贱种类也。"此命题在古代是很光辉的;二、因材启发。特别要提醒大家对朱注加以注意。朱注曰:"孔子教人,各因其材。"并以愤悱的心理状态为启发的条件;三、学思结合。学习涉及的问题很多,如知行等问题。"习"作学习解释,学习何内容呢? 问题就很大。学与思就只引用一句话。学是感性经验,学就是习,这是朱熹的看法。思则是理性知识,而行则未说到。颜元就把习理解为实践;四、学不厌教不倦。

孔子的思想,名目繁多,难于尽提,而思是其中的一个因素。我们只提几个,不能求其完全,写《中国古代教育史》也只能采取这种办法。

总之,评价批判少,但分析是有的。批判可以让各人自己去做。

《孟子》解题的内容,大概也就那样。但是还要修改,下文要具体一些,就从四段内容中提其要。

确定注释三原则
(1962 年 1 月 17 日)

注的问题还要再提一下,原则是从简、从古、从实。注一定要客观,不要加上主观的看法。有科学头脑的人,绝不去美化古人。

一、内容要简化,经文上没有的东西不要附会上去。

"启发",要有"愤",也即杜威的"困难"、马克思主义的"矛盾",没有问题如何来教。

要"包教包学",这是一般的提法,实在不便讲他们不懂教育学。

二、注释,"虚"的难注,"实"的容易注。虚的解释无标准。

三、形式:有的采用在要注的字或词之后,划一横线,横线是等号,不相等的不能用横线。采用":"点,是分为两段的意思。我们要从通行的形式中择善而用。

解题着重几方面内容要显各家特色
(1962 年 1 月 20 日)

一、解人名,要附带说明其学术源流,说明其在教育历史上的地位及贡献。

二、解题名,要说明题目的主旨和意义。有的题名从不同的角度阐释,如《小取》,利之中取大,害之中取小,一说;取譬,二说。

三、解篇名。

四、解专门名词。

解题不要多涉及思想内容。

解题放在什么位置好?放在篇后,就不必讲,仅是抄录,要大量地减缩。如放在附录中,就可以谈自己的看法,因为仅供大家参考而已。

墨子是很值得重视的历史人物。

在古代世界史上,教育有阶级性,而能成为庶民阶层代表是很罕见的。传统的儒者,社会地位是士,而墨子出身于士以下,其学生都是手工业者,这在世界历史上也很少见。

墨者是一个政治性也是一个教育性的团体,这样的团体有其特色。

1. 传授工艺,特别是制造兵器的工艺,而不是《诗》、《书》、《礼》、《乐》,故其学生包括了最优秀的工艺者。

2. 其中有些工艺家,总结了当时自然科学的知识经验。

3. 其道德信念也不同于儒家,如"兼爱"、"非攻",互助分财。

4. 思维方法上开创了新学派,发展成为比较完整的有体系的思想方法论。但这些在秦已失传,是中国古代教育的一大损失。

在解题中要谈墨家在教育上的特殊地位,因为在选文中未能包括反映这些思想。

如从人民性来说,他是第一家,思想是很精彩的,在教育史上是重点,与诸家比较起来,可以说更为重要,这也是中国古代教育的特色。

墨子本人的思想也有不光辉且落后的一面,他反对《诗》、《书》,主张"天志"、"明鬼"等都是落后的。

以墨子为例,这样来写的解题,就只能放在附录,而不能放在篇后,因为这已超过解题范围。照现在解题的写法,不纯是考证,而是有所分析评价,这是要影响教育史的。

现在有些同志思想先形成一定结构,如唯心唯物、先进落后、积极消极等等。对于黄宗羲这样的学者,如何可以这样讲,而不从大处去看他的思想表现。

墨子有其大的主张,但有些人不从他的大处着眼,只看其个别词句,取其"量力性原则"作为评价的依据。

现在青年同志们知识框子太小了,不了解伦理学、心理学、美学。因为没有学习,就缺乏这方面的知识。

古代哲学由三部分组成:一、宇宙论(形式逻辑、论理学);二、伦理学;三、价值论(真、善、美)。

心理学是贯串在每一种学问中,逻辑变成思想心理学。伦理学要讲如何形成情感、意识,美学就要讲如何培养审美。这几门课最基础的是心理学。

在教育上应着重寻找教育特有规律,其一般规律,历史唯物主义已有。我们要找的就是其特殊规律,为的是"重新证明历史唯物主义总规律,加强共产主义的信心"。再具体就是要吸收特殊中的一般,如何去培养道德信念,如何掌握知识的有益经验,这些经验中有意义的共同东西,至于其具体的道德内容,已经成为过去的历史,就不管了。

《教育文选》的性质直接关系解题的地位
（1962 年 1 月 20 日）

《中国古代教育文选》的篇目已定。这个篇目已包括北师大、杭大专家的意见在内。

《文选》的字数十几万还不够,已加了一些,达到二十多万,但是也不能太多,这是中央的意见。

解题放在什么位置,是放在篇后,或是作为附录,这是格式问题,却体现地位的高低。

解题若附在各篇,水平高的人不赞成,认为不应如此处置;水平低的人会赞成,则受影响而跟着跑,这就妨碍教学活动适当的开展。解题要降低地位,定位在仅是作为参考性的,而不是启发性、指导性的。解题与参考书目并列,可降低解题的地位,也便于解题的简略,可少许多交待。

破折号"——"来源于苏联,其逻辑意义在语法上等于"是",要相等的东西才能有这种符号。所以破折号只用于相等的字。

《中国古代教育文选》在送审之前,在校内应当有集体讨论,提出意见批评,这是对国家负责任。要发挥集体的作用,关键在于分工,这才能把工作做好。关门,不走群众路线是不对头的。还要请校外的专家如陈学恂、顾树森等来审查提意见。

对于《中国古代教育文选》,既是教材,也是许多人的读物。如果能由我决定,我不愿作为教材,而更愿作为许多人的读物。

要作为教材,解题的写法就不同,是要写给有一定水平的教师看的。

教材的应用范围较广,高师教育专业学生所需数量不多,而广泛的读者却很需要。我始终未接受编写教材的任务,始终未把《文选》作为教材看待。

你们几位都是教材主义。我对教材的看法与你们不同。按教育的原理原则:一、凡是教材,皆必须根据确定的教学大纲而编辑;二、教材应包括有组织的检验过的理论知识。现在我们所编的《教育文选》教材,不像周予同主编的《历史文选》有教学大纲为依据,而只能说根据华东师大拟订的篇目。现篇目要印出,函寄各高师教育系征求意见,北师大、南师大、杭大都重要,我们不能关门,要开门多听取意见。

作为教材,仅能写公认的东西,解题只能抄,不抒发主观意见,这样就大大减轻工作。教材是刻板的,不是著书立说。是教材或非教材,原则就应早作决定。

解题所谓难的,就是要介绍选文的观点、内容,现在无此要求就简化了。解题的字数要减,过去写得太多了。

新旧注本要比较鉴别一下,新注可用就用新的,不用反而受批评。

《教育文选》一定要突出教育专业内容
(1962 年 1 月 23 日)

《中国古代教育文选》一定要突出教育专业内容,否则人家就会因为没有特色而不采用。所以教育专业专门化的材料一定要多。

原来准备分上编、下编,排在下编有几家可以提到上编去。

《史记》要提到上编去。《太史公自序》中包括有《论六家要旨》,议论六家的长短是非,认为可以并存发展,这种观点很重要。《儒林传》是真正的教育史,最要紧的是序论及赞,中间各经师的活动事迹也可选。

扬雄所著《法言》,提出一些教育观点有长远的影响,他有"圣人可学而至"的思想。可以提到上编。

颜之推所著《颜氏家训》,可代表六朝的教育思想,应提到上编去。

王夫之的哲学地位高于顾炎武、黄宗羲,对教育问题有独立见解,也可列入上编。

上海市文科教材工作会议的精神与我们的领会贯彻
(1962 年 2 月 17 日)

1 月 31 日,上海市委召开文科教材工作会议,本校三个校长都出席。会议由石西民〔1〕主持,市委教育卫生部、市高教局都有负责同志出席。

会议中心问题是文科教材工作,中央催得紧,要四月份就交稿。

文科教材有三种。

1. 论:哲学、政治经济学、文学概论、教育学等。

2. 史:文学史、中国通史、教育史等。

3. 选:各种学科文选。

那天主要谈文选,要求不要"小题大做"。文选的目的只是选几篇有代表性的文章成为读本,而现在有人在文选上大做文章,费很多时间,这完全不必要。有时间可以做其他更迫切需要的工作。

根据会议的精神,《古代教育文选》的解题,要介绍事实,没有争论的东西。注释要越简单越好。

春节时,曹未风〔2〕、颜克述〔3〕来拜年,谈起各种文选试用的情况。现在对选本的要求是提高,要精简加深。

选几十篇不可能反映全貌,不可能代替原著,所以选只能简、浅。原书阅读只能抓重点,不能一下读完,也不能只读几篇所谓有代表性的,就可以夸夸其谈。

〔1〕 时任上海市委文教书记。
〔2〕 时任上海市高教局的领导,负责联系文科教材的编写工作。
〔3〕 为抗战时期湖南国立师范学院教育学系的学生。

一般的注释,只有坏处,没有好处。做注的人,都费一番苦心,字数极少,要选择最好的解释,做出结论。注的工作,不管做得如何,都会阻碍人家思考探索。现在大家似乎对这样做可以理解,以后人家看起来就很可笑。

现在的学生都是以看报纸、看杂志的态度来读《文选》,要求实用,得到一些可用的东西,不仅没有欣赏的态度,反而要去批判它,所以学生看也看不进去,所选材料已经甚少,而学生还是接受不了。

以往的选本都杂而不精,分量重,接受不了,学习质量很低。

《辞海》的难题有二。

老的问题:开始的时候要求思想性、科学性、通俗性,写辞条的人大多是青年人,写起来千篇一律,未能帮助读者了解事实,故后来市委提出知识性要求,经过了修改而出初版。

对于思想性的理解,太过于肤浅,只有观点,缺乏材料,两者未结合好。

新的问题:当时注意普及(通俗性),而非注意提高,主要对象是中学程度的工作者和一般干部。但现在中学贯彻“五十条”[1]之后,中学生读古文多,感到《辞海》已经不能满足要求,这就需要改编。未能预见几年后的发展,这是一个教训。

《关于加强基本训练的决定》,这是学校非正式的文件,但文件的主要精神可以看出来。今日主要的是要提高基本理论,而非要求训练写毛笔字。把训练写毛笔字这样事情订立在文件上,不大像话。

《中国古代教育文选》篇目,要求明显突出专业性,这个问题不能只靠两个人来解决,要组织讨论,广泛征求意见。

---

[1] “中学五十条”,全称《全日制中学暂行工作条例(草案)》,分8章共50条,一同颁行的还有《全日制小学暂行工作条例(草案)》,分8章共40条。这是教育部于1961年贯彻“调整、巩固、充实、提高”八字方针过程中,为总结建国12年来我国中小学教育的经验,尤其是1958年以后三年进行教育革命正反两方面的经验而同时起草拟定的,前后历时近21个月,于1963年3月正式颁行,对改善和促进我国中小学教育曾起过积极作用。——编校者

《三字经》等不能作为经典著作,《教育文选》要选的是经典性的东西。

现在初选,哲学的材料多了,要减少。《礼记》的选文太多,《曲礼》可以不选,《乐记》《中庸》可以节录。

朱熹的《近思录》不选。《近思录》是理学的入门,讲天道性命的多,与教育的关系不大,可以不选。

解题的做法:原来的做法是每篇解题,现在要求是总解题,是一部书的解题,是书目解题,而非《中华活页文选》中的每篇解题。书目解题应该包括:一、著作者是谁;二、思想有何特色;三、传授源流;四、考证问题。解题只是个人看法,排在书后,作为附录。

解题中,对王守仁、颜元两人有批评。王安石作为思想家则提得高,王夫之也提得高。对朱熹的批评也少,总的是尊重。

告子说:"生之谓性。"又说:"性无善无不善也。"[1]故主张性无善恶。从理论上说,较为正确。

孟子说:性非草木之性,非禽兽之性,故称为善。

荀子说:"生之谓性",生而性恶。这就无道理。

王安石认为性无善恶,而情才有善恶。

王夫之《知性论》的观点也更进步。

对人性问题的解释是越来越进步,董仲舒也比荀子进步,承认人性有差异性,这总是较进步的,问题是与阶级有联系。

评说一些有争议的重要问题
(1962 年 2 月 22 日)

"礼"在古代是很重要的,家庭、学校、社会都要讲礼、教礼。

---

[1] 《孟子·告子上》。——编校者

士大夫等阶级居于统治地位,对他们自己不用法,而只讲礼,礼是用来维护等级社会秩序的。

《曲礼》所讲的礼,与家庭关系较大,而与学校的关系不大。朱熹把《曲礼》作为小学的内容,实际上未必准确,所以不能同意他的看法。

《论语》、《孟子》两书都没有阴阳五行的思想,而《礼记》各篇都可以发现有了阴阳五行思想,这表明是在《孟子》之后,阴阳五行思想才影响了儒家。

王守仁提出一些引起争论的问题。

一、维护《大学》古本,按照郑玄之本,不能按朱熹之章句。

他主张完全以"心"为尺度。持这种主张的人,就不会迷信,会独立思考,所以这种唯心的思想,不仅有消极意义的一面,也还有积极意义的一面。

二、朱子晚年定论。认为朱熹中年之论未定,后来有发展变化,晚年之论才定,故王守仁自认未反对朱熹,而是与朱子晚年定论一致。

三、提出"心即理",无心外之理,他是主张心一元论。

四、致良知。良知见于《孟子》,致知见于《大学》,合为"致良知"则是王守仁之说。

五、知行合一。

哲学是超乎常识的,故"心即理"之说法常人不能理解,就说持有此说的人为唯心者。能在常识水平之上的人实无唯心主义。

"理"是规律,这是常人能理解的。"理"是在事与物之中,"理"与事物是合一的。

去认识"理"的"我",也是客观存在的,而"我"与客观存在的事物不同,其差异在于"我"是有思想的,是会说话的。

一般人都把宇宙作为死的不动的东西,而把"人"置于宇宙之外,不把"人"当作宇宙的一部分。"人"既是宇宙的一部分,也是物质,也有"理",为何不用自己的"心"来照自己的"理"？用思考来认识"理"，而不能单凭耳目。

宇宙发展到一定阶段，有一种东西产生，能代替宇宙说出宇宙之"理"及其他一切物质之"理"。例如天体运行之"理"，此"理"是宇宙之"理"，但借我口说出，当我说此"理"时，是代"宇宙"说的。此"理"存在何处？存在于人的思考的物质中，而非写在纸上，离开人的思考是无"理"的。人会代替宇宙表达其"理"，"理"也是"我"的"理"。

"人"的认识要由感觉，但不能单凭感觉，一定还要思考。"人"为何有思考能力？这是脑这种物质的机能。

哲学是超常识的，但不能神秘，一定要讲出道理来。不能讲出道理的就是迷信，入于宗教就非哲学。

宇宙之"理"作为"理"，适于一切事物。"我"作为宇宙的一部分，此"理"也在"我"。"我"说"我"之理，也说宇宙之"理"。

首先把宇宙看成是运动的，其次把宇宙看成是思想的，人类就是宇宙的会思维部分。除了人之外，有些动物是宇宙中具有感觉的东西。除此之外，还有不能思维又不能感觉而具有新陈代谢作用的活动的东西。此外还有一些无三者之作用的东西，如煤、石头等。现在人只把宇宙整个当作第四种东西，不了解死的物质内部也在运动，也有能，如铀，其能比会思维的物质之能还大。

人类的"心"有思维的性质，其他动物也有一点，有感觉、有记忆的作用。思维、感觉、运动都是物质的性能。

我所讲的"理"都不是个人的，而是人类共同的经验。"理"在物质之中，我也是宇宙物质，"理"也在"我"之中，这才是一元的。

朱熹认为"我"有一部分"理"，而宇宙尚有其"理"，这是客观的一元论者。承认此说法，还是把自己放在宇宙之外，而非放在宇宙之内，是个人本位。

孔子"心"中的"理"，形于文字为"六经"。孔子的"理"是大家之"理"，也即我心之"理"。

宇宙中,最高的部分是人,人为万物之灵。人之中圣人又为最高,所以圣人是最能代表宇宙的。然而圣人并非空前绝后,宇宙尚能产生千千万万人与无数圣人,产生人之宇宙才是伟大的,而人则是渺小的。

把宇宙看成是活动的,把人类及其思维活动包括在内,才能了解"心即理"的概念。

"理"是无形体的,故认为"理"在思维中、在语言中,离此则无"理",没有能思维能说话的主体则无"理"。

"存在"、历史、现实、将来都要被包括在内。有些事物是未来发生的,但是其"理"早已存在,如宇宙飞船。

"人者,天地之心"[1],人是宇宙能思维的部分者也。

教育史要阐明教育规律和教育发展实情
(1962 年 2 月 28 日)

要写长编必须读书,一定要客观,不要先树一些概念,然后按目的、内容、方法去找材料,而要先跟着走,然后才来归纳。

先要了解前人有些什么研究成果,后人要比前人的资料研究更进一步。

学问如"披沙拣金",精华就在糟粕之中。一定要从第一手原始材料中去搞长编。

做学问的目的在为增加自己的知识。

教育史要阐明几个规律。

一、继承:思想的继承不可避免,一代人的前头必然会有一定的东西,不会有无因之果,思想发展的规律有继承的现象,反对也是继承。因此《古代教育文选》解题中要谈学术来源。

---

[1]《礼记·礼运》。——编校者

二、创造：不仅要继承，还要创造，这也是教育思想规律。

三、传播：可以从空间和时间两方面来看，传向外地（如佛教传至中国），传到下代。

四、斗争：传播过程一定会有斗争，斗争不限于辩论，有时还要流血。斗争之后要统一，统一之后又有矛盾斗争，斗争是绝对的。

教育制度与方法也是如此。如"循序渐进"，是由经验而成格言，其具有普遍的必然性，就成了规律。"教学相长"也具有普遍的必然性，也是规律。

《学记》非经逻辑总结，但其中有些是带有规律性的。

中国教育较重道德，故道德教育有专长。外国教育较重知识，故对教学方法探讨较多。

教育史上的一些提法不符合古代的实情，古代是无所谓教育政策、制度的。教育有制度，成为国家的一种职能，是到资本主义时代。但如美国，教育不全属国家管。到社会主义时代，教育则全属国家管。

中国封建时代，国家只过问考试选拔人才，不具体安排教育，实无政策、制度可言。

中国古代政教不分，行政上所发布的政令，只有政治含义。

到了资本主义时代，民主主义思想居于主导地位，才有使每个人受教育、有文化，可立身于社会的需要。

中国封建时代阶级界线不清，一般人根本无此意识。就是今日的美国工人，也还不自觉是无产阶级，而只知与厂主有利害矛盾。

孔子并非有阶级意识，而只是从道德出发，要安定社会秩序。

封建社会的等级制很严，整个《礼》讲的都是等级制度。等级制度是从氏族制度维新变化而来的，在氏族中等级很严。

中国历史上的奴隶是有问题的，甚至整个有问题，因为主要的生产者农民，到底是奴隶或佃农，关系搞不清。

孔子之时，中国相当文明，现在的道德理想并未超过当时多少，甚至还不如孟子的道德理想。

"名实论"所探讨的是名称与事实的关系问题。

"才性论"所探讨的是才与德的关系问题。

刘劭从"才性论"谈到"形名论",重点在形名,前者对教育理论有意义。而后者则无所发明。故《教育文选》中提出刘劭意义不大。

《吕氏春秋》是杂家编纂,依靠集体力量,收入许多古代材料,可代表一个时代的思想。

关于《教育文选》的分编和版本
（1962 年 3 月 15 日）

《中国古代教育文选》,是要精心选择的。选择就必然要有取舍,初选入讨论稿 30 家已够多。

分上下编也有好处,可以分清主次,使初学者能抓住重点。

下编《庄子》等 15 家较为次要,不能与上编诸人比。

《管子》的选文可以告诉人们,儒家吸收道家思想。

刘劭入选还有问题,只能告诉人们,他的思想与九品中正、才性论、玄学、心理学有关。

《古代教育文选》所采用的版本,主要根据《四部丛刊》。

叶适的学问很好,但其精华都在《习学记言》。叶适在经学上有贡献,对诸子有独特见解,但对事功之议无特色,对教育也无新颖见解,无特别建树。

郑樵也是了不起的人物,贡献大,影响也大。

古人所讲的"性",实是指道德之性。上智与下愚也是从道德上来讲的。

研究教育理论要有新的思想方法

（1962 年 3 月 15 日）

看历史人物应避免片面性，都应从世界历史背景来估计孔子以及其他思想家，才能正确评价他们对文化发展有什么贡献。

赵匡是值得重视的一位历史人物，他在经学上反对《三传》，在教育上反对科举。当时是科举制度最盛的时候，他能公开出来反对，真的了不起。

研究教育理论的人，一定要先搞通逻辑学和心理学，否则思想就要落后。要有新的思想方法，应了解现代逻辑学和心理学，这是搞现代教育科学研究的基础，才有稳固的据点去搞现代的教育理论和方法，第三步才去搞古代的教育理论和方法。搞教育学研究的人如此，搞心理学研究的人也当如此，教育学、心理学、教育史三者不能分家。

学习古代教育史，主要不是去批判古人。古人已经远去，现在批判古人都是为了批判今人，这样做没有什么好处，不能继承到什么东西，只能说得到启发而已。所以不要强调去批判古代坏的，而是要注意去寻找好的。要学习的是与当前做人和生活问题有关的东西。

教育史的两重性与两个专题资料

（1962 年 4 月 25 日）

北京编写的文科教材大部分都能完成，从行政观点来看，我们也应当如期完成。

编写教材的事情要有计划，到了完成时间，就争取编写教材能够结束，否则就成了无底洞，可以一直拖下去。

《教育文选》工作结束之后，要把力量投入中国古代教育史的工作。下半年教育史编写工作有几项凭藉：一、中国通史；二、教育史讲义；三、古代教育史资料；四、古代教育文选；五、长编初稿。

长编如不作分析，就无意义，单抄出资料对人帮助不大。不写长编也要做资料的整理，这是做长编的人应注意的。有分析之后，问题是如何行文，写成条条，少变化是不好的。

今后半年时间内，有两个专题资料可以做。

教育史与文学史、数学史不同，它们都是学科史，而教育史有两重性，不仅是教育思想史，还是学校发展史，要包括学校教育的发展。许多国家教育史（除法国外）都是如此做的。这样来谈教育史，把教育理论与教育实际结合是有道理的，理论是要影响体现于实际的。

现在搞长编的人，对于实际未多注意。可以注意做下列两个专题：一、各朝的教育制度；二、教学的具体方法。

第一种专题：教育制度在《三通》（《通典》、《通志》、《通考》）和《古今图书集成》都已有，抄下来，索然无味，这是一去不复返的东西，今后不会再复现再应用。

教育制度应当包括四个学校制度考：一、殷周（殷是假设的，周才有根据）；二、两汉；三、唐宋（宋同于唐，除了艺术学校之外无特殊）；四、明清（明的教育制度为清所继承）。实际上是周、汉、唐、明。

周的教育制度在《古代教育史资料》中已做了一些，提供了最基本的资料。关于周制有几说，只能采用一说，如只用《礼记》，不用《周礼》，用现代文写一写，加插图。

汉代有太学，也有《三辅黄图》，可以参考。

唐代教育制度也无多大困难。

明代学校制度较复杂，中央有学校，地方也有学校，有书院，还有社学、私塾。这是较复杂的，资料甚多，也是最重要的。

如果每个学制费一个月，就得费四个月工夫。

过去大家对《文献通考》、《古今图书集成》用得少，这是不应该的，无数学者精力都投入其中,他们的考证要重视。

第二种专题:具体的教学方法,从宋算起,也有千年的历史。从朱熹的《童蒙须知》到王筠的《教童子法》。这个问题大家都在想,但是无眉目、无观点。把资料搜集之后,逻辑分类总应该有,如学写、学算、学作文、学礼、行为陶冶、读书方法——熟、懂、用等等。

我们要吸取的是精华,去掉的是糟粕。精华是多的,要我们搜集具体教学方法的材料,做研究总结工作。过去的方法,凡是基本的,今日还是照样有效的,就对今日有用。我们做这些资料工作,要有明确的目的。

私塾教师介绍自己经验的著作,有好多部,可借来细查一下。问题不在于要多看材料,而在于看后要归纳概括,不在于多用陋儒偏僻的东西,而在于可用通儒常见的东西。

大家对教学方法这些东西尚不清楚,总以为有一套东西,应揭开这个谜。要系统地做下去,大约要花七八个月时间。

慎重选择版本与排除势利观点
(1962 年 4 月 28 日)

古代版本源流,专业的研究工作者是很看重的,但对于一般初学者来说就不是很重要的事情。因为多数中学无古籍,大学虽有古籍也不完备,学生与教师都未能受到版本目录方面的专门训练。

编资料书与编文选对待版本有些不同。资料书很重视资料的原始性,而文选则可采用极普通的通用本。作为编辑者知识面应该广些,需要看较多的书籍,应有自己的目录。

做古代文献的校注工作,都要利用乾嘉以来研究的成果,所以要参照最新的本子。如果看到有可疑之处,可拿古本来对照,而古本也还可能有错,不可迷信。原则上是以今人的校本为准,若无今本,就用清本。

《朱文公文集》	四部丛刊选用的原刊本,可作为根据。
《朱子大全》	清朝的官书,不用。
《国学基本丛书》	未经整理,不可用。
《诸子集成本》	书局编辑为了抢生意而印的,不可作为依据。

做学问不能有势利的观点,不能如杨柳随风倒,要有自己的学术观点、自己的意志,要经得起批判,不随意动摇。要有自己的信念,深思熟虑。做学问而有势利观点,是很可令人鄙视的。

现在资产阶级哲学,背后都是逻辑问题,要在逻辑上站得住脚。逻辑推论方法决定了其哲学之兴废成败。

教育思想理论有相对的独立性
(1962 年 5 月 14 日)

教育、教育事业、教育工作与教育学、教育思想是有区别的。前者无所谓相对独立性,它在任何时代、任何朝代都是政治的工具。后者则以前人的思想材料为依据,由之而产生,故有相对独立性可言。

因为我们所做的是教育著作选,而不是搞文章的,用"文选"太广泛,用"中国古代教育论著选"为书名较为恰当。

书的目录,一般都用人名,例外则用书名,如《管子》、《礼记》、《吕氏春秋》等。

解题作为附录,简要介绍作者的生平,说明他在教育思想史上的地位、重要著述和流传情况,并指出选文的基本思想。

教育学发展有三个阶段
(1962 年 5 月 19 日)

裴斯泰洛齐、福禄贝尔都是教育实行家,真正的教育学是从赫尔巴特开始的。

因为当时国民教育发展，要有大量的师资。天才的师资很少，所以要依靠培养。赫尔巴特提出要有教学阶段、要有教学计划，这名称不很科学，但这概念的出现很重要。赫尔巴特的教育主张传至美国，美国人组织起赫尔巴特教育学会，而哥伦比亚大学成为一个中心。1896年杜威办实验小学，认为学校也要学工业技术。

克鲁普斯卡娅的《国民教育和民主主义》，提出教育与生产劳动相结合的概念。教育与生产劳动相结合的主张始于卢梭，最后一个就是杜威，杜威非常看重此事。《国民教育和民主主义》一书把赫尔巴特和杜威作为西方教育的主流，仅此两家。

西方今日还是只有这两家，赫氏被称为传统派，杜威被称为革新派。

如要找第三派，那就要算苏联。

现在我们的教育方法，弄得有点像赫尔巴特。杜威所实验的，都是小孩子的训练。

苏联是教育学发展的第三阶段，有千千万万人在从事教育和教学工作，搞教育与生产劳动相结合，其成就是伟大的。但目前有价值的是几本教学法的书，而《教育学教科书》则价值不大。

马卡连柯是教育上的奇人，他所办的是收集流氓的学校，对犯罪青少年进行教育改造，其书是名著，其名垂青史。

有人认为历史上有三本教育学书：《理想国》、《爱弥儿》、《教育诗》。《教育诗》是马卡连柯的著作。

教学的内容的确决定教学的形式。儿童心理活动有其规律，不按其规律进行教学则不成功。教育学要发挥这方面的作用，要具有科学方法与心理方法。当前的科学方法就是数学和逻辑学。不懂此方法则枉为现代人。

教学论的发展，可以说已经历过三个阶段：一、自然科学的兴起阶段；二、资本主义工业化阶段；三、共产主义阶段。

现在没有时间去理解旧事物，而要更多地去理解新事物。

杜威主要是哲学家,工夫都花在逻辑上。对他的历史评价,要看百年后逻辑、美学的发展。其教育学不如赫尔巴特,还不能形成完整的教学体系。

中国古代思想家有这样一种论述:"性"——德性;"才"——才能。"才"不能平等,而"性"有善恶,人人努力可为,所以人人可为圣人。

隋唐五代教育(谈话提纲)
(1962 年 5 月 27 日)

我国史籍,自唐始繁。唐在世界史上占特殊地位。然在过去哲学史(因而误在教育史)上几成空白(仅因唐人学术绝诣,属于佛学与文艺;而儒学中衰)。西方汉学家,始以发掘唐代地理文物知名;日本亦多唐代科举、学校的专著。

一、文化的繁荣

文学、科学技术、艺术

二、科举的兴盛

太宗政术、科举制度及弊害

三、官学的大发展

盛唐学制、兴学名人(杨绾、归崇敬)、经师传授(孔颖达、颜师古;啖助、赵匡)

四、韩愈、柳宗元的散文和教育思想

五、民族关系与对外文化交流

吐蕃、渤海、日本、印度

五代外族的接受汉化

十国(南中国)的文化教育发展(书院兴起)

六、佛教对于学术思想与教育的影响

经典翻译、文体变化、禅林讲学

反佛教的思想运动(理学萌芽)

基本史料:《隋书》、《唐书》、《五代史》、《十国春秋》

吕思勉、侯外庐的历史与思想史著作

宋代教育(谈话提纲)

(1962 年 5 月 27 日)

过去教育史,几成理学史,学者于北宋、南宋学术的变化,思想的丰富多样,全无所知。这次力求反映全面。

一、文化的发展

文学(散文、白话、诗、宋词)、史学、理学;雕版藏书、艺术

二、官学与私学

(一) 官学　学校沿唐制(不多述);但突出其发展过程中之人物事迹

1. 以范仲淹为中心的兴学(孙复、胡瑗)

2. 王安石的改革

(二) 书院、学馆、家塾(司马光《居家杂仪》、吕本中《童蒙训》)

三、学术的大变化

(一) 北宋经学的怀疑精神(欧阳修、王安石)

(二) 南宋的史学(郑樵)和批判学派(叶适)

(三) 理学的形成(周敦颐、二程)

四、张载、朱熹、陆九渊、杨简的教育事业和思想

总结编写《中国古代教育史》的经验

(1962 年 5 月 28 日)

若总结华东师大编写《中国古代教育史》的经验,主要有两点:一、专业史专业化;二、不先写稿而先搞长编资料。现在自己回顾,第二点做到,而第一点尚不落实。现在需要把专业化的观念再加以分析。

教育、教育学、教育史都是现代的观念。原来编写原则中说:"反对用现在的观念硬套过去的东西。"因为用现在的观念去硬套过去的东西,这是非历史主义的。由于非历史主义,也就产生下面两点毛病:一、不逻辑:逻辑是历史的反映,逻辑是对事物正确的推理。正确地反映自然、社会、思维发展就是逻辑的,相反就是不逻辑的。二、不科学:所谓历史就是指发展变化的过程。非历史主义的=不逻辑的=不科学的。

教育是自古以来就有的,但是国民教育的概念是到近代资本主义社会才有的。

写中国古代教育史要注意两点:一、过去的教育非近代的国民教育,而是士大夫的教育,只讲道德教育,而非知识技能,即使讲知识,也只着重于道德判断。二、着重成人教育,而非儿童的教育。古代也有儿童教育,但儿童是小成人,成人的道德标准也是儿童的道德标准,成人要成为圣人,儿童也要开始学为圣人,始终以成人的观点去看儿童。

现代的教育起了大转变,不把儿童看成成人的缩影,而儿童自有其要求,这种思想是一种科学创见,在教育史上有重大的意义。从卢梭开始而到杜威就达于顶峰,提出了"儿童中心主义"。现在虽被许多人攻击,但其功绩则永远抹杀不了。由于有了这种创见,才有了教育学,这种教育学,实际就是儿童教育学。

赫尔巴特是第一流的哲学家,坚持儿童教育 20 年,自己教数学。他是康德的继承者。康德是德国的古典哲学家,专搞哲学,其他学科都不搞。后来读了卢梭的《爱弥儿》,大受感动,感到专搞哲学贡献不大,就兼搞教育。1776 年第一个在德国大学设教育课,在哲学中谈教育问题,虽然创见不多,但作为开创者,值得尊敬。

中国古代的教育着重对成人,而不着重对儿童。

教育史要谈的主要是教育理论
(1962 年 5 月 28 日)

苏联新的《教学论》,有一章专谈教育史,其中提到夸美纽斯是教学论的创始者,其次是卢梭、裴斯泰洛齐、赫尔巴特、乌申斯基、拉伊、杜威。杜威是高峰。书中不称为流派,而称为教学论的发展阶段。[1]

教育学的概念在古代没有,也是到近代才有。

教育史就具有两重性,可以谈古代的教育和古代有关的教育问题,这些问题也是后来教育学的问题,但只是作为一些因素而存在,而且其研究也颇有独到见解。

教育史的教学目的有两方面,有理论方面和实践方面的好处。教育史是理论课,有理论上的意义,可以扩大眼界,启发思考,促使发挥创造性。使学生正确地对待历史,区别过时的东西和可利用的东西,介绍了那种总结了多代无数天才教师经验的理论。教育史还可帮助教师教学工作的熟练,缺乏历史知识,文化修养不够,就不能熟练。

历史上的教育制度,已经是过时的东西,所以教育史不应着重去谈它,要谈的主要是教育理论。我们现在没有时间多作考证,考证工作让有时间的人去做。

现在探讨做资料工作。

司马光的长编是网罗一切之意。我们做资料,没有达到他那样程度,也跟着称"长编",名词用不得当。《文选》的字数只有二十多万,而《资料》则有五十多万字,今后还要继续做,这是一种学习。

青年教师有两重任务,一要参加编写,二要进修业务,为此,应当"积累资料,深刻钻研",所以对青年教师要求做资料工作,近期配合任务,尤其要加强资料工作。资料工作做好之后,要花较长时间来写论文。

做资料工作要有确定的题目和范围,要缩小资料范围,而不要无限制扩大范围。

再谈三个问题:一、何谓总结经验? 二、何谓总述? 三、论与史。

教育的历史悠久,总有经验,教育史应总结前人的经验。

总述是要概括每一历史时期政治、经济、文化发展的趋势及其特征。

---

[1] 达尼洛夫、叶希波夫编著,北京师范大学外语系 1955 级学生译:《教学论》,人民教育出版社 1961 年版,第 7—35 页。——编校者

论与史的关系,要处理得有合适的分寸。偏重观点,就会出现八股。写史就是写故事,故事让人乐意读,叙述故事之时就带有议论,史论自然结合,从史事中引出理论。

总结教育经验,不外五个来源:一、教育制度;二、教育人物传记(正史、碑志、行状);三、教育理论著作;四、教材(有的与著作是同一东西);五、学规、学则。

古代教育以道德教育为主,但儒家把道德教育与诗、礼的教育结合起来。

教育中总要有语言和计算的教学。古时的"六艺",只有书、数到今尚有用处,总结经验主要是指此类的教育活动。

语言和计算是儿童教育不可缺少的部分,要注意搜集这方面的材料。

《教育史》的第一章绪论,作为各章的总述,原始社会及政治、经济的材料都放在这一章,其他各历史时期各有一章,也还须对背景作一说明。分章可较多些:

第一章　绪论

第二章　殷周

第三章　春秋战国

第四章　孔墨

第五章　道法各家

……

中国古代教育强调的是政治与道德,统治阶级轻视农工,也轻视商人。他们把政治放在伦理基础上,以忠孝为本。因为单用行政命令行不通,还要利用社会教育为统治手段。过去否定这种主张,现在认为这种主张有道理,重加肯定。孟子、董仲舒都强调教化手段的作用,这是来自孔子的思想。社会教化这是政治问题,与成人教育大有关系,而与儿童教育则关系不大。

教育史诸问题及专题资料的做法

(1962 年 5 月 31 日)

两汉与魏晋的社会性质不同,教育制度不同,故应分编。

汉魏的人物应该多一些,太少不足以阐明思想斗争。今文家董仲舒、何休,古文家许慎、郑玄,都不能少。经师的私人讲学,要作为专门问题来谈。

魏晋在教育上有才性问题,应提到钟会、刘劭。这一时期的教育思想家,应提出反对名教的人,如嵇康等人。前者是心理问题,后者是道德教育问题。

魏晋的部分,可先参考唐长儒的《魏晋南北朝史论丛》、汤用彤的《魏晋玄学论稿》、侯外庐的《中国思想通史》、青年出版社的《中国文学发展简史》。

秦代教育一定要提到李斯,他是第一任丞相,是荀子的学生,与禁私学有关,又与文字的改革有关。

中国古代的学制,虽有汉制,但未完备,后来有唐宋制、明清制。在封建时代,有如此规模,在世界上是少有的。日本虽有,但那是后来的。故不要以为平淡而不重视。

社学是官学制度最低的一级,其阶级统治意图是很明显的。放在世界历史上去估计,有这种制度,也足以说明教育是发展的。

社学有何经验?要总结提出几条。

教育史上应该谈到统治阶级的代表人物,如商的伊尹,周的周公,秦始皇、汉武帝、唐太宗等人。

北魏很重要,经学的传授不在南朝而在北朝,北朝是少数民族,教育方面可说的东西很多,这段时间也应该介绍一些代表性的人物。

搜集教育史资料,要走的路与别人不同,我们的特点是从杰出的第一流教育思想家的著作中寻找资料,不从塾师及小说材料中找材料。

《说文》有两个问题:一、训诂;二、音韵。训诂较容易,字形如何,解释如何,容易说明。而音韵则极复杂。《颜氏家训》有《音辞篇》,到隋唐就着重研究这个问题,产生切韵,解决注音问题。

训诂、音韵问题很重要,但在教育史中不能多写。

做教育大事年表,也很有意义,要求联系具体历史条件,显示学术思想发展过程。使学者能更好地领会教材中的人物与事迹。做法,据旧稿扩充改编,由各人就所摘记汇订。

专题资料的做法

一、专题资料的分析

"不以文害辞,不以辞害志;以意逆志,是为得之。"[1]必须以马克思主义之意(观点),去迎取古人的"志"(思想材料),才能有所得。

二、专题资料的概括

"大凡学有宗旨,是其人之得力处,亦是学者之入门处。天下之义理无穷,苟非定以一二字,如何约之使其在我。故讲学而无宗旨,即有嘉言,是无头绪之乱丝也。"[2](黄宗羲)所谓"定以一二字"、"约之使其在我",就是用一两个概念,把这些思想材料概括起来,使自己能够明确和掌握。

三、专题资料的提炼

"去粗取精",删繁就简。

史学资料应"由博而约"利于概括把握

（1962 年 6 月 4 日）

方法是由目的所决定的,有不同的目的,就选用不同的方法。

吴泽做史学资料有其目的,所以想办法网罗所有魏源、康有为、章炳麟的史

---

[1]《孟子·万章上》。——编校者
[2] 黄宗羲:《明儒学案发凡》。——编校者

学资料。冯契是研究哲学史的，他特别提出两点：一是分析，一是提炼。我认为还有一条意见可以补充，即"概括"。黄宗羲在《明儒学案发凡》中提出要以一二字"约之使其在我"，提出几个概念，利于概括地把握。

我认为资料应"由博而约"，要求其简约。

在做《文选》时，近代的四家由我自己选定，即王、黄、顾、戴。在看过全集之后，然后选其中的重要篇段，每家都有解题，随后抄文。王夫之与张载有联系，故张载先搞而后王夫之。但是不懂《易经》还是不行，所以搞了张、王的文选之后还要搞《易经》，这是更深的学问而花更多的时间。

汉学有三方面，即一、文字形体（以《说文》为代表）；二、音韵（《广韵》）；三、训诂（《尔雅》）。要搞通这些问题，最好先看概括的介绍，可以读章炳麟《国故论衡》。

宋学所有的概念，都来自《大学》、《中庸》、《易传》、《乐记》、《礼运》等篇，我一向不赞同宋学，但是认为他们在哲学上的成就很高。

《大学》、《中庸》特别抄出，汉学、宋学对待此两篇不同，章句不同，训解不同，所以把汉宋并抄，意在以汉的注解纠正宋人之解析。

文字学是很重要的，不懂文字学，看古书必会"望文生义"，与原义定会大有出入。

学习古史的人，还有面壁虚造的毛病。有东西可发掘研究的不去做，而去别求门径。放弃传统古籍，而去找小说、笔记中的所谓经验。这两点是张之洞在《輶轩语》中提出的。[1]

汉代的学童要学九千字，就是许慎的《说文》。

小学不外是形、音、义。"义"较好懂，今日的字典与过去的解析，差别不大，但字形与字音则有发展变化，大致也经过几个重大发展阶段。

---

〔1〕 张之洞：《輶轩语·语行》，光绪二十三年(1897)三味堂刻本。原文为："四部九流，各种学问，专家成书已如烟海。即以国朝人而论，已难殚述。今人偶有所得，早为前人道及，甚至久为前人唾弃而驳正之矣，尚津津然笔之于书乎？经穴尤不可轻言著述，徒为通人所诃而已。必能精通专门之学，读尽专门之书，真有所见出乎其外，方可下笔。至如诗文集，古人名家太多，当世识者亦不少。未学下士既无根柢，又鲜功力，学作之则可，勿轻言刻集行世也。"——编校者

古代的大师都有传授渊源,孔子的传授很重要,经二三传才及孟子。宋儒以孟子继孔子,否定中间环节,大为不当。《论语》都讲道德政治问题,而关于识字问题则未道及,可加以研究。孔子的弟子未必人人都识字。

"小学"包括文字音韵训诂都是很有用的工具

(1962 年 6 月 9 日)

这次只做一个关于教学的专题资料,时间要一年左右。像去年那样匆忙地搞不行,要定心地来学,这次要以学习为主。学习有两方面:一是温故,一是知新。不温故,旧学的没有巩固下来,最为可惜。

"小学"是研究古经的工具,不读诵古籍、古注,不能体会其功效,故要再读《论语》、《孟子》、《礼记》的《礼运》与《乐记》、《荀子》的《礼论》、《尚书》的《洪范》。《尔雅》、《说文》是解释这些的,不读这些不会体会。

十月以前,要为工作需要提供他们编写所需的关于教学的专题资料,六、七、八月准备语文材料,九、十两月准备算术材料。

巩固:每天要花两个钟点读古籍,方法是选几篇来读,读是机械的工作,先要读熟,不即去求其内容。巩固者,读熟而已。待熟之后,再看古注。

学文字学等有五个目的。

一、加深对"小学"性质的了解,同时掌握"小学"类目录学的知识。"小学"包括三部分——文字、音韵、训诂,要了解其代表人物及代表作。

二、获得运用古代字书的能力,即能运用《说文》、《尔雅》等,遇到难解之处,即能去查出来。不懂就不能搞汉学。

三、获得运用韵书的能力,能懂得诗歌的声韵。

(包括类书,如《佩文韵府》、《经籍纂诂》)

四、要熟识《经传释词》和《古书疑义举例》的用法,这两部书能懂能用是最高目的。

五、搜集教育史资料,首先是关于文字的资料。

(一)字形变化

(二)字书字典

(三)识字教法

读古书要注意方法,由浅入深。

阅读古书,每天要花四分之一时间,坚持一段时间才会有效果。可先读《论语》与《礼记》。《论语》的注已是开始讲义理,非全是汉注。《礼记》的注疏问题较大,亦可先读几篇。

读书不能急,要读三类书,必须一步一步来。

训诂,以《尔雅》为代表。《尔雅》只要读三篇,先读《释诂》、《释言》两篇,要看邵晋涵的《尔雅正义》,这是根据郭璞注做的新疏,要与十三经的《尔雅》注对照来读。

文字以《说文》为代表,读《说文》就要识小篆,要识五百四十部,要会认会写,注也要看看,了解其解释。

音韵以《广韵》为代表,学音韵的程序不是先读书,而是要记熟三十六字的切音。

从明代起,有梅膺祚编的《字汇》,按部首、字例列其序,这已改变,便于学习者按序查字,教育史上对此要有所交代。

音韵学有三方面:等韵(发音的系统,作逻辑上的理论研究)、切韵、古韵。

《輶轩语》一书,关于学习方法的指点很多,可参阅。[1]

古代教学的专题材料,识字和读音都会连及古代的教材。实际能提供的材料很少,但未经学习,就提供不出,要花较长时间学习,学习是做好此项工作的条件,学习重于工作。

---

[1] 张之洞:《輶轩语·语学》,光绪二十三年(1897)三味堂刻本。——编校者

总结古代教学经验应有的基本知识

（1962 年 6 月 16 日）

总结古代教学经验是新问题，是较有兴趣的工作。这是研究工作，要知道此工作与《文选》不同：一、不能求速，二、不能求功。要以学习为主，专题资料是学习的副产品，以一年为限。

总结教学经验要有些基本认识，教学方法与教学内容不能分开，离开内容就不能谈方法，不研究古代的教学内容，就欲探求其方法，极不合理。

看了汉代许慎的《说文解字》，对于当时的教学就有新的体会。

我想教学经验专题资料可包括十个小专题。

一、书，只是古代教学内容的一部分，我们只研究这部分的教法。六书，是书写的六种体裁。

数，九数，是《九章算术》，其水平要重新考证。

二、各个历史时期字形与字音的变化。

三、孔、孟、荀论文字。（董仲舒也论及文字，卢文弨写《说文》序也论文字）

四、今古文争论。

古文主义者虽观点不对，但把古字发掘出来，词汇丰富。

五、《尔雅》的传习。

六、识字教学的困难与反切的创造。

代表人物是孙炎、颜之推、陆法言。

七、司马光、王安石论文字。

王安石作《字说》。

谢启昆编《小学考》。

八、汉代的《九章算术》。

九、唐代的算学。

十、明清的数学。

十个专题要在十月以前完成。这个初稿材料甚至可补到资料书中。每个专题一千字,多也没有用。

研究起来,古代读书之法有两点为今日所无:一、记忆:要背诵;二、模仿:作文、写字、德行要有示范、榜样(也即是先继承而后创造)。要带着这两点为指导思想,去找有关材料。"学之为言,效也。"尊重师法,仿效是学习的重要方法。今文、古文之争,并无什么神秘问题,主要区别在于"师法",都是靠传授的。

学习"小学"的目的:能够具有应用古代字书、韵书以及训诂书的能力。读古书一定要能用古字典,不懂古字典就不能通古书。古书繁多,学者必须守约,要掌握最基本的东西,所以学《说文》就先学 540 部首,如不能做到,就转学 224 部首,这是梅膺祚所创,也为《康熙字典》所采用。

读古文要改变习惯,不懂内容什么意思也不管,就是一定要读熟。

读音韵书应注意的几个问题:一、历史分期;二、声母;三、韵母(广韵 206,平水 106);四、声调(四声的变化,近代入声的消失);五、古韵目的改变。

参考书可先看《日知录》、《音学五书》、《十驾斋养新录》、《诗韵》等。

从教学的观点来检查《教育文选》各个方面
(1962 年 6 月 21 日)

下周要开会讨论《文选》,请四位教师花一部分时间、费一些功夫把原始的材料弄通,从教学的观点来看,查一查有些什么问题。

会前准备要注意几点。

一、篇目:篇目宜减不宜增,选文宜删不宜增,可删的尽量删,使主题显明,论点突出,否则太零碎、太分散,不能作为读物。

看起来,篇目没有什么大问题,不必增加而可适当减少。任务决定我们只能选这类文章,但现实矛盾还很大,教师不能教,学生也不能读。

二、注释:注仍然是"简注",难字、典故不必过于重视。该重视的是学术上的重要事情,与学术有关的,要作专题加注。注释要有重点,不能平均主义。

现在不在正文上转念头,而要针对教学情况来考虑注释。注释要与解题相照应。注释要指示教师自学的途径,指出资料的线索。学术上的关键是教师应当掌握的线索,难点要突出,难点就不能简注。如《小取》篇可以介绍参见何书。其他篇如遇有难点,可以适当地介绍一些书给读者。

今后的教师要补学两门课:外国语与古汉语。学古汉语也要结合读专著,这条线索就是语文教学经验。

语文教学不外只是三个方面,即字形、字义、字音,而最重要的材料在《艺文志》,故《艺文志》的注要加工,把《尔雅》、《六书说》加以介绍。

《文选》的注释坚持两个原则
(1962 年 6 月 29 日)

我们《文选》的注释,原确定有两个原则:一、从古;二、从简。

我过去一直对大家谈过,要读古书必须注意看古注,但未举出实例,所以大家未有体会,尚未作为实践的指南。

过去的注,都可称古注,但是汉也是古,宋也是古,尚有远近之区别。

对古书注疏者,要采用他们的说法,必须先了解作者是何许人,也要懂得他们的专门学问,这样才能鉴别,才有条件去选择他们的说法,何者可取。现在的人,对"小学"不懂,他们对注的选择,完全根据需要,这有极大主观性。

近代从地下发掘出甲骨文,使"小学"的研究进入了新阶段,产生了一些新的文字学家,郭沫若是一个代表,他对甲骨文、金文进行研究,用这作为工具来研究汉学,他们有资格去解释古代社会的各种问题,但他们对乾嘉的那种训诂学未作研究。

我们没有研究甲骨文,也未通训诂学,所以我们也无条件去对古文献作新的解释,只能选择采用。至于如何选择旧注,到现在为止,原则还未明确。

在注释中,要遵守节约的原则,一个概念解释够了,就不用第二个概念。

读古书只能各句具体解释,不可以把全书打通,更不可把几部书打通,拿来比较求其体例。

注要根据:一、师说,有所依据;二、理性,要合逻辑。不可越出范围去进行议论。

采用古注,就越古越好,除非古注不行,才加以修正。

《教育文选》应显示其学术性
(1962 年 7 月 11 日)

有人把教育划分为进步与反动。我很少注意此问题。

古代、近代因时代发展不同,其选文目录的精神也不同。

我国有悠久的文化,但现在科学还很落后,要树立雄心,赶上世界先进水平,所以应当摆在国际水平上来衡量。要把教材这种工作做好,应当了解国际的情况。外国的《文选》,分量很重,但注却很少,这是为了表示其学术水平高。我们的《教育文选》,也应显示其学术性,表现其学术成就。《古代教育文选》,经过精心选择,能反映学术面貌。而《近代教育文选》,1840 年后,看不出清晰学术面貌,现在还有些杂乱,要再加考虑。

古代无教育专著,教育主张都在政治论文中,"政教合一"是古代的历史事实。《文选》考虑到这种事实,不能强调专选教育的文章。但到唐以后,教育制度较为完整,教育内容也有变化,故后来教育的专业性较为明显,可以选专业性的文章。

《荀子·天论》不是教育,也是教育,因为荀子以此立教,是教学内容之一。《墨子·小取》,也表明其逻辑思想,是其教育内容之一。道家也有教育,《内业》、《心术》也是道家的教育内容。道、法两家反对的是儒家教育,而有其自己的教育。

《古代教育文选》审稿会的意见与我们所做的调整
(1962 年 8 月 7 日)

古代教育不能完全脱离哲学、政治,完全脱离的纯粹教育是没有的,故《古代教育文选》不能以纯粹教育文章为限。

教育的方法离不开教育的内容,读书的方法离不开所读的书。

不了解古代的学术内容,也就不了解古代的教育。要晓得古人的学习内容,古代的学术源流就是经学、理学、文学、史学。

《中国古代教育文选》(讨论稿)的缺点是只有官方的学术,而民间的数学、语文、科学不讲。

此次《古代教育文选》审稿讨论会,大家提出的意见归纳起来不外几方面:一、不分上下篇(分上下篇是区分主次,提出难题有点自找麻烦,以后不分上下篇亦省事);二、选文太多(这好办,适当减少);三、只要以教育文章为限(这意见行不通,在古代不可能有纯教育的文章);四、要用全文(相对地赞成,要看实际条件);五、注释要多(有条件地支持)。

考虑到现阶段教师与学生教学上的困难,采取"少而精"的原则,对《古代教育文选》(讨论稿)的选文,删除三分之一,篇目进行更动调整。

许慎、郑玄都是古文学派的代表。许慎有整篇的文章《说文解字序》,是与《艺文志》同等重要的文献。

陆法言讲反切。陆法言的著作失传,颜之推参与工作,可以代表。

宋代学术有重大发展,王安石著《字说》,完全否定许慎的文字训诂,突破汉注,为宋理学服务。

《古代教育文选》调整后新的目录,篇数虽少,而学术意味更重。

清初的思想发展
(1963 年 4 月 20 日)

明代以王守仁为代表的"陆王学派",取代"程朱学派"的主流地位。在清初,"陆王学派"取得较大成就。在学术思想上继承"陆王学派"的是黄宗羲,而王夫之在学术思想上则反对"陆王学派",颜元则否定"程朱学派",戴震则以唯物主义思想观点否定这一切。所以这一历史阶段的思想发展是很明显的。

朱熹的总解题需要有点调整,其中关于陆王学派的问题,可以放到王守仁那里去谈。

现在需加讨论的是朱熹的选文问题。语录中对读书的观点是很重要的。"格物致知",在朱熹即谓之"穷理",他是为了穷理而强调读书。

语录重复零碎,混淆读者视听。

《朱子语录》百余卷,任何问题都讲,而不限于读书问题。我们只要选取其中有关的一小部分。

整理后记

　　1961 年春,孟校长受命主编《中国古代教育文选》、《中国古代教育史》两本高校文科教材,需要教育学系教育史教研室的教师参与协助。领导调派我为协助人员之一,具体参与《中国古代教育文选》的编纂工作,并要求我在编写组办公室坐班。我就在孟校长直接指导下进行日常工作。孟校长一开出书单,我就到图书馆调书,查阅后进行文献初选,然后由孟校长阅后确定选文。我再接着为入选的文献进行注释。选文最重要,其次是解题,都由孟校长亲自负责。但为了给我锻炼机会,还指定我草拟几家解题,然后交由孟校长审阅修改确定。此项教材,一个主编,一个助手,工作虽然紧张,但是很有次序进行。从 1961 年 3 月启动编写,到 1964 年向中央文科教材办公室交出《中国古代教育文选》,先后做了初稿、讨论稿、修订稿、定稿等共四稿。

　　在这三年多编纂工作的过程中,我深深感受到孟校长对编纂文科教材高度负责的精神,他把大部分时间和精力都投入教材编写工作,经常到编写办公室检查工作进度,布置新的任务,谈论历代教育学派和教育论著选择的标准与原则,指出对教育问题的论争不要主观武断,而要作客观历史的评价,要求多方联系国内专家,听取不同意见。他这种采纳不同意见的民主精神,研究教育历史问题一贯保持实事求是的科学态度,树立新的学术风范,给我留下深刻的印象,永远值得我学习。

　　由于工作的关系,孟校长时常在编写组工作室就《中国古代教育文选》涉及的问题,谈他的一些看法和主张。他的主张有时也包含一些具体的做法,我必须贯彻执行。为了预防遗忘,我都匆忙随手做了笔记,过后可以翻阅,查对是否已经照办。

1966年"文化大革命"开始时,这些记有孟校长言论的笔记,被列入搜查的范围,专案组要求上交,来人从我宿舍书架里收走了一本笔记。因我当时在安徽定远县参加"社会主义教育运动",没有在校内,待我返校时,批斗查抄的狂潮已经过去,斗争的目标暂时转移,没有再来找我追究,余下的笔记逃过了劫难,并保留下来。四十年后,扫去尘封,这些笔记重见天日。从这些纸质粗糙发黄和字迹淡化模糊的笔记里,还能看到孟校长部分的学术主张和他的精神风貌,引发我的回忆和思考,再一次受到教益。

此次整理《孟宪承谈话录》,只是60年代文科教材编写一段时间内个人所接触到的。考虑到时代的变迁、现实的情况、学科的发展等因素,重点选录其关于教育问题探讨并具有一定学术价值的内容,其他也就从略。

当时的谈话,有部分是有考虑有准备而谈,有部分是临时提起即兴而发,虽提出问题有内容,却没有标题。现整理谈话材料,根据对所谈内容的理解进行概括,而加以标题,这是为了提示重点,并不一定准确恰当。

现将《孟宪承谈话录》公之于众,以此纪念敬爱的导师逝世四十周年。

整理者　孙培青
2007 年 7 月

编校后记

　　1956 年，华东师范大学决定挑选学生随孟宪承校长学习中国教育史，这就有了新中国高师院校中最早的中国教育史专业研究生培养，也为华东师大中国教育史学科发展奠定了人才基础。

　　从当年 9 月起，孟宪承先生开始了系统的中国教育史讲授，到 1957 年 5 月，讲至"隋唐的文化发展"因"反右"戛然而止。《孟宪承讲录》(一)就是先生近一年讲学的记录，可视为半部中国教育史。

　　1961 年春，先生接受全国高校文科教材办公室的任务，主编《中国古代教育文选》和《中国古代教育史》两种教材。当时，教育学系教育史教研室青年教师参与其事。从是年 6 月至次年 5 月，先生又就中国教育史乃至中国传统文史研究中的一些问题，作了系列专题讲授，帮助青年教师把握中国教育历史发展的背景、过程、内涵、结果、影响，以及研究的观点、方法和材料依据。《孟宪承讲录》(二)记录的就是他近一年的讲学内容。

　　围绕着《中国古代教育文选》选、编、注等工作的进展，在 1961 年 3 月至 1963 年 4 月的两年多时间里，先生就有关哲学、历史学、文献学、教育学等方面问题进行了谈话。《孟宪承谈话录》记录了他在《文选》编纂过程中的思考，也记录下了《文选》的孕育和诞生过程。

　　《讲录》(一)、《讲录》(二)和《谈话录》因出于不同的工作需要，而在内容上表现出有所侧重，针对性明确。

　　这次《孟宪承讲录》(一)、《孟宪承讲录》(二)和《孟宪承谈话录》的编校工作，依据的是孙培青教授记录整理的本子。对一些标点、文字、语句的脱、衍、误等情况，作了校勘。并按现今出版要求规范有关体例，为引文查明出处，并核对引文；为一些必须解释的概念作了简要说明。由于"两录"中的大量引文未注明出处，校勘时一般寻找与先生讲学和谈话时期比较接近的书籍版本作为依据，不用近年的新版本，以求尽量保持当年讲学和谈话的面貌。惟有马克思、恩格斯、列宁、毛泽东的著作，则按人民出版社 1995 年版《马克思恩格斯选集》和《列宁选集》，以及 1991 年版《毛泽东选集》。仅有两处，一是列宁的《黑格尔〈逻辑学〉一书摘要》，刚解放时，解放社出版了一个单行本，前有亚多拉特斯基所作序言一篇，后来出版《哲学笔记》时删去了这篇序言，然而《讲录》(一)中又引用了序言的部分内容，故而只得用了旧版本；另一是佛经未能找到早期的版本，只好用了 1990 年的影印版。

　　我们必须要感谢教育学系孙培青教授。由于他的有心和勤奋，才使他的导师当年的讲学和学术谈话内容得以保存，并在时隔多年之后又费心尽力整理出来，使先生晚年的学术在与世人暌违近半个世纪之后又启示后人。

　　还要感谢周旭老师将"两录"输入电脑，为将《讲录》(一)、(二)中所涉及的不少古文字和《易经》卦象符号输入，她还特地寻找专用软件，请教有关专家。

　　由于编校者学识粗陋，整理时间又较紧张，"添足"、"续貂"之举必皆有之，还请方家指正。

张礼永

2008 年 8 月

附录一

孟宪承主要著、编、译目录[*]

序号	篇名/书名	刊名　卷（期）/出版社	发表时间	备　　注
1	伍子胥申包胥合论	约翰声（上海）23(9)	1912 - 12	
2	论驻沪领事团拟用鞭刑以惩治莠民	约翰声　24(3)	1913 - 04	
3	阮籍登广武观楚汉战处叹曰时无英雄遂使竖子成名论	约翰声　24(6)	1913 - 05	
4	文字不灭论	约翰声　24(7)	1913 - 10	
5	民国教育制度概念	约翰声　24(8)	1913 - 11	
6	苏子瞻论商鞅论	约翰声　24(9)	1913 - 12	
7	卫生工程谈	约翰声　25(1)	1914 - 02	
8	科学与迷信	约翰声　25(2)	1914 - 03	

---

[*]　本目录由张爱勤纂辑。

续　表

序号	篇名/书名	刊名　卷(期)/出版社	发表时间	备　注
9	史记封禅书书后	约翰声　25(3)	1914-04	
10	范蠡浮海论	约翰声　25(5)	1914-06	
11	韩非论论	约翰声　25(6)	1914-06	
12	曹参相汉清静无为论	约翰声　25(6)	1914-06	
13	原孝	南洋公学新国文　1	1914-07	
14	战疫说	约翰声　25(9)	1914-12	
15	关羽岳飞合祀论	约翰声　25(9)	1914-12	
16	论墨子与庄子之异点(高级考作)	约翰声　26(2)	1915-01	
17	论华文与英文之难易(高级考作)	约翰声　26(2)	1915-01	
18	至人不知利害论(高级考作)	约翰声　26(2)	1915-01	
19	少年旅行谭(译文)	学生杂志(上海)2(3—5、7—12)、3(2—3)连载	1915-03-20 至 1916-03-20	霍布(A. R. Hope)著。1916年在商务印书馆出版单行本
20	论抵制外货之无益	约翰声　26(5)	1915-04	
21	救国储金之希望	约翰声　26(5)	1915-04	
22	金窟	小说月报(上海)6(4)	1915-04-25	

续　表

序号	篇名/书名	刊名　卷(期)/出版社	发表时间	备　注
23	英公主玛丽小传	妇女杂志(上海) 1(6)	1915-06-05	
24	入则无法家拂士出则无敌国外患者国恒亡论	约翰声　26(6)	1915-06	
25	周程张朱论	约翰声　26(6)	1915-06	
26	德国般哈提将军之战争哲学(译文)	东方杂志(上海) 12(8)	1915-08-10	玛罗克(W. H. Mallock)著
27	吾人能预言未来事乎(译文)	学生杂志　2(10)	1915-10-20	亚尔邱(W. Archer)著
28	太平天国外纪(译著)	商务印书馆	1915-12	林利(A. F. Lindley)著
29	约翰生让乞斯德斐尔特伯爵书(译文)	英文杂志(上海) 2(3)	1916-03-01	
30	系铃解铃	小说月报　7(8)	1916-08-25	
31	鬼语(译著)	商务印书馆	1916-12	拔柯著
32	孟伯洪先生辞社演说词	清华周刊　(89)	1916-11-30	沈诰　记
33	麦克罗博士演讲录	清华学报　2(2、4、6)	1917-02 至 1917-04	
34	蔡子民先生演说要旨	清华学报　2(6)	1917-04	
35	Lord Chesterfield's Letters to His Son: 爱儿鉴(中英文对照)	英文杂志　3(5)	1917-05-01	

序号	篇名/书名	刊名　卷(期)/ 出版社	发表时间	备　注
36	哲姆士记忆论	清华学报　2(8)	1917－06	
37	汤济武先生国庆演说述要	清华周刊 (116)	1917－ 10－25	
38	孟伯洪先生伦理演讲述要	清华周刊 (117)	1917－ 11－01	闵杰启　记
39	译话(1)—(4)	清华周刊 (119—121)、(123)	从1917－ 11－15至 1917－ 12－13	
40	代议主义发达史 (译文)	清华学报　3(2)	1918－01	麦克罗在清华演讲时的节录
41	人生效率增加说	清华学报　3(2)	1918－01	《东方杂志》第15卷第5期简介该文(1918年5月15日);《尚志》(昆明)第1卷第9号重刊(1918年7月1日)
42	学生法庭之真义	清华周刊 (132)	1918－ 03－14	
43	学生法庭之真精神	清华周刊　(133)	1918－ 03－21	
44	哲学要诠(译文)	清华学报　3(8)	1918－06	华尔科(G. D. Walcott)演讲
45	Contemporary Chinese Writers	The Peking Leader(《北京导报》英文版)	1918－ 07－27	
46	当今第一伟人:美国总统威尔逊(演讲)	清华周刊 (163)	1919－ 03－20	
47	明眼人(译著)	商务印书馆	1919－07	威尔斯(H. G. Wells)著
48	黑伟人(译著)	商务印书馆	1919	布克·华盛顿(B. T. Washington)著

续　表

序号	篇名/书名	刊名　卷(期)/ 出版社	发表时间	备　注
49	教育的国际联盟（译文）	教育杂志(上海) 11(8)	1919 - 08	译自 1919 年 5 月 29 日《伦敦时报·教育周刊》
50	留美学生与国内文化运动	留美学生季报 （上海）7(20)	1920 - 06	
51	艺术欣赏应如何教授(译文)	民铎(上海) 3(3)	1922 - 03 - 01	史奈钝（D. Snedden)著
52	所谓美育与群育	新教育(上海) 4(5)	1922 - 05	
53	教育哲学之一解	新教育　5(5)	1922 - 12	《北京大学日刊》第 1170 期重刊（1923 年 2 月 22 日）
54	智力测验之论争与教育学说	教育杂志　15(1)	1923 - 01	辑入《教育杂志》十六周年汇刊之《测验之学理的研究》，商务印书馆 1925 年版
55	教学之艺术观（演讲）	教育汇刊(南京) (5)	1923 - 06	曹俊陆记
56	公共必修科社会问题学程纲要	教育杂志 15(7)	1923 - 07 - 20	
57	黄炎培、孟宪承致胡适		1923 - 08 - 16	辑入《胡适来往书信选》(上册)，中华书局 1979 年版
58	孟宪承先生致贺麟君函	清华周刊 (291)	1923 - 10 - 26	
	与孟宪承先生谈话记	清华周刊 (289)	1923 - 09 - 28	贺麟撰

续　表

序号	篇名/书名	刊名　卷(期)/ 出版社	发表时间	备　　注
59	不列颠学会年会记	申报·教育与人生(上海)　1(3)	1923-10-29	
60	新教育之诤友	申报·教育与人生　1(4)	1923-11-05	
61	哈沃特制	申报·教育与人生　1(6)	1923-11-19	
62	现代教育上两大思潮(演讲)	时事新报·学灯(上海)　5(12)	1923-12-07	沈炳魁、王芝瑞、胡镕成、张炳坤 记
63	教育社会学讲义		1923	在江苏全省师范讲习所联合会上的讲义
64	实用主义(译著)	商务印书馆	1924-01	詹姆士(W. James)著。列入"尚志学会丛书"。1930 年,又列入"汉译世界名著"、"万有文库"重印
65	初中国文教材平议	申报·教育与人生　1(28)	1924-04-28	
66	Report of the Department of Chinese for the Year 1923-1924	上海档案馆:Q243-1-72《关于本校各院系工作报告文件》	1924-04-30	写给卜舫济的关于 1923—1924 年度国文教学的工作报告
67	初中国文之教学	新教育　9(1、2)	1924-09	提交中华教育改进社的年会论文。后辑入《中学国文教学论丛》(商务印书馆 1927 年出版)
68	教育与民治	申报·教育与人生　2(51)	1924-10-06	目录标题为"教育与文化"

续　表

序号	篇名/书名	刊名　卷(期)/出版社	发表时间	备　注
69	教育哲学大意（译著）	商务印书馆	1924-11	波特（B. H. Bode）著。列入"现代教育名著丛书"
70	评陶著《社会问题》	申报·教育与人生　2(59)	1924-12-01	
71	教育行政独立问题	约翰声　36(2)	1925-01	
72	查特斯论编制师范课程的原理	教育杂志17(3)	1925-03	
73	初中读书教学法之客观研究	新教育　10(3)	1925-04	后辑入《中学国文教学论丛》（商务印书馆1927年版）
74	初中作文教学法之研究	教育杂志17(6)	1925-06	《中华基督教教育季刊》第1卷第4期重刊（1925）。后辑入《中学国文教学论丛》（商务印书馆1927年版）
75	致陈中凡的信		1925-07-17	辑入吴新雷、姚柯夫编撰:《清晖山馆友声集》,江苏古籍出版社2000年版
76	大学普通科国文教学之计画	清华周刊24(6)	1925-10-16	
77	教育学科在大学课程上的地位	新教育评论（北京）1(1)	1925-12-04	
78	小学读经也成问题么?	新教育评论1(2)	1925-12-11	

序号	篇名/书名	刊名　卷(期)/ 出版社	发表时间	备　注
79	女师大女大问题的一段落	新教育评论 1(3)	1925 - 12 - 18	
80	评两种教育新著 (书评)	新教育评论 1(3)	1925 - 12 - 18	
81	最近德国教育的趋势	新教育评论 1(4)	1925 - 12 - 25	
82	世界教育年鉴 (书评)	新教育评论 1(5)	1926 - 01 - 01	
83	最近英国教育的趋势	新教育评论 1(6)	1926 - 01 - 08	
84	小学教育问题 (通信)	新教育评论 1(7)	1926 - 01 - 15	
85	麦克门	新教育评论 1(8)	1926 - 01 - 22	
86	什么是改革教育的方案	新教育评论 1(10)	1926 - 02 - 05	
87	公民教育之一说	新教育评论 1(13)	1926 - 02 - 26	
88	学生运动与教育者	新教育评论 1(18)	1926 - 04 - 02	
89	人名与略历 (通信)	新教育评论 1(19)	1926 - 04 - 09	
90	公民教育周到了	新教育评论 1(22)	1926 - 04 - 30	目录标题为"公民教育周快到了"
91	商戴克讲学25年纪念	新教育评论 1(23)	1926 - 05 - 06	
92	高等教育的新试验	新教育评论 1(26)	1926 - 05 - 28	

续　表

序号	篇名/书名	刊名　卷(期)/出版社	发表时间	备　注
93	今后留学的目标	清华周刊 25(16)	1926-06-11	
94	教育方法原论(译著)	商务印书馆	1927-03	克伯屈(W. H. Kilpatrick)著。与俞庆棠合译,列入"现代教育名著丛书"
95	大学区制在江苏的试验	第四中山大学教育行政周刊　(1)	1927-07-25	
96	孟宪承先生演说辞(演讲)	东吴(半月刊) 2(4)	1927-11-15	薛文雄 记
97	最近欧美学制之变迁(演讲)	苏中校刊　1(1)	1928-03-01	许自诚 记
98	国难与民生	申报	1928-05-17	《国立中央大学教育行政周刊》第43期重刊(1928年5月28日);《陕西教育周刊》第56期以"国艰与民主"重刊(1928)
99	全国教育会议宣言	全国教育会议报告(商务印书馆出版)	1928-08	与许寿裳、王云五合撰
100	整理学校系统案	全国教育会议报告(商务印书馆出版)	1928-08	与程时煃合撰
101	近代教育思潮(演讲)	教育学术演讲汇编(国立中央大学民众教育院编)	1928-11	芮麟 记。《武进教育月刊》第80—81期重刊(1934年8月)

序号	篇名/书名	刊名 卷(期)/出版社	发表时间	备 注
102	教育通史(上、下卷)	国立中央大学出版、东南印刷公司代印	1928、1930	
103	活动与指导	教育汇刊(南京)(1)	1929 - 03	
104	何谓实验学校(演讲)	教育杂志21(5)	1929 - 05	在中央大学实验小学全体教员研究会上的演讲,吴增芥记。《安徽教育》第1卷第2号重刊(1929年10月30日)
105	教育与民生(演讲)	中央大学区立上海中学校半月刊(20)	1929 - 05	施泽清、高人瑞记
106	民生主义的教育政策(演讲)	教育建设(上海)(1)	1929 - 06	徐雪亭、马雪瑞记
107	大学到民间去(书评)	教育与民众(无锡) 1(3)	1929 - 10	辑入江苏省立民众教育院、劳农学院实验部编:《民众教育名著提要》(第一辑)
108	成人教育之精神的价值(书评)	教育与民众1(3)	1929 - 10	辑入《民众教育名著提要》(第一辑)
109	成年补习教育问题	教育与民众1(4)	1929 - 11	
110	出路(书评)	教育与民众1(4)	1929 - 11	辑入《民众教育名著提要》(第一辑)

续　表

序号	篇名/书名	刊名　卷(期)/出版社	发表时间	备　注
111	民众需要的是什么教育(演讲)	民众教育月刊(南京)　2(1)	1929 - 11	在江苏省立民众教育院的演讲,孙恭 记
112	关于"直译"与"意译"(四)	安徽教育　1(3)	1929 - 11 - 30	
113	成年补习教育研究发端(演讲)	民众教育月刊2(2)	1929 - 12	在江苏省立民众教育院的演讲,朱秉国 记
114	成年生活的需要与教育	教育与民众1(5)	1929 - 12	
115	英美的工人教育(书评)	教育与民众1(5)	1929 - 12	辑入《民众教育名著提要》(第一辑)
116	工人与教育:今日的几种试验(书评)	教育与民众1(5)	1929 - 12	辑入《民众教育名著提要》(第一辑)
117	民众教育辞汇		1929 - 12	江苏省立教育学院印行。张锺元、马祖武、周耀、阎敦建等参与编写。
118	关于丹麦民众高等学校的书六种(书评)	教育与民众1(6)	1930 - 01	辑入《民众教育名著提要》(第一辑)
119	民众文学浅说(演讲)	教育与民众1(6)	1930 - 01	在江苏省立民众教育院的演讲,朱秉国 记
120	识字教学的两个问题(演讲)	教育与民众1(10)	1930 - 05	在浙江省政府广播无线电台演讲。《浙江教育行政周刊》第39期以"孟宪承先生讲演词"为题重刊(1930年5月31日);《上海县教育月刊》第29期节录(1930)

序号	篇名/书名	刊名　卷(期)/出版社	发表时间	备　注
121	杜威(辞条)	教育大辞书(唐钺、朱经农、高觉敷主编,商务印书馆出版)	1930 - 07	
122	真谛尔(辞条)	教育大辞书	1930 - 07	
123	教育哲学(辞条)	教育大辞书	1930 - 07	
124	现代教育学说(译著)	商务印书馆	1930 - 08	波特著。列入"现代教育名著丛书"
125	浙江省立民众教育实验学校十九年度计划	浙江教育行政周刊　2(16)	1930 - 12 - 20	
126	怎样做民众教育的试验?	民众教育季刊(杭州)　1(1)	1930 - 12 - 20	
127	丹麦的民众学校与农村(译著)	商务印书馆	1931 - 01	贝脱勒（H. Begtrup)等著
128	英美两大辞书中的成人教育	民众教育季刊 1(2)	1931 - 02	
129	民众学校的三难	浙江教育行政周刊　2(27)	1931 - 03	《民众教育季刊》第1卷第4号重刊(1931年6月)
130	成人教育与儿童教育	民众教育季刊 1(3)	1931 - 04 - 20	
131	西洋古代教育	商务印书馆	1931 - 04	列入"万有文库"。1933年,又以"师范小丛书"单印
132	识字教学问题(演讲)	浙江教育行政周刊　2(36)	1931 - 05 - 09	在江苏省识字运动宣传周的中央广播电台的演讲。《宣传周报》第27期重刊(1931)

续　表

序号	篇名/书名	刊名　卷(期)/出版社	发表时间	备　注
133	评教育的实验	国立中央大学教育季刊　1(4)	1931－06	
134	丹麦的民众学校(演讲)	福建教育厅第二届暑期学校学术讲演集	1931	福建教育厅编
135	师范教育的新展望(演讲)	师范教育讲座讲演集　(1)	1932－06	浙江省立杭州师范学校印
136	论今日中国的教育(演讲)	文理(杭州)(3)	1932－05	在浙江大学文理学院教育学会的演讲,陆永福 记
137	识字运动的将来	浙江教育行政周刊　3(40)	1932－06	《民众教育季刊》第 3 卷第 2 期重刊(1933 年 4 月 31 日)
138	新中华教育史	中华书局	1932－06	
139	《改进学制系统确立社会教育地位案》分析和意见	社友通讯(无锡)1(2、3)	1932－08－10	
140	写给王云五的信		1932－08－15	
141	写给商务印书馆的信		1932－08－16	
142	介绍西洋成人教育学说者底棒喝	民众教育通讯(镇江)2(8)	1932－11	
143	关于中学教育的讨论	浙江教育行政周刊　4(16)	1932－12－17	目录标题为"关于中等教育的讨论"
144	民众教育	世界书局	1933－03	
145	治学的方法:准备会考的点金术(演讲)	苏中校刊3(80)	1933－04	俞衍、宋廷采 记

续　表

序号	篇名/书名	刊名　卷(期)/出版社	发表时间	备　注
146	教育概论	商务印书馆	1933 - 09	
147	大学教育	商务印书馆	1934 - 01	列入"万有文库"和"百科小丛书"
148	卷头语	中华教育界 21(7)	1934 - 01	与郑宗海、陈选善合撰
149	关于大学(演讲)	振华女校季刊 1(1)	1934 - 03 - 17	范琪、姜桂侬 记
150	关于读书(演讲)	振华女校季刊		黄丽云 记
151	民众教育的新途径	政治季刊(南京) 1(2)	1934 - 03	
152	为汪懋祖《中学制度之检讨与改进》作的前序	湖北教育月刊 1(7)	1934 - 03	
153	乡村建设具体方案之讨论(第一篇)	教育与民众 6(1)	1934 - 09 - 28	
154	现代教育鸟瞰	教育与民众 6(2)	1934 - 10 - 28	《中华教育界》第 22 卷第 8 期重刊 (1935 年 2 月)
155	黑格尔的教育哲学	国立中央大学日刊 (1345—1348)	1934 - 12	《教育杂志》第 25 卷第 2 号重刊(1935 年 2 月)
156	孟宪承致李廉方的信	开封实验教育季刊 1(2)	1935 - 04	
157	教育学所不能解答的教育问题	政治季刊(南京) 1(3)	1935 - 05	《中华教育界》第 23 卷第 4 期重刊 (1935 年 10 月)
158	我国大学教育	江苏学生(镇江) 6(3)	1935 - 06	在江苏省立扬州中学的演讲

续　表

序号	篇名/书名	刊名　卷(期)/出版社	发表时间	备　注
159	最近苏联与美国的成人教育	教育与民众 7(7)	1936-04-11	段蕴刚 记。又载《民众教育月刊》(济南)第 7 卷第 3 期(1936 年 4 月 25 日),黄如常 记。
160	孟宪承致李廉方的信	开封实验教育季刊 2(1)	1936-04	
161	教育心理辨歧(译著)	正中书局	1936-05	波特著。与张楷合译
162	思维与教学(译著)	商务印书馆	1936-08	杜威著。与俞庆棠合译,列入"汉译世界名著"
163	中学国文的教材问题	江苏教育(镇江) 6(1、2)	1937-02	
164	欧洲之汉学(演讲)	国学界(无锡) 1(1)	1937-05-15	虞斌麟 记,演讲于 1934 年 12 月 12 日
165	语文的学习(演讲)	振华女校季刊 15	1937-05	范瑛 记
166	北夏实验区的最近	教育与民众 8(10)	1937-06-28	与马祖武合撰
167	战区教育之动态	国命旬刊(浙江大学)(15)	1939-01-09	《国立浙江大学校刊》复刊第 6 期简介(1939 年 1 月 9 日)
168	教育哲学引论	教育通讯(重庆) 3(45)	1940-11-25	
169	自由与纪律(演讲)	国立师范学院旬刊 (97)	1943-07-01	李伯黍 记
170	《道德形上学探本》	行仁(蓝田) (1)	1943-11	

续　表

序号	篇名/书名	刊名　卷(期)/出版社	发表时间	备　注
171	未来之展望	国立师范学院旬刊　(103)	1943-12-01	
172	沃立与杜威	浙江学报　1(2)	1947-12	
173	为吴志尧著《裴斯泰罗齐》作的序	商务印书馆	1948-02	
174	教育通论	商务印书馆	1948-04	与陈学恂合编
175	浙大教授发表声明,反对美帝文化侵略	文汇报(上海)	1950-12-12	与陈立、俞子夷、郑宗海、王承绪、陈学恂、赵端瑛、周淮水、顾子含、吕静、董远骞等联合发表
176	迎接新中国的新学制	新教育　4(2)	1951-10	
177	做一个人民教师是光荣的!	文汇报	1951-10-17	
178	庆祝华东区足球比赛大会胜利开幕	文汇报	1951-11-04	
179	凯洛夫《教育学》第一编学习提纲	新教育　4(4)	1951-12	
180	凯洛夫《教育学》第二编学习提纲	新教育　5(3)	1952-03	
181	孟宪承致郑晓沧的信		1952-08-14	
182	练好身体,迎接祖国大规模建设的到来	文汇报	1952-08-29	
183	进一步开展体育运动,迎接国家建设的新任务	文汇报	1953-02-07	又刊于《新民晚报》1953年2月7日

序号	篇名/书名	刊名　卷(期)/出版社	发表时间	备　注
184	实用主义的反动的教育目的论	解放日报(上海)	1955-03-29	辑入《胡适思想批判》(第五辑),河南人民出版社1955年版。《资产阶级教育思想批判》(第一集),文化教育出版社1955年版
185	让我们来努力吧	文汇报	1955-01-01	
186	努力完成第一个五年计划中高等教育的任务	文汇报	1955-10-22	
187	迎头赶上	文汇报	1956-01-21	
188	为繁荣教育科学创造有利条件	人民教育(北京)(7)	1957-07	系《人民教育》记者对上海、南京高师院校部分教授的访谈录,除孟宪承以外,还有廖世承、高觉敷等人的意见
189	向自己的资产阶级思想作生死斗争	新华半月刊(北京)(8)	1958	与陈建功、叶企孙、王淑贞、王菊生、贺绿汀的联合发言
190	上海市教育事业的重大胜利	新华半月刊(11)	1960	与陈望道、廖世承、吴若安、苏步青、周志宏、左淑东联合发言
191	中国古代教育史资料	人民教育出版社	1961-03	与陈学恂、张瑞璠、周子美合编

续　表

序号	篇名/书名	刊名　卷(期)/出版社	发表时间	备　注
192	中国古代教育文选	人民教育出版社	1979－04	1963年完稿
193	关于高师教学问题	华东师范大学学报(教育科学版)(4)	1987－12	1957年5月22日在华东师大师生讨论"高师应该怎么办?"的一次小组座谈会上的发言
194	《中国古代教育史资料》第三章修订工作总结	华东师范大学学报(教育科学版)(4)	1987－12	
195	札记两篇	华东师范大学学报(教育科学版)(4)	1994－12	
196	教育哲学三论	华东师范大学学报(教育科学版)25(3)	2007－09	根据金锵教授的抄录稿整理

附录二

孟宪承生平与学术年表*

说明：

1. 本年表以反映孟宪承先生学术活动为主，兼及其较为重要的生活、家庭、社会活动。学术活动主要包含任教，讲学，办学，教育实验，教育专业的著、编、译，以及学术兼职等。

2. 内容编排以时间为序，事以系日，日以系月，月以系年。难以考知日期的，置于某月末；难以考知月份的，置于某年末。

3. 年表力求逐年记事。有少数年份，未能考实，暂付阙如。

4. 本年表取材于先生本人所填的履历表、前人研究成果、学生故旧和亲属回忆，以及所见其他材料。有关于时、事所记相左的情形，年表参酌诸说，多所考辨；实在不克定夺的，则据 1949 年 11 月填写的《国立浙江大学在职教职员登记表》。

1894 年

9 月 21 日，生于江苏省武进县。名宪承，字伯如（孟氏宗谱上作"百如"），

---

* 《孟宪承生平与学术年表》的基础是张梦倩打下的。她尽心竭力，先后八稿。嗣后，在八稿的基础上，我们趋访、邀晤、函询和通话有关老同志二十余人，先后历时七八个月，得到我校当年校长办公室同志，包括长期担任孟宪承先生秘书的吕杏琼同志以及校史办同志的诚挚帮助。尤其得到先生当年的两位学生的赐助：浙江大学金锵教授多次查阅档案，复印材料，寻觅照片，更正时间；我校张家祥教授几次提示意见，修饰文字。本《文集》副主编杜成宪教授屡屡检阅，补充内容，整理字句。最后成《年表》（二十稿），拟充暂定稿。从一稿到二十稿，虽然我们一向比较认真，可是无论事实的反映，或者文字的表述，必仍有错误、缺点，敬请鉴核、匡正。——瞿葆奎注，2010 年 6 月。

又字伯洪。祖父孟文镰,"少孤失学,弃书服贾"。祖母奔牛张氏为富家女,却安于夫家清寒,悉心抚育三子成人。长子孟森,字莼孙,别号心史,曾任教于北京大学,被史学界公认为中国近代清史研究的奠基人。次子孟昭常,与其兄皆曾任晚清江苏省咨议局议员。三子孟鑫,字潮生,生于1875年,十岁丧父,后因家贫,入赘常州望族杨家,乃孟宪承父。

1895 年

父孟鑫去世,早岁失怙。童年和少年时代生活于外家,母子相依。母至慈。及长,侍母至孝。

1900 年

1月,入私塾。后转入常州府小学堂。自幼即知刻苦自励。杨家人赞为:"从未见过这样用功的孩子。"

1908 年

7月,常州府小学堂毕业。

9月,考入南洋公学(上海交通大学前身)中院(中学部)。入学考试时与廖世承同桌,两人皆被录取。

1912 年

7月,以全年级总分第二、全班总分第一于南洋公学中院毕业(当年中院毕业生共139名)。考入北京清华学校,修习教育学。同学有廖世承、郑晓沧、陈鹤琴等。后因母病南归,改入上海私立圣约翰大学外文系。同窗中有林语堂等。

1913 年

10月,在《约翰声》(上海)(第24卷第7号)发表《文字不灭论》。

11月,在《约翰声》(第24卷第8号)发表《民国教育制度概念》。

1914 年

3 月,在《约翰声》(第 25 卷第 2 号)发表《科学与迷信》。

5 月,与谢纫蕙女士结婚。婚礼在上海爱文义路(今北京西路)孟昭常家举行,证婚人为郑孝胥。

7 月,在《南洋公学新国文》(卷一)发表《原孝》。

1915 年

1 月,在《约翰声》(第 26 卷第 2 号)发表《论墨子与庄子之异点》、《论华文与英文之难易》和《至人不知利害论》。

3 月,翻译霍布(A. R. Hope)著《少年旅行谭》,在《学生杂志》(上海)(第 2 卷第 3 号)发表。其后,在第 4、5、7、8、9、10、11、12 号和 1916 年第 3 卷第 2、3 号上连载。

6 月,在《约翰声》(第 26 卷第 6 号)发表《周程张朱论》。

10 月,在《学生杂志》(第 2 卷第 10 号)发表译文《吾人能预言未来事乎》〔亚尔邱(W. Archer)著〕。

1916 年

7 月,以全班第一名于圣约翰大学毕业,获文学学士学位(入学时全班廿多名学生中仅 8 人获文学学士学位)。家谱记云:求学期间,成绩优异,"试必冠其曹,恒以退还学费为奖。"

9 月,任清华学校教员,讲授"英文语法",学生中有梁实秋、顾毓琇等。梁实秋后来回忆:"孟先生凝重细腻……讲解精深,其中若干情节至今不能忘",是一位"难得的好教师"。其时,林语堂同在该校讲授"英文阅读"。

12 月,商务印书馆出版译作《少年旅行谭》。

1917 年

2 月 2 日,长子永祈出生。

同月,在《清华学报》(第 2 卷第 2 期)发表《麦克罗博士演讲录》。继在第 2 卷第 4、6 期续刊。

3 月,任《清华学报》"教员部"国文编辑。

4 月,在《清华学报》(第 2 卷第 6 期)发表《蔡孑民先生演说要旨》。

6 月,当选为清华学校华员会中文书记,并受聘为《清华周刊临时增刊》顾问。

同月,在《清华学报》(第 2 卷第 8 期)发表《哲姆士记忆论》〔哲姆士即詹姆斯(W. James)〕。

10 月 25 日,在《清华周刊》(第 116 期)发表《汤济武先生国庆演说述要》。

11 月 1 日,《孟伯洪先生伦理演讲述要》刊于《清华周刊》(第 117 期)。

1918 年

1 月,在《清华学报》(第 3 卷第 2 期)发表译文《代议主义发达史》(麦克罗在清华的演讲)和《人生效率增加说》〔介绍美国哈佛大学教授汤森(C. B. Thompson)的学说〕。

3 月 14 日,在《清华周刊》(第 132 期)发表《学生法庭之真义》。

21 日,在《清华周刊》(第 133 期)发表《学生法庭之真精神》。

5 月,《〈人生效率增加说〉简介》刊于《东方杂志》(上海)(第 15 卷第 5 期)。

6 月,在《清华学报》(第 3 卷第 8 期)发表译文《哲学要诠》〔华尔科(G. D. Walcott)博士演讲〕。

7 月,译文《人生效率增加说》重刊于《尚志》(昆明)(第 1 卷第 9 期)。

11 月,考取公费,赴美国乔治·华盛顿大学留学,主修教育学。行前曾致信清华学校校长张煜全,表示愿通过留美"藉资历练,稍获新知"。

留美期间,任中国学生监督处秘书。

1919 年

8 月,在《教育杂志》(上海)(第 11 卷第 8 号)发表译文《教育的国际联盟》

（译自 1919 年 5 月 29 日《伦敦时报·教育周刊》）。

11 月 2 日，次子永伟出生。

1920 年

6 月，在《留美学生季报》（上海）（第 7 卷第 2 号）发表《留美学生与国内文化运动》。

7 月，获乔治·华盛顿大学教育学硕士学位。

9 月，先抵瑞士日内瓦，继至英国伦敦大学研究院深造，研究哲学、心理学、教育学和教育史。兼任中国驻英公使馆书记。

曾赴比利时、德、法等国考察教育。

1921 年

7 月，因需供养家庭，回国。

9 月，任南京国立东南大学教授，讲授"科学发展史"、"心理学史"、"教育思潮"等课程。当时东南大学名师萃集，同在教育科的有郭秉文、陶行知、徐则陵、俞子夷、郑晓沧、廖世承、陈鹤琴、汪懋祖等。

1922 年

3 月，在《民铎》（上海）（第 3 卷第 3 号）发表译文《艺术欣赏应如何教授》〔美国哥伦比亚大学师范学院教授史奈钝（即斯内登，D. Snedden）著〕。

5 月，在《新教育》（上海）（第 4 卷第 5 期）发表《所谓美育与群育》。

同月，《新教育》组织各学科组编辑员：余日章、沈信卿、汪精卫、汪懋祖、孟宪承、徐甘棠、张伯苓、郭秉文、陈宝泉、刘廷芳、蒋梦麟、郑晓沧、罗世真等在普通教育问题组，朱经农、汪懋祖、孟宪承、胡适、许崇清、刘伯明、蒋梦麟等在教育哲学组。

12 月，在《新教育》（第 5 卷第 5 期）发表《教育哲学之一解》，阐述了教育科学、教育哲学的属性："教育科学是就现实教育以内，用科学的方法作部分的研究;教育哲学,需要超乎现实教育以外,从人生经验的全体上,用哲学的眼光,作统合的研究。"

1923 年

1 月,在《教育杂志》(第 15 卷第 1 号)发表《智力测验之论争与教育学说》。

2 月 22 日,《教育哲学之一解》重刊于《北京大学日刊》(第 1170 期)。

6 月,在《教育汇刊》(南京)(当年第 5 集)发表《教学之艺术观》(演讲记录)。

7 月,在《教育杂志》(第 15 卷第 7 号)发表《公共必修科社会问题学程纲要》。

8 月 16 日,黄炎培与孟宪承致信胡适:"《申报》创办五十余年,惨淡经营,粗具成效,顾其对于全国教育学术上之贡献,迄今未辟专栏,殊为缺憾。同人不揣棉薄,拟创始一种教育周刊,定名为"教育与人生",旨在介绍学理,纪载要闻,俾供施教者与受教者双方研究参考之资料。"邀稿胡适(《胡适来往书信选》上册,中华书局 1979 年版)。

同月,受圣约翰大学校长卜舫济之邀,到母校任教授,兼国文系主任。到任前赴无锡邀钱基博同应聘,欲扭转当时圣约翰大学重英文教育而轻国文教育的风气。

9 月 28 日,贺麟在《清华周刊》(第 289 期)发表《与孟宪承先生谈话记》,叙述当年夏与孟宪承在南京关于清华的谈话。

10 月 15 日,黄炎培与孟宪承共同创办《申报》教育学术专栏《教育与人生》首刊。之前,《申报》总经理史量才专函卜舫济,商请卜氏准允孟宪承与其事。

19 日,致信贺麟,辨正自己在南京关于清华的谈话是非正式的。该信于同月 26 日发表于《清华周刊》(第 291 期)。

29 日,在《申报·教育与人生》(第 3 期)发表《不列颠学会年会记》。

11 月 5 日,在《申报·教育与人生》(第 4 期)发表《新教育之诤友》。

19 日,在《申报·教育与人生》(第 6 期)发表《哈沃特制》(*Howard Plan*)。

12 月 7 日,在《时事新报·学灯》(上海)发表《现代教育上两大思潮》(演讲记录)。

当年,与郑晓沧负责中华教育改进社教育名词审查工作。

刊印《教育社会学讲义》(在江苏全省师范讲习所联合会讲)。

1924 年

1 月,商务印书馆出版翻译的美国乾姆斯〔即詹姆斯(W. James)〕著的《实用主义》(*Pragmatism*)。列入"尚志学会丛书"。

一段时间里,受中西女塾之邀,常去演讲和指导开展国文教育。

4 月 28 日,在《申报·教育与人生》(第 28 期)发表《初中国文教材平议》。

9 月,在《新教育》(第 9 卷第 1、2 合期)发表《初中国文之教学》。该文为提交中华教育改进社的年会论文。

10 月 6 日,在《申报·教育与人生》(第 51 期)发表《教育与民治》。

11 月,商务印书馆出版翻译的美国波特(B. H. Bode)著的《教育哲学大意》(*Fundamentals of Education*)。列入"现代教育名著丛书"。

12 月 1 日,在《申报·教育与人生》(第 59 期)发表《评陶著〈社会问题〉》(陶指陶孟和)。

当年,黄炎培与孟宪承恳托张君劢,邀请梁启超至圣约翰大学讲学。

经孟宪承、钱基博等人多方努力,圣约翰大学重英文教育而轻国文教育的风气有所改观。附中校长 G·R·诺顿在呈卜舫济的年度工作报告中称:"本年度国文系在政策与课程方面都有重大的变化。在孟先生的领导下,现代的教师得以留用,现代的教学方式得以运用。有关提高中文水平的新规则已经出台,两年之后,学生之国文与英文水平相当。"

1925 年

1 月,在《约翰声》(第 36 卷第 2 号)发表《教育行政独立问题》。

3 月,在《教育杂志》(第 17 卷第 3 号)发表译文《查特斯论编制师范课程的原理》〔查特斯(W. W. Charters)〕。

4月,在《新教育》(第10卷第3期)发表《初中读书教学法之客观研究》。

5月30日,五卅运动爆发。

6月1日,利用午休时间,假一教师住处秘密召集中国籍教授会议,在会上慷慨陈词:"假如作一个学生,只知道自己是圣约翰的学生,而不知道是中华国民,看到同胞为外人屠杀漠不关心,这对我们平日所讲的国民自觉教育将无法自圆其说,今后我们也无颜再以学问文章与学生相见于讲台。"说服教授们站在爱国立场支持学生正义行动。当晚,圣约翰大学校长卜舫济召开全校中外籍教授会,表决结果以31票对19票,"学生罢课,照常住校"的议案。

2日,圣约翰大学附中全体学生于各大报刊上宣布自当日起实行罢课,声援死难同胞,敦促政府与有关国家使团严重交涉,务使国民人权得到确切保障。卜舫济召集师生联席会议,议决罢课七天,校内中国国旗下半旗致哀。

3日,晨,卜舫济摄去已升起的中国国旗,中国师生忍无可忍,孟宪承、钱基博等19名教师,以及大学和附属中学500多名学生愤然脱离圣约翰大学。

12日,成立由师生共同组成的新校筹备委员会,王省三、张寿镛、朱经农、孟宪承、钱基博等12人为委员。定名为"光华大学"。

同月,在《教育杂志》(第17卷第6号)发表《初中作文教学法之研究》。该文于当年重刊于《中华基督教教育季刊》(上海)(第1卷第4期)。

7月,晤广东大学文科学长陈中凡。陈中凡以教育学教授一席相邀。17日,因已受清华大学聘约,致信陈中凡,婉辞(吴新雷、姚柯夫编:《清晖山馆友声集》,江苏古籍出版社2000年版)。

同月,《教育杂志》编纂十六周年汇刊,《智力测验之论争与教育学说》列入"教育丛著"第八种《测验之学理的研究》,商务印书馆版。

9月,与钱基博至无锡江苏省立第三师范学校晤钱穆,并相告:"出国前国学根底未深,此去当一意通体细诵《十三经注疏》。"

同月,赵迺传、陶行知、高仁山、孟宪承、汪懋祖、王希曾、查良钊发起创办《新教育评论》。创刊预告:上述学者为主撰者。

10月16日,在《清华周刊》(第24卷第6号)发表《大学普通科国文教学之计划》。

12月4日,在《新教育评论》(北京)(第1卷第1期)发表《教育学科在大学课程上的地位》。

11日,在《新教育评论》(第1卷第2期)发表《小学读经也成问题么?》。

18日,在《新教育评论》(第1卷第3期)发表《女师大女大问题的一段落》、《评两种教育新著》(书评)。

25日,在《新教育评论》(第1卷第4期)发表《最近德国教育的趋势》。

1926年

1月1日,在《新教育评论》(第1卷第5期)发表《世界教育年鉴》(书评)。

8日,在《新教育评论》(第1卷第6期)发表《最近英国教育的趋势》。

江西南城县下夹城的程允煜致信《新教育评论》,以小学教育问题六则见询,孟宪承回信答复。该信于同月15日以《小学教育问题》为标题,发表于《新教育评论》(第1卷第7期)。

22日,在《新教育评论》(第1卷第8期)发表《麦克门》(*Norman MacMunn*)。

2月5日,在《新教育评论》(第1卷第10期)发表《什么是改革教育的方案?》。

26日,在《新教育评论》(第1卷第13期)发表《公民教育之一说》。

4月2日,在《新教育评论》(第1卷第18期)发表《学生运动与教育者》。

河北丰润县师范讲习所的周景华致信《新教育评论》,恳请简单介绍中华书局出版的新师范教科书《教育学》和《心理学》中涉及的西洋学者情况,孟宪承回信答复。该信于同月9日以《人名与略历》为标题,发表于《新教育评论》(第1卷第19期)。

30日,在《新教育评论》(第1卷第22期)发表《公民教育周到了》。

5月6日,在《新教育评论》(第1卷第23期)发表《商戴克讲学二十五年纪念》〔商戴克即桑代克(E. L. Thorndike)〕。

28 日,在《新教育评论》(第 1 卷第 26 期)发表《高等教育的新试验》。

6 月 11 日,在《清华周刊》(第 25 卷第 16 期)发表《今后留学的目标》。

8 月,任国立清华大学教授。并任清华大学第一届评议会委员、训育委员会委员、规则委员会主席。任期至 1927 年 7 月。

1927 年

3 月,商务印书馆出版与俞庆棠合译的美国克伯屈(W. H. Kilpatrick)著的《教育方法原论》(*Foundations of Method*)。列入"现代教育名著丛书"。

5 月,应江苏省教育厅厅长张乃燕之邀,与俞庆棠、高君珊同抵南京。

7 月 25 日,在《国立第四中山大学教育行政周刊》(第 1 期)发表《大学区制在江苏的试验》。

8 月,任南京国立第四中山大学(国立中央大学前身)教授,曾兼秘书长、教育学系主任。

受聘为国民政府教育行政委员会教科书编审委员会委员。

9 月,光华大学教育学系、国文系合编《中学国文教学论丛》,收录《初中国文之教学》、《初中读书教学法之客观研究》和《初中作文教学法之研究》,商务印书馆版。

11 月 9 日,第四中山大学教授会第一次常务会议,胡刚复、程时煃、杨孝述、吴有训、竺可桢、郑晓沧、孟宪承等出席,公推孟宪承为教授会书记;并以最高票当选为校评议会代表、江苏省教育经费管理委员会代表。

12 日,在纪念孙中山先生诞辰六十一周年大会上演讲。《孟宪承先生演说辞》于同月 15 日发表于《东吴(半月刊)》(第 2 卷第 4 期)。

当年,中华教育改进社邀克伯屈来华讲学,任筹委会的编辑委员会委员。

1928 年

在江苏省立苏州中学演讲"最近欧美学制之变迁"。演讲记录于 3 月 1 日发表于《苏中校刊》(第 1 卷第 1 期)。

4月,受聘为江苏大学区视察委员会委员。

5月7日,中央大学教职员召开会议商讨应对"济南惨案"的对策,议决成立国立中央大学教职员反日救国运动会,被推为起草组织大纲委员会成员。

17日,在《申报》发表《国难与民生》。

当月,以国立中央大学教授身份,出席大学院在南京召开的第一次全国教育会议,担任分组审查委员会高等教育组主席,成员有张奚若、钱端升等。

22日中午,大学院院长蔡元培欢宴会议代表。蔡元培夫妇致辞,孟宪承答辞,筹备委员高君珊、来宾孔祥熙演说。

24日下午,在中央大学体育馆开会追悼在北平遇害的高仁山先生,赵迺传、孟宪承、陶行知、杨杏佛、王云五等在会上发表演说,高夫人答辞。高仁山系北京大学教授兼教育学系主任、北京艺文中学校长,于1928年1月15日被张作霖杀害。

25日,全国教育会议议决起草该会宣言;并推定由孟宪承、许寿裳、王云五起草。

26日,贵州旅京(南京)代表窦觉苍在全国教育会议上报告本省教育状况;黄琬、武肇煦、孟宪承、王云五演说。

28日,《国难与民生》重刊于《国立中央大学教育行政周刊》(第43期)。

8月,商务印书馆出版《全国教育会议报告》,收录与许寿裳、王云五合撰的《全国教育会议宣言》、与程时烇合撰的《整理学校系统案》。

10月,与程时烇合撰的《遗产税兴学提议案》,辑入教育编译馆出版的《教育行政理论与实际》。

11月,《近代教育思潮》(演讲记录),辑入国立中央大学民众教育院编:《教育学术演讲汇编》。

当年,《国难与民生》〔标题误印为《国艰与民生》〕重刊于《陕西教育周刊》(第56期)。

国立中央大学出版《教育通史》(上卷),东南印刷公司印。上卷为外国之部。1930年出版《教育通史》(下卷)。下卷为中国之部。

1929 年

3 月,在《教育汇刊》(南京)(当年第 1 集)发表《活动与指导》。

28 日,在中央大学实验小学全体教员研究会上演讲"何谓实验学校",赞扬俞子夷的《一个小学十年努力记》"是很好的研究报告"。演讲记录于当年 5 月发表于《教育杂志》(第 21 卷第 5 号)。

5 月,在《上海中学校半月刊》发表《教育与民生》(演讲记录)。

6 月,在《教育建设》(上海)(第 1 号)发表《民生主义的教育政策》(演讲记录)。

8 月,任国立浙江大学教育学系教授。

9 月,受聘为教育部教育方案编制委员会委员,并兼成年补习教育组主任,负责制订《实行整顿并发展全国教育之方案》。与刘大白等草拟《中小学课程暂行标准》语文科的初中部分;与胡适等草拟高中部分。

10 月,《何谓实验学校》重刊于《安徽教育》(第 1 卷第 2 号)。

同月,在《教育与民众》(无锡)(第 1 卷第 3 期)发表《大学到民间去》(书评)、《成人教育之精神的价值》(书评),并均辑入江苏省立民众教育院、江苏省立劳农学院(江苏省立教育学院前身)实验部编:《民众教育名著提要》(第 1 辑)。

11 月,在《民众教育月刊》(南京)(第 2 卷第 1 期)发表《民众需要的是什么教育》(演讲记录)。

同月,在《教育与民众》(第 1 卷第 4 期)发表《成年补习教育问题》和《出路》(书评)。

12 月,在《民众教育月刊》(第 2 卷第 2 期)发表《成年补习教育研究发端》(演讲记录)。

同月,在《教育与民众》(第 1 卷第 5 期)发表《成年生活的需要与教育》(演讲记录)和《工人与教育:今日的几种试验》(书评)、《英美的工人教育》(书评),后两者均辑入《民众教育名著提要》(第 1 辑)。

同月,江苏省立教育学院出版《民众教育辞汇》。列入"江苏省立民众教育院、江苏省立劳农学院研究部丛刊"。张锺元、马祖武、周耀、阎敦建等参与编写。

1930 年

1月,在《教育与民众》(第1卷第6期)发表《关于丹麦民众学校的书六种》(书评)和《民众文学浅说》(演讲记录)。前者辑入《民众教育名著提要》(第1辑)。

4月,商务印书馆出版翻译的美国詹姆斯著的《实用主义》"万有文库"版(一)、(二)。列入"汉译世界名著"。

5月25日,在浙江省政府广播无线电台演讲"识字教学的两个问题",指出识字教学主要应解决工具和方法的问题。讲演记录同月发表于《教育与民众》(第1卷第10期)。《浙江教育行政周刊》(第1卷第39期),以《孟宪承先生演讲词》重刊。

7月,商务印书馆出版《教育大辞书》。孟宪承为特约编辑之一,撰写"杜威"、"真谛尔"〔即秦梯利(G. Gentile)〕、"教育哲学"等条目。

8月,商务印书馆出版翻译的美国波特(B. H. Bode)著的《现代教育学说》(*Modern Educational Theories*)。列入"现代教育名著丛书"。

9月,创立浙江省立民众教育实验学校,任校长。教务主任为尚仲衣。教员中有钟敬文、程懋筠等。学校设专科部和师范部,专为培养各县民众教育工作者。

12月,在《民众教育季刊》(杭州)(第1卷第1号)发表《怎样做民众教育的试验?》。

同月,在《浙江教育行政周刊》(第2卷第16期)发表《浙江省立民众教育实验学校十九年度计划》。

1931 年

1月,商务印书馆出版翻译的丹麦贝脱勒(H. Bertrup)等著的《丹麦的民众学校与农村》(*The Folk School of Denmark and the Development of a Farming Community*)。列入"现代教育名著丛书"。

2月,在《民众教育季刊》(第1卷第2号)发表译文《英美两大辞书中的成人教育》(英国《百科辞书》和美国《社会科学辞书》)。

3月,在《浙江教育行政周刊》(第2卷第27期)发表《民众学校的三难》。

4月,在《民众教育季刊》(第1卷第3号)发表《成人教育与儿童教育》。

25日,值江苏省识字运动宣传周之际,在当年的中央广播电台演讲"识字教学问题",从教材和教法两方面提出了自己的意见。演讲记录于当年5月发表于《浙江教育行政周刊》(第2卷第36期)。湖南《宣传周报》(第27号)重刊。

同月,商务印书馆出版"万有文库"版《西洋古代教育》。

6月,在《国立中央大学教育季刊》(第1卷第4号)发表《评教育的实验》。

同月,《民众学校的三难》重刊于《民众教育季刊》(第1卷第4号)。

当年,《丹麦的民众学校》(演讲记录),辑入福建教育厅编:《福建教育厅第二届暑期学校学术演讲集》。

1932年

5月,在《文理》(浙江大学文理学院教育学会办)(第3期)发表《论今日中国的教育》(演讲记录)。

6月,在《浙江教育行政周刊》(第3卷第40期)发表《识字运动的将来》。

同月,新国民图书社出版、中华书局印行《新中华教育史》。在书中充满感情地写道:"从古不知有多少'悲天悯人'的教育家,耗尽了他们的心力,甚至贡献了他们的生命,才把我们的教育史,装点成这样的灿烂庄严。他们生平的故事,更可以净化我们浮躁的精神,鼓舞我们奋斗的勇气。教育者精神的食粮,也将从这里得到了。"其孙孟蔚彦认为,这段话可以作为孟宪承教育人生的注脚云。

7月15—17日,作为浙江大学代表,出席在上海举行的全国高等教育问题讨论会。

8月,在《社友通讯》(无锡)(第1卷第2、3期合刊)发表《〈改进学制系统确立社会教育地位案〉——分析与意见》。

同月24—26日,出席中国社会教育社在杭州举行的成立会。会议议决《征集关于学制系统上社会教育地位之方案,整理研究,以备政府采行案》、《建议各省市分别筹设高中程度之民教师资训练班级,以应急需案》《促进流动识字教学案》等;并推举孟宪承、俞庆棠、赵冕、陈礼江、尚仲衣等草拟"学制系统上社会教育地位的方案",供下次理事会讨论。

11月,节录《丹麦的民众学校与农村》序文,以《介绍西洋成人教育学说者底棒喝》为题,发表于《民众教育通讯》(镇江)(第2卷第8期)。

12月,在《浙江教育行政周刊》(第4卷第16期)发表《关于中学教育的讨论》。

当年,为浙江大学教育学系学生讲授"教育社会学"。

1933 年

1月28—30日,出席中国教育学会在上海举行的成立大会。该会以"研究及改进教育为宗旨";主要任务为研究教育问题,搜集教育资料,调查教育实况,提倡教育实验,贡献教育主张,促进教育改革,发刊教育书报。下设高等教育、中等教育、初等教育、师范教育、职业教育、民众教育和教育行政7个研究会。大会讨论中国教育改革方案,并选举常道直、庄泽宣、邰爽秋、郑晓沧、孟宪承、欧元怀、陈鹤琴、陈礼江、杨亮功、陶行知等15人为理事。

2月1—3日,教育部召开民众教育专家会议,商讨推行民众教育方案;并推定钮惕生、高践四、陈礼江、孟宪承、梁漱溟等5人拟定民众教育在教育系统上的地位草案。

同月,商务印书馆出版"师范小丛书"版《西洋古代教育》。

3月,世界书局出版《民众教育》。列入"世界新教育丛书"。

同月25日,教育部公布《民众教育委员会章程》,聘请陈立夫、余井塘、纽永建、梁漱溟、晏阳初、高践四、孟宪承等12人为委员。

4月2日,在苏州中学演讲"治学的方法",指出准备会考只一法可行,即"用功法";并指点了三个用功的方法,即决心、耐心、细心。演讲记录同月以《治学的方法:准备会考的点金术》为题发表于《苏中校刊》(第3卷第80期)。

同月,《识字运动的将来》重刊于《民众教育季刊》(第3卷第2号)。

5月15日,中国教育学会致函孟宪承和陈选善,邀请协助郑晓沧担任《中国教育改造》与《生产教育》两专刊的编辑。

8月,出席中国社会教育社在济南举行的第二届年会。年会以"由乡村建设以复兴民族案"为讨论中心。并成立"乡村建设具体方案编制委员会",推举梁漱溟、庄泽宣、江问渔、雷沛鸿、孟宪承、高践四等6社员为委员,同时邀请中华平民教育促进会的晏阳初为委员。

同月,任中央大学教授,兼教育学院院长。

9月,商务印书馆出版《教育概论》。列入"师范学校教科书"。先后印行达29版(次)。后自道这本"小书","倒还反映我当年的一些想法"。

当年,开始系统学习外文版马克思列宁主义著作,并与表亲章汉夫(后曾任中华人民共和国外交部副部长)切磋研讨。

1934 年

1月25—26日,出席中国教育学会在南京举行的第二届年会。年会议决有关部颁中小学课程新标准案;请规定中央与地方教育经费占全费中之百分比案;与中国测验学会共同研究会考方法案等。并推举张伯苓、孟宪承、陶孟和、郑晓沧、杜佐周等为理事。

同月,与郑宗海(晓沧)、陈选善合写《中华教育界》(上海)(第21卷第7期)"卷头语"。

商务印书馆出版《大学教育》。在该书中,提出现代大学的理想:"智慧的创获"、"品性的陶镕"与"民族和社会的发展"。该书列入"万有文库"(第1集)、"百科小丛书"。1935年"百科小丛书"再版。

3月17日,在苏州振华女校演讲"关于大学":Ⅰ. 大学的名词及制度之概况;Ⅱ. 大学的目的;Ⅲ. 中学毕业后的升学问题。演讲记录同月发表于《振华女学校季刊》(第1卷第1号)。

同月,在《中央政治学校政治季刊》(第1卷第2期)发表《民众教育的新途径》。

在《湖北教育月刊》(第1卷第7期)发表为汪懋祖《中学制度之检讨与改进》

撰的"前序"。

8月,《武进教育月刊》(第80、81号合刊)重刊《近代教育思潮》(演讲记录)。

9月,在《教育与民众》(第6卷第1期)发表《乡村建设具体方案之讨论》中与高阳(践四)合撰的书面意见(列为第一篇)。

10月,在《教育与民众》(第6卷第2期)发表《现代教育鸟瞰》。

12月,在《国立中央大学日刊》(第1345—1348期)发表《黑格尔的教育哲学》。

1935 年

2月,《黑格尔的教育哲学》重刊于《教育杂志》(第25卷第2号)。

同月,《现代教育鸟瞰》重刊于《中华教育界》(第22卷第8期)。

中央大学教育学院开设"中国教育问题"课程,先后邀请校内外教育学家孟宪承、庄泽宣、廖世承、陈鹤琴、汪典存、董任坚等讲课。

4月7日,参观李廉方主持的开封大花园实验学校。10日,写信给李廉方致以谢意,并称其是"苦心深虑从多年之经验与思考中,寻绎真合国内教育需要之原理与方法。"该信刊于《开封实验教育季刊》(第1卷第2号)。

5月,在《中央政治学校政治季刊》(第1卷第3期)发表《教育学所不能解答的教育问题》。

同月,在江苏省立扬州中学演讲"我国大学教育":Ⅰ. 为什么要进大学;Ⅱ. 大学教育的目的;Ⅲ. 目前大学教育的几种困难;Ⅳ. 升入大学前的准备。演讲记录于6月发表于《江苏学生》(镇江)(第6卷第3期)。

8月,任江苏教育学院教授,从事民众教育研究。

同月,河南大学教育学系开设"教育学术讲座",教育学家黄炎培、陶行知、孟宪承、江问渔、许恪士等先后受邀演讲。

10月,《教育学所不能解答的教育问题》重刊于《中华教育界》(第23卷第4期)。

1936 年

2月1—3日,出席中国教育学会在武昌举行的第三届年会,继任理事,并任

"非常时期教育研究委员会"委员。年会议决：组织非常时期教育研究委员会，讨论困难非常时期之教育政策与实施方案；电请教育部制止修改教科书；请中央研究院速设教育学研究所；实施有效的特殊教育等。

4月，致函李廉方，感谢其赐书《改造国语课程第三期方案》，并称道其"于儿童读物与教学方法之探讨精矣、微矣"。该信刊于《开封实验教育季刊》（第2卷第1号）。

11日，在《教育与民众》（第7卷第7期）发表《最近苏联和美国的成人教育》（演讲记录）。

25日，《民众教育月刊》（济南）（第7卷第3期）发表另一演讲记录《最近苏联与美国的民众教育》。

5月，南京正中书局出版与张楷合译的美国波特（B. H. Bode）著的《教育心理辨歧》（*The Conflicting Psychologies of Learning*）。

8月，任国立北平师范大学教授。期间，结识留欧攻读哲学归来、在北平大学任教的杨一之（1912—1989），赏识杨精于黑格尔哲学，曾向胡适主持的庚子赔款文化基金申请黑格尔《逻辑学》翻译资助，未成。（杨译黑格尔《逻辑学》1974年出版上卷，1976年下卷出版。）

同月，商务印书馆出版与俞庆棠合译的美国杜威（J. Dewey）著的《思维与教学》（*How We Think*，第2版）。列入"汉译世界名著"。

1937 年

2月，在《江苏教育》（镇江）（第6卷第1、2期合刊）发表《中学国文的教材问题》。

5月，在苏州振华女校演讲"语文的学习"，指出语文是得到一切知识的工具，且中学时代的语文学习至关重要；并提出在语文学习中要注意两种方法，即多阅读、多发表。演讲记录同月发表于《振华女学校校刊》（第15册）。

同月，在《国学界》（无锡）（第1卷第1期）发表《欧洲之汉学》（演讲记录）。

6月，与马祖武合撰《北夏实验区的最近》，发表于《教育与民众》（第8卷第

10 期)。江苏省无锡县北夏实验区的民众教育实验,分成人教育(民众学校及识字班)、青年教育(青年学园)、儿童教育(儿童学园)和乡村社会的各种活动(乡村改进会)等四方面。该文是在实验的第五年写的;结语"六、北夏的展望"收尾说:"任何实验,都不过是根据一些假设而进行的尝试。假设能够证明,尝试便算有了结果;不能够,则或者再耐心些进行,或者根本变更假设。所以在实验工作里面,我们需要时时作自我的批判和校正;更需要关心于这种工作者,给与我们以同情的批判和有效的校正。"

8 月,任上海私立光华大学教授。讲授"教育哲学"等课程。所讲"教育哲学",标题为《唯物论、唯心论和唯用论》。

1938 年

8 月,廖世承奉教育部命赴湖南筹建国立师范学院,请孟宪承、钱基博等协助聘请教授。

同月,教育部聘为推行社会教育委员会委员。

浙江大学迁至广西宜山。由上海赴宜山,又任浙江大学教授,兼教育学系主任。与费巩等寓居于挚友郑晓沧家。

当年,母杨氏逝世。生前,夫人陪侍在侧。

1939 年

1 月 9 日,在《国命旬刊》(浙大迁校于宜山时办的刊物之一)(第 15 期)发表《战区教育之动态》。

7 日,浙江大学迎新会议接受孟宪承的意见,取消参加教育学会的限制,凡本校各院系同学只要对教育学术或问题感兴趣者,皆可入会。

9 日,《〈战区教育之动态〉简介》刊于《国立浙江大学校刊》(复刊第 6 期)。

21 日,浙江大学召开导师会议,讨论孟宪承与雷宾南所提确定导师任务案。

2 月 22 日,浙江大学召开行政会议,因广西局势混乱,提出学校应否重迁问题。

7月,西南联大教育学系代主任陈雪屏曾邀为该系教授,婉辞。

1940 年

8月,应浙江大学龙泉分校主任郑晓沧之邀,赴浙江龙泉任分校教务主任。学生对其所授英语课程,都是"敬三分,畏三分"。

10月,在龙泉分校演讲"专门教育和大学教育"。

11 月,在《教育通讯》(重庆)(第 3 卷第 45 期)发表《教育哲学引论》,论述了教育哲学与教育学的关系,以及教育哲学的使命:"教育哲学是教育学的一个部门,或者说是教育的研究上一个综合的阶段。""教育哲学至少从教育学的立场上说,应该从教育的问题出发,批判地综合地建立它的理论,而归宿到教育的问题的解决。"

1941 年

6月,国民政府教育部决定设置"部聘教授",规定:在大学任教 10 年以上;教学确有成绩,声誉卓著;对所任学科有专门著作,且有特殊贡献;经教育部学术审议委员会全体会议出席委员三分之二以上表决通过,评为部聘教授。部聘教授任期 5 年,期满可以续聘。

8月,应湖南蓝田国立师范学院院长廖世承邀请前往讲学,并留该院任教授。讲授"西洋教育史"、"比较教育"、"教育哲学"等课程。至 1946 年 7 月去任。

1942 年

2月,兼国立师范学院教育学系主任。针对当时一些学生以为教育学易学、易背,纷纷要求从英语、化学等系转入教育学系的情况,在讲课时表示:"教育学是易学而难成的……"

8月,教育部公布第一批部聘教授 29 人:杨树达、黎锦熙、吴宓、陈寅恪、萧一山、汤用彤、孟宪承、苏步青、吴有训、饶毓泰、曾昭抡、王琎、张景钺、艾伟、胡焕庸、李四光、周鲠生、胡元义、杨端六、孙本文、吴耕民、梁希、茅以升、庄前鼎、余谦

六、何杰、洪式闾、蔡翘、秉志。任期自1942年8月至1947年7月。孟宪承是教育学科唯一入选的教授。

下半年,回乡接夫人赴湘,寒假前返校,居蓝田镇。

1943 年

为国立师范学院教育学系学生讲授"西洋教育史"。第一堂课提出治教育史的"三 th 原则":取材真实可靠(truth),即信度;对具代表性的教育家的理解要有深度(depth);要联系其社会历史文化背景和影响力(width),即广度。每次讲课,都提前到达李园教室,先将本讲内容纲要书写于黑板,以便充分利用课时。

7月1日,在《国立师范学院旬刊》(第 97 期)发表《自由与纪律》(演讲记录)。

11月,在周会上演讲"道德形上学探本",演讲记录发表于《行仁》(第 1 期)。

12月1日,在国立师范学院五周年校庆会上演讲"未来之展望"。演讲记录发表于《国立师范学院旬刊》(第 103 期)。

1944 年

在国立师范学院,为教育学系学生讲授"西洋教育史"、"比较教育"、"教育哲学"时,常以英文疏通关键词,讲解思想原意,显示出极高的英语造诣(早年还曾掌握法语,晚年犹习俄语)。

讲授"教育哲学"的提纲为:绪论;Ⅰ. 教育哲学的意义与范围;Ⅱ. 自然与文化;Ⅲ. 经验;Ⅳ. 价值(论理想与目的)。

1946 年

1月22日,永伟长子蔚宗出生。

8月,浙江大学在杭州复校,再任浙江大学教授。至1949年上半年,为教育学系学生讲授"西洋教育史"、"教育哲学"等课程。

18日,浙江大学校长竺可桢往访,请出任代理师范学院院长。24日,回访竺可桢,并商谈教育学系教授发聘书问题。

10月19日,代表竺可桢出席苏州振华女校成立四十周年纪念会。任振华校董。

1947 年

2月19日,永祈长子蔚时出生。

3月11日,永伟次子蔚彦出生。

7月24日,教育部学术审议委员会举行第三届第二次常务委员会会议,议决首批29名部聘教授一律续聘5年。

12月,在《浙江学报》(第1卷第2期)发表《沃立与杜威》〔沃立即乌利希(R. Ulich)〕。

1948 年

2月,为吴志尧著《裴斯泰洛齐》作序,商务印书馆版。

4月,商务印书馆出版与陈学恂合编的《教育通论》。

1949 年

6月6日,杭州市军管会任命为接管浙江大学9人小组成员之一。

7月27日,杭州市军管会任命为浙江大学文学院院长。

8月26日,马寅初任浙江大学校务委员会主任委员。校委会设常委会,孟宪承为7人常委之一。

下半年起至次年上半年,为浙江大学教育学系学生讲授"西洋教育史"。

10月,在浙江大学发起"新教育研究会",积极推动浙江大学教育学系教师和部分中学教师学习政治、研究社会主义教育科学,提高思想水平和工作能力。

11月11日,填写"浙江大学在职教职员登记表"(履历表),在"工作意见"栏中,写有:"体力不胜,请免所兼职务,俾专心教授,努力学习。"

12月,浙江省专科以上学校教职员工联合会(简称高教联)召开筹备会议,推举马寅初为主任委员,孟宪承为常委之一。

冬,为全校学生作"社会发展史"的报告。

当年,加入中苏友好协会。

1950 年

1月5日,校委会主任委员马寅初致函孟宪承,请继续担任浙江大学文学院院长。

25日,永祈女蔚理出生。

春,为文学院学生作"科学的历史观"的学术报告,介绍马克思主义唯物史观。

4月11日,中央人民政府主席毛泽东任命孟宪承为华东军政委员会文化教育委员会委员,中央人民政府委员会第六次会议通过(见任命书)。并为文教委员会副主任之一。

27日,浙江大学校委会改组,孟宪承为11人常委之一。

6月,应邀赴京,参加中央人民政府教育部召开的中华人民共和国建国后第一次全国高等教育会议。

10月,决定在浙江大学教育学系创设"马列主义名著选读"课程,并精心准备:制作学生自学和讨论名著用的提纲,研究讲稿。

11月16日,浙江大学成立抗美援朝委员会,动员师生报名参加军事干部学校。孟宪承、苏步青、谈家桢、王国松等教授代表8人,讲助代表1人,学生代表4人,受聘为浙江大学军事干校学生保送委员会委员。

下半年,为浙江大学与浙江省文教厅合办的中小学教育研究班开设"教育学"课程。学员选拔自中小学优秀教师。

1951 年

2月20日,中央人民政府主席毛泽东任命孟宪承为浙江省人民政府委员,中央人民政府委员会第十一次会议通过(见任命书)。

3月—7月4日，为浙江大学教育学系四年级学生指导自学、讨论与讲授"马列主义名著选读"。学生们反映这是当时修习课程中印象最深、收获最大的。

6月，华东军政委员会教育部根据中央教育部的决定和华东地区高等师范教育的具体情况，开始为华东师范大学筹建的具体工作。华东教育部高教处曹未风副处长等衔命对南京、无锡、苏州、上海进行地点调研，决定设在上海；又对大夏大学、光华大学、圣约翰大学原址进行选址调研。

7月10日左右，由杭州到上海莅任。并曾勘察三校，为华东师范大学择址，选定丽娃河畔原大夏大学位置。认为其南临苏州河，东界中山北路，西、北为农田，有发展余地。

12日，华东文教委员会教育部正式报请中央教育部审批建立华东师范大学。13日，《解放日报》发表建立华东师范大学的信息。

10月16日，举行新创办的中国第一所社会主义师范大学华东师范大学成立大会。出席大会的有：上海市副市长潘汉年，华东军政委员会文教委员会主任舒同，副主任兼华东文化部部长、复旦大学校务委员会代主任委员陈望道，副主任兼华东教育部部长孟宪承，华东教育部副部长唐守愚、沈体兰，上海市教育局局长戴白韬，同济大学校务委员会主任委员夏坚白和上海市其他大专院校的领导，华东文教机构的工作人员，以及全校师生员工。孟宪承任大会主席团主席，主持大会；并代表华东教育部宣布：华东师范大学正式成立。

17日，在《文汇报》发表《做一个人民教师是光荣的》。

19日，上海大光明电影院举行"纪念鲁迅诞生七十周年逝世十五周年大会"，潘汉年、舒同、陈望道、孟宪承、巴金、丰子恺等19人任主席团成员。

同月，在《新教育》(上海)(第4卷第2期)发表《迎接新中国的新学制》。

11月4日，在《文汇报》发表《庆祝华东区足球比赛大会胜利开幕》。

5日，中央人民政府主席毛泽东任命孟宪承为华东军政委员会教育部部长，中央人民政府委员会第十三次会议通过(见任命书)。

25日，中苏友好协会华东总分会成立，为主席团成员，并任理事。

30日，经华东军政委员会电请中央人民政府教育部同意，宣布孟宪承兼任华东师范大学校长。

12月,在《新教育》(第4卷第4期)发表《凯洛夫〈教育学〉第一编学习提纲》。

1952 年

1月,到职。领导学校建设,尤重学科建设和师资队伍建设。充分信赖一同工作的同志,使各司其职,各尽其能。副校长先后为孙陶林、廖世承、常溪萍(党委书记兼)、刘佛年、李锐夫、李春芬、王亚朴等。

3月,在《新教育》(第5卷第3期)发表《凯洛夫〈教育学〉第二编学习提纲》。

6月3日,在华东军政委员会举行的第一一〇次行政会议上,建议推广祁建华在部队推行且行之有效的"速成识字法",并建议成立华东速成识字推广委员会。会议通过这一建议,并由舒同担任主任委员,孟宪承为副主任委员。

8月29日,在《文汇报》发表《练好身体,迎接祖国大规模建设的到来》。

9月4日,任中华全国体育总会华东总分会副主席。

26日,在华东师大全校师生大会上讲话,指出此后的教学和研究应努力学习苏联的先进经验。

1953 年

根据中央决定,撤销全国各大区军政委员会的建制,改为行政委员会。1月14日,中央人民政府主席毛泽东任命孟宪承为华东行政委员会委员,中央人民政府委员会第二十一次会议通过(见任命书)。

2月7日,在《文汇报》和《新民晚报》发表《进一步开展体育运动,迎接国家建设的新任务》。

9月18日,中央人民政府主席毛泽东任命孟宪承为浙江省人民政府委员,中央人民政府委员会第二十八次会议通过(见任命书)。

1954 年

2月11日,中央人民政府政务院总理周恩来任命孟宪承为华东行政委员会教育局局长,中央人民政府政务院第二〇五次政务会议通过(见任命书)。同年,中央决定撤消全国各大区行政委员会建制,专任华东师范大学校长。

当年,任第一届全国人民代表大会代表。

1955 年

1 月 1 日,在《文汇报》发表《让我们来努力吧!》。

3 月 29 日,在《解放日报》发表《实用主义的反动的教育目的论》。此文后辑入《胡适思想批判》(第五辑),河南人民出版社版;又辑入《资产阶级教育思想批判》(第一集),文化教育出版社版。曾对曹孚教授用英文说:"中国有几个人真懂杜威?!"又曾对陈学恂教授说:"中国有几个人真懂杜威? ——两个半。"

10 月 22 日,在《文汇报》发表《努力完成第一个五年计划中高等教育的任务》。

1956 年

1 月 21 日,在《文汇报》发表《迎头赶上》。

4 月 1 日,华东师大第一次教师职称评定工作揭晓,与著名历史学家吕思勉两人被评为一级教授。

9 月,任华东师大中国教育史研究生班导师,并开始系统讲授中国古代教育史,至次年 6 月。该班系新中国成立后,教育部指定开设的高校第一个中国教育史研究生班。为华东师大中国教育史专业的发展奠定了人才基础。

当年,上海市教育学会成立,担任首任会长。上海市教育学会举行首届学术年会。

1957 年

当时华东师大师生讨论"高师应该怎么办?"。5 月 22 日,在一次小组座谈会上作"关于高师教学问题"的发言:一,所谓高师方向问题的提出;二,旧中国高师专业设置的回顾;三,对今后教学计划的四点建议〔1. 增加专业课(包括基础课)在教学计划中的比重;2. 适当减少公共必修的教育学科与教育实习的时数;

3. 简化教学过程;4. 赢得一切时间来加强专业的基本训练〕。并说明:他的意见只对本校一个学校的情况、条件而言,而不是泛指一般高师院校的;这只是他个人的意见,不是代表学校行政的。

6月,受聘为国务院科学规划委员会委员。

7月,关于教育科学研究工作的建议,刊发于《人民教育》7月号《为繁荣教育科学创造有利条件》一文 中。

10月13日,上海学术界、文化界假上海胶州路万国殡仪馆公祭吕思勉先生,孟宪承致悼词。

在整个"反右"运动中,未参加过批判会。对批判北京大学校长马寅初,私下为之抱冤。曾要求孙陶林副校长向校党委建议:"不要把许多人划为'右派',多数知识分子是拥护党的。""青年学生是解放后党自己培养的,不要划为'右派'。"

1958 年

2月11日,在第一届全国人民代表大会第五次会议上,与陈建功、叶企孙、王淑贞、王菊生、贺绿汀联合发言"向自己的资产阶级思想作生死斗争",后刊于《新华半月刊》第8期。

10月,中共上海市委教育卫生部发出通知,要求各高校进行"资产阶级学术思想批判"。华东师大党委在党代会上批判了"关于高师教学问题"的发言,尤其是其中的"四点建议"。"四点建议"曾被抄成大字报,贴在总办公楼底层门内墙上,供作批判。

1959 年

5月17日,华东师范大学被国家指定为全国重点高等学校,成为全国16所重点高校之一。

当年,任第二届全国人民代表大会代表。

1960 年

4月7日,在第二届全国人民代表大会第二次会议上,与陈望道、廖世承、吴若安、苏步青、周志宏、左淑东联合发言"上海市教育事业的重大胜利",后刊于《新华半月刊》第 11 期。

10 月,华东师大第一个研究所——教育科学研究所成立,在成立仪式上致词。

1961 年

3 月,人民教育出版社出版与陈学恂、张瑞璠、周子美合编的《中国古代教育史资料》。1962 年第二次印刷,1980 年第三次印刷。

4 月,中共中央宣传部召开全国高校文科教材工作会议,确定华东师大承担的《中国古代教育史》《中国古代教育文选》两本教材由孟宪承主编。旋即开始两书的编纂工作。

5 月 1 日,毛泽东在沪出席上海各界庆祝五一国际劳动节联欢晚会。晚会前,接见了各民主党派上海地方组织的负责人和教育、科学、文化界的代表赵祖康、周谷城、陈望道、孟宪承等三十余人。

10 月,在华东师范大学建校十周年庆祝大会上,讲述建校十年的发展情况。

1962 年

7 月,任第三届上海市政协副主席。

夏,《中国古代教育文选》(讨论稿)编成,并举行审稿讨论会。

1963 年

5 月,《中国古代教育文选》完稿。

1964 年

9 月,连任第四届上海市政协副主席。

当年,任第三届全国人民代表大会代表。

1965 年

11 月 10 日,上海《文汇报》发表姚文元的《评新编历史剧〈海瑞罢官〉》以后,预感政治风暴又将来临,要求搬出华东师大宿舍。翌年迁出。

1966 年

4 月,中共上海市委指示华东师大党委整理孟宪承材料。教育学系教育史教研室党小组在图书馆借专室搜集其著、编、译及研究生的听课笔记。又责成教育史教研室党小组写大字报批判。

5 月,"文革"全面爆发,被点名为"反动资产阶级学术权威"。

见教育史教研室党小组研究生以个人署名的大字报,批其为"高举资产阶级黑旗",黯然心伤。

"文革"开始后,遭抄家。主动停止领取工资,并搭乘公交车从市区家中到校。教育学系"造反派"组织原拟责令其每天从校门口至大礼堂扫地。经校长办公室同志努力解释,才改在草坪拔草、印刷厂折纸等。

1967 年

7 月 19 日,年迈体弱,且精神上遭受极大刺激,心情极度悒郁,于当夜逝世于上海,享年 73 岁。

1978 年

11 月 27 日,中共华东师大委员会为孟宪承恢复名誉。肯定其为"进步教授"、"爱国人士",作为"我国著名的教育家"为社会主义教育事业作出了贡献。

1979 年

1 月 12 日下午 2 时半,孟宪承骨灰安放仪式在上海龙华革命公墓大厅举行。

4 月,人民教育出版社出版所编的《中国古代教育文选》(孙培青注释)。1985 年第二版;2003 年第三版。

1986 年

夫人谢纫蕙去世。

1987 年

12 月,《关于高师教学问题》、《〈中国古代教育史资料〉第三章修订工作总结》刊于《华东师范大学学报》(教育科学版)当年第 4 期,纪念逝世二十周年。

1989 年

台湾五南图书出版公司出版《中国古代教育文选》。

1994 年

9 月,华东师大举行纪念孟宪承诞辰一百周年座谈会。

12 月,《札记两篇》刊于《华东师范大学学报》(教育科学版)当年第 4 期,纪念诞辰一百周年。

1997 年

6 月,叶立群、吴履平总主编的"中国近代教育论著丛书"中,人民教育出版社出版由周谷平、赵卫平编的《孟宪承教育论著选》。

9 月,《华东师范大学学报》(教育科学版)当年第 3 期,刊发周谷平的《纪念著名教育家孟宪承教授逝世三十周年》一文。

1998 年

次子孟永伟去世。

2000 年

9 月,《华东师范大学学报》(教育科学版)当年第 3 期,刊发董远骞的《教育学大师孟宪承的教学和治学作风——纪念孟宪承老师诞生 106 周年》一文。

2001 年

10 月,华东师大庆祝建校五十周年。12 日下午,首任校长孟宪承半身铜像揭幕。

2006 年

5 月,由中国高等教育学会认定、教育部党组同意的"共和国老一辈教育家"名单公布。唯孟宪承以"教育理论家"入选。为两位党外人士之一(另一位是经济学家、北京大学前校长马寅初)。

9 月,《教育概论》、《教育通论》选入"20 世纪中国教育名著丛编",由福建教育出版社出版。

12 月 26 日,中国教育电视台播放《共和国老一辈教育家孟宪承》专题片。

2007 年

6 月,华东师大校长办公会议决定编纂出版《孟宪承文集》,纪念孟宪承逝世四十周年,列入华东师大"985 工程"建设项目。

9 月初,华东师大校长俞立中、校党委副书记罗国振和校长办公室主任郭为禄,由教育科学学院教育学系主任杜成宪陪同,访晤教育学系瞿葆奎教授,邀其担任《孟宪承文集》主编。并由杜成宪教授任副主编。《孟宪承文集》编纂工作起始。

10 日,华东师大在闵行校区举行"孟宪承书院"揭牌仪式。校党委书记张济顺与"孟宪承书院"名誉院长叶澜为书院揭牌。"孟宪承书院"是为免费师范生组建的培养机构。

同月,由华东师大档案馆承办的"德望师范——华东师范大学首任校长孟宪承先生生平展"在闵行校区揭幕。

华东师大决定建立"孟宪承教育图书馆",教育科学学院着手筹划。

华东师大校长俞立中主编的《师范之师——怀念孟宪承》,由华东师大出版社出版。

《教育哲学三论》刊于《华东师范大学学报》（教育科学版）当年第 3 期，纪念逝世四十周年。

10 月 11 日，旅居美国的孟宪承之孙孟蔚彦博士应邀访问华东师大，并向华东师大档案馆捐赠孟宪承的照片 6 张、任命书 6 份、老怀表 1 只等遗物。档案馆回赠精心制作的孟宪承纪念册。捐赠仪式在华东师大闵行校区举行，党委书记张济顺、校长俞立中出席，并由张济顺书记代表学校接受捐赠。

仪式结束后，孟蔚彦为学生作了"中国文化框架中的孟宪承（1894—1967）"的报告。

12 月，《华东师范大学学报》（教育科学版）当年第 4 期，刊发金锵的《殚精研究，锐意发明——忆孟宪承教授的治学精神》一文。

当年，长子孟永祈去世。

2008 年

4 月，其孙孟蔚时、孙女孟蔚理向华东师大图书馆捐赠孟宪承收藏的线装书、孟永祈收藏的中外文图书，共计 450 种；向档案馆捐赠孟宪承使用的公文包 1 只，其学生赵端瑛、王承绪夫妇签名的赠书和孟宪承签名藏书各 1 本。

同月，中国高等教育学会组织编撰的《共和国老一辈教育家传略》，由高等教育出版社出版。该书收录 18 位著名教育家的思想和实践，其中《孟宪承》由吴雯、徐晓楚撰写。

9 月 12 日，《共和国老一辈教育家传略》首发式在教育部举行。俞立中校长应邀出席，并作主题发言。

12 月，《华东师范大学学报》（教育科学版）当年第 4 期，刊发张爱勤的《孟宪承民众教育思想与实践探微》一文。

2009 年

3 月，《华东师范大学学报》（教育科学版）当年第 1 期，刊发贺晓舟的《对孟宪承大学教育观的思考——以其大学之理想为中心的考察》一文。

2010 年

3月,《华东师范大学学报》(教育科学版)是年第 1 期刊发文正东《教育史资料书的典范——试析孟宪承对〈中国古代教育史资料〉的编纂》一文。

〔程亮校核;孙勇打印〕

图书在版编目（CIP）数据

孟宪承讲录、孟宪承谈话录/孟宪承讲谈.—上海：
华东师范大学出版社,2010.1
（孟宪承文集；12）
ISBN 978 - 7 - 5617 - 7481 - 6

Ⅰ.①孟…　Ⅱ.①孟…　Ⅲ.①教育史−中国−古代−
文集　Ⅳ.①G529.2 - 53

中国版本图书馆 CIP 数据核字(2010)第 008982 号

孟宪承文集·卷十二

孟宪承讲录(一)(二)　孟宪承谈话录

主　　　编　瞿葆奎
副 主 编　杜成宪
讲　　　谈　孟宪承
记录整理　孙培青
项目编辑　陈锦文
审读编辑　施煜文
责任校对　赖芳斌
装帧设计　储　平

出版发行　华东师范大学出版社
社　　　址　上海市中山北路 3663 号　邮编 200062
网　　　址　www. ecnupress. com. cn
电　　　话　021 - 60821666　行政传真 021 - 62572105
客服电话　021 - 62865537　门市(邮购)电话　021 - 62869887
地　　　址　上海市中山北路 3663 号华东师范大学校内先锋路口
网　　　店　http://ecnup. taobao. com/

印 刷 者　江苏常熟华通印刷有限公司
开　　　本　787×1092　16 开
印　　　张　31. 25
字　　　数　452 千字
版　　　次　2010 年 12 月第 1 版
印　　　次　2010 年 12 月第 1 次
印　　　数　1—2 100
书　　　号　ISBN 978 - 7 - 5617 - 7481 - 6/G · 4327
定　　　价　98. 00 元

出 版 人　朱杰人

(如发现本版图书有印订质量问题,请寄回本社客服中心调换或电话 021 - 62865537 联系)